市中年鉴

2017

SHIZHONG NIANJIAN

济南市市中区人民政府 主办
济南市市中区史志办公室 编

方志出版社
Publishing House of Local Records

图书在版编目（CIP）数据

市中年鉴．2017 / 济南市市中区史志办公室编．--
北京：方志出版社，2017.11
ISBN 978-7-5144-2651-9

Ⅰ．①市…　Ⅱ．①济…　Ⅲ．①区（城市）-济南-
2017-年鉴　Ⅳ．①Z525.24

中国版本图书馆CIP数据核字（2017）第273594号

市中年鉴（2017）

编　　者：济南市市中区史志办公室
责任编辑：王　品
出 版 人：冀祥德
出 版 者：方志出版社
地址　北京市朝阳区潘家园东里9号（国家方志馆4层）
邮编　100021
网址　http://www.fzph.org
发　　行：方志出版社图书经销中心
电话（010）67110500
经　　销：各地新华书店
印　　刷：济南黄氏印务有限公司
开　　本：889×1194　　1/16
印　　张：23.5
字　　数：477千字
版　　次：2017年11月第1版　　2017年11月第1次印刷
印　　数：0001～1000册
ISBN　978-7-5144-2651-9　　定价：260.00元

济南市市中区志编纂委员会

2017年10月

名誉主任　宋永祥

主　　任　韩永军

副 主 任　于　红　钱　城　李咸梁　孙振华

委　　员　任建军　李常青　张军海　徐　琳　刘树明

刘伟忠　谭国栋　高　勇　姜化东　王河山

周　杰　刘绍辉　张华国　王晓峰　徐　波

刘书业　于维群　郝全义　金书强　侯　江

《济南市市中年鉴（2017）》编审人员

主　　审　韩永军

副 主 审　李咸梁

主　　编　侯　江

副 主 编　于继东

编　　辑　刘　静　李　伟　刘润华　李佰顺

《济南市市中年鉴（2017）》审稿人员名单

于　飞	于荣波	于维群	马吉营	马兴园	马金霞	王　伟	王河山	王宝安
王　恒	王晓峰	王恩东	王教泉	王康金	王德东	牛纪伦	尹兆虎	叶　军
田贯祯	史宏捷	史　青	朱　牧	任建军	任泉铭	刘中泰	刘书业	刘　刚
刘伟华	刘伟忠	刘学法	刘建华	刘绍辉	刘　健	刘　涛	齐志为	闫　君
闫　勇	闫培胜	汤业光	许　媚	孙延丰	苏瑞刚	李广林	李芳忠	李良春
李宗宝	李洪涛	李　莉	李　涛	李常青	杨文静	杨胜强	吴　晶	何　洋
邹　斌	汪宏志	宋晓溪	张卫东	张文辉	张东方	张立春	张华国	张庆云
张宇晓	张军海	张爱民	张继忠	张焕利	张淑环	张敬轩	张　燕	苗　萌
范正建	范光刚	林秀丽	周　杰	周　勇	赵　迎	赵跃进	胡永福	胡　明
施海颖	宫修强	耿汝年	贾汝兴	贾志岱	夏正平	钱　勇	徐　波	徐　琳
殷　洁	高存娟	黄春国	戚　峰	彭玉红	彭　宁	董　凯	蒋春雷	韩元福
韩明轩	韩秉林	焦卫东						

编辑说明

一、《市中年鉴》是市中区人民政府主办的信息密集的综合性资料工具书，2014 年以前每 7 年出版一册，2017 年始每年出版一册。旨在较全面、系统、翔实地反映市中区政治、经济、文化、社会诸方面的基本面貌，和社会主义现代化建设中出现的新进展、新情况、新问题，为各行各业提供咨询服务，为各级领导提供决策依据，为续修地方志储备资料，同时也为国内外各方人士了解、研究市中起媒介作用。

二、《市中年鉴》采用分类编辑法。主体内容划分为栏目、分目、条目 3 个层次，栏目为大的单元，其下按类别，同时照顾到现行的管理体制设置分目。每个分目下列若干条目。条目为年鉴内容的基本单位，其标题用黑体字外加【】表示。为方便读者检索，在正文后设置综合性主体索引。

三、《市中年鉴（2017）》系创刊以来第 3 册。正文设 22 个栏目：(1) 特载；(2) 大事记；(3) 市中概况；(4) 政党；(5) 政权；(6) 政务；(7) 政协；(8) 社会团体；(9) 法治・军事；(10) 经济综合管理；(11) 招商引资・经济园区；(12) 农业；(13) 工业・商贸；(14) 财税・金融；(15) 城建・环保；(16) 科技・教育；(17) 文化・体育；(18) 卫生・计划生育；(19) 社会管理・人民生活；(20) 街道；(21) 人物；(22) 附录。卷首收录反映市中风光、各行各业发展成就和活动的彩色照片。

四、本册年鉴主要记述 2016 年度市中区行政区域内的事情，资料截至日期为 2016 年 12 月 31 日。为完整地反映某项事物的全貌，对 2017 年元旦至本册年鉴书稿发排前出现的结果，亦做了适当记述，；对本年鉴首次记载的行业、事业或工作，其历史情况也作了简要回溯。

五、本册年鉴使用的“市中区”“全区”和“辖区”等概念，范围为大观园、魏家庄、杆石桥、四里村、舜玉路、二七新村、七里山、六里山、泺源、王官庄、舜耕、白马山、七贤、十六里河、兴隆、党家、陡沟等 17 个街道辖区。年鉴中所使用的“区属”“区直”等概念，均指隶属中共市中区委、市中区政府直接管理的部门和单位。

六、本年鉴的条目由市中区直各部门、各街道办事处和有关的中央、省驻区单位负责撰写，均经过各单位领导人的审阅，有关的综合性统计数据，与区统计部门公布的数据进行了校核，作者署名于条目或分目之后的括号内，各单位的审稿人员列名单于卷首。

七、本年鉴的“统计资料”栏目，由市中区统计局供稿。2016 年统计公报数据为统计快报数或初步核算数，正式数据以出版的《市中统计年鉴（2017）》为准。

八、《市中年鉴（2017）》是集体协作的结晶，相关单位和个人为本年鉴的编辑出版做出了积极贡献，借此表示感谢。

九、由于编辑水平所限，本册年鉴难免存在一些问题和不足，敬请广大读者批评指正。

2017 年 11 月

碧空如洗（王锋 摄）

夜色璀璨（郝鑫城 摄）

鸟瞰市中 （于伯阁 摄）

中国联通

四通八达 （隋得圆　摄）

商埠之春 （陈长礼　摄）

车水马龙 （匡松 摄）

老商埠鸟瞰

德华银行 （周乾坤　摄）

济南瑞蚨祥布店

齐鲁华夏文化城

山东邮政管理局 （刘富国 摄）

舜耕山庄（郑永菴　摄）

原小广寒电影院旧址（李玉鸿　摄）

泉景绿地商务楼（匡松　摄）

绿地之夜（匡松　摄）

银座综合楼（李玉鸿　摄

山东商会大厦

润华国际

齐鲁银行 （匡松　摄）

明珠国际商务港 （孙炜农 摄）

银座晶都国际大厦

山东书城

中海国际社区写字楼

万达广场商务楼（宋丽梅　摄）

祥泰广场

文化活动 （袁寒松　摄）

六一套圈活动

社区青少年书法暑期公益培训

消防安全（徐小飞 摄）

齐鲁石文化馆青少年传统文学宣讲基地（李成巍 摄）

向前冲（裴梦雪 摄）

跳绳比赛

奋发努力　青春自强

英雄山下绽放幸福花（胡光燕　摄）

文化健身活动（袁寒松　摄）

粉墨人生 （袁寒松 摄）

书香社区 （张源源 摄）

文化交流 （左宝驹 摄）

老两口扭秧歌（宿燕 摄）

夫“尝”妇随（李玉鸿 摄）

魅力市中人（郭松舟 摄）

古韵遗风（常德宝 摄）

福寿全（张泉刚 摄）

目　录

特　载

大事记

市中区概况

中共济南市市中区委员会

济南市市中区人民代表大会

济南市市中区人民政府

政协济南市市中区委员会

民主党派　工商联

社会团体

法治　军事

经济综合管理

招商引资·经济园区

农　业

工业　商贸

财税　金融

城建　环保

科技　教育

文化　体育

卫生 计划生育

社会管理 人民生活

街　道

人 物

附 录

HIZHONGNIANJIAN

市中年鉴

特　载

TeZai

继往开来　砥砺奋进
为建设国内知名、全省一流的品质之区而努力奋斗

——在中国共产党济南市市中区第十二次代表大会上的报告

（2017 年 1 月 22 日）

宋永祥

中国共产党济南市市中区第十二次代表大会，是在全面建成小康社会进入决胜阶段、全区改革发展处于关键时期召开的一次重要会议。大会的主要任务是：回顾总结区第十一次党代会以来的工作，研究确定未来五年的奋斗目标和主要任务，选举产生中国共产党济南市市中区第十二届委员会和中国共产党济南市市中区第十二届纪律检查委员会，团结带领全区各级党组织和广大党员干部群众，继往开来、砥砺奋进，为建设国内知名、全省一流的品质之区而努力奋斗！

过去五年的主要工作

五年来，在以习近平同志为核心的党中央正确指导和省市委的坚强领导下，区委团结带领全区各级党组织和广大党员干部群众，解放思想、应对挑战，抢抓机遇、攻坚克难，完成了区第十一次党代会确定的目标任务，谱写了市中发展史上的又一精彩篇章。

过去的五年，是综合实力不断增强的五年。经济总量明显提升。生产总值迈上 800 亿元台阶，预计 2016 年完成 815 亿元，年均增长 9%。一般公共预算收入突破 90 亿元大关，2016 年完成 91.7 亿元。预计 2016 年实现社会消费品零售总额 484 亿元，年均增长 12.4%。五年来，累计完成固定资产投资 980 亿元，年均增长 17.2%；完成进出口总额 34 亿美元，实际利用外资 10.3 亿美元；引进千万元以上项目 1694 个、亿元以上项目 167 个，新增壳牌石油等世界 500 强企业 19 家、阿里巴巴旗下山东一达通公司等区域总部企业 66 家。产业结构持续优化。三次产业比重优化为 0.45 ∶ 16.34 ∶ 83.21。渣打银行等全市 4 家外资银行落户市中，新增金融机构区域总部 12 家、总数达到 67 家，山东新金融产业园入驻新兴金融机构 70 余家、管理基金达到千亿元规模。泉城国际文化创意产业园、星工坊·飞尔姆乐园等 7 个产业载体加快建设，文创产业实现突破。改革创新深入推进。改制成立市中控股有限公司、区经济开发投资中心，政府主导建设了济南国际创新设计产业园、市中区济南大学创业学院等一批创新平台。全部完成 11 家区属困难国有企业脱困，启用新政务服务中心，推行“动态编制”管理、公务自行车摆渡、办公资源整合、公务用车改革等措施，发展活力充分释放。

过去的五年，是全域统筹一体发展的五年。累计征收土地 1.42 万亩、供应土地 9214 亩、出让土地 5252 亩，完成拆迁 1240 余万

平方米，开工建设1400余万平方米，新建1.3万余套安置房。北部核心区更新提升。老商埠保护开发取得历史性突破，主题街区即将开街。英雄山街区成为全市唯一一条国家级特色商业街，整体改造工程即将完工。普利街、经八纬一等棚户区完成改造，经四纬一、四里村等片区完成拆迁，绿地普利中心、润华国际财富中心、山东书城等一批高端楼宇投入使用。中部拓展区拉开框架。兴隆、南北康等11个旧村基本完成改造，文庄、小岭、山凹、魏家、阳光舜城片区等基本完成拆迁，二环南路快速路实现通车，兴隆泛旅游综合体、南北康片区等6大单体投资过百亿、建筑体量300万平方米以上的重点片区加快建设，一座产城融合、职住平衡、环境优美的新城正在崛起。南部生态区绿色发展。玉符河综合治理工程基本完成，石崮等一批都市现代农业园区改造提升，新建红符路等道路，打造仁里等17个美丽乡村示范村，9个贫困村因地制宜发展产业项目，所有贫困户实现脱贫，实现了生态与富民的有机融合。

过去的五年，是城乡面貌焕然一新的五年。市容市貌进一步提升。累计投入6.51亿元，道路街区、铁路沿线、开放式小区、城乡结合部等区域整治效果明显。累计拆除各类违章建筑61万平方米，完成48个开放式小区综合改造，新建改建垃圾中转站12处，新建提升农贸市场14处、便民市场23处，基础设施更加完善。城市管理进一步提升。管理重心实现下移，城乡环卫一体化深入实施，构建了责任清晰、联动高效、齐抓共管的“大城管”体系。新建改造普利街等城区道路36条，打通七里山路西段、土屋路等瓶颈路段，全面推行社区道路微循环，治堵工作取得实效。生态环境进一步提升。累计淘汰落后产能44.5万吨，万元GDP综合能耗降低17%以上。累计治理绿化破损山体33座，新增绿地面积77.2万平方米，打造了郎茂山公园等景观亮点，全区森林覆盖率、绿化覆盖率、绿地率分别达到49.9%、44.1%、42.8%，均位居全市第一。

过去的五年，是社会建设繁荣向上的五年。民计民生持续改善。五年来，民生领域累计投入达到127亿元，城镇、农村居民人均可支配收入分别突破4.7万元和1.7万元，城市低保标准提高到每月580元，农村低保标准提高到每年4165元，义务教育“三免一送”等16项惠民政策深入实施，养老保险、医疗保险等社会保障体系更加完善。社会事业全面进步。新建学校8所、增加班数270个，学校集团化覆盖率达到85%，所有学校全部达到省级办学标准。建立区外来务工人员综合服务中心，建成区医院新院并构建“321”医联体①，启用区全民健身活动中心和图书馆新馆，荣获全国和谐社区建设示范区等36项国家和省级荣誉称号。社会治理创新突破。群众工作专项经费覆盖所有村居，城市社区办公用房均达到300平方米以上标准，建成全市首家社会组织创新园，孵化社会组织54家。信访维稳、社会治安、安全生产、食品药品监管等工作扎实有效，社会保持和谐稳定。人大、政协、统战、工会、共青团、妇联、民族、宗教、双拥、老干部等工作迈上新台阶。

过去的五年，是党的建设从严从实的五年。作风建设形成常态。先后开展党的群众路线教育实践活动、“三严三实”专题教育、“两学一做”学习教育，各级党员领导干部接受了锻炼、经受了考验、增强了党性，党风政风行风民风为之一新。基层基础持续巩固。“核心引领、多元共治”区域化党建工作走在全市前列，“两新”组织党建向商务楼宇、产业园区等6大领域延伸，累计选派123名第一书记帮扶34个贫困村、难点村、薄弱村，机关党组织标准化建设取得实效，党员“清源提质”工程取得突破，基层党建工作实现新提升。干部队伍担当尽责。树立“实在、实干、实绩”的选人用人导向，干部考核评价体系更加完善，累计选派331名机关干部到重点工作一线进行锻炼，提拔重用了一批敢担当、善作为的优秀干部，打造了一支政治上靠得住、工作上有本领、作风上过得硬的干部队伍。政治生态风清气正。认真落实党风廉政建设党委主体责任和纪委监督责任，强化权力制约监督，始终保持惩治腐败的高压态势，严厉查处个别党员干部违纪违法案件，努力营造了清正清明的发展环境。

市中的发展令人振奋、催人奋进。这些成绩的取得，归功于中央和省市委的正确领导，归功于全区各级党组织、广大党员干部群众的共同奋斗，归功于历届区委打下的良好基础和老同志的关心帮助，归功于各民主党派、各人民团体、各界人士、各方朋友的大力支持和亲密合作。在此，我代表中国共产党济南市市中区第十一届委员会，向所有为市中经济社会事业发展作出贡献的同志们、朋友们，表示衷心的感谢！

行动孕育成果，成就伴生经验。回顾五年奋斗历程，我们深刻体会到：

必须坚持党的领导、坚决贯彻中央决策部署不动摇。始终把学习贯彻党的十八大、十八届历次全会和习近平总书记系列重要讲话精神作为首要政治任务，始终把全面从严治党摆在突出位置，严格要求、严密制度、严肃纪律，全面提高党的建设科学化水平，为市中各项事业发展提供坚强组织保证。

必须坚持发展为先、突出加快发展第一要务不动摇。始终把发展作为解决一切矛盾和问题的根本，进一步创新发展理念、转变发展方式、破解发展难题、提高发展质量，坚持走符合区情、彰显特色的发展路子，推动全区经济能级再提升、各项事业再突破。

必须坚持改革创新、主动破解各类阻力瓶颈不动摇。牢固树立问题导向，深入实施重点领域和关键环节改革，更加注重发挥人才支撑引领作用，加快形成以创新为引擎的经济体系和发展模式，牢牢掌握发展的主动权。

必须坚持为民情怀、千方百计惠民生顺民意不动摇。把“党委政府想做的”与“群众想要的”统一起来，倾听民声、尊重民愿、解决民忧、关注民生，充分实现好、维护好、发展好群众的根本利益，让改革发展成果惠及广大人民群众，让市中的发展获得群众基础和力量之源。

在充分肯定成绩的同时，必须清醒地看到，发展中还存在一些困难和问题：面对复杂多变的宏观形势，如何稳增长、促转型，保持经济社会发展走在全市前列，我们所面临的挑战依然十分严峻；面对日益激烈的区域竞争，如何错位发展、协同发展，加快老城改造提升和新区建设步伐，吸引集聚高端产业，我们所面临的任务依然十分繁重；面对多发易发的社会矛盾，如何做好群众工作，创新社会治理，维护社会稳定，我们所面临的问题依然十分突出。对此，我们要保持清醒头脑，增强忧患意识，全力做好今后各项工作。

今后五年的指导思想和奋斗目标

今后五年，是我区率先全面建成小康社会、基本实现现代化的攻坚期，也是加快转变发展方式、推动经济转型升级、统筹城乡区域发展的关键期。全区各级党组织和广大党员干部群众，必须充分认识肩负的新使命，准确研判面临的新形势，科学谋划未来的新蓝图。

展望未来五年，发展环境更为复杂，影响因素更趋多元，工作任务更加艰巨。从世界范围看，全球经济将在深度调整中曲折复苏，新一轮科技革命和产业变革正孕育突破，为我们更大范围汇聚资源提供了新契机。从国内范围看，经济发展步入新常态，五大发展理念②成为共识，“一带一路”③等国家战略和供给侧结构性改革等重点任务深入实施，为我们转变增长动力、推动转型升级构筑了更高平台。从省市范围看，山东要加快建设经济文化强省，省会城市群经济圈“抱团”发展效应显现，济南在国务院批复的总体规划中被定位为环渤海地区南翼的中心城市，全市“打造四个中心，建设现代泉城”目标明确、节奏加快、力度空前，区域发展布局正发生重塑更新，城市建设改造正大步前进，为我们加快发展开启了多重机遇“窗口”。对比省内同类型城区，市中区基础设施完善、城市框架基本成型、现代服务业发达，与省外发达城市中心城区相比，市中区发展空间更为广阔，城市建设改造与产业提升的潜力更大，只要充分利用好这些资源条件，一定能将区域比较优势转化为现实发展成果。全区广大党员干部群众一定要视挑战为机遇，化压力为动力，扬长避短、乘势而上，推动全区改革发展稳定各项事业实现新跨越。

未来五年，全区工作总的指导思想是：高举中国特色社会主义伟大旗帜，以邓小平理论、“三个代表”重要思想和科学发展观为指导，深入学习贯彻习近平总书记系列重要讲话精神，全面践行创新、协调、绿色、开放、共享五大发展理念，在省、市委的坚强领导下，按照市委“453”工作体系要求，突出发展、民生两大主题，统筹推进北、中、南三大空间布局，大力实施“人才、产业、科技、文化”四大强区战略，努力把市中区建设成为国内知名、全省一流的品质之区，在全市“打造四个中心，建设现代泉城”中走在前列、争当排头兵！

围绕这一指导思想，未来五年全区的目标定位是：建设国内知名、全省一流的品质之区。“国内知名、全省一流”重在凸显发展标杆和工作要求，“知名”即培养市中元素、打造市中品牌，提高市中区的知名度和影响力；“一流”即各项工作敢为人先、勇攀高峰、誓争第一。“品质之区”重在凸显发展目的和评判标准，是应对挑战、彰显特色、错位发展的内在需求和必然选择，必将成为市中未来发展的核心特征和鲜亮名片。建设国内知名、全省一流的品质之区，要着力实现以下目标：

——发展品质更好。贯彻稳中求进工作总基调，在新常态中寻找机遇，在有限空间内挖掘潜力，在现有条件下优化路径，培育新的经济增长点，增强发展的内生动力，争取更好更快发展，提前实现经济总量和城乡居民人均收入比2010年翻一番，全面建成小康社会。到2021年，生产总值年均增长8%左右，一般公共预算收入年均增长9%左右，综合实力在全省各县（市）区中名列前茅，将市中区打造成为历史文脉与现代时尚交相辉映、经济发达与百姓富裕相得益彰、产业发展与城市建设互动并进的现代化城区。

——服务品质更优。坚持服务高标准、保障精细化，突出主动服务、用心服务、高效服务，全力做好为人民群众、为辖区企业、为驻区单位、为基层社区的服务工作，着力提升民生服务效率、政务服务能力和属地服务水平，为工作生活在市中的社会各界人士创造优质便利条件，将市中区打造成为全市、全省综合服务的引领区、示范区、标志区。

——环境品质更美。强化“环境重于政策”的理念，推动人与自然、生活空间与生态空间、魅力都市与自然风貌协调融合，打造优美怡人的生态环境和整洁舒适的人居环境，建设“城在林中、路在绿中、房在园中、人在景中”的山水园林都市。到2021年，城乡基础设施更加完善，城市管理更加精细，城市承载能力显著提高；空气、水环境质量明显改善，森林覆盖率、绿化覆盖率保持全市领先，将市中区打造成为洁净宜居城区。

——民生品质更实。遵循“民生优先、幸福为先”的工作导向，视为民利民为己任，以造福群众为目的，加强以保障改善民生为重点的社会建设，切实做到民有所想我有所谋、民有所盼我有所应、民有所求我有所为。到2021年，城乡居民收入差距逐步缩小，群众生活更加殷实，公共服务更加均衡，社会保障和就业水平进一步提高，群众的获得感、幸福感和满意度不断提升，将市中区打造成为人文气息浓郁、社会事业发达、群众安居乐业的品质城区。

未来五年全区的中心任务是：在全市“打造四个中心，建设现代泉城”中走在前列、争当排头兵。这是市中区旗帜鲜明落实市委要求的具体实践，也是未来坚定前行的正确方向。“走在前列、争当排头兵”，要求全区上下坚定不移服从服务全市战略布局，着眼全面提升整体发展水平，突出重点形成鲜明发展特色，把握关键开辟更高发展阶段，实现错位发展、协同发展。“走在前列、争当排头兵”，要求全区上下对标全市发展新要求，紧跟全市发展新节奏，举全区之力推进旧改棚改（征收拆迁）、招商引资、项目建设等重点工作，全力以赴治霾、治堵、扶贫，推动各项工作创佳绩、争一流。“走在前列、争当排头兵”，要求全区上下以“不畏艰难、勇立潮头”的斗志去作为，以“只争朝夕、时不我待”的标准去担当，以“抓铁有痕、踏石留印”的劲头去攻关。

实现上述奋斗目标，必须大力实施四大战略：

——人才强区。牢牢抓住人才这个关键要素，以识才的慧眼、用才的胆识、容才的雅量、聚才的良方，广开进贤之路，广纳天下英才，营造人才加速集聚和引领发展的良好态势，着力构筑人才生态良好、管理科学高效、集聚效应明显的区域人才高地，充分发挥各类人才在全区经济社会发展中的“主力军”作用。

——产业强区。牢牢抓住产业这个第一支撑，把培育发展产业作为稳增长、调结构的最强发力点，高起点搭建产业发展大平台，高标准谋划布局大项目，高质量引进落地大企业，推动产业向高端化、专业化、集群化方向转变，加快形成“高端引领、多产支撑、特色突出”的产业发展新格局，不断提升经济发展的牵引力。

——科技强区。牢牢抓住科技这个不竭动力，坚持走科技引领之路，在科技资源整合、重点企业培育、科技成果转化上下功夫，打造一批在全市、全省有影响力的科技型、创新型产业园区，聚集一批科研机构和骨干企业，建成一批具有国内先进水平的创新创业载体，促进企业、科研机构、高等院校等各类主体协同创新，推动产学研一体化发展。

——文化强区。牢牢抓住文化这个城市灵魂，以城市承载文化底蕴，以文化丰富城市内涵，坚持文化产业和文化事业“两手抓”，突出文化繁荣和文化管理“两结合”，实现社会效益和经济效益“两到位”，努力打造与经济社会发展要求相适应、特色鲜明的文化影响力和竞争力。

今后五年经济社会发展的主要任务

今后五年，要围绕全区的目标定位、中心任务和四大战略，坚定发展信心，锐意改革进取，重点抓好以下七个方面的工作：

一、围绕经济提质增效，突出三产并举、高端引领，增创产业发展新优势

更加充分发挥“三二一”产业结构优势，打造以现代服务业为主导、新兴工业和现代高效农业充分发展的现代产业体系，加快推动区域经济在更高水平上实现新的转型跨越。

主攻现代服务业。推动生产性服务业向专业化和价值链高端延伸。大力发展金融产业，巩固提升传统金融产业集群，重点引进股权投资、资产管理、融资租赁等新金融、类金融机构，促进金融业多元化发展，打造全市区域性产业金融中心的重要一极。瞄准物流产业链条高端，发展电子物流、第三方物流、电子商务等业态，打造全市区域性物流中心的“制高点”。依托中国移动、中国联通等国字号通讯服务企业，打造全市乃至全省信息服务、大数据产业发展平台，做大做强信息通讯产业，使其成为市中发展的支柱产业。依托普华永道、德勤华永会计师事务所，集聚一批具有行业领先地位的专业服务机构，发展会计审计、管理咨询、信用服务等生产性服务业。对老旧厂房进行改造利用，发展工业设计、影视制作、现代传媒等产业，打造全市、全省文创产业发展先行区。推动生活性服务业向精细化和高品质转变。大力发展“互联网+”产业，推动互联网与商贸、医疗、文化、旅游等行业融合发展。加速传统商贸向现代商贸转型，打造时尚与特色结合、商圈与街区互补、线上与线下融合的消费新格局。

补强新兴工业。有效对接“中国制造2025”行动计划，大力发展智能装备和智能产品，推动交通装备、电气机械器材、通用设备等制造业向“两化”深度融合。围绕新技术、新产业、新业态、新模式，大力发展信息技术、新能源、新材料、生物医药、节能环保等战略性新兴产业，推动工业向高附加值和服务化发展。以创新、设计、研发为重点，积极发展都市型工业。支持重汽集团、西门子等龙头企业，依托品牌资源优势开展产业链垂直整合，打造具有较强竞争力的先进制造业集群。

壮大现代高效农业。按照“合作化、园区化、规模化”发展思路，重点发展设施农业、都市农业、休闲观光农业、体验农业，建设一批生态型、都市型现代农业园区。创新现代农业经营机制，培育专业合作社、家庭农场、专业大户、农业龙头企业等新型农业经营主体。发展农业职业教育，加大新型职业农民培育力度，完善教育培训、创业扶持等政策机制，培养一批农村实用人才带头人、创新

创业人才。推进农业“接二连三”，大力发展“互联网 +”现代农业，注重农产品精深加工，发展农产品现代流通业态，扶持发展农村电商，延长产业链，提升价值链。

二、围绕现代化城市化，突出产城融合、精明增长，构筑城乡一体新格局

按照“一个尊重、五个统筹”④的基本思路，进一步做优北部、做强中部、做美南部，构建老城、新区、农村梯次分布、有效衔接的一体化发展格局。

做优北部。以城市有机更新为目标，既注重通过棚户区拆迁、老厂房和旧楼宇改造实现城市再生，也注重通过传承文化记忆、修复历史街区实现城市复兴，打造“一核两圈”的省会中心区域。“一核”，即以百年商埠保护开发为核心，高标准打造老商埠历史文化主题街区，全面启动二期、三期改造建设，捡拾历史碎片，深挖文化底蕴，打造展示济南形象、彰显城市魅力、传承历史文化的标志性区域。“两圈”，即经十路以北总部企业和楼宇经济聚集圈，全面完成济南宾馆——中山公园扩建、上新街、城顶街等旧城更新项目，引导高端楼宇业态互补、功能互通，打造全市总部企业最密集和楼宇经济最发达的区域之一。经十路以南新兴产业聚集圈，高标准规划小梁庄、机床一厂宿舍等地块改造，打造信息通讯产业园；做大做强山东新金融产业园，争取纳入全市发展战略；优化提升英雄山国家级特色商业街区，启动山水大润发等片区改造，新建一批产业载体，进一步增强老城区承载力、辐射力和带动力。

做强中部。向西部、西南部扩展延伸，将王官庄、七贤、白马山、党家、陡沟 5 个片区作为未来拆迁改造的主战场，以拆迁拓空间，靠空间促发展，全力打造“一带五区”的新城区。“一带”，即以辖区二环路沿线 32 公里为中心发展带，启动全部旧村改造，加快兴隆泛旅游综合体、南北康片区、文庄综合体、大庙屯文化创意城等重点片区建设，完善道路交通和基础设施建设，打造引领城市发展的主引擎、支撑市中崛起的增长极、实施双向开放的新窗口。“五区”，即环保生态产业区，整体规划开发山水集团、重汽集团厂区及周边魏家、党东等旧村近万亩土地，以环保、科技、生态产业为定位，打造支撑全市“四个中心”建设的重要节点。工业设计产业区，整体规划万寿路周边区域，发展壮大济南国际创新设计产业园，建设代表济南形象的工业设计城。文化创意产业区，加快星工坊·飞尔姆乐园、红场·1952、泉城国际文化创意产业园等园区建设，培育文创产业集群。现代物流产业区，加快建设电子商务产业园区，推动新城工业基地转型，在全区布局建设“互联网 + 便利店”。科技创新产业区，加强与山东大学、山东财经大学、济南大学对接合作，加快山东大学国家大学科技园建设，引进高新技术企业、实验室和产业研发中心，打造全国一流的高科技产业园。

做美南部。突出服务城市、衔接南部、富裕农民三大功能，以山水田园为韵，以古朴村落为形，以现代农业为径，打造“望得见山、看得见水、留得住乡愁”的生态保护屏障、绿色景观走廊、都市农业品牌。服务城市，精准对接城市需求，以旅游观光、健康养生、乡村文化体验为主，打造“一河两峪多园”的发展布局。“一河”，即依托玉符河景观风貌，建设一批产业与生态有机融合的生态农业小镇，发展户外拓展、精品民宿等产业；“两峪”即涝坡峪和渴马峪，挖掘生态环境、历史文化、村居风貌，培育中草药种植、特色林果等一批乡村产业项目；“多园”，即改造、提升、新建一批现代都市农业园区。

衔接南部，把生态环境保护放在重要位置，大力推进造林绿化、水系建设和污染防治工作，实现与济南南部山区良好衔接，共抓大保护，合谋新发展，打造济南的泉源、绿肺。富裕农民，多措并举拓宽农民增收渠道，以“六大提升工程”[⑤]为重点，深入实施乡村文明行动，建设一批人居环境优美、公共设施齐全、乡风民风优良的新农村、新社区，让农村更美好、农民更幸福。

三、围绕发展动力转换，突出创新驱动、人才支撑，打造科技创新新高地

优化科技资源配置，完善区域创新体系，塑造更多依靠创新驱动、发挥人才优势的引领型发展。

*加快科技创新载体建设。*推进产学研深度融合，以政府为主导，以企业为主体，以市场为导向，建设一批产学研结合的科技创新平台，实现企业、高校、科研院所“优势叠加”，产业链、资金链、技术创新链“多重融合”。建立创新型企业培育机制，健全覆盖企业初创、成长、发展等不同阶段的政策扶持体系，推动资源、人才、政策、服务向企业集聚。大力支持企业参与国家、省、市重大科技计划，激励企业增加研发投入，不断提升自主创新能力。加大中小科技企业扶持力度，引导中小企业走“专精特新”发展之路。鼓励支持大型跨国企业、国内企业设立区域性研发中心，引进一批社会化投资、专业化服务的第三方研发机构，培育形成科技创新产业集群。

*加快培育创新创业生态。*强化政策导向，健全完善支持企业创新创业的各类政策，最大限度发挥叠加效应，营造“亲”“清”新型政商关系。加大政银企合作力度，大力培育风投、创投等资本市场，建立财政科技投入统筹联动机制，强化科技金融支撑，引导社会资本投向科技创新，形成多元化、多渠道的资金投入体系。建立面向大众创业的服务平台，健全创业培训、创业载体、创业服务、创业氛围、创业政策“五位一体”工作机制。实施创业孵化工程，依托市中区济南大学创业学院，探索组建区域创客联盟，加快“蓝魔方”众创基地等众创平台建设，鼓励发展创客空间、创业咖啡、创新工场，构建“创业苗圃 + 孵化器 + 加速器 + 产业园”的阶梯型培育体系。

*加快吸引高端一流人才。*坚持人才优先发展，优化人才政策体系，大力实施顶尖人才聚集、高层次创新创业人才引进、产业领军人才发展、青年英才储备“四大工程”，重点引进培养信息经济、新兴金融、创意设计、现代服务业等领域顶尖人才和高水平团队，力争5年内集聚百名以上创新型企业家、千名以上高层次创新人才。创新人才培养方式，主动与高校院所合作，支持园区与高校共建创业学院，加强与行业组织、中介机构等第三方机构合作，不断提升人才培养的层次和精度。建立全过程、全方位人才服务机制，解决人才落户安居、子女就学等方面问题，最大限度激发各类人才创造活力。

四、围绕深化改革开放，突出重点难点、先行先试，释放区域发展新红利

坚持以全局观念和系统思维推进改革、扩大开放，鼓励大胆探索，注重精准施策，谋求更加务实的改革效应，构建更高层次的开放格局。

*以看齐意识把准改革脉搏。*统筹谋划、有序推进中央和省市各项改革部署，确保全面衔接、坚决执行、落地生根。扎实推进供给侧结构性改革“三去一降一补”[⑥]五大任务，重点围绕降成本、补短板，加快政策落地，加强监督管理。深入推进经济、政治、文化、

社会、生态文明、党的建设等重点领域改革，努力创造新经验、新做法、新品牌。建立健全改革成效评估和激励机制，将改革实绩纳入领导班子考核内容，营造勇于探索、善于创新、宽容失误的改革氛围。

以问题导向冲破瓶颈束缚。突出抓好具有引领性的重点改革措施，形成一批制度性成果，有力撬动面上改革。建立公平竞争审查制度，支持民营经济发展，落实小微企业优惠政策，推动企业减负增效。深化行政管理体制改革，围绕重点工作需要，适时调整组织架构，健全体制机制，确保重点工作顺利推进。深化投融资体制改革，引导社会资本参与政府投资项目，建立依法合规、主体多元、渠道通畅的投融资机制。做大做强市中控股有限公司，适时成立市中财金投资集团有限公司，打造全市一流的城市建设和产业发展平台。探索设立市中区产业投资发展基金，推动资本与产业融合发展。深化财税金融体制改革，建立事权与财政支出责任相适应的运行机制。深化行政审批制度改革，深入实施“互联网 + 政务服务”，让数据多跑路、让群众少跑腿。探索街道行政区划调整，促进行政区与功能区融合协调发展。

以国际视野提升开放层次。加快构建开放型经济新体制，更好地利用国际国内两个市场、两种资源，推动外资、外包、外贸联动发展和引资、引智、引技融合共生，着力引进一批国际级、国字头、领袖型的大项目，落户一批世界500强、国内百强企业，努力把市中打造成为服务高地、成本洼地、投资福地。加强区域合作，积极参与“一带一路”国家战略，全面融入省会城市群经济圈发展，主动对接环渤海经济圈，深化与沪宁杭等中心城市互动协作。

五、围绕展现市中之美，突出建管同步、宜居宜人，铸就城市发展新品质

以绿色、智慧、便捷、人文为目标，全面提升规划、设计、建设、管理水平，让市中之美美在环境宜居、美在生活宜人、美在城市有序。

精致建设，打造紧凑型城市。遵循以人为本、传承历史、绿色低碳的理念，呵护地域环境、文化特色、建筑风格等城市“基因”，注重城市通风廊道、视线廊道、天际线建设。补足基础设施薄弱环节，推进海绵城市建设，加强城市地下空间、地下综合管廊开发建设，加大公共停车泊位建设改造力度，加快推进顺河高架南延、刘长山路延长线、党杨路等重点道路建设，构建快速路、主次干路、支路、农村道路搭配合理的道路系统，让城市更加畅通有序。扎实推进老旧小区环境改造，统筹规划零散棚户区、危旧房屋改造，让老旧小区展现新面貌。

精细管理，打造智慧型城市。推进城市治理现代化，从“重硬件”向“重软件”转变、从“重管理”向“重服务”转变、从“重整治”向“重长效”转变。加强城市管理和服务体系智能化建设，建立以大数据为核心的智慧城市运营管理体系，以数字化推动精细化标准化，打造管理便捷智能、服务高效普惠、设施全面领先的“智慧市中”。推进执法力量下沉，更好地发挥街道办事处的主体作用，建立以社区为单位的网格化管理体系。强力开展“拆违拆临”行动，破解属地化管理难题，做到从严执法、文明执法。推进环卫保洁市场化运行，全面提升城乡环卫一体化水平。倡导共治共管，鼓励企业和群众通过各种方式参与城市管理，带动提升城市治理水平。

精心涵养，打造生态型城市。大力实施“增绿添彩”工程，重点推进万灵山、小龟山等

山体公园建设，打造一批社区游园、城市公园、街头绿地，丰富绿化层次，提高绿化品质，构建点、线、面相结合的城乡绿化空间体系。实施蓝天、碧水、净土工程，全面推行循环经济和清洁生产，加快淘汰落后产能，实行最严格的水资源保护管理，加强土壤污染防治和修复，确保空气质量、水环境质量始终位于全市前列，努力实现青山常在、清水长流、空气常新。推广绿色设计、绿色施工、绿色建筑，倡导低碳生活、绿色出行，构建绿色产业链。

六、围绕社会民生建设，突出共建共享、优质均衡，建设幸福美好新家园

牢固树立“以人民为中心”的发展思想，适应全面小康的新要求，顺应民生内涵的新变化，回应基层群众的新期盼，让群众的幸福有“质感”，让市中的发展有“温度”。

筑牢城乡民生保障底线。深化精准扶贫、精准脱贫，建立扶贫长效机制，确保脱贫底线兜得住、成果过得硬。强化就业保障，鼓励以创业带动就业，完善就业服务体系，拓宽富民增收渠道，不断缩小城乡居民收入差距。建立更加公平、更可持续的社会保障制度，完善以“五大”保险为支撑的基本保障体系，多渠道提高综合保障水平。深入开展救助帮扶，统筹各类资源，汇集社会力量，逐步提高救助标准。大力发展公益慈善事业，开展社会救济和社会互助。

提升城乡公共服务质量。深化教育综合改革，完善集团化办学模式，打造“名校云集、名师辈出、家长满意”的教育现代化示范区。坚持医疗、医保、医药联动，建立区域医疗联合体网络，推行分级诊疗服务和家庭医生制度，不断提升群众健康保障水平。突出医养融合发展，发展健康养老服务业，推进居家“五助”服务⑦，建成以居家为基础、以社区为依托、以机构为补充、覆盖城乡的养老服务体系。健全公共体育设施网络，发展群众体育，推动全民健身。统筹推进妇女儿童、老龄人口、残疾人、人防、档案等各项事业发展，让群众分享到实惠、感受到富足、体会到关怀。

构建城乡多元治理格局。深化社区治理创新，大力推行社区标准化建设，推动社区减负增效，探索社区干部晋升渠道，构建项目化推进、社会化服务、信息化管理的社区治理体系。深入推进“政社互动”，探索社区协商民主建设，鼓励、支持发展各类社会组织，推动社会组织、专业服务团队、社工在社会治理中发挥更大作用。加强和改进信访维稳工作，健全完善多元化社会矛盾预防化解机制，引导群众依法行使权利、表达诉求、解决纠纷。加强平安建设，健全社会治安防控体系，严厉打击违法犯罪活动，严格执行安全生产责任和管理制度，强化食品药品安全监管，完善突发事件应急管理机制，确保城乡社会和谐稳定。

七、围绕民主文明法治，突出团结统一、和谐有序，凝聚推动发展正能量

统筹推进党内民主、文化建设、法治建设等工作，努力汇聚各方力量、提升文化软实力、营造遵法守法良好环境。

加强党的领导。坚持和完善人民代表大会制度，支持人大及其常委会依法行使职权，充分发挥人大代表作用。加强和改进党对政协工作的领导，坚持和完善中国共产党领导的多党合作和政治协商制度，支持政协充分发挥政治协商、民主监督、参政议政职能。加强和改善对政法工作的领导，为政法事业发展进步提供保障。巩固和发展最广泛的爱国统一战线，发挥各民主党派、工商联和无党派人士作用，做好党的民族、宗教、侨务、

港澳台和新社会阶层人士工作。稳妥推进工会、共青团、妇联改革，充分发挥侨联、文联、科协、残联等团体的桥梁纽带作用。坚持党管武装，加强国防后备力量建设，推进双拥共建。

发展先进文化。坚持社会主义先进文化前进方向，以中国梦和社会主义核心价值体系为核心，唱响主旋律，总结好市中故事，传播好市中声音。扎实开展全国文明城市创建工作，提升公民道德素质和文明素养。繁荣发展文化事业，实施“文化惠民”工程，健全公共文化服务体系，加强社区图书馆、特色文化团队建设，提高文化活动的社会参与率和文化成果的群众共享率。加强历史文化遗产的保护和利用，挖掘和培育以商埠文化为代表的传统文化、本土文化。加快发展文化产业，培育文化消费新热点。注重以人为本的文化管理，发挥文化对管理的导向作用、激励作用、凝聚作用，充分调动党员干部的自觉性、积极性和创造性。

推进法治建设。加快法治政府建设，严格落实政府权力清单和责任清单，推动党群机关、企事业单位、村（社区）普遍建立法律顾问制度。深化行政执法体制改革和司法领域改革，加强执法规范化建设，健全司法救助体系，让群众切实感受到公平正义。扎实开展“七五”普法工作，加强法治文化建设，健全公共法律服务体系，引导群众“办事依法、遇事找法、解决问题用法、化解矛盾靠法”。

坚定不移推进全面从严治党

履行新使命，实现新目标，关键在党，关键在干部。要深入贯彻落实全面从严治党主体责任，敢管敢严、真管真严、长管长严，为加快发展提供坚强的政治保证和组织保证。

一、深化思想政治建设，着力提高向心力

坚持把理想信念教育摆在首要位置，以党章为根本遵循，增强党员干部“四个意识”[⑧]“四种自信”[⑨]，始终与以习近平同志为核心的党中央保持高度一致，切实做到党中央提倡的坚决响应、党中央决定的坚决执行、党中央禁止的坚决不做。加强思想政治理论学习，深入学习中国特色社会主义理论体系、习近平总书记系列重要讲话精神，用党的最新理论武装头脑、指导工作，做到谋发展有新理论新高度、破难题有新观念新思路、干工作有新方法新举措。认真贯彻落实党内政治生活若干准则，严格执行民主集中制。加强区委常委班子建设，自觉做到讲政治把方向、善谋划重统筹、转作风抓落实，建设坚强有力的领导核心。

二、深化基层组织建设，着力提高凝聚力

找准基层党建工作与区委中心工作的结合点，突出政治属性，强化服务功能，创新工作方法。强化主责主业意识，完善书记抓党建述职评议考核。突出基层党建创新与基层治理创新相结合，全面推进《基层党组织建设2016—2020年工作规划》，组织实施“双百工程”[⑩]，推广“核心引领、多元共治”区域化党建模式[⑪]，非公有制经济组织和社会组织党建“六模三化”模式[⑫]，实现基层党建全面覆盖和有效覆盖。从严抓好党员教育管理，把好入口关、出口关，强化流动党员管理，建立教育、管理、服务党员长效机制。深化第一书记工作，选好管好用好基层党组织书记，培养一批发展的领路人、群众的贴心人。

三、深化干部队伍建设，着力提高执行力

坚持正确选人用人导向，按照“20字”⑬好干部标准，突出好中选优、优中选强，更加注重在重点工作一线和急难险重工作岗位考察选拔干部，把思路清、作风硬、敢担当、善作为、群众认可的优秀干部选出来、用起来。健全科学有效的干部选拔任用机制，加大年轻干部、女干部、党外干部培养力度，注重梯次配备，优化干部队伍结构。加强党员干部教育培训，提升干部综合素质和专业能力。坚持从严管理与正向激励相结合，强化干部动态化管理和日常化监督，客观公正差异化考核评价干部，关心保护锐意进取、敢于担当的干部。加强制度建设，建立健全会议制度、学习制度、议事规则等，引导党员干部把纪律规矩挺在前面，用制度管人，按制度办事。

四、深化党风廉政建设，着力提高领导力

深入开展党风廉政建设和反腐败工作，推进全面从严治党向基层延伸。严格遵守“六大纪律”⑭，认真贯彻执行廉洁自律准则、纪律处分条例、问责条例、党内监督条例，用好监督执纪“四种形态”⑮，坚决同违反党纪党规的行为作斗争。紧盯作风领域的新问题、新动向，强化源头治理，防止“四风”反弹。坚持有案必查、有腐必惩，无禁区、全覆盖、零容忍，营造风清气正的政治生态。深化纪律检查体制改革，加强纪检监察机关队伍建设。紧紧围绕各项重点工作，强化监督检查，有责必问、问责必严，用问责倒逼责任落实。

回望过去，我们创造了来之不易的业绩；放眼当下，我们肩负着群众期盼的发展重任；面向未来，我们将见证第一个百年目标的实现。蓝图已经绘就，使命亟需担当。让我们紧密团结在以习近平同志为核心的党中央周围，高举中国特色社会主义伟大旗帜，在省市委的正确领导下，以创先争优的雄心、善作善成的恒心、决战决胜的信心，为建设国内知名、全省一流的品质之区而不懈奋斗！

注释：

①“321”医联体：省立医院（三级）——区医院（二级）——基层医疗机构（一级）三级医疗联合服务体系。

②五大发展理念：创新、协调、绿色、开放、共享。

③一带一路：丝绸之路经济带、21世纪海上丝绸之路。

④一个尊重、五个统筹：尊重城市发展规律；统筹空间、规模、产业三大结构，提高城市工作的全局性；统筹规划、建设、管理三大环节，提高城市工作的系统性；统筹改革、科技、文化三大动力，提高城市发展的持续性；统筹生产、生活、生态三大布局，提高城市发展的宜居性；统筹政府、社会、市民三大主体，提高各方推动城市发展的积极性。

⑤六大提升工程：人居环境提升工程、四德建设提升工程、新农村新生活培训提升工程、移风易俗提升工程、平安村庄提升工程、文化惠民提升工程。

⑥三去一降一补：去产能、去库存、去杠杆、降成本、补短板。

⑦居家“五助”服务：助餐、助浴、助洁、助急、助医。

⑧四个意识：政治意识、大局意识、核心意识、看齐意识。

⑨四个自信：道路自信、理论自信、制度自信、文化自信。

⑩双百工程：培育和打造100个特色鲜明、作用突出、影响广泛的基层党建工作示范点，挖掘和选树100个符合发展要求、体现时代精神、具有标杆效应的先进典型。

⑪“核心引领、多元共治”区域化党建模式：发挥街道社区党组织领导核心作用，将社区各种社会组织、利益主体纳入管理服务范围，配套建立健全组织、制度、活动、评价和保障体系，形成多方共同参与社区建设和治理的区域化党建新局面。

⑫“六模三化”模式：“六模”指六种非公党建模式，即商圈党建、楼宇党建、餐饮行业党建、专业市场党建、园区党建、小微企业党建；“三化”指专业化、区域化、品牌化。

⑬“20字”好干部标准：信念坚定、为民服务、勤政务实、敢于担当、清正廉洁。

⑭六大纪律：政治纪律、组织纪律、廉洁纪律、群众纪律、工作纪律、生活纪律。

⑮监督执纪“四种形态”：经常开展批评和自我批评、约谈函询，让“红红脸、出出汗”成为常态；党纪轻处分、组织调整成为违纪处理的大多数；党纪重处分、重大职务调整的成为少数；严重违纪涉嫌违法立案审查的成为极少数。

政府工作报告

——在济南市市中区第十八届人民代表大会第一次会议上

（2017年2月5日）

韩永军

一、过去五年工作回顾

区十七届人大一次会议以来，在市委、市政府和区委的坚强领导下，全区上下紧紧围绕建设更加繁荣、更具魅力、更为和谐现代化新市中的奋斗目标，抢抓机遇，真抓实干，锐意进取，攻坚克难，省会现代化中心城区建设取得了可喜成就。

——五年来，我们始终坚持加快发展，经济实力不断增强。坚持把加快发展作为首要任务，积极推进产业转型升级，区域经济呈现持续健康发展的良好态势。生产总值从2011年的538.3亿元，连续跨过600、700、800亿元三个台阶，2016年达到826.9亿元，年均增长9.1%；地方财政一般公共预算收入达到91.7亿元，年均增长14.3%；实现社会消费品零售总额484.6亿元，年均增长12.4%。五年来，累计完成全社会固定资产投资984.3亿元，引进内资1678.9亿元，利用外资10.3亿美元，进出口总额34亿美元。累计引进千万元以上项目1694个，亿元以上项目167个，实际到位资金1645亿元。新增微软（中国）、壳牌石油等世界500强投资企业19家，辖区总部企业达到143家。市场主体发展迅速，由2011年末的22024户增至61121户，增长177.5%，区域经济发展的活力和后劲更加充足。

——五年来，我们始终坚持创新引领，产业结构日趋优化。经济发展实现了内涵式增长，三次产业比例由2011年的0.64∶17.37∶81.99调整为0.47∶15.98∶83.55，现代服务业占生产总值比重提高了3.1个百分点。优势产业集聚发展。银行、保险业总部机构分别占到全市的52%和35%，渣打银行等全市4家外资银行均落户市中，我区连续四次荣获山东省金融生态环境建设模范奖。房地产业发展迅速，2016年对一般公共预算收入的贡献率达到28.5%。信息通信产业稳步发展，2016年实现区域税收11.56亿元，占比达到7.4%，区域发展优势凸显。商贸业提质升级，英雄山文化休闲商业街区成为全市唯一的国家级特色商业街区，中海环宇城、鲁能领秀城贵和购物中心等一批新的商业综合体开业运营。阿里巴巴一达通公司落户绿地普利中心，跨境电子商务外贸平台加快建设。全区高端商务楼宇达到73座，初步形成了特色鲜明的楼宇经济发展新亮点。新兴产业迅速崛起。高标准打造山东新金融产业园，大力引进创业投资、私募股权投资、政府和社会资本合作基金以及融资租赁等新兴金融业态，落户新金融企业70余家，管理基金规模超过千亿元，山东省（济南）股权投资机构集聚区正式揭牌，金融产业转型升级取得新成效，新兴金融产业高地初步形成。大力培育文化创意产业，成立文化产业联盟，设立产业发展基金，打造了济南国际创新设计产业园、泉城国际文化创意产业园、星工坊·飞尔姆乐园等一批文创产业发展平台，省会文化新地标山东书城建成营业，文化创意产业蓬勃兴起。大众创业万众创新深入推进。积极落实双创平台建设行动计划，与山东大学共建国家大学科技园，与济南大学联合打造创业学院，与台湾文化创意产业联盟协会签订海峡两岸·济南文创学院战略合作框架协议，建成山东新金融产业园等5家市级创业孵化基地。坚持实施创新驱动发展战略，着力增强企业技术创新能力，新建济南市优秀创新团队1个、市级以上工程技术研究中心14个。大力发展创客中心，全区登记备案众创空间16家，创新创业环境不断优化。

——五年来，我们始终坚持项目带动，全域发展的支撑力明显增强。坚持把项目建设作为实现全域发展的总抓手，大力推行“三重三化”①项目推进机制，五年来累计征收土地1.42万亩，供应土地9214亩，出让土地5252亩，完成拆迁1240余万平方米，开工建设1400余万平方米，新建安置房1.3万余套，城市发展框架全面拉开。棚改旧改（征收拆迁）全面提速。先后完成普利街、经八纬一等棚户区改造工程，经四纬一、四里村、双龙等棚改项目有序推进，城顶街、上新街、机床一厂等项目已完成规划策划；兴隆、南北康等11个旧村正在加快改造，文庄、小岭等5个旧村基本完成拆迁，为推进我区城市更新奠定良好基础。重点项目建设强力突破。兴隆泛旅游综合体、南北康片区等6个单体投资过百亿、建筑体量300万平方米以上的重点片区加快建设，累计完成投资532亿元，建设面积963万平方米，一座产城融合、职住平衡、环境优美的南部新城正在崛起。中光明街、朗诚中心等项目开工建设，绿地普利中心、中海广场等高端商务商业设施投入使用，新世界商城、外海悦动城重装开业，老商埠一期、欧亚大观商都开业在即，一批新的特色商贸载体正在加快形成。重点道路工程加快推进。二环南路高架、二环西路南延等一批重大基础设施开工建设，二环南路高架已全线通车，顺河高架南延工程进展顺利。新打通七里山路西段、土屋路等一批瓶颈路段，建成红符路、渴马路等一批农村公路，全面推行社区交通微循环，现代化的综合交通网络加快构筑。

——五年来，我们始终坚持城乡统筹，环境面貌焕然一新。坚持把改善环境作为提高城市品质、提升民生福祉的重要举措，累计投入6.51亿元，大力开展城乡环境综合整治，积极创建国家卫生城市，环境面貌更加洁净靓丽。城管机制逐步健全。建立联席会议制度，完善联合执法机制，加快智慧城管平台建设，积极推进城管工作重心下移，逐步构建起责任清晰、联动高效、齐抓共管的“大城管”体系。大力推行城乡环卫一体化，形成了区、街、村（居）三级联动环境卫生管理网络。市政设施更加完善。完成普利街、顺河东街等36条道路整修工程，治理河道196公里。海绵城市建设加快推进，完成舜世路、万寿路等16条道路排水设施改造，有效缓解了城市积水内涝和雨污合流问题。生态环境大幅提升。大力实施道路、山体、水系绿化工程，对生态受损区域和“三区一线”②可视范围内破损山体等实施生态修复，玉符河综合治理工程成效明显。累计消除裸露地面45.6万平方米，治理破损山体30余座，新增绿地面积77.2万平方米，打造了郎茂山公园、卧虎山公园等城市景观新亮点，全区森林覆盖率、绿化覆盖率、绿地率、人均公共绿地面积均位居全市第一，辖区生态环境显著提升。空气质量持续改善。深入开展大气污染防治“十大行动”[3]，完成污染减排项目65个，淘汰改造燃煤锅炉33台，取缔违法排污设施164台（套），淘汰黄标车8802辆，全面完成6万户清洁燃煤替代任务。2016年全区环境空气质量良好以上天数达到179天，较上年增加29天。市容市貌明显改观。拆除违法违章建设3283处、61万平方米，整治老旧小区48个，取缔、规范马路市场、临时摊点群14处，新建、改建便民集贸市场37处，实现了市容秩序和群众满意度双提升。

——五年来，我们始终坚持民生优先，群众获得感和幸福感不断提升。大力加强以改善民生为重点的社会建设，五年来用于民生和各项社会事业的投入达127亿元，占财政支出的比重达到71%，累计为群众办实事180余件，城镇、农村居民人均可支配收入分别达到4.7万元和1.7万元。社会保障体系更加完善。健全完善覆盖城乡居民的社会保障体系，累计实现就业再就业9.16万人。城镇职工养老保险扩面完成17.79万人，居民养老保险参保人数达到7.17万人，居民基本医疗保险参保人数达到21.35万人。城市低保提高到每人每月580元，农村低保提高到每人每年4165元，低保重度残疾人生活补贴标准提高到每人每月150元。新建老年人日间照料中心22处、农村幸福院13处、老年公寓10处。建成外来务工人员综合服务中心，顺利完成区属国有（集体）困难企业帮扶解困工作。科教文卫事业蓬勃发展。组织实施国家、省、市科技计划160项，研发经费占生产总值比重达到2%，高新技术产业产值占规模以上工业总产值比重达到85.7%。教育事业高位均衡发展，打造了20大教育集团，集团化覆盖率达到85%，新建学校8所，增加班数270个、学位1.26万个，所有学校全部达到省级办学标准。深入实施文体惠民工程，新建改造社区健身场所146处、社区文化活动中心（文化大院）112个，区全民健身活动中心和图书馆新馆建成启用。区医院新院投入使用，建立了“321”医联体[4]，基层卫生服务体系日益完善。建立全市首家社会组织创新园，孵化社会组织54家，大力实施政社互动、园区驱动和“四社联动”[5]，社区治理体系和治理能力现代化迈上新台阶。对9个贫困村实施精准扶贫，所有贫困户全部脱贫。积极实施乡村连片治理，创建了仁里、袁庄等14个美丽乡村示范村。社会大局持续和谐稳定。深入推进“法治六进”[6]，全民法律意识和法治观念不断增强。进一步完善信访工作机制，畅通和规范群众诉求表达、利益协调、权益保证渠道，有效化解各类矛盾纠纷。扎实开展安全生产隐患排查整治，严厉打击各类非法违法行为，全区安全生产形势持续稳定。以创建国家食品安全城市为抓手，加强食品药品重点领域、重点问题集中整治，有效净化了全区食品药品生产经营环境。

——五年来，我们始终坚持深化改革，发展活力持续增强。坚持不懈抓改革、转作风、提效能、促发展，进一步增强了区域发展活力。思想观念不断解放。深入开展学习实践科学发展观活动、党的群众路线教育实践活动、“三严三实”专题教育和“两学一做”学习教育，旗帜鲜明地反对自以为是，克服自我封闭、自我陶醉、自我中心的不良风气，自觉服从服务全区中心工作，以高度责任担当推动工作开展。体制改革有效推进。扎实推进行政审批制度改革，制定并公布行政权力清单、责任清单和行政审批中介服务收费项目清单，审批环节压缩63.2%，承诺时限压缩43.7%。完成工商、质监、食药监和卫生计生管理体制改革；改制成立了济南市中控股有限公司，产业发展和建设平台支撑发展的能力持续增强。党政机关公务用车制度改革、机关事业单位工作人员医疗保险及养老保险制度改革顺利完成。服务水平显著提升。新政务服务中心建成启用，新建改造为民服务场所59处，打造了良好的便民服务环境。建立政府法律顾问制度，全面启用行政执法电子监察系统，进一步规范了权力运行。开通市中手机报、市中头条微信公众号和市中手机台APP，打造了政务信息公开新平台。自觉接受人大法律监督和政协民主监督，认真办理人大代表建议和政协委员提案493件，着力解决了一批群众关心关注的热点难点问题。民族宗教、对台侨务、慈善老龄、国防教育、双拥共建和民兵预备役等工作也都取得了新的成绩。我区先后荣获全国首批义务教育发展基本均衡区、全国和谐社区建设示范区等36项国家和省级荣誉称号。

过去的五年，全区上下齐心拼搏、砥砺前行，各项工作都取得了显著成绩。这些成绩的取得，饱含着市委、市政府的深切关怀和方向引领，得益于区委的正确领导和科学谋划，凝聚了历届领导班子和全区干部群众的集体智慧和辛勤汗水。在此，我谨代表区政府，向大力支持我们工作的区人大及其常委会、区政协、各民主党派、工商联、无党派人士，向积极参与市中建设的驻区企事业单位、机关部队和社会各界，向全区人民以及所有为市中发展做出贡献的同志们、朋友们，表示崇高的敬意和衷心的感谢！

回顾五年来的工作，我们深刻体会到：必须坚持党的领导不动摇，牢固树立政治意识、大局意识、核心意识、看齐意识，在思想上政治上行动上同以习近平同志为核心的党中央保持高度一致；必须坚持解放思想不动摇，牢固树立创新、协调、绿色、开放、共享的发展理念，转变发展方式、破解发展难题，拉高标杆、提升目标，努力在全省、全国大格局中实现进位赶超；必须坚持加快发展第一要务不动摇，把招商引资、项目建设和棚改旧改（征收拆迁）作为重中之重，全力以赴推进，努力打造发展新优势；必须坚持改革创新不动摇，牢固树立问题导向，努力消除制约科学发展的体制机制障碍，用创新的方法破解难题、增强动力，掌握发展的主动权；必须坚持保障和改善民生不动摇，听民声、重民愿、解民忧，为群众办更多的实事好事，让群众共享经济社会发展成果；必须坚持依法行政不动摇，把法治建设放在突出位置，严格依法履行政府职责，用法治思维、法治方式推动工作，维护社会公平正义；必须坚持作风建设不动摇，坚决反对“四风”，破除自以为是，勇于担当、敢于挑战，不忘初心，继续前进。

看到成绩的同时，我们也清醒地认识到，全区经济社会发展中还存在一些不容忽视的矛盾和问题。主要是：当前宏观经济形势复杂多变，如何稳增长、促转型，保持经济社会发展走在全市前列，我们所面临的挑战依然十分严峻；区域竞争日益激烈，全区发展缺乏省市发展战略支撑，如何错位发展、协同发展，占领发展战略高地，加快老城改造提升和新区建设步伐，吸引集聚高端产业，我们所面临的任务依然十分繁重；社会矛盾多发易发，如何做好群众工作，创新社会治理，维护社会稳定，我们所面临的问题依然十分突出；发展任务艰巨繁重，少数政府部门工作人员忧患意识不强，精神状态不佳，思想境界不高，推动工作能力不足、办法不多，如何完善工作体制机制，加强政府自身建设，我们所面临的提高能力素质的要求依然十分迫切。对以上问题，我们将高度重视，采取有效措施，努力加以解决。

二、今后五年的主要任务

各位代表，今后五年，是我区率先全面建成小康社会、基本实现现代化的攻坚期，也是加快转变发展方式、推动经济转型升级、统筹城乡区域发展的关键期。未来五年，我们面临的发展环境更为复杂，影响因素更趋多元，工作任务更加艰巨。随着国家“一带一路”、全省“两区一圈一带”及全市“打造四个中心，建设现代泉城”重大发展战略的深入推进，各县区竞相发展，“标兵渐远、追兵迫近”的形势十分严峻，竞争更加激烈。我们一定要视挑战为机遇，化压力为动力，坚定信心、乘势而上，努力在新征程上推动市中区各项事业迈上新台阶、实现新跨越！

根据区第十二次党代会提出的指导思想和总体要求，今后五年政府工作的总体思路是：高举中国特色社会主义伟大旗帜，以邓小平理论、“三个代表”重要思想和科学发展观为指导，深入学习贯彻党的十八大和十八届历次全会精神以及习近平总书记系列重要讲话精神，全面践行创新、协调、绿色、开放、共享五大发展理念，按照市委市政府“453”工作体系要求，瞄准“一个目标”，突出“两大主题”，统筹推进“三区布局”，实施“四大战略”，努力把市中区建设成为国内知名、全省一流的品质之区，在全市“四个中心”建设中走在前列、争当排头兵！

一个目标：即建设国内知名、全省一流的品质之区；

两大主题：即突出发展、民生两大主题；

三区布局：即做优北部、做强中部、做美南部，统筹推进北、中、南三大空间布局；

四大战略：即“人才、产业、科技、文化”四大强区战略。

根据上述总体思路，未来五年全区的目标任务是：在全市“打造四个中心，建设现代泉城”中走在前列、争当排头兵。提前实现经济总量和城乡居民人均收入比 2010 年翻一番，全面建成小康社会。经济实力跨越提升，生产总值年均增长 8% 左右，地方财政一般公共预算收入年均增长 9% 左右，综合实力在全省各县（市）区中名列前茅，发展更好、服务更优、环境更美、民生更实，国内知名、全省一流的品质之区基本建成。

为确保全面完成上述目标任务，今后五年要全力抓好以下工作：

（一）围绕发展品质更好，坚定不移推进产城融合，增创城市发展新优势。加强战略和规划研究，积极争取省市级发展战略支持，占据发展战略高地。强化基础设施拉动作用，主动对接全市轨道交通和 BRT 交通体系建设，以 TOD 战略⑦助力城市发展。坚持规划引领，突出内涵品质，加快推动“三区”建设，将市中区打造成为历史文脉与现代时尚交相辉映、经济发达与百姓富裕相得益彰、产业发展与城市建设互动并进的现代化城区。做优北部，以城市有机更新为目标，既注重通过棚户区拆迁、老厂房和旧楼宇改造实现城市再生，也注重通过传承文化记忆、修复历史街区实现城市复兴，打造“一核两圈”⑧的省会中心区域。做强中部，以拓展发展空间、增强产业发展能力为目标，向西部、西南部扩展延伸，将王官庄、七贤、白马山、党家、陡沟 5 大片区作为未来拆迁改造的主战场，以拆迁拓空间，靠空间促发展，全力打造“一带五区”[9]的新城区。做美南部，以生态修复、活力提升为目标，助力城市绿色崛起。以打造泉城南大门、泉源保护地、生态修复示范区为重点，突出服务城市、衔接南部、富裕农民三大功能，精准对接城市需求，以山水田园为韵，以古朴村落为形，以现代农业、旅游观光、健康养生、乡村文化体验为主，打造“一河两峪多园”[10]发展布局。坚持产城融合、精明增长，大力实施产业、科技强区战略，以产兴城、以城促产，加快推动区域经济在更高水平上实现新的变道换向、转型跨越。巩固提升传统金融产业集群，聚力发展新金融、类金融业态，打造区域性产业金融中心的重要一极；依托山东大学雄厚的科研实力，加快山东大学国家大学科技园建设，积极推进产学研一体化，努力建设高新技术聚集区；瞄准高端物流产业，发展电子物流、第三方物流、电子商务等业态，打造区域性物流中心制高点；积极发展工业设计、影视制作、现代传媒等产业，打造全省、全市文创产业发展先行区；充分发挥重汽集团、西门子变压器有限公司等龙头企业的带动作用，突出自主研发、本地配套、转型高端，拉长产业链条，打造在全国层面具有较强竞争力的先进制造业集群；积极发展都市生态农业，推进农业“接二连三”，延长产业链、提升价值链，打造一批生态型、都市型现代农业园区。

（二）围绕服务品质更优，坚定不移优化营商环境，构筑区域发展新高地。牢固树立环境立区理念，突出主动服务、用心服务、高效服务，大力倡导“请让我来服务你，就像服务我自己”的理念，深入开展“四个服务”[11]活动，将市中区打造成为全市、全省综合服务引领区、示范区、标志区。努力为人民群众提供贴心服务，落实民生政策、办好民生实事，让市中区的百姓以生活在市中为荣；主动为辖区企业提供优质服务，建立领导干部联系企业制度，跟上协调、用心服务，进一步营造亲商、爱商、安商、稳商的浓厚氛围；积极为驻区单位提供共建共享服务，主动深入驻区单位，了解情况、解决难题，互相支持、紧密配合，实现资源优势互补，促进共驻共建共享；千方百计为基层社区提供保障，加大投入力度，加强基层社区规范化建设，不断提升基层社区服务群众、服务发展的能力。立足“四个服务”，积极推进政府机构改革，理顺体制机制，优化职能配置，整合机构资源，进一步提高行政效率和服务水平；深化投融资体制改革、财税金融体制改革、行政审批制度改革，加快实施“互联网 + 政务服务”，创新拓展电子政务平台，让数据多跑路、让群众少跑腿；坚持人才强区战略，大力实施人才“四大工程”[12]，加大培养引进力度，健全服务机制，为各类人才创新创业提供优质便利条件。

（三）围绕环境品质更美，坚定不移推进城市管理，铸就城市发展新品质。以绿色、智慧、便捷、人文为目标，突出精致建设、精细管理、精心维护，全面提升规划、设计、建设、管理水平，将市中区打造成为环境宜居、生活宜人、城市有序的现代化品质之区。以争创中国人居环境奖和城市“双修”[13]国家级示范区为目标，有序推进城市“双修”，实现城市发展模式和治理方式转型，努力提升生态品质。完善城市路网布局，全力保障城市快速路、轨道交通等重点建设工程实施，打通一批断头路、瓶颈路，畅通交通主动脉，促进交通微循环，全面提高城市承载能力。扎实推进老旧小区环境改造，统筹规划零散棚户区、危旧房屋改造，让老旧小区展现新面貌。深入推进城市绿色屏障系统建设，实施“增绿添彩”工程，打造一批城市公园、郊野公园、社区游园、街头绿地，丰富绿化层次，提高绿化品质，构建点、线、面相结合的城乡绿化空间体系。以老商埠、千佛山南麓、兴隆泛旅游综合体、玉符河风貌带等为依托，积极发展文化旅游产业，深入打造全域旅游。实施蓝天、碧水、净土工程，加强泉源保护，全面推行循环经济和清洁生产，加快淘汰落后产能，努力实现青山常在、清水长流、空气常新。加强城市管理和服务体系智能化建设，建立智慧城市运营管理系统，以数字化推动精细化标准化，全面提升城市管理品质。

（四）围绕民生品质更实，坚定不移推进利民惠民，建设幸福美好新家园。牢固树立“以人民为中心”的发展思想，适应全面小康新要求，顺应民生内涵新变化，回应基层群众新期盼，量力而行、尽力而为，每年办好一批民生实事，让改革发展成果惠及更多群众，将市中区打造成为人文气息浓郁、社会事业发达、群众安居乐业的品质城区。建立扶贫长效机制，完善困难群众帮扶救助措施，实施医疗精准扶贫，筑牢城乡民生保障底线，确保小康路上一个都不掉队。深化教育综合改革，促进优质教育资源合理配置，推动教育高位均衡发展，让教育成为市中发展的核心竞争力。完善就业保障服务体系，强化就业困难人员帮扶，鼓励以创业带动就业，拓宽富民增收新渠道。完善区域医疗联合体网络，推行分级诊疗服务和家庭医生制度，不断提升群众健康保障水平。积极发展养老服务业，加快建设以居家为基础、以社区为依托、以机构为补充、覆盖城乡的养老服务体系。健全公共文化体育设施，大力发展群众性文体事业。深入践行社会主义核心价值观，弘扬主旋律、汇聚正能量、树立新风尚，讲述好市中故事，传播好市中声音，推进精神文明建设深入发展。

三、2017 年工作重点

各位代表，今年是新一届政府的开局之年，也是全面建成小康社会的关键一年。全区上下要按照市委、市政府“打造四个中心，建设现代泉城”的总体部署和“453”工作体系要求，进一步振奋精神，乘势而为，撸起袖子，甩开膀子，扑下身子，迈开步子，苦干实干加油干，努力以建设和发展的优异成绩，迎接党的十九大胜利召开。

综合各方面因素，建议 2017 年全区经济社会发展主要预期目标是：生产总值增长 8% 左右，一般公共预算收入增长 9% 左右，固定资产投资增长 10% 左右，社会消费品零售总额增长 10% 左右，实际利用外资增长 5% 左右，进出口总额增长 5% 左右，城镇登记失业率控制在 4% 以内，确保完成市下达的节能减排任务指标。

围绕上述目标任务，重点抓好以下工作：

（一）全力抓好招商引资，以“大招商”促进经济提质增效。牢固树立招商引资是经济工作生命线的理念，创新机制、加大力度，全方位、宽领域推进，努力实现招商引资的重大突破。一是强化载体资源抓招商。坚持突出主题、调整业态、培育特色，加快老旧楼宇“腾笼换业”，抓好新建楼宇“筑巢引凤”，重点引进总部企业及研发中心、运营中心、结算中心，精心打造润华国际财富中心、鲁能国际中心等一批总部楼、亿元楼、特色楼，不断壮大楼宇经济规模。二是突出主导产业抓招商。立足我区产业定位，抓好金融、商务商贸、信息通信等传统优势产业“补链招商”，大力引进股权投资、融资租赁、通讯增值业务等企业，不断做大做强主导产业。三是补齐短板抓招商。积极探索差别竞争、错位发展的路子，充分发挥我区信息、金融等优势，着力培育高端物流业、都市工业，大力发展高技术含量、高知识集聚、高附加价值和高管理水平的生产性服务业，形成上下游配套协作的高端产业链。四是围绕税源抓招商。加快引进一批税源型优质大项目，培植税源、壮大财力，变产值扩张为税收增效，变数量经济为质量经济，形成以税源建设为核心的区域经济格局。五是创新机制抓招商。积极学习借鉴先进地区推行的俱乐部招商、媒体招商、代理招商等新模式，理顺体制机制，整合资源力量，完善产业发展扶持政策，开展百名处级干部联系服务重点企业活动，进一步形成大招商的浓厚氛围。

（二）全力推进项目建设，以“大建设”拓展城市发展空间。坚持以城带乡、城乡互动，以产促城、产城融合，抓住项目建设“牛鼻子”，下好棚改旧改（征收拆迁）“先手棋”，积极拓展发展空间，努力提升城市品质。一是加快重点项目建设，提升区域承载力。坚持规划引领，以大项目大投入带动大建设大发展，扎实推进总投资1168亿元的75个重点项目，全面提升城市承载力和综合竞争力。坚持“不与民争利、阳光征收、用群众工作方法”三项原则，实施和谐有序拆迁，年内完成征收拆迁180万平方米以上。加快鲁能领秀城、文庄等6大片区项目建设，推动南部生态新城快速崛起。二是加快棚改旧改步伐，提升城市品质。坚持把实施棚改旧改作为提升城市品质的重要途径，加快搬倒井、小岭、山凹、魏家、文庄等10个城中村改造建设步伐，高标准规划策划王官庄、七贤、白马山、党家、陡沟5大片区，统筹推进双龙、杨庄、岳而、枣林、小屯等16个城中村改造。加快经四纬一、四里村等项目建设进度，尽快启动机床一厂、济南宾馆等4个棚户区拆迁改造，推动老城“做精长高”和扩容提质。三是完善项目推进机制，提升保障水平。健全项目规划策划机制，实行“一个项目、一名领导、一套班子、一抓到底”的包挂机制，推行项目储备、签约、落地、开工、建设、投产、服务、考核“八位一体”的运行机制，强化督导检查，严格奖惩问责，着力破解项目征收拆迁、手续办理等难题，保障项目顺利实施。

（三）全力推进城市管理，以“大城管”提升城乡环境品质。牢固树立“以市民为中心”的理念，加大投入，强化措施，开展环境综合治理，全面提升城市管理网格化、精细化、智慧化和法治化水平。一是强力推进拆违拆临、建绿透绿。按照“底数要清、政策要明、措施要强、帮扶要跟上”的要求，明确目标任务、界定拆除对象、严格时间节点，确保按期完成违法建筑和逾期临时建筑拆除任务。对拆违拆临腾出的场地优先用于绿地建设，真正还绿于民，不断提升绿化品质。二是强力推进治霾攻坚。继续以高压态势推进大气污染防治“十大行动”，强化联防联控、多措并举，全面治理扬尘污染、燃煤污染和各类非法排放，确保空气质量持续好转。高标准规划建设集水源涵养、生态修复、体育健身、休闲娱乐等功能为一体的南部生态示范区，实施万灵山、泉子山等10座山体公园景观提升工程，完成老虎洞山、九曲东山等4座破损山体治理，对经十路、马鞍山路等20条道路进行绿化提升，不断提升大气品质。三是强力推进交通治堵。全力保障二环东路南延、顺河高架南延、轨道交通等重点道路工程施工，努力打通刘长山路延长线、旅游路西段两条断头路，拓宽改造党杨路、七里山西路南段等6条瓶颈路，改造、新建催马至长清炒米店等14条农村公路。积极推广公共自行车和共享单车，合理布局点位和数量，实现公交与慢行有效衔接，解决公交出行“最后一公里”问题。深入推进道路交通智能化管理，强化拥堵路段治理，畅通社区道路微循环，倡导绿色出行和文明驾驶，努力缓解交通拥堵压力，不断提升交通品质。四是强力推进市政设施建设。加快建国小经六路、东红庙北路等55条次支干道及40个背街小巷节点改造提升，创建一批城管示范道路、示范街巷和示范小区。精心实施海绵城市建设工程，抓好大涧沟、韩庄河等4个黑臭水体整治项目，开展河道隐患排查和危旧设施整修，不断提升城市防汛能力。完善农村基础设施建设，推进乡村连片治理，积极打造美丽乡村示范村，不断提升设施品质。五是强力推进环境综合整治。按照“平、亮、绿、美、净、齐”六字标准，突出市容市貌治理、铁路沿线综合整治等重点，集中力量、严格标准、强化措施、压实责任，在治脏治乱、精细管理、长效机制上狠下功夫，进一步改善城市环境，打造整洁优美、和谐有序的城市形象，不断提升居民生活环境品质。

（四）全力推进民生改善，以“大民生”提升群众幸福指数。坚持共享发展理念，以群众需求为导向，以群众满意为标准，投入50亿元，大力实施“1260”民生工程[14]。一是持续推进教育高位均衡发展。着力提升教育教学质量，不断加大教育投入和教育惠民力度，实施12所中小学校新建改扩建工程，实现集团化办学全覆盖、大班额问题全解决、学生书本费及校服费全免除、区属中小学幼儿园空气净化系统全配备，让市中区的孩子在家门口就能享受优质教育，让市中教育的品牌更响更亮。二是不断加大救助保障力度。健全完善长期救助、临时救助、医疗救助和长效帮扶相衔接的困难群体供养救助制度，加快推进区社会福利服务中心建设，通过政府购买服务的方式实施居家养老服务项目，不断提高救助保障水平。着力做好精准扶贫工作，坚持因村制宜、一村一业，实施好9个扶贫项目，实现从“输血”式扶贫向“造血”式扶贫转变。三是积极扩大就业再就业。完善就业政策和配套措施，强化就业指导和跟踪服务，帮助就业困难人员、零就业家庭实现就业。加快立体化就业“云平台”建设，不断完善创业学院配套服务功能。继续实施大学生就业扶持计划，开发公益性就业岗位，缓解高校毕业生就业压力。四是全面提升医疗卫生服务能力。深化医药卫生体制改革，不断完善公共卫生和医疗服务体系，优化“321”医联体建设，提升社区卫生服务机构标准化水平，持续改善群众就医条件。扎实做好计生服务和管理工作，实施“金色摇篮”工程，打造市中计生服务新亮点。五是大力繁荣发展文体事业。深入实施文化强区战略，推进档案馆新馆建设，抓好文化传承和文化遗产保护，加大文化产业扶持力度，积极打造“文化小镇”。加强群众身边体育设施建设，开展丰富多彩的全民健身活动，让群众更舒心、更健康。

（五）全力推进社会治理，以“大秩序”增进社会和谐稳定。积极创新社会治理，拓宽群众参与渠道，强化各方协调联动，确保社会和谐有序稳定。一是深入开展全国文明城市创建。坚持“创建为民、创建靠民、创建不扰民”的原则，按照创建要求，对照创建标准，全员发动、凝聚合力，强化责任、强力推进，全面完成各项创建任务，促进社会更加文明有序。二是深化社区治理创新。强化社区服务功能，完善社区服务设施，丰富社区服务内容，大力推行社区标准化建设。充分发挥社会组织创新园孵化功能，培育和引导更多社会组织参与社会治理，健全完善“四社联动”治理模式，实现社会治理规范有序。三是持续抓好安全生产。严格落实属地管理责任、行业监管责任和企业主体责任，狠抓重点行业领域隐患排查整治，确保全区安全生产形势持续稳定向好；认真做好国家食品安全城市创建工作，强化食品药品监管，保障群众饮食用药安全。四是切实维护社会稳定。扎实做好“七五”普法宣传教育，积极开展“法治六进”活动，营造全民尊法、学法、守法、用法的浓厚氛围。完善突发事件应急管理机制，健全立体化社会治安防控体系，加强和改进信访工作机制，有效化解各类矛盾纠纷，确保社会大局和谐有序。认真做好人口计生、民族宗教、对台侨务、统计物价、史志档案、慈善老龄、国防教育、双拥共建和民兵预备役等工作，积极推动各项社会事业健康协调发展。

四、全面加强政府自身建设

面对发展新任务、工作新要求、群众新期盼，我们必须牢固树立发展为要、民生为本、实干为先的理念，努力建设高效务实、担当有为、人民满意的政府。

（一）坚持法治思维，着力提升依法行政水平。政府系统工作人员要坚持带头学法、守法、用法，用法治思维和法治方式分析解决问题，严格按照法定权限和程序行使权力、履行职责，切实做到法无授权不可为、法定职责必须为。进一步推进行政执法体制改革，建立部门执法责任清单，落实行政执法责任制，确保严格、规范、公正、文明执法。自觉坚决服从区委统一领导，贯彻区委决策部署，维护区委权威；主动接受人大法律监督、政协民主监督和社会舆论监督，认真办理人大代表建议和政协委员提案，进一步提高落实率和满意率。

（二）坚持解放思想，不断增强推动发展能力。坚持目标高定位、工作高要求，勇于创新、敢于突破，切实把思想解放的成果体现在谋发展的思路、抓发展的胆识、解难题的办法上。积极营造“支持探索、鼓励创新、追求成功、宽容失败”的浓厚氛围，着力推进工作创新、管理创新、机制创新，重点在产业发展、招商引资、项目建设、棚改旧改（征收拆迁）、城市建管、民生改善、综合服务等领域尝试新办法、探索新模式，努力推动各项工作在全市全省争先进、创一流。

（三）坚持务实高效，全面提高政府执行力。严格实行目标管理责任制，制定“时间表”“任务书”和“路线图”，加大追究问责力度，持续治理“庸懒散”，全力打通“中梗阻”，强力推动工作落实，促进政府工作提速、提质、提效。政府系统工作人员，特别是领导干部，要大力弘扬勇于负责、敢于担当的精神，积极争做披荆斩棘的开路者、立说立行的行动者、不计毁誉的真勇者、舍我其谁的改革者，团结带领干部群众脚踏实地、埋头苦干，奋力开创各项工作新局面，共做出彩市中人。

（四）坚持以民为本，不断提升政府服务效能。坚持立党为公、执政为民，始终把人民放在心中最高位置，全心全意为人民服务。进一步深化行政管理体制改革，全面推行权力清单和责任清单制度，优化办事流程，提高办事效率。加快政务云平台建设，提高政务服务智能化水平。深入基层、深入群众，知民情、听民声、聚民智，扎实办好顺民意、解民忧、惠民生的实事好事，做到政府服务在基层、问题解决在基层、群众满意在基层。

（五）坚持清廉清正，努力打造廉洁勤政

政府。严格落实中央“八项规定”精神和上级要求，始终把纪律和规矩挺在前面，坚持用制度管权管事管人，不断健全不敢腐、不能腐、不想腐的有效机制。严格执行“一岗双责”，强化重点领域和重要环节监管，切实加大查处力度，确保权力在阳光下运行，树立为民、务实、清廉的良好形象。

各位代表，当今时代，是一个追逐梦想的时代，也是一个大有作为的时代。中流待击水，风好正扬帆！让我们紧密团结在以习近平同志为核心的党中央周围，在市委、市政府和区委的坚强领导下，继往开来、砥砺奋进，不忘初心、加油实干，在全市“打造四个中心，建设现代泉城”进程中走在前列、争当排头兵，为建设国内知名、全省一流的品质之区而努力奋斗！

《政府工作报告》注释：

1. 三重三化：推行重大项目、重点工程和重要事项项目化、项目责任化、责任具体化。

2. 三区一线：风景名胜区、自然保护区、城市规划区和主要交通沿线。

3. 大气污染防治“十大行动”：扬尘治理与渣土整治、工业污染源达标提升、机动车污染治理、成品油品质保障、餐饮油烟集中整治、清洁能源推广、违法排污设施取缔、落后产能淘汰、绿色生态屏障建设、全民参与环保等十大行动。

4. “321”医联体：省立医院（三级）—区医院（二级）—基层医疗机构（一级）三级医疗联合服务体系。

5. 四社联动：社区、社会组织、社工人才、社区志愿者联动。

6. 法治六进：法治进机关、进乡村、进社区、进学校、进企业、进单位。

7. TOD 战略：（Transit-Oriented-Development，TOD）公共交通引导城市发展。

8. 一核两圈：“一核”，即以百年商埠保护开发为核心，全面启动二期、三期改造建设，高标准建设打造展示济南形象、彰显城市魅力、传承历史文脉的标志性区域。“两圈”，即经十路以北总部企业和楼宇经济聚集圈，经十路以南新兴产业聚集圈。

9. 一带五区：“一带”，即以二环西、二环南、二环东路32公里沿线为中心发展带。“五区”，即整体规划开发山水集团、重汽集团厂区及周边魏家、党东等旧村，大力发展环保、科技、生态产业，打造环保生态产业区；以济南国际创新设计产业园为核心，整体规划万寿路周边区域，打造工业设计产业区；加快星工坊·飞尔姆乐园、泉城国际文化创意产业园等园区建设，培育文创产业集群，打造文化创意产业区；加快建设电子商务产业园区、推动新城工业基地转型，打造现代物流产业区；加强与驻区高校院所对接合作，加快山东大学国家大学科技园建设，引进高新技术企业、实验室和产业研发中心，打造科技创新产业区。

10. 一河两峪多园：“一河”，即依托玉符河景观风貌，建设一批产业与生态有机融合的生态农业小镇，发展户外拓展、精品民宿等产业；“两峪”即涝坡峪和渴马峪，挖掘生态环境、历史文化、村居风貌，培育中草药种植、特色林果等一批乡村产业项目；“多园”，即改造、提升、新建一批现代都市农业园区。

11. 四个服务：为人民群众、辖区企业、驻区单位、基层社区服务。

12. 人才“四大工程”：顶尖人才聚集、高层次创新创业人才引进、产业领军人才发展、青年英才储备四大工程。

13. 城市“双修”：城市修补、生态修复。

14. “1260”民生工程：即12大类60项

民生实事。

教育惠民工程

1. 投资3.5亿元，完成济南三中新校区建设，利用三中老校区置换改善实验初中办学条件。

2. 投资1.6亿元，实施中小学校新建改扩建工程，新建改扩建中小学校10所，其中新建8所、改扩建2所。

3. 新建北康、分水岭等6所幼儿园，改善16所公办幼儿园办园条件。

4. 提升党家中学、后龙小学等39所城郊及薄弱学校，完成经十一路小学、民生大街小学等23所学校校舍改造。

5. 区属中小学学生校服费、书本费100%全免除。

6. 将育才中学、七里山小学等11所学校全部纳入教育集团，实现集团化办学100%全覆盖。

7. 大班额问题100%全解决。

8. 所有区属中小学及幼儿园空气净化设备及新风系统100%全配备。

9. 职称评聘向城郊学校教师倾斜。

10. 投资1亿元，加快推进区未成年人素质教育基地建设。

11. 全面升级学校城域网，建设“智慧校园”互联互动体系。

贴心养老工程

12. 将100岁以上的高龄老人长寿生活补贴标准由每人每年1200元提高至6000元。

13. 完成区级社会福利服务中心建设并投入使用。

14. 投资1000万元，加快省级养老服务中心试点工作，推进“一平台两中心”（区级养老服务信息平台，示范性社区活动中心、养老服务中心）建设。

15. 标准化建设老年人日间照料中心6处、农村幸福院4处。

16. 通过政府购买服务的方式实施居家养老服务项目，推进居家“五助”服务（助餐、助浴、助洁、助急、助医）。

17. 继续为符合条件的老年人购买银龄安康保险。

暖心救助工程

18. 投资3200万元，对9个贫困村实施精准扶贫，实现“五通十有”（即村村通路、通电、通自来水、通广播电视、通信息；有旱涝保收田、有致富项目、有办公房、有卫生室服务、有卫生保洁制度、有学前教育、有文化活动室、有健身场所、有良好生态环境、有就业保障措施），推进产业提升，巩固乡村扶贫解困成果。

19. 投资800万元，对重度贫困、残疾人进行生活补贴和护理补贴等救助。

20. 投资1000万元，对家人患大病、遭受意外的困难家庭进行医疗、临时、教育救助。

健康促进工程

21. 实施“金色摇篮”工程，向父母为市中区户籍的新生儿赠送初生光盘、孕婴用品及指导用书等，加强婴幼儿身心健康、潜能开发的综合指导。

22. 将基本公共卫生人均经费标准由45元提高到50元。

23. 对全区符合条件的老年乡村医生发放生活补助。

24. 投资1800万元，继续提升“321”医联体平台建设，为辖区居民提供更优质医疗服务。

就业帮扶工程

25. 整合资源，打造两大平台（数字化就业云平台、创业学院服务平台），全年孵化初创企业100家以上，带动就业500人以上。

26. 全年安置就业再就业1.5万人，组织就业培训4500人次，开发大学生公益性岗位100个。

道路畅通及安全防护工程

27. 投资18.5亿元，努力打通刘长山路延长线（济微路至二环西路段）、旅游路西段等2条断头路。

28. 投资8.5亿元，拓宽改造党杨路、七里山西路南段等6条瓶颈路。

29. 投资3000万元，提升改造次支干道55条、背街小巷40条。

30. 新建改造农村道路14条。

31. 投资2500万元，实施小区微循环改造提升及道路隐患排查整治，优化道路交通组织。

32. 积极推广公共自行车和共享单车。

水环境整治工程

33. 投资5400万元，对大涧沟、九曲沟、韩庄河、兴济河等4条河道进行黑臭水体整治。

34. 投资2亿元，实施7大片区、52个社区海绵工程建设。

35. 建设中水处理站1处。

36. 新建“五小”水利工程80处，新建塘坝1处。

居住舒心工程

37. 实施棚户区改造3314户、旧村改造3600户，建设安置房4959套。

38. 投资9000万元，实施既有居住建筑节能改造100万平方米。

39. 对1.29万户居民进行供电一户一表改造。

40. 投资1.2亿元，对林祥南街、舜玉北区等45个开放式老旧小区进行综合整治提升。

41. 探索试点老旧小区多层楼房安装电梯。

市容市貌整治工程

42. 投资7亿元，对纬二路—英雄山路、经十一路实施道路更新提升工程。

43. 投资5939万元，对铁路沿线环境进行综合治理。

44. 投资1350万元，对老商埠一期周边区域进行改造提升。

45. 投资980万元，对旅游路、经八路等2条道路和永庆街、林祥南街等4个区域进行重点环境打造。

46. 投资280万元，将居民装修垃圾全部纳入统一监管、统管统运。

便民设施提升工程

47. 投资1亿元，高标准建设区档案馆新馆。

48. 新建社区图书室5个、农家书屋11个，实现社区图书室、农家书屋全覆盖。

49. 改造提升街道综合文化站、社区综合文化服务中心、文化广场各10个。

50. 新建、更新开放小区及村居健身路径50条。

51. 建设五人制“笼式”足球场10处。

52. 投资280万元，扶持新建“互联网+便利店”45家。

增绿添彩工程

53. 启动占地600公顷的南部生态示范区规划建设。

54. 启动马武寨山、小龟山2座山体公园建设。

55. 提升万灵山、泉子山等山体公园10座。

56. 绿化提升胡家山、凤凰山山体2座。

57. 提升改造舜玉公园，打造社区游园、街头绿地15处。

乡村美化工程

58. 打造美丽乡村示范村18个。

59. 实施农村厕所无害化改造6360户。

60. 完成村庄美化亮化7个。

HIZHONGNIANJIAN

市中年鉴

大事记

DaShiJi

大事记

1月

1日 区委副书记、区长王勤光到兴隆街道办事处调度快速路征迁工作，并对征迁工作人员表示慰问。

4日 省委书记姜异康调研济南市棚改旧改工作，察看市中区七贤街道文庄村改造项目，听取村庄拆迁工作和安置房、公租房建设情况汇报，对市中区棚改旧改工作给予充分肯定。

5日 市委常委、政法委书记李占国到市中区调研，听取征收拆迁有关情况汇报，对市中政法维稳工作给予充分肯定，并对下步工作提出明确要求。

6日 召开2015年度全区百佳和谐家庭表彰大会。区领导为全区100户受表彰的和谐家庭颁发荣誉证书。

8日 省委常委、济南市委书记王文涛到市中区调研指导大气污染联防联控暨民用生活燃煤清洁化治理工作。

11日 政协市中区第八届委员会第五次会议在济南大厦礼堂召开。会议听取区政协主席梁英为所作的区政协八届常委会工作报告和区政协副主席张桂春所作的关于提案工作情况的报告。

12—14日 区第十七届人民代表大会第五次会议在济南大厦礼堂召开。216名代表出席会议。会议听取区长王勤光所作的区政府工作报告、区人大常委会主任苏维泉所作的区人大常委会工作报告、区人民法院院长冯媛所作的区人民法院工作报告、区人民检察院副检察长韩秉林所作的区人民检察院工作报告。

15日 副市长张海波、省商务厅副巡视员林凌家等领导参加德勤华永会计师事务所济南分所成立活动。

16日 区委常委、组织部部长王国顺参加舜玉路街道领导班子“三严三实”专题民主生活会。

同日 市食安办到市中区督导国家食品安全城市创建工作。

19日 区委常委、宣传部部长任晓策参加二七街道领导班子“三严三实”专题民主生活会。

同日 区委常委、统战部部长蒋济东到七里山街道困难党员家中走访慰问，向他们送上新春祝福。

同日 市中区选派的新任“第一书记”到任平阴县贫困村，开展为期2年的帮扶工作。

同日 副区长赵延生参加魏家庄街道领导班子“三严三实”专题民主生活会。

同日 区委常委、宣传部部长任晓策到二七街道铁二社区走访慰问新中国成立前老党员和困难党员，带去党和政府的温暖和关怀。

20日 区委常委、政法委书记闫培胜参加泺源街道班子“三严三实”专题民主生活会，指导推进“三严三实”专题教育深入开展。

同日 区委常委、区武装部政委刘伟华参加舜耕街道领导班子“三严三实”专题民主生活会。

25 日 区委常委、副区长谢兆村参加四里村街道“三严三实”专题民主生活会并走访慰问困难老党员。

26 日 区红十字会工作人员将价值 2 万余元的大米、面粉、食用油、棉被等救助物资发放到辖区 100 余户困难群众手中。

同日 六里山街道玉函南区和铁路玉函社区分别获“市级卫生小区”和“健康示范社区”的称号，并同时获“市级卫生居委会”称号。

27 日 区人大常委会主任邵登功参加十六里河街道“三严三实”专题民主生活会，并走访慰问十六里河街道老党员和困难党员代表。

同日 区委常委、组织部部长、区老龄委主任王国顺先后走访慰问区交通局、舜玉路街道困难职工。

同日 副区长程伟走访慰问特困职工。

28 日 由市委组织部常务副部长王平任组长的市委第一考核组一行 7 人，到市中区进行 2015 年度科学发展年终考核。

同日 区委常委、区纪委书记王其广到郎茂山小区走访慰问济南机床部件厂特困职工。

同日 副区长李咸梁到中光明街走访慰问困难退休职工。

29 日 市委常委、市总工会主席王以才率市检查考核组到市中区检查考核 2015 年度党风廉政建设责任制落实情况。

同日 省国税局局长薛建英一行到市中区调研。

同日 区委常委、统战部部长蒋济东，区人大常委会副主任王盛元，政协副主席徐长远一行走访慰问济南军区联勤部干休三所，向驻地部队官兵和离退休老同志致以节日问候。

同日 区委常委、组织部部长王国顺，区人大常委会副主任李莹，区政协副主席、王官庄街道党工委书记孙振华，区检察院检察长韩秉林一行到王官庄街道驻区部队走访慰问。

2 月

2—3 日 济南大学共建创业学院工程、工程监理、空调采购及安装工程和市中区环境卫生管护中心大型街道清洗清扫车招标仪式在区政务服务中心政府采购平台举行。

5 日 市委常委、常务副市长孙晓刚到市中区察看顺河高架南延工程方案设计和征收拆迁有关工作。

同日 省工商局副局长郭际水一行到市中区市场监管局英雄山路所察看节日市场监管工作。

6 日 区委副书记、区长王勤光到皇家花园酒店、鲁能领秀城贵和购物中心内北京华联超市察看企业安全生产、食品安全等工作。

同日 区委副书记、区长王勤光到英雄山路土屋路路口看望慰问节日期间坚守岗位的值勤交警，到八里洼垃圾转运站看望慰问一线环卫工人，向他们致以节日问候。

同日 区委常委、副区长郅颂到经十一路转运站、二七环卫所、区管护中心等地慰问一线环卫工人，并致以新春祝福。

14 日 召开全区旧改棚改（征收拆迁）、招商引资、项目建设攻坚誓师大会。

15日 区委副书记、区长王勤光到大观园街道办事处调研，察看街道服务中心，听取工作汇报，并对抓好下一步工作提出明确要求。

同日 区委常委、组织部长王国顺到泺源街道调研重点工作。察看山东省证券工地、共青团路人防工程等项目进展情况。

同日 副区长王书信到陡沟街道及大庙屯片区项目指挥部调研督导重点工作。

16日 副区长赵延生带领安监、公安、消防、交警等部门负责人及区安全生产大检查第12督导组，检查十六里河综合市场、山东京泰汽车贸易有限公司、海鲜大市场、英雄山文化市场的消防安全工作。

16—17日 区委常委、副区长郅颂察看玉符河综合治理工程市中段征迁工作。

17日 副区长李咸梁到区档案局调研。

同日 英雄山路南段高架桥工程（顺河高架南延一期工程）征收拆迁启动会在六里山街道土屋路华天公司院内指挥部顺利召开。

22日 区委副书记、区长王勤光到杆石桥街道办事处调研，听取有关工作汇报，并对抓好下一步工作提出明确要求。

23日 全区党风廉政建设和反腐败工作会议暨区纪委十一届六次全体会议召开，传达学习中央和省、市纪委全会精神。

同日 区委常委、宣传部部长任晓策到市中区文化产业单位（园区）调研。

同日 副区长程伟主持召开全区经济指标工作会议。

同日 沈阳市沈北新区区委常委、组织部部长陈亮一行到市中区政务服务中心参观考察。

24日 区政府全体（扩大）会议召开，各位副区长分别对分管领域及部门2016年的工作进行安排部署。

同日 区委副书记、区长王勤光到七里山街道办事处调研，察看双龙片区项目，听取工作汇报，并对抓好下一步工作提出明确要求。

同日 区委副书记于红，区委常委、组织部部长王国顺到兴隆街道涝坡管理区9个贫困村走访调研，了解各村发展现状及扶贫工作情况。

同日 区委常委、副区长郅颂主持召开第九次城市管理工作联席会议。

25日 市园林局局长韩永军一行到市中区调研，就园林工程项目谋划推进、加快绿色生态市中建设等方面工作进行深入交流。

同日 全区举办“音乐与人文素养”专题报告会。

同日 市中区在七贤广场举行2016年“春风行动”大型招聘会暨市中区数字化就业“云平台”启动仪式。

27日 区委副书记、区长王勤光察看快速路征迁工作，先后察看大岭、岳而、井家沟及杨庄村征迁收尾工作情况。

29日 区委副书记、区长王勤光察看市政工程建设项目，先后察看共青团路、马鞍山路、舜世路一期、旅游路西段、玉函小区南路、玉兴路南延和克朗山东路等道路建设改造情况以及九曲截洪沟综合治理和大涧沟污水处理站工程建设情况。

3月

1日 市委常委、宣传部部长谭延伟到市中区调研文化产业园区建设，察看二七新村街道 JN150 创意设计文化工场、六里山街道星工坊国际影视娱乐产业园、十六里河街道济南国际创新设计产业园、白马山街道“红场 1952”文化创意产业园、泉城国际文化创意产业园建设情况，听取相关工作汇报，并对下步工作提出指导意见。

同日 区委组织部组织召开“第一书记”精准扶贫工作座谈会。

2 日 副市长李宽端一行到玉符河殷家林立交桥段调研玉符河综合治理工程进展情况。

3 日 区委副书记、区长王勤光到英雄山路南段高架桥征迁指挥部和“JN150”创意设计文化工场项目调研。

同日 区委常委、副区长郅颂到文庄片区项目指挥部主持召开区检察院服务保障文庄片区项目建设座谈会。

同日 区外来务工综合服务中心联合区妇联务工姐妹之家开展三八妇女节“维护妇女性权益，关爱劳动女性”活动。

同日 区委区直机关工委在济南大厦九楼会议室举办“做阳光女性　建美好市中”区直机关庆“三八”知识讲座。

4 日 市委常委、政法委书记李占国到市中区清真南大寺走访调研，并与相关人员座谈交流。

同日 国家信访局副局级督查专员赵绣雪率督导组一行到市中区督导检查工作，察看七贤街道办事处群众来访接待中心及接访室，召开专题座谈会，听取信访维稳相关工作汇报。

同日 济南市首个反家暴联席会议办公室、反家暴合议庭成立揭牌仪式在市中区法院举行。

同日 中国残疾人辅具中心主任李晞、山东省残疾人综合服务中心主任惠勇健一行到市中区七里山街道残联调研指导残疾人康复及辅具工作。

同日 召开全区消防工作暨重大火灾隐患专项整治部署会议。

同日 市中区召开“互联网 + 便利店”建设推广工作部署会。

同日 区市场监管局在英雄山雅园小区广场举办大型“计量惠民进社区”活动。

5 日 区政府召开第 52 次常务会议，研究 2016 年民用生活燃煤清洁化治理工作所需资金等有关事宜。

同日 区委常委、组织部部长王国顺参加党家庄街道基层党建工作述职评议会。

6 日 区委副书记、区长王勤光察看海珀天沅建筑工地、杨庄垃圾场等地扬尘治理与渣土整治工作。

同日 区医院中医骨伤科在四川大学附属华西医院脊柱外科主任医师孔清泉指导下，成功为 1 名腰椎间盘突出症患者实施医院首例椎间孔镜下髓核摘除、椎间孔减压成形术，解除患者的痛苦。

7 日 召开全区“治霾、治堵、脱贫三大攻坚任务”专题调度会，听取相关汇报，研究部署任务目标和工作措施。区委副书记、区长王勤光就抓好三项工作提出明确要求。

同日 潍坊市委常委、统战部部长张小梅一行 5 人到市中区考察社会组织统战工作。市委统战部副部长张鹏，区委常委、统战部部长蒋济东陪同调研。

同日 副区长程伟到舜耕街道调研，察看国华时代广场项目建设情况。

同日 湖北省团省委副书记张澍一行到市中区学习考察中学共青团“强基固本”工程等团务工作开展情况。山东团省委副书记陈必昌，济南团市委副书记王友进及市中区有关领导陪同考察。

同日 区总工会举行以“开开心心庆

三八，青春靓丽展风采”为主题的联欢会，全区各条战线上130余名女工参加。

8日　区委副书记、区长王勤光分别到舜玉路、舜耕街道办事处调研，先后查看汇玉众创空间、人社服务中心和城管环卫中心等建设工作，听取工作汇报，对抓好全年各项工作提出明确要求。

同日　区委常委、副区长郅颂察看环卫保洁、市容秩序整治等城市管理工作，听取有关情况汇报，并就做好下一步工作提出明确要求。

同日　区委政法委相关负责人到区审计局，为“市中区见义勇为先进群体”李瑞栋、李波颁发奖金，表彰他们一身正气，面对盗窃分子，临危不惧，挺身而出的见义勇为行为。

9日　副区长赵延生带队察看有关企业、单位消防演练活动和安全生产工作情况。

同日　国家严重精神障碍管理治疗项目办（686项目）主任马宁到市中区考察指导重症精神疾病患者社区管理工作。

10日　区委副书记、区长王勤光到白马山街道办事处调研，察看红场1952文化创意项目，并听取工作汇报，对抓好各项工作提出明确要求。

同日　市委副秘书长张景欣率专项督查组到玉符河殷家林立交桥段调研玉符河综合治理工程进展情况，听取有关工作情况汇报，并就做好下一步工作提出明确要求。

12日　区委副书记、区长王勤光分别到郎茂山、小龟山、双山顶、万灵山察看绿化提升情况，听取有关情况汇报，并就做好下一步工作提出明确要求。

14日　市委组织部调研巡视组一行9人由市委组织部副部长李旭东带队，就领导班子和干部队伍建设情况，到市中区开展为期一个半月的调研巡视。

同日　吉林省长春市参观团到市中区杆石桥街道自由大街社区参观学习区域化党建工作。

15日　区委常委、副区长谢兆村在区旧村改造指挥部主持召开专题会议，研究调度山凹、魏家城中村改造项目征收拆迁工作。

同日　区市场监管局10个市场监管所分别在辖区超市、农贸市场、广场等设立维权服务点，现场宣传维权知识，解答群众的各类消费问题。

同日　七贤街道邀请济南居安消防培训中心教员对辖区汽车维修配件城和七贤兽药市场经营业主开展以“消防、安全、逃生”为主题的消防安全知识培训活动。

16日　省委常委、济南市委书记王文涛察看市中区二环南路东延、二环东路南延工程建设情况，并在济南东南二环项目指挥部召开调度会。

同日　区综治办、公安市中分局召集区综治委有关成员部门和各街道综治委在公安市中分局召开全区深入推进治安复杂区域整治行动专项工作部署推进会议。

17日　区住房保障管理局、区园林局、区民营局、区科协、区旅游局、区外侨办等单位到舜耕街道，与5个社区党总支集中见面，对接服务，共同铺筑联系服务群众“最后一公里”。

18日　市国家保密局和国家保密科技测评中心山东省分中心有关领导及专家一行5人，对区纪委、监察局涉密信息系统进行现场检查测评，该涉密系统以优异成绩通过检查测评。

同日　区公车办和有关单位在国防教育基地统一办理全区超标车辆的交车、封存手续，并要求越野车不得作为领导专车使用。

20日　区委副书记、区长王勤光带领各

副区长、区直有关部门和街道办事处主要负责人，参加济南电视台“直面问题 践行承诺”直播电视问政节目，就群众关心和关注的城市管理、大气污染防治、城乡环卫一体化及精准扶贫等相关问题进行现场解答。

23日 区十七届人大常委会召开第三十五次会议，区人大常委会主任邵登功主持会议，会议审议通过人大常委会2016年工作要点，进行人事任免事项，举行宪法宣誓仪式。

同日 河北省爱卫办副主任翟京波带领石家庄、张家口等4市创卫工作考察组到市中区参观考察创卫工作。

同日 区委常委、副区长郅颂主持召开小石料厂整治工作会议，听取有关情况汇报，对存在的问题逐一进行研究分析，并对下一步工作提出明确要求。

24日 区委副书记、区长王勤光专题调度区海绵城市建设征收征迁工作，听取有关情况汇报，对涉及有关问题逐一进行分析研究，并就做好下一步工作提出明确要求。

25日 济南大学党委书记程新，党委副书记、校长张士强一行到访市中区，参观区规划展览馆。

同日 区扬尘治理与渣土整治行动工作组组织区国土资源市中分局、区执法局、区环保局、公安市中分局及党家庄街道办事处共260余人，对党家庄街道12处违法小石料厂开展专项整治行动。

26日 全区组织7000余名机关干部、社区党员、小区居民、志愿者等，走上主次干道，深入背街小巷、居民小区，开展全区大扫除活动。

同日 英大证券有限责任公司山东分公司在市中区鲁能国际中心16层正式开业运营。

29日 区委副书记、区长王勤光察看玉兴路南延工程建设情况，听取情况汇报，并就做好下一步工作提出明确要求。

30日 市委常委、组织部部长李刚到市中区舜耕街道舜华社区、杆石桥街道自由大街社区，调研指导社区党建工作。

31日 区委政法委在二七新村街道办事处召开全区视频监控建设工作现场会。

4月

1日 全区经济责任审计工作领导小组会议在济南大厦11楼会议室召开。会议总结2015年全区经济责任审计工作开展情况，对2016年工作进行安排部署。区委副书记、区长王勤光出席会议并讲话。

同日 区委副书记、区长王勤光在济南大厦11楼会议室召开会议，调度招商引资工作，听取相关情况汇报，对有关重点招商引资项目、物流产业园建设、产业园区发展等工作进行研究。

同日 市中区举办学习贯彻五中全会及“十三五”规划精神报告会，邀请中央政策研究室经济局局长冯海发教授作辅导报告。

4日 区委副书记、区长王勤光到文庄片区项目工程建设指挥部调研，听取项目征迁工作进展情况的汇报，并对坚守征迁一线的干部职工表示慰问。

8日 区委副书记、区长王勤光到陡沟街道察看大庙屯项目建设情况，并听取工作汇报。

同日 区委副书记、区长王勤光到泉城国际文化创意产业园调研，察看全国少儿图书采配基地和山东世纪舜风广告传媒有限公司2家企业，并听取园区工作汇报。

同日 区委副书记于红到济南大学就深化校地战略合作工作进行对接。双方就进一步加强科技合作、教育培训、智力资源、创新创业等方面问题进行深入交流与全面对接。

11日 省委常委、市委书记王文涛到市中区调研棚改旧改工作，在文庄片区项目工程建设指挥部观看文庄拆迁工作纪录片，听取市中区棚改旧改及文庄拆迁进展情况汇报，对市中棚改旧改（征收拆迁）和文庄拆迁工作给予充分肯定并提出指导意见。

14日 济南市文明办、市财政局、市环保局、市中区文明办领导在兴隆街道工作人员及村干部的带领下，到兴隆街道涝坡、斗母泉村进行市级文明生态村检查验收。

15日 省委常委、组织部部长杨东奇一行到市中区调研指导社区党建工作，察看舜华社区"先锋空间"社区党建服务中心、社会组织党建工作室、自由大街社区"两委两中心"建设运转情况，听取社区党建、社会组织党建工作情况介绍，并与部分社区党组织书记、专职党务工作者、社会组织党组织负责人以及社区党员群众座谈交流。

16日 区委副书记、区长王勤光察看玉符河综合治理工程市中段有关工作情况，听取汇报，并就做好下一步工作提出明确要求。

同日 国土资源市中分局联合陡沟街道办事处、城管局等相关部门，对陡沟街道殷家林村、杨台村、双庙村8户村民在耕地内建设的违章建筑进行集中拆除。

18日 区委副书记、区长王勤光与华夏银行济南分行党委书记、行长夏阳等对接有关工作，双方在华夏银行三楼会议室召开座谈会，并就相关问题进行研究。

同日 区委统战部召开全区统一战线"同心扶贫攻坚行动"动员会，区委常委、统战部部长蒋济东出席会议并讲话。

19日 全区一季度经济运行分析暨招商引资工作推进会议召开。副区长程伟对招商引资任务及考核进行部署和解读；区委副书记、区长王勤光全面总结一季度经济运行和招商引资情况，分析存在的问题和面临的形势，对下一阶段的工作进行安排部署。

20日 区委常委、组织部部长王国顺，区委常委、政法委书记闫培胜到泺源街道、陡沟街道参加"主题党日"活动，与街道机关党员交流心得体会。

同日 区政协机关党总支、区财政局党总支、区编办、七贤街道党工委以及全区各单位、各部门分别以不同形式开展主题党日活动。

23日 由济南市体育局和《济南时报》共同主办，济南市体育竞赛管理中心、济南市体育彩票管理中心协办，市中区体育局、王官庄街道办事处共同承办的"体彩杯"第八届济南市全民运动记录挑战赛市中赛区比赛，在王官庄九区广场举行。

同日 十六里河街道正式启动柏石峪村回迁安置选房工作，至4月29日，顺利完成柏石峪村621人，346套全部回迁安置工作。

26日 市中区在济南大厦举行政银企合作暨重点项目签约仪式。

同日 市中区"两学一做"学习教育工作座谈会在济南大厦召开，学习贯彻习近平总书记关于开展"两学一做"学习教育的重要指示精神及中央和省、市委的部署要求，安排部署全区"两学一做"学习教育工作。

同日 中国台湾文化创意产业联盟协会荣誉理事长李永萍一行到市中区考察。

27日 修正药业集团董事长修涞贵一行到市中区调研考察，参观市中区规划展览馆，并就加强合作共同发展进行座谈交流。

同日 市中区庆祝“五一”国际劳动节暨工青妇表彰大会在济南大厦二楼礼堂隆重举行。区委常委、统战部部长蒋济东主持，区委副书记于红讲话。

同日 区委常委、副区长郅颂到中山公园南门、济微路至白马山南路等电视问政《回头看》录播节目曝光问题涉及区域，现场研究解决问题。

29日 全市开放型经济发展大会召开，会议宣读《关于2015年度全市招商引资工作专项考核结果的通报》。市中区荣获2015年度全市招商引资工作专项考核一等奖，省委常委、市委书记王文涛为市中区颁奖。

5月

2日 区委副书记、区长王勤光到鲁能领秀城社区医院地块、南北康安置房和北康路、分水岭路建设工地现场调度项目进展情况，在南北康项目工程建设指挥部听取工作汇报，并就加快推进项目建设提出明确要求。

3日 区人大常委会召开“两学一做”学习教育动员部署会。会议传达学习总书记习近平关于“两学一做”学习教育重要指示精神、区委开展“两学一做”学习教育实施方案。

同日 是全市警报器试鸣日，辖区所有警报器全部成功试鸣。警报器辖区覆盖率达90%。

5日 上海复星创富投资管理有限公司总裁张良森一行到访市中区，参观市中区规划展览馆，并就深化政企合作、加快项目引进、促进共同发展进行座谈交流。

同日 央视财经频道《创业英雄汇》山东海选框架协议签约仪式在山东新金融产业园举行。区委副书记、区长王勤光参会并致辞。

8日 黑龙江省政府副秘书长王大为带队到十六里河街道领秀城长者日间照料中心调研考察。

9日 区委召开落实党风廉政建设责任制大会。

10日 市中区第六届全民运动会开幕式在省体育中心体育场举行。

同日 内蒙古和信园蒙草抗旱绿化股份有限公司（上市公司）、山东银广置业有限公司及山东鲁信文化传媒投资集团有限公司分别到市中区进行园林绿化项目、体育文化产业项目的投资考察。

13日 省、市开展企业安全生产主体责任落实情况联合执法检查组到市中区检查企业安全生产主体责任落实情况。

12—14日 全区90余名纪检监察干部集中进行为期3天的学习培训，区委常委、纪委书记王其广全程参加并作结业讲话。

16日 市中区在临沂举办农村党组织书记“讲法纪、守规矩”专题培训班，区委常委、组织部部长王国顺出席开班式并讲话。

18日 市中区与济南大学全面战略合作签约暨创业学院揭牌仪式在济南市市中区、济南大学创业学院举行。

同日 团中央社会工作部筹备组负责人次旺平措一行到市中区二七新村街道梁南社区，察看青少年专业社工队伍建设情况。

19日 市中区创建全国文明城市工作推进会召开，区委常委、宣传部部长任晓策出席会议并讲话。

同日 区委常委、政法委书记闫培胜带领区委政法委、区科技局相关人员，到兴隆街道义和村开展扶贫工作。

20日 市中区召开公务用车制度改革动员大会，对全区公务用车制度改革进行动员部署；27日，市中区公务用车制度改革领导小组完成对81家参改单位（含地税系统）公务用车制度改革实施方案的审核批复工作。

同日 区十七届人大常委会召开第三十八次会议，区人大常委会主任邵登功主持会议，会议听取审议关于深化集团化办学推进教育高位均衡发展工作情况的报告等事宜。

23日 市中区召开文庄项目推进工作会议，区委常委、副区长郅颂就项目拆迁工作进展作说明并进行安排部署，区委副书记、区长王勤光就加快项目拆迁进度、加大全区支持力度提出明确要求。

30日 区委副书记、区长王勤光到文庄村察看拆迁情况，并在项目工程建设指挥部主持召开会议调度征迁工作情况。

6月

2日 省委组织部副部长刘炳国，市委常委、组织部部长李刚一行先后到市中区舜玉路街道党建服务中心、舜园社区综合党委、大观园街道山东商会大厦楼宇社区党委调研指导街道社区区域化党建工作。

3日 山东省暨济南市智慧便利店进社区工程试点启动仪式在市中区中海国际社区中心广场举行。

同日 市中区开放型经济建设专题培训班在浙江大学正式开班。区委常委、组织部部长王国顺出席开班式并作动员讲话。

4日 区委副书记、区长王勤光到杆石桥街道新市区社区参加市容环境集中整治活动，与机关干部、志愿者和社区居民一起打扫小区街道和花坛卫生，并察看社区周边的环境整治情况。

5日 二七街道组织驻区省、市、区三级人大代表利用休息日，到文庄项目拆迁现场，慰问坚守在拆迁一线工作的干部职工。

6日 岳阳市工商局局长王星耀一行9人在济南市工商局领导陪同下，到市中区市场监督管理局进行考察。

7日 市人大常委会主任徐长玉到市中区检查扬尘污染防治工作，察看兴隆华润置地片区倾倒场、华润兴隆山片区F1地块安置房工程渣土场，听取相关工作情况汇报。

8日 全市棚改（征收拆迁）项目建设劳动竞赛启动仪式在市中区南北康项目现场举行。

同日 济南市人才服务局到市中区山东栋梁科技设备有限公司考察“博士后创新实践基地”创建工作。

10—11日 区委副书记、区长王勤光先后到文庄片区项目指挥部和兴隆街道小岭村和二环东路南延工程项目指挥部，调度征迁工作，并慰问假日期间坚守征迁一线的干部职工。

13日 省委常委、市委书记王文涛到市中区调研燃煤锅炉淘汰（改造）工作，察看济南大学东校区燃煤锅炉淘汰（改造）情况，要求进一步加快工作进度，保证燃煤锅炉淘汰（改造）工作有序推进。

同日 全市2016年食品安全宣传周主场活动在市中区英雄山赤霞广场举行。

同日 市人大常委会副主任孙积港带领第四视察组对市中区欧亚大观商都项目建设情况进行视察。

同日 济南广友“T”仓文化创意空间设

计方案研讨座谈会在白马山街道办事处召开。

同日 共青团海口市委书记周健率海口市各区县团委书记十余人来到市中区“花young年华 青春启航”青少年服务项目二七站，考察交流。

14日 全省城市街道、社区区域化党建工作考察组到市中区现场观摩考察。

18日 山东省暨济南市“百家健康驿站·志愿服务进社区”活动启动仪式在市中区鲁能领秀城社区卫生服务中心举行。

20日 招远市委常委、统战部部长赵美瑜一行到市中区考察社会组织统战工作。

24日 市委副书记雷杰到市中区检查指导内河防汛工作，察看玉符河综合治理工程宅科桥段，听取工作情况汇报，并就抓好防汛工作提出明确要求。

25日 省政府党组成员、省公安厅党委书记孙立成到市中区调研。

28日 市委副书记雷杰到市中区调研棚改旧改重点项目，察看扳倒井、魏家庄、文庄旧村改造项目，召开座谈会听取工作汇报。

29日 区委副书记、区长王勤光到十六里河街道参加庆祝建党95周年主题党日活动。

同日 区直机关庆祝中国共产党成立95周年大会在济南大厦二楼礼堂隆重举行。

同日 区委副书记于红参加“舜玉路街道纪念建党95周年表彰大会”暨“铭记入党初心，永葆先进本色”主题党日活动。

同日 区委常委、组织部长王国顺到泺源街道参加青年西路社区主题党日活动。

30日 省委常委、市委书记王文涛到市中区调研指导棚改旧改工作，察看文庄项目拆迁现场，在文庄片区项目工程建设指挥部观看文庄拆迁工作纪录片，听取拆迁进展情况汇报，并对一线工作人员表示慰问。

7月

1日 市中区召开庆祝中国共产党成立95周年大会。

同日 市中区区组织党员干部认真收听收看中共中央庆祝中国共产党成立95周年大会实况。

4日 区委常委、统战部长蒋济东，副区长赵延生一行，分别到党家街道党西清真寺、党东清真寺、刘家林清真寺走访慰问。

6日 区委副书记、区长王勤光调研老商埠及周边环境整治，察看老商埠项目现场，听取项目建设情况介绍，并就完善规划布局、优化项目招商、推动业态更新、周边环境打造等方面问题进行专题研究。

同日 区委常委、组织部部长王国顺一行到党家街道党西清真寺，看望慰问广大穆斯林群众。

7日 全国人大常委会副委员长向巴平措到市中区调研城市民族工作，察看清真北大寺、西藏中学。

同日 德州市委组织部考察团到市中区考察区域化党建工作。

同日 副区长赵延生带领区安全生产监管、公安、消防、监察等部门负责人，对十六里河、兴隆街道办事处的安全生产、消防工作，特别是九小场所专项整治工作开展情况进行督导检查。

8日 市中区举办区委理论学习中心组（扩大化）报告会，邀请复旦大学教授、博士生导师、享受国务院特殊津贴的专家孟建作题为《全媒体环境下：突发事件处置与媒体沟通》的专题辅导报告。

12日 区政府第57次常务会议在济南大厦11楼会议室召开，区委副书记、区长王勤光主持会议。会议调整区政府领导成员工作分工，研究部分干部免职、教育工作以及既有居住建筑节能改造等有关事宜。

同日 副市长巩宪群带领全市食安办系统有关负责人和7个检查组对市中区食品安全城市创建工作进行现场观摩检查。

13日 市中区召开区级党政领导班子成员向区纪委全委会述廉述责会议。

同日 市中区铁路沿线环境综合治理工作会议在济南大厦召开。同日 山东团省委副书记任海涛带领团省委一行到“花young年华·青春同行”项目针对服务实施情况进行指导。

同日 商河县妇联组织妇联干部到市中区参观学习妇女儿童家园项目。

14日 区委副书记、区长王勤光，区委常委、宣传部部长任晓策到经四纬二路口，作为普通文明交通志愿者，带头利用“碎片化”时间参与“我爱泉城 文明出行”活动。

18—22日 市中区在潍坊举办农村党组织书记暨发展村级集体经济专题培训班，区委常委、组织部部长王国顺出席培训班并讲话。

19日 市委常委、常务副市长孙晓刚到市中区察看城市防汛工作。

20日 市中区举办区委理论学习中心组“两学一做”学习教育专题报告会，邀请中国科学社会主义学会副会长，中国政治学会副会长，山东大学博士生导师，济南大学政治与公共管理学院院长包心鉴教授作题为《关于“两学一做”的几个理论思考》的辅导报告。

21日 市中区民用煤生产企业专项执法工作、化工企业转型升级“三评级一评价”工作部署会议在济南大厦9楼会议室召开。

23日 市委常委、副市长苏树伟带队到市中区检查大气污染防治有关工作。

29日 区委十一届九次全会召开，深入学习贯彻中共十八大和十八届三中、四中、五中全会精神及习近平总书记系列重要讲话，特别是“七一”重要讲话精神，以及省委十届十四次全会、市委十届十一次全会精神，回顾总结上半年工作，研究部署下半年任务。

8月

2日 全市服务“四个中心”青年突击队在行动现场观摩会在文庄项目拆迁指挥部召开。

同日 区委常委、纪委书记王其广一行到区纪委脱贫攻坚联系点兴隆街道涝坡村，走访慰问贫困户。

同日 市人大常委会副主任许强、市食品药品监管局局长靳磊等一行到市中区调研食品安全工作。

3日 区委副书记、区长王勤光察看英雄山路南段高架桥工程征迁工作情况，听取工作汇报，并对下一步工作提出明确要求。

同日 区委常委、副区长郅颂到白马山街道察看世茂原山首府项目及尹家堂村、朱家庄村改造项目。

6日 全区各单位积极开展市容环境大整治活动。

8日 区委副书记、区长王勤光到济南国际创新设计产业园调研，察看园区一期工程进展情况。

9日 济南农商银行董事长马立军一行到访市中区。

同日 市城管局局长田德昌带领济南市推进美丽乡村建设联席会议领导小组相关成员，对市中区进行城乡环卫一体化专项调研督导。

10日 区委副书记、区长王勤光到山东新金融产业园调研，察看园区空间建设及企业入驻情况。

同日 市中区举办“学系列讲话”主题宣讲会，邀请市委党校党委委员、教育长翟芳玲作题为《坚持不忘初心、继续前进，夺取全面建成小康社会决胜阶段的伟大胜利》宣讲报告。

11日 全市机关党建工作现场交流会在市中区召开。

同日 区委副书记、区长王勤光一行到光大银行济南分行对接有关工作，双方就加强政银合作、实现共赢发展等进行座谈交流。

16日 区委副书记、区长王勤光带领24个区直部门和17个街道办事处相关负责人到市12345热线接听市民来电，广泛听取市民意见建议。

同日 济南市大范围降雨后，区城管局1500余名职工全员上岗，迅速开展道路清淤工作。

18日 由市妇联牵头的首批群团服务站授牌仪式暨座谈交流会在二七新村街道建新社区举行，市委常委、市总工会主席王以才出席活动，为建新社区群团服务站授牌并讲话。

同日 市人大常委会副主任孙积港带领部分常委会组成人员到市中区开展固定联系代表活动，围绕“三项重点工作”和民生问题听取代表意见建议。

19日 市政协副主席徐明梅带领市委专项督导组到市中区督导检查省委、市委政协工作会议贯彻落实情况。

21日 区委副书记、区长王勤光察看二环西路南延工程（三期）进展情况，听取有关工作汇报，并对下一步工作提出明确要求。

同日 党家街道组织拆迁队伍，对魏家村山泉印象小区违章建设的第二栋楼房进行拆除，共拆除违章楼房30户，拆除面积2940平方米。

22日 广东同天投资管理有限公司董事长韩风琴及济南同天公司总经理陈健一行到访市中区。双方就济南国际创新设计产业园开园准备及后续发展等相关问题深入交流。

同日 区委副书记、区长王勤光到欧亚大观项目调研，察看项目进展情况，听取项目建设及招商有关情况的汇报，并就下一步项目建设、招商及运营提出指导意见。

24日—8月26日 2016市中区社区党组织书记、居委会主任培训班在区国防教育基地举行。

25日 市中区召开非法排污小作坊及低空排烟设施限期整治工作会议，安排部署对辖区100余家非法排污小作坊及低空排烟设施的限期治理工作。

28日—9月2日 区委统战部在复旦大学举办党外代表人士培训班，区委常委、统战部部长蒋济东作开班动员讲话。

30日 党家街道魏家村山泉印象小区违章建设的最后一栋楼房拆除。此次共拆除违章楼房75户，拆除面积5775平方米。

同日 省“国家食品安全城市”检查组到白马山街道食药监管所检查“创城”工作开展情况及食品加工小作坊生产经营监管情况。

同日 省食安办创建国家食品安全城市“双随机”检查专家组到济南市中民康餐具清

洗服务中心督导检查。

31 日　市委副秘书长芦苇带领专项督查组到市中区督导检查 2016 年度城区山体绿化工作推进情况。

同日　市城管局局长田德昌一行到舜玉路街道调研数字城管工作。

9 月

1 日　国家电力投资集团公司山东分公司落户市中区鲁能国际中心 21 层。

5 日　省政协副主席雷建国率省委专项督查组到市中区督导检查省委政协工作会议精神贯彻落实情况，察看舜玉路街道政协委员联络室，并对市中贯彻落实省委政协工作会议精神情况给予高度肯定。

同日　区委副书记、区长王勤光调研教育有关工作，察看胜利大街小学、育英中学、经五路小学、实验初中、育明小学及卧龙路小学等学校开学及校园建设情况，看望在校老师，并向全区教师和教育工作者表示节日问候。

8 日　省委副书记、省长郭树清一行到市中区七贤中学走访慰问，察看校园文化建设情况，观看教师师德演讲比赛及教师宣誓活动，听取有关工作情况汇报，代表省委、省政府向教育工作者致以节日问候，并向学校赠送慰问金。

同日　区委常委、副区长郅颂主持召开海绵城市建设试点工作兴隆流域综合治理项目（一、二期工程）推进会议，对一期工程有关问题和二期工程实施方案进行深入研究，并对下一步工作提出明确要求。

10 日　区委副书记、区长王勤光调研有关重点项目，察看大庙屯片区、鲁能领秀城公园世家、石青崖片区、领秀城社区医院、济南新三中项目以及南北康片区建设情况，听取相关工作情况汇报，并对有关问题进行研究。

13 日　省政协副主席翟鲁宁带队就“关于解决城市孩子小饭桌问题的建议”提案到市中区调研。

14 日　召开全区秋季秸秆综合利用与禁烧工作会议。

17 日　区委副书记、区长王勤光到阳光舜城遗留问题处置工作指挥部调研，看望慰问节日期间坚守一线的指挥部干部职工，并召开座谈会，听取相关情况的汇报，就有关问题进行研究。

19 日　区委副书记、区长王勤光察看共青团路人防工程建设情况，听取有关情况汇报，并对下一步工作提出明确要求。

同日　区委副书记于红到济南国际创新设计产业园，察看园区建设、展馆布置、企业入驻等有关情况，并召开专题协调会。

同日　阳光舜城土屋太平片区处置项目指挥部集中开展拆迁预防腐败和职务犯罪警示教育，土屋、太平、测量、评估等指挥部所有参战人员近 100 人参加培训。

20 日　区委副书记、区长王勤光在济南大厦 11 楼会议室召开专题会议，调度阳光舜城遗留问题处置工作进展情况。

同日　阳光舜城土屋太平片区拆迁处置项目指挥部召开第一次全体会议，区委常委、政法委书记闫培胜主持会议，会议听取关于阳光舜城土屋片区拆迁补偿方案和拆迁处置工作整体推进方案。

同日　位于市中区二环南路鲁能领秀城综合体内的济南鲁能希尔顿酒店正式开业。

酒店主体建筑共40层，建筑面积约7.9万平方米，拥有316间豪华客房及104间酒店公寓。

22日　济南国际创新设计产业园“泉城对话—创新设计驱动产城融合”高峰论坛暨开园仪式在位于舜耕路与万寿路交界的济南国际创新设计产业园内隆重举行。

同日　区委副书记、区长王勤光与融汇集团副总裁李世宏就融汇文化创意城项目有关工作进行对接，双方就项目推进过程中遇到的问题进行研究。

23日　明亚保险经纪有限公司副总裁王鹏一行到市中区考察，先后考察润华国际财富中心和中海广场写字楼，并详细了解市中区招商引资和城区建设情况。

同日　济南金融商务中心区（市中区）服务中心成功举办山东新金融产业园入驻机构交流对接会，入驻园区的山东星景股权投资管理有限公司、山东顺汇股权投资基金管理有限公司、山东天拓投资管理有限公司、山东豪迈欣兴投资管理有限公司、华耀资本等30余家企业参会。

24日　区委副书记、区长王勤光到十六里河、兴隆、党家及陡沟四个街道，察看秸秆禁烧与综合利用工作情况，并对坚守禁烧一线的干部职工表示慰问。

同日　王勤光到阳光舜城土屋太平片区拆迁处置项目指挥部慰问坚守征迁一线的干部职工，并听取有关工作情况的汇报。

26日　中央政研室、中央改革办党建局副局长周新群带领中央改革办社会组织党建督察组到市中区考察，察看舜玉路街道舜园社区，详细了解市中区社会组织党建有关情况。

27日　由市政府督查室、市委农办、市扶贫办、市财政局和市城乡建设委联合组成的督查组对市中区农村厕所无害化改造工作进行专项督导。

28日　召开全区第三次全国农业普查工作领导小组第一次全体会议。

同日　英雄山文化休闲商业街区企业联盟在新世界黄金珠宝古玩城揭牌成立。

同日　济南市中级人民法院党组成员、副院长孙永一到区法院督导三联锦绣苑项目司法处置工作，并联合区法院相关人员对9月30日举行的申请评估摇号进行安排部署。

同日　市中区召开进一步加强农村红白理事会建设促进移风易俗工作会议。

同日　2016年度苏鲁豫皖鄂五省疟疾联防联控检查团到市中区检查疟疾防治工作。

29日　市委政法委常务副书记徐春华在市中区法院组织召开三联遗留问题处置工作调度会。

同日　市中区车改取消车辆第三场拍卖会，委托金诺国际拍卖有限公司通过中国拍卖行业网络拍卖平台举办。

10月

1日　区委副书记、区长王勤光到天禧舜和商务酒店、济南新世界商城察看安全生产工作情况，听取有关工作汇报，并就做好当前的安全生产工作提出明确要求。

6日　区委副书记、区长王勤光到阳光舜城土屋太平片区拆迁处置项目指挥部和前魏华村旧村改造指挥部，看望广大干部职工。

10日　区委副书记、区长王勤光察看美丽乡村和农村公路建设情况，先后察看党家庄街道西东村、土屋、相家和宅科等村庄美丽乡村建设推进情况，深入农户详细了解农厕改造相关工作情况，沿途察看党杨路、刘林路和吴寨路等道路改造建设情况，听取相关汇报，并对有关问题进行研究。

11日　省委常委、市委书记王文涛到市中区察看十六里河街道大涧沟西村民用型煤定购配送现场和居民家庭民用型煤使用情况。

同日　省人大民侨外委员会副主任委员段华东，市人大常委会副主任、民侨外委员会主任委员段青英一行到市中区道教清虚观就贯彻《山东省宗教事务条例》情况进行调研。

14日　区选举委员会召开第一次会议，区选举委员会副主任姜守明主持会议。会议表决通过济南市市中区选举委员会关于区人民代表大会换届选举工作实施方案、各街道选举工作指导组组成人员名单、济南市市中区选举委员会关于换届选举宣传教育工作意见；区选举委员会主任邵登功就做好人大换届选举工作提出具体要求。

15日　省委常委、市委书记王文涛率全市重点项目建设督查组一行到市中区开展重点项目建设督查评议，察看融汇文化创意城、红场•1952文化创意产业园、山东新金融产业园、星工坊•飞尔姆乐园，乘车察看泉城国际文化创意产业园，听取项目建设情况汇报。

17日　区委副书记、区长王勤光在济南大厦会见以色列SMP律所管理合伙人、以色列博物馆董事会主席伊萨克•莫胡及山东建邦控股集团董事长、总裁陈箭一行，双方就有关项目合作进行深入交流。

同日　副区长赵延生、济空善后办副政委、七里山街道党工委书记等人，先后到阳光南路社区退役老战士陈向远家和军烈属吴忠英家，为他们送去慰问品，传递关怀和问候。

同日　新加坡鹏瑞利置地集团益海嘉里山东区总经理郭经田一行到市中区进行考察洽谈。

20日　市中区法学会成立暨第一次会员代表大会在济南大厦南四楼会议召开，会议选举产生市中区法学会第一届理事会及第一届理事会领导机构。

21日　组织收看纪念红军长征胜利80周年大会实况转播。

同日　省政府安全生产包市督查组在省公安厅副巡视员武贵新带领下，到市中区督导检查工作。督导组听取市中区安全生产工作汇报，察看济南市压力容器厂、山东水泥厂有限公司凤凰山石灰岩矿的安全生产工作开展情况。

同日　市城市园林绿化局局长韩永军一行到市中区对接有关工作。双方对园林绿化工作进行深入研究，并就有关重点项目进行对接。

同日　区人大常委会主任邵登功，副主任姜守明、钱城、李莹、徐广玉，部分常委会组成人员对全区社会治安综合治理服务攻坚“三项重点工作”情况进行视察。

24日　中宣部宣教局局长常博、副局长齐绍军率调研组一行到市中区舜耕街道舜华社区调研，听取基层宣传思想文化建设和深化中国特色社会主义、中国梦宣传教育工作情况汇报。

同日　市中区市民巡访团团长辛安参加济南市举办的第二十二届环卫工人节表彰大会，并被授予“热心市民”称号。

25日　江苏省政协副主席范燕青率调研组一行到市中区考察调研城市民族工作开展情况。

同日　济南市煤改气工程南环天然气管网贯通仪式在市中区党家庄街道蛮子庄调压站举行。

同日　丰益国际集团首席运营官兼执行董事、新加坡鹏瑞利置地集团有限公司首席执行官兼执行董事潘锡源一行到市中区考察。

26日 住房城乡建设部督查组一行到市中区察看黑臭水体治理工作。

27日 区选举委员会召开第二次会议，区选举委员会主任邵登功主持会议。会议总结区人大换届选举第一阶段工作；表决通过济南市市中区选举委员会关于选区划分工作方案、济南市市中区选举委员会关于代表名额分配方案、济南市市中区选举委员会关于选民登记工作方案；确定区人大换届选举工作第一阶段总结暨第二阶段动员部署会的时间和议程。

28日 济南市明星画廊授牌仪式暨书画展在市中区新世界珠宝古玩文化城举行。省文化厅副厅长王廷琦，市文广新局局长孙法星，区委副书记、区长王勤光，副区长李咸梁等出席活动并为市明星画廊授牌。

同日 省综治办副主任李平，市委政法委副书记、综治办主任赵杰，市综治办副主任秦伟明等对市中区政法综治工作基层基础建设情况进行考察。

31日 白马山街道前魏村旧村改造空房验收和拆迁补偿奖励发放工作顺利开展。

同日 泺源街道对银座晶都、金龙大厦等沿顺河高架商务楼宇楼体外立面违法广告展开集中拆除行动。

11月

1日 区委召开常委扩大会议，传达学习中共十八届六中全会精神和省、市常委（扩大）会议精神，研究贯彻落实意见。

同日 中共商丘市委统战部常务副部长、市侨联主席王月等联合调研组一行到市中区调研社会组织统战工作。

2日 市中区召开党家片区及魏家旧村改造项目推进会，就党家片区发展方向、产业布局等相关问题进行专题研究。

同日 济南市市中区井家沟项目签约仪式在绿地中心32层隆重举行。

同日 区人大常委会副主任王盛元一行到阳光舜城土屋太平片区拆迁处置项目指挥部座谈调研。

同日 北京、上海和郑州从事志愿者工作的著名大学教授、社会组织创始人等组成的专家团，到二七街道梁南社区青年志愿服务站，指导市中区社区青年志愿者工作。

3日 省委常委、市委书记王文涛到市中区察看二环东（南）路延长线工程建设，察看小岭隧道施工现场，听取二环东（南）路延长线工程进展情况汇报。

同日 省总工会检查组一行到市中区检查工会组织建设工作。

4日 市政府督查室对市中区解决城镇普通中小学大班额工作推进情况进行督导检查。

7日 区委副书记、区长王勤光察看有关重点项目，先后察看四里村、经四纬一棚改项目，魏家村、石青崖村、兴隆村、小岭村和搬倒井村旧改项目以及济南三中新校区建设工程项目，听取相关情况汇报，并对做好下一步工作提出明确要求。

8日 中央宣讲团成员、中宣部常务副部长黄坤明到市中区舜耕街道舜华社区考察党建宣传工作。

同日 临沂费县督查考核工作考察组一行到市中区参观考察，就工作推进、督查考核、执纪问责等有关问题进行座谈交流。

9日 全国政协民族和宗教委员会主任朱维群率调研组到市中区就“城镇化进程中少

数民族流动人口服务与管理”进行专题调研，察看市中区永长街回民小学和清真北大寺。

同日 山东行政学院副院长艾思同一行10人到山东新金融产业园实地考察，就山东新金融产业园建设发展、企业服务、平台建设等情况进行调研。

10日 市中区召开第十二次党代会代表选举工作会议，安排部署区党代会代表推选工作。区委常委、组织部部长王国顺主持会议，区委副书记于红出席会议并讲话。

11日 副市长巩宪群到市中区调度创建国家食品安全城市有关工作。

同日 抚顺市委常委、常务副市长应中元带领抚顺市政府考察团一行8人到市中区考察调研，先后察看山东新金融产业园和济南国际创新设计产业园园区建设情况，详细了解企业入驻及运营情况，并召开座谈会。

12日 济南市“住宅小区物业服务和收费检查整顿工作”启动仪式在市中区三箭瑞福苑小区举行。

15日 市中区召开换届代表、委员人事安排工作调度会。

同日 区人大常委会副主任王盛元一行到白马山街道检查指导区人大代表换届选举工作。

16日 市中区举办中共十八届六中全会精神报告会。市委宣讲团成员、济南大学政治与公共管理学院院长、博士生导师包心鉴教授作题为《深化制度治党与优化政治生态》的宣讲报告。区委副书记于红主持会议。

同日 深圳市团委、少工委一行100多人到市中区舜文学校交流观摩学校团、队工作建设。

18日 市委常委、宣传部部长谭延伟带领市直有关部门及市内五区一行40余人，对市中区全国文明城市创建工作进行实地督导检查。

同日 全省棚户区改造工作督导组一行到市中区督导检查2016年省棚改项目，察看南北康片区安置房建设有关情况。

同日 全区人大代表、政协委员换届人选考察工作会议在济南大厦电视电话会议室召开。

17—18日， 山东省文化市场行政审批和艺术品规范化经营现场会在市中区举行。

21日 副区长程伟察看刘长山路延长线、党杨路市中段、枫叶散热器厂地块等项目，听取相关街道办事处的情况汇报，并就下一步规划建设、产业发展等问题进行研究。

22日 市人大常委会副主任、财经委主任委员孙积港率市人大财经委、预算工作室一行到山东新金融产业园调研。

同日 巩宪群副市长到市中区检查创建国家食品安全城市工作情况。

23日 副市长李宽端一行到玉符河党家段、陡沟段察看工程进展，听取有关工作汇报，并对下步综合治理工作提出具体要求。

同日 区委副书记、区长王勤光督导创建国家食品安全城市工作，先后察看岔路街、林祥南街、六里山、王官庄八区便民市场以及民族大街、济微路农贸市场，详细了解市场规范经营和食药所标准化建设等相关情况，并对做好下步工作提出明确要求。

24日 全区“拆违拆临”行动动员大会在济南大厦4楼电视电话会议室召开。

同日 区人大常委会副主任王盛元一行到党家街道督导检查党家街道人大选举工作。

25日 区人大常委会主任邵登功，副主任钱城、王盛元、李莹、徐广玉及部分常委会组成人员对全区重点项目建设情况进行考察。

同日 全区政法综治管理平台应用工作现场会在大观园街道办事处综治中心召开。

28日　省委常委、市委书记王文涛到市中区察看玉符河综合治理工程，到杨台桥至刘长山路段察看工程进展，听取有关工作汇报，并对下步综合治理工作提出具体要求。

同日　区选举委员会召开第三次会议，区人大常委会党组书记、主任，区选举委员会主任邵登功主持会议。会议总结区人大换届选举第二阶段工作；表决通过济南市市中区选举委员会关于提名推荐人大代表候选人工作的安排意见和济南市市中区选区选举工作小组成员名单；确定区人大换届选举工作第二阶段总结暨第三阶段动员部署会的时间和议程。

12月

2日　市人大常委会副主任许强一行到二七街道建新社区居委会检查督导人大换届选举选民登记工作。

同日　国家禁毒委副主任兼国家禁毒委办公室主任、公安部党委委员、副部长级反恐专员刘跃进，到舜耕街道调研社区戒毒社区康复工作。

5日　区市民巡访团长辛安带领市民巡访团成员，对市中区城郊6个街道创城情况进行检查。

6日　市中区召开创建全国文明城市工作领导小组（扩大）会议。区委副书记、区长王勤光主持会议，区委副书记于红通报市中区创城前期工作开展情况，并对做好市中区迎接全国文明城市年度测评有关工作进行安排部署。魏家庄街道、十六里河街道和区城管局做表态发言。

8日　全市百名“学法守法用法模范青少年”和百家“学法守法用法模范校园”表彰大会在市中区南上山街小学召开。

9日　市消防支队副政委范强带领市消防工作第三考核组一行到市中区检查考评《2016年度消防工作目标责任书》落实和消防工作开展情况。

同日　区委常委、组织部部长王国顺到四里村街道英雄山社区、魏家庄街道麟祥街社区、泺源街道普利街社区，察看2016年度基层党建重点项目，并主持召开城市社区层面党建工作座谈会。

同日　由济南金融商务中心区（市中区）服务中心与省私募股权投资基金业协会联合举办山东新金融产业园私募基金政策解读与投资操作实务公开课成功举办。

13日　中央信访工作联席会议办公室副主任、国家信访局党组副书记、副局长张恩玺率国家信访局调研组一行，对文庄片区征收拆迁信访工作进行调研。

14日　区选举委员会召开第五次会议，区人大常委会党组书记、主任，区选举委员会主任邵登功主持会议。会议听取审议关于提名推荐代表候选人和协商确定正式代表候选人情况的报告；表决通过济南市市中区选举委员会关于舜玉路地区第十选区推迟选举的决定、正式代表候选人名单和济南市市中区选举委员会关于选民直接选举区人民代表大会代表选举办法。

同日　威海市人社局党委委员、副局长陈明霞等一行5人到市中区考察人社基本公共服务标准化建设工作。

15日　人力资源社会保障部副部长游钧一行到市中区调研，察看舜玉路街道人社服务中心，听取关于养老保险、医疗保险、信息化建设以及农民工就业权益保障等相关情况的汇报。

同日 区委副书记、区长王勤光现场察看铁路沿线环境综合治理暨安全隐患排查整治工作，先后察看白马山一居、党西村及黄山店村等节点和区域环境综合治理情况以及山东载信物流有限公司和凤栖混凝土搅拌站等企业安全隐患排查整治情况，听取有关情况汇报，并对下一步工作提出明确要求。

16日 区十七届人大常委会召开第四十三次会议，区人大常委会主任邵登功主持会议。会议表决通过关于接受邵登功等辞去区选举委员会职务请求的决定、关于召开区十八届人大一次会议的决定和区十八届人大一次会议筹备工作方案。

同日 省委讲师团团长孔繁轲带领省委宣传部督查组一行到市中区调研党委中心组学习情况。

同日 区城管局联合公安市中分局、舜耕街道办事处等部门，出动150余执法人员，对国华东方美郡二期别墅区内607号、612号、613号、615号等7处违法违章建筑进行强制拆除。

19日 四里村地区人大代表换届选举工作全面进入组织介绍代表候选人阶段，区人大常委会主任、党组书记邵登功作为代表候选人，前往四里村街道第6选区，与选民代表见面，倾听选民们的意见，向选民陈述自己当选代表后的打算。

21日 全市民主评议党风政风行风市民巡访团一行在团长辛安的率领下到市中区进行巡访。听取市中区经济社会发展情况及党风政风行风工作开展情况介绍，考察市中区规划展览馆、山东新金融产业园、济南国际创新设计产业园，对市中区的各项工作给予高度评价，并就党风政风行风建设、招商引资、政务服务、文明城市建设等方面提出意见建议。

同日 由山东省教育厅主办，山东省教育电视台、区教育局承办的2016“中国梦校园情”山东省中小学生校园艺术节（走进市中）专场展演活动举行。

22日 区人大代表换届选举除预留的17个选区推迟选举外，全区117个选区按时组织选民进行投票选举，投票选举工作严格依法进行。

12月23日 市委副书记、代市长王忠林到市中区检查大气污染联防联控工作，察看绿地国际城文庄安置房项目施工工地扬尘污染防控情况，听取有关工作汇报，并对做好下步工作提出明确要求。

29日 区委副书记、区长王勤光察看阳光舜城土屋太平片区拆迁进展情况，并在项目指挥部召开座谈会，听取相关情况的汇报，对有关工作进行研究。

同日 副市长巩宪群带队到市中区督导安全生产工作。督导组察看山水大润发超市、中润泽加油站阳光新路店的安全生产工作开展情况，听取市中区安全生产工作情况汇报，并对下一步工作提出明确要求。

30日 市中区召开党（工）委书记抓基层党建工作述职评议会议，17位街道党工委书记和区直机关工委、区教育局党委、区城乡建设委党委三位系统党委书记就抓基层党建工作逐一述职，接受投票测评。

同日 区城管执法局联合六里山街道办事处，出动执法人员80余人，对山景御园等5处楼顶违法违章建筑进行强制拆除。

（撰稿单位：区史志办）

HIZHONGNIANJIAN

市中年鉴

市中区概况

ShiZhongQuGaiKuang

自然地理

【位置】 市中区位于山东省中西部，济南市中南部，介于东经116°54′29″—117°02′01″，北纬36°35′36″—36°40′04″，东邻历下区，南接历城区，西靠长清区、槐荫区，北倚天桥区。辖区东、南、西三面环山。境内山岭属泰山山地北支余脉，在南部形成屏障，其山脉为东西走向。东西最大距离33.95千米，南北最大距离22.4千米，总面积280.25平方千米。

（区民政局供稿）

【地质地貌】 地质　地质结构属山东地块太古代泰山群体。主要有黑云斜长片麻岩、斜长角闪岩、变粒岩，普遍受中高级区域变质作用，经强烈混合岩化和花岗岩化，年龄约25亿年左右。

南部英雄山（四里山）一带，分布着古生界下，中奥陶系的海相沉积的碳酸盐地层，下统为白云质灰岩，上部含燧石结核和条带，地层厚度为106.92米；中统按照沉积韵纬划分为三组六段，每组下段为薄层状泥灰岩，泥质灰岩夹角砾状泥灰岩和白云质灰泥，厚度为31.63—40.70米，每组的上段为深灰色厚层石灰岩和豹皮状石灰岩，厚度为121.09米，产珠角石化石。中统总厚度为678.64米。地层呈单斜构造，东西走向，倾向北，倾角平缓，一般为8°左右。

北部为第四系统沉积，岩性为亚粘土、亚砂含石灰砾石，厚度往北变厚，约百米左右。第四系统之下，隐状着久负盛名的辉长岩体。东西长30千米，南北最宽为15千米左右，分布面积430平方千米，平面形态大致呈东西椭圆状，深达2000米以上，主要岩性为橄榄苏长辉长岩、橄榄辉长岩。苏长辉长岩，属于浅成至深成相，产状呈向北倾状的复杂岩盖，是晚白垩纪燕山运动产物。自英雄山至郎茂山，为辉长岩体与中奥陶系石灰岩南接触带一部分。该部位接触带呈陡倾角，自此向北至火车站第四系统之下全为辉长岩体。

地貌　辖区地处泰山北麓低山丘陵和鲁西北黄河冲积性平原。南部多为低山丘陵，西部、北部地势平坦，依次为低山、丘陵、山后倾斜性平原。最高点为南部青桐山，海拔754.7米；最低点为北部倾斜性平原，海拔30米。

（区国土资源市中分局供稿）

【气候概况】 辖区属暖温带大陆性季风气候区，春季干燥少雨，多西南风、南风；夏季酷热多雨；秋季天高气爽；冬季严寒干燥，多东北风。2016年全区平均气温各季节均偏高，降水量春季和秋季偏少，冬季和夏季偏多，日照时数各季节均偏少。全年平均气温15.4℃，最高气温37℃（7月24日），最低气温-17℃（1月24日）。全年平均降水量776.6毫米，平均日照时间2260小时。

（区史志办供稿）

自然资源

【土地资源】 全区有17个街道办事处，114个社区、77个行政村，户籍人口62.462万人。

根据2010年度市中区土地变更调查，全区土地面积为281.4946平方千米，其中，耕地面积6128.95公顷；园地1272.07公顷；林地3800.72公顷；其他农用地2444.29公顷；居民点及工矿用地8659.33公顷；交通用地422.65公顷；水利设施用地14.57公顷；未利用土地5726.73公顷。

（区国土资源市中分局供稿）

【矿产资源】 辖区矿产资源主要有石灰岩和粘土，其中可开采的石灰岩矿分布于党家庄街道凤凰山。有矿山开采企业1家。

（区国土资源市中分局供稿）

【山脉】 全区主要有橛子山、马鞍山、英雄山、郎茂山、青龙山、簸萁山、马武寨北峰、狼窝顶山北山、青桐山、顶沟峪、半偏山、珍珠山。青桐山最高，海拔754.7米；白马山最低，海拔89米。

（区国土资源市中分局供稿）

【水资源】 辖区地下水资源丰富。南部及以南的低山丘陵是地下水的补给经流区。2004年，有关专家对地下水的监测资料表明，沿机床二厂、青龙山、郎茂山、万灵山至兴隆山一带，有一道西南—东北走向的地下水分水岭。分水岭东侧的地下水——济南泉水经由辖区向北补给城区。辖区水文地质情况较好，基本具备开采地下水的地质条件。200米以上地下水位受干旱气候影响较大，250米以下的深层地下水受各种因素的影响相对较小。辖区地下水主要为岩溶承压地下水，符合《国家生活饮用水卫生标准》要求，是良好的重碳酸钙型、低矿化度饮用水。局部地带地下水因生产生活的影响受到不同程度污染。

（区农业局供稿）

【河流】 辖区有河流16条。主要有陡沟河、大涧沟、石青崖河、龙窝沟、十六里河、南圩子壕、西圩子壕、机床二厂沟、广场西沟、广场东沟、兴济河、民生大沟、扳倒井、韩庄河、九曲沟、前龙窝沟。

（区农业局供稿）

【生物资源】

一、植物资源

森林资源 除局部地区尚保留少量次生天然林外，大部分为人工片林、行道林或散生阔叶树。落叶阔叶林乔木优势种有12科、30余种，由其构成的片林主要有杨柳林、刺槐林、栎林、泡桐林及杂木林等。针叶林耐瘠耐旱，广泛分布于山地丘陵区，是主要植被类型之一，有侧柏林、松林。

主要林种有防护林、用材林、经济林。防护林主要是水土保持林和农田防护林。水土保持林主要树种是侧柏、松类和刺槐。农田防护林，包括农田林网、林粮间作及四旁植树。主要树种有杨、柳、泡桐等。用材林主要树种是刺槐、侧柏、松、杨、柳等，多为幼龄林和中龄林。经济林有木本粮油林、水果林。木本粮油林主要有花椒、核桃、柿子、枣、板栗等，多分布于南部山丘区。水果林有苹果、梨、桃、杏、山楂、葡萄、樱桃、李子、石榴等。

野生植物资源 包括药用植物、纤维植物、油脂类植物、芳香油类植物、淀粉糖类植物、鞣质植物、土农药植物、饲料植物等。

野生药用植物有多分布于南部山丘区。主要有卷柏、银杏、柏子仁、麻黄、胡桃、紫参、土大黄、牛膝、马齿苋、瞿麦、乌头、木通、小檗、威灵仙、白头翁、杜仲、黄芪、葛藤、扶芳藤、花椒、酸枣、柴胡、前胡、珊瑚菜、连翘、紫草、荆条、益母草、丹参、枸杞、地黄、车前、忍冬、桔梗、红花、土三七、旋覆花、蒲公英、苍耳、香蒲、芦苇、土茯苓、黄精、玉竹、猪毛菜等。野生纤维植物有苎麻、芦苇、南蛇藤、胡枝子、朴树、草、羊胡子草、苔草、灯心草、白羊草等。野生油脂类植物主要有侧柏、播娘蒿、南蛇藤、苍耳、小檗、野大豆、蒺藜等。野生芳香油类植物主要有野花椒、菖蒲、野薄荷、香薷、藿香、莎草、罗勒、百里香、黄花蒿等。野生淀粉糖类植物主要有绵枣儿、薯蓣、葛藤、芡、菖蒲、香蒲、莲等。野生鞣质植物主要有地榆、多花蔷薇、郁李、委陵菜、绣线菊、君迁子、槲树、赤松、丹参等。野生土农药植物主要有枫杨、臭椿、南蛇藤、苦参、猫儿眼、半夏、菖蒲、毛桃、百部、瞿麦、牡蒿、银杏等。野生牲畜饲料植物有40余种，主要是豆科、禾本科的一些种属，有达乌里黄芪、胡枝子、尖叶铁扫帚、野苜蓿、野豌豆、羊草、白羊草、虎尾草、牛筋草、马唐、看麦娘、画眉草、千金子、六月禾、狗尾草、稗等。

农作物资源　粮食作物主要有小麦、玉米、谷子、地瓜、大豆等。

经济作物主要有棉花、花生、芝麻等。蔬菜种类繁多，主要有芹菜、菠菜、韭菜、甘蓝、黄瓜、茄子、白菜、青萝卜、番茄、芸豆、豆角、冬瓜、辣椒、莴苣等。

二、动物资源

两栖脊椎动物　有大蟾蜍、黑斑蛙（青蛙）、金线蛙、花背蟾蜍、泽蛙、北方狭口蛙6种，均属无尾目。爬行类分为蜥蜴和蛇2个亚目。鸟类资源丰富，有160多种，有留鸟、夏候鸟、冬候鸟、旅鸟，如：麻雀、大山雀、喜鹊、乌鸦、鸽子、斑鸠、啄木鸟、老鹰、百灵、翠鸟；燕子、白鹭、莺、杜鹃、黄鹂；小天鹅、灰鹤、鸊鷉、白鹳、白鹤等。

陆栖无脊椎动物　主要有蚯蚓、蚂蟥、蜗牛等。节肢动物是动物中种类最多的一门，主要包括多足纲（如蜈蚣）、甲壳纲（如虾、蟹等）、蛛形纲（如蜘蛛、蝎等）和昆虫纲。

昆虫　种类很多，森林害虫100多种，农作物害虫60多种，天敌昆虫40余种。农作物害虫主要有蝼蛄、金龟甲、金针虫、粘虫、麦蚜虫、玉米螟、东亚飞蝗、斜纹夜蛾、棉蚜、稻纵卷叶螟、谷子钻心虫等害虫。森林害虫主要有：赤松毛虫、松梢螟、松针卷叶蛾、松扁叶蜂、侧柏红蜘蛛、侧柏松毛虫、双条杉天牛、侧柏毒蛾、油松毛虫、杨扇舟蛾、白杨透翅蛾、柳毒蛾、杨二尾舟蛾、杨天蛾、杨卷叶螟、杨白潜叶蛾、光肩星天牛、刺角天牛、叶蝉、柳乌蠹蛾、桑天牛、木尺蠖、大蓑蛾、豆天蛾、刺槐蚜、刺槐小皱蝽、榆兰金花虫、榆掌舟蛾、榆毒蛾、榆毒掌舟蛾、芳香木蠹蛾、肖黄掌舟蛾、臭椿皮蛾、黄二星舟蛾、泡桐龟甲、草履介壳虫、核桃舟蛾、云斑天牛、舞毒蛾、柿棉介壳虫、枣粘虫、枣皮银尺蠖、枣尺蠖、柿毒蛾、栗大蚜、栗瘤蜂、桃蛀螟。

主要天敌昆虫有广腹螳螂、薄翅螳螂、华北大螳螂、东方麻蝇、柞蚕饰腹寄蝇、蚕饰腹寄蝇、伞裙追寄蝇、粘虫缺须寄蝇、广大腿小蜂，次生大腿小蜂、毒蛾平腹小蜂、黑青小蜂、松毛虫赤眼蜂、玉米螟赤眼蜂、松毛虫脊茧蜂、舞毒蛾黑瘤姬蜂、野茧黑瘤姬蜂、稻苞虫黑瘤姬蜂、夜蛾拟瘦姬蜂、松毛虫黑瘤姬蜂、黑背长脚乌蜂、黄边胡蜂、舟蛾赤眼蜂、螟甲腹茧蜂、卷叶蛾黄长距茧蜂、螟蛉瘤姬峰、天牛肿腿蜂、赤腹茧蜂、褐纹马尾姬蜂、异色瓢虫、中华草蛉、点线脉褐蛉、虎斑食蚜虻、白头小食蚜虻、大食蚜虻、上海青蜂、刺蛾广肩小蜂、刺蛾紫姬蜂、丽草蛉、牯岭草蛉、大草蛉、全北褐蛉等。

淡水动物资源　浮游动物是鱼类的重

要饵料，主要有原生动物、轮虫类、枝角类和桡足类。底栖动物以螺类、水生寡毛类为主。环节动物主要为尾鳃蚓、水颤蚓、水丝蚓、水蚯蚓等。甲壳动物有沼虾、中华长臂虾、秀丽白虾、细足米虾、中华绒螯蟹等蟹类，水生昆虫则以摇蚊幼虫、蜻蜓幼虫、水蜘蛛为主。鱼类品种繁多，如草鱼、青鱼、鲫鱼、鲤鱼、白鲢、花鲢、鲶鱼、泥鳅、黄鳝等。

饲养动物资源　主要饲养动物有家畜牛、马、驴、骡、猪、羊、兔;家禽鸡、鸭、鹅等，以鸡为主。

（区农业局供稿）

自然灾害

2016年降水偏多，气温偏高，日照偏少，灾害性天气频发。年内出现了暴雨、干旱、寒潮、雾和霾等灾害天气。

【暴雨】　夏季暴雨多、强度强，2016年夏季天气气候异常，突出表现为：降雨量大、极端性强，暴雨日数多、强度大，降雨局地性强、突发性强。多次出现日、旬降水量突破历史极值或逼近历史极值情况。7月19日夜间到20日普降暴雨，本次暴雨过程是2007年“7.18”大暴雨以来市中区7月份最大的降雨过程。

（区史志办供稿）

【干旱】　春季连续无降水日数突破历史记录。2月14日至4月15日，市中区连续62天未出现降水，是自1951年有气象记录以来历史同期连续无降水日数第1位，全年无降水日数第2位。持续干旱少雨导致农田龟裂，春播受到一定影响，多数泉群面临停喷的危机，保泉形势严峻。

（区史志办供稿）

【寒潮】　受强寒潮影响，1月22—24日市中区先后出现降雪、大风和罕见低温天气。24日早晨最低气温-17.0℃，为1958年以来历史同期最低气温。寒潮降雪大风导致群众出行困难。

（区史志办供稿）

【雾霾】　年末，严重雾和霾袭泉城，12月18—22日受静稳天气影响，连续5天出现严重雾和霾天气，此次过程持续时间长、范围广，部分时段能见度较低、空气污染物浓度较大，为2016年最严重的一次雾和霾天气，严重雾和霾天气对人体健康和交通产生较大影响，导致中小学校临时停课。

（区史志办供稿）

建置区划

【建置沿革】　辖区作为古历城属地，历史源远流长。早在6000多年前的新石器时代，就有先民在此居住，繁衍生息。

春秋战国时期，为齐历下邑属地。春秋时期，桓公十八年（前694年），“公会齐侯于泺”。泺，指泺水，发源于趵突泉，是济南见于记载最早的地名。

公元前221年，秦统一中国后，为济北郡历城属地。西汉初年，始有“济南”之名。汉高后元年（前187年），“高后立其兄子郦侯吕台为吕王，割齐之济南郡为吕王奉邑”。

东汉至三国鼎立时期，为济南国历城属地。至东晋，复为济南郡历城属地。

隋唐时期，济南郡先后改为齐州、齐郡，为齐郡历城所辖。唐护国大将军秦琼（570—638年）在辖区东北估衣市街北侧（今五龙潭公园）建秦琼府。

唐末，地方割据。五代十国时期，先后为梁、唐、晋、汉、周国齐州历城县属地。

宋至道三年（997年），为京东路齐州历城属地；宋熙宁七年（1074年），为京东西路齐州历城属地；宋元丰元年（1078年），改属京东东路；宋政和六年（1116年），为京东东路济南府历城属地。

金天会六年（1128年）至金崇庆二年（1213年），为山东东路济南府历城属地。

元代，为济南路历城所辖。外地回民陆续迁入辖区定居，东北部逐渐形成街巷。始有大街（今永长街），继有后街（今西青龙街），东街（今长春观街），西街（今永长街西段），城顶一带估衣市街、剪子巷、花店街、粮食市街，商贸集市，日趋繁荣。长春观及后阁楼、万竹园、清真南大寺等一批著名建筑落成。

明洪武二年（1369年），济南修建府署。洪武四年（1371年），以砖石修济南城顶，西开泺源门。洪武九年（1376年），济南设山东承宣布政使司、提刑按察使司、都指挥使司，成为山东全省政治中心和首府。辖区迎仙桥外始设馆驿总站，后形成馆驿街。

光绪三十年（1904年5月），山东巡抚周馥会同直隶总督袁世凯奏请清廷，在济南自开商埠，划定商埠范围，东以西圩壕（今顺河街），西至大槐树（北、中、南大槐树庄），东西长五里，南北宽二里（计十方里），划界内有：馆驿街、魏家庄、东太平庄、三里庄、五里沟庄、北上山庄、南上山庄、三合庄、西太平庄、民生庄等村庄。开辟商埠初期，东西只有三条经路，南北七条纬路（以纺织经纬线命名），沿街建平房棚户、四合院等。济南设商埠局，辖区商埠地带属商埠局管辖。

民国初年，辖区商埠以南地区属岱北道历城县管辖。1914年，属济南道历城县管辖。

1920年，商埠局与市政公所合并为市政厅，辖区属市政厅管辖。

1929年，济南设市。辖区为济南市城外三区和商埠一、二、三区。

1938年，日伪当局将经七路以南辟为日本人聚居地，并调整区划，辖区为城外西区和商埠东区、商埠中区。

1948年，济南解放后，成立济南特别市，设11个行政区，辖区为四、五、六、九区。1951年，济南市行政区进行调整，划分6个区，辖区为第五区。1954年，改称第四区。1955年9月，济南市设五个行政区，辖区因地处济南市中心始称市中区。1959年12月7日，济南市增设东区，撤销市中区。1960年6月15日，市东区改名郊区，恢复市中区建制，改称市中区城市人民公社。1966年7月1日，改为红旗区。1973年7月1日，复称市中区。

（区史志办供稿）

【区划现状】 2016年，市中区辖舜玉路街道、六里山街道、七里山街道、二七新村街道、四里村街道、杆石桥街道、大观园街道、魏家庄街道、泺源街道、王官庄街道、舜耕街道、七贤街道、白马山街道、十六里河街道、兴隆街道、党家街道、陡沟街道17个街道，114个社区，77个行政村。

（区民政局供稿）

人口　民族

【人口】 2016年，市中区户籍人口624620人。其中，男性305745人、女性318875人。全年出生9199人，其中，一孩出生4708人，二孩出生4384人，多孩出生107人。全区人口出生率14.75‰，死亡率5.25‰，自然增长率9.50‰，男女出生人口性别比106∶100。

（冷明莉）

【民族】 2016年，全区有汉族、回族、满族、蒙古族、哈尼族、朝鲜族、苗族、壮族、维吾尔族、彝族、布依族、土家族、侗族、傈僳族、佤族、白族、傣族、拉祜族、基诺族、瑶族、畲族、锡伯族、黎族、东乡族、仫佬族、布朗族、俄罗斯族、土族、纳西族、高山族、仡佬族、达斡尔族、赫哲族、藏族、鄂温克族、毛南族、珞巴族37个民族。36个少数民族中，回族人口最多，主要居住在泺源、党家、陡沟等街道辖区内。少数民族人口32000人，占全市少数民族人口的近三分之一。

（林琳）

国民经济和社会发展概况

【经济运行情况】 全区实现生产总值826.93亿元，同比增长8.4%；其中第一、二、三次产业分别完成3.87亿元、132.14亿元、690.92亿元，同比分别增长4.7%、8.6%、8.3%。三次产业比例调整为0.47：15.98：83.55，服务业比重比年初提高0.88个百分点。完成地方财政一般公共预算收入91.7亿元，增长9.6%；固定资产投资217.2亿元，增长12.3%；社会消费品零售总额484.6亿元，增长10.2%；实际到账外资2.35亿美元。

【产业发展稳中有进】 2016年，市中区金融企业加快集聚，泰康人寿等8家传统金融机构山东分公司，山东海洋网新等29家新兴金融企业相继落户，形成业态多样、功能互补、错位发展的金融新格局。山东省（济南）股权投资机构集聚区正式揭牌，累计引进中国风投、建银城投等新兴金融机构70余家，园区企业管理基金规模超过千亿元。全区各类金融机构及营业网点达310余家，其中区域总部机构81家；金融产业实现区域税收47.8亿元，占全区总量的25.6%。沪深主板上市和新三板、区域股权挂牌企业达15家，直接融资规模达92.5亿元。泉城国际文化创意产业园新引进儒扬传媒等文创企业5家，济南国际创新设计产业园、JN150创意设计文化工场入驻率均达90%以上，星工坊·飞尔姆乐园与韩国SBS电视台等多家世界知名企业达成战略合作协议，新城工业基地国药控股山东物流中心项目进展顺利。楼宇经济加快发展，重点打造以鲁能国际中心为代表的国企总部楼、以中海广场为代表的外企总部楼、以祥泰广场为代表的新金融产业楼、以润华国际财富中心为代表的保险总部楼、以山东商会大厦为代表的世界500强集聚楼。企业活力不断增强，山东出版传媒集团、明天出版社等12家规模企业完成规范化公司制改制。街区建设加快推进，老商埠一期工程基本竣工，英雄山文化休闲商业街区成立街区企业联盟，悦动城、新世界商城重装开业，中华名优小吃城内外装修进入收尾阶段。创新能力不断提升。市中区济南大学创业学院签约入驻企业达55家，全区登记备案蓝魔方、麟祥e家等众创空间16家，七贤文化城等4家企业获市级创业孵化基地称号。国家知识产权强县工程示范区建设有效推进，全区发明专利申请量、授权量分别达2000余件、700余件。16家企业实施研发投入“清零／递增”行动，全区规模以上工业企业研发经费支出增长4000余万元；设立市级院士专家基层服务工作站2个，实施省技术创新和农业科技项目70项，全区高新技术产业产值比重继续位居全市首位。

【发展后劲不断增强】 全区新引进千万元以上项目705个，引进资金1088亿元；其中，现代服务业项目508个，引进资金1020亿元，为辖区经济持续快速发展注入新动力。世界著名会计师事务所德勤华永、普华永道和世界500强企业希尔顿、华润电力、罗氏制药和锐珂医疗落户辖区。全区67个已开工重点项目完成投资160亿元，开工、建成面积分别达414万平方米、301万平方米。其中，11个市级重点项目超额完成年度投资计划，排名继续位居全市前列。九曲、二环西路南延等23个项目全部按照时间节点完成征收拆迁计划，文庄片区征收协议签订率达96%以上。南北康、兴隆和大庙屯等续建安置房项目建设顺利，四里村、经四纬一城市更新项目和小岭、魏家庄、搬倒井、山凹城中村改造项目如期开工，全区累计开工建设保障安置房12055套，超额完成全年省棚改计划任务。房产大厦西侧地块、机床一厂和七里山路西南地块等项目正在办理征收拆迁前期手续。

【区域发展更趋协调】 全区深入实施大气污染防治“十大行动”，实施丁字山热源厂等污染减排项目8个，强制取缔违法排污设施46台（套），实施老旧小区既有建筑节能改造45万平方米；淘汰（改造）燃煤锅炉23台262蒸吨，全面完成6万户清洁燃煤替代任务；创建“以洗代扫”保洁样板路53条，查处取缔露天烧烤45处，秸秆综合利用率提升至97%；覆盖料堆渣土、整治裸露地面20余万平方米，辖区空气优良天数位居全市主城区首位。二环西路南延、二环东路南延、顺河高架路南延等工程超计划完成建设进度，玉兴路、白马山东路等断头瓶颈路实现通车，白马山西路、望平街等105条道路完成提升改造工程，郎茂山北区等居民社区完成交通微循环改造。新建、开放公共停车位2075个，新设悦动城等公务自行车摆渡站点11个，拆除大型户外广告1950平方米，改扩建便民市场5处。按照“六个精准”总体要求，帮扶义和、钜村和郑家窝坡调整种植业结构，实施贫困村饮水安全提升和电力改造工程，促进贫困村经济发展。强化贫困救助机制，建立“一卡一簿”动态监控档案，落实低保和特困标准自然增长机制，投入城乡困难家庭救助资金831万元，所有贫困户实现脱贫。

【民心工程全面提速】 2016年，市中区完成财经大学等7大片区、舜世路等16条道路和152个单体建筑小区海绵城市改造。整治提升经十一路等12条道路人行道，提标改造经五路等16条道路排水设施，疏通地下排水管道30余万米，完成小清河支流截污及河道排污口整治等项目14个，清淤3万立方米。完成涝坡片区、寨而头片区连片治理工程，新建五小水利工程80处，农村厕所无害化改造3252户。郎茂山公园跨年度工程顺利竣工，万灵山公园加快建设，七贤西北广场、八一立交桥绿地广场改造工程全部完工。实施阳光新路等道路绿化提升工程，完成山体绿化1743亩，栽植补种苗木9.8万株，布置节日花卉31.52万株，新增提升绿地12万平方米。严格落实双违建设预防发现机制和“双报制”，及时处置12345市民热线、“啄木鸟行动”和媒体网络反馈的热点焦点问题，引导500余家占道经营业户入市经营，拆除双违建筑5.1万平方米。启动智慧城管平台升级，泺源、魏家庄环卫所开展市场化运作试点，新建舜耕、党家和十六里河垃圾转运站，打造通惠街生活垃圾规范化周转示范点。

【社会事业加快发展】 2016年，市中区保障政策全面落实，以城乡困难家庭群体为重点，累计发放城乡低保金等各类救助资金2626万元；实现就业创业和技能培训7782人次，安置就业再就业16619人，城镇登记失业率控制在4%以内；居民基本养老保险参保人数达到7.2万人，发放居民养老金3606万元；新建社区老年人日间照料中心5处、农村幸福院4处，购买居家养老送时服务16.5万小时；备案登记社区社会组织1377家，首届公益伙伴日活动达成合作意向110余项。新建扩建舜苑学校、十四中等中小学11所，新增教学面积8.5万平方米、班级202个、学位9345个，补充教师661名。启动领秀城高中建设，新建改建幼儿园12所，实施教学硬件提升学校57所，集团内交流教师507名。山东书画艺术中心顺利开工，改造提升社区文化中心、农村文化大院各10处，街道综合文化站建有率100%；修建英雄山等小型健身广场6处，更新、安装健身器材250件。开展大病救助，完成城乡低保居民就诊卡发放，居民基本医疗保险财政补助标准由人均380元提高至420元；实施分级诊疗信息对接和公立医院药价调整改革，建立“互联网+医疗”的网络互动平台。开展安全生产“大快严”集中行动，依法立案查处企业2家，停产停业整顿企业3家，注销危险化学品企业1家。在全市率先实施“五证合一、一照一码” 改革，审核材料由35份减少至3份，核发新版《营业执照》1.52万份。史志、档案、妇女儿童、双拥共建等工作取得新成绩。

（鲁桂全）

精神文明建设

【概况】 2016年，区文明办全面贯彻党的十八大和十八届三中、四中、五中全会精神，深入学习习近平总书记系列重要讲话精神，牢固树立和深入贯彻落实创新、协调、绿色、开放、共享的发展理念，以培育和践行社会主义核心价值观为根本，坚持为民原则、坚持问题导向、坚持常态长效，围绕创建全国文明城市各项要求，着力加强公民思想道德建设，着力深化群众性精神文明创建活动，着力提升市民文明素质和城市文明程度，为建设更加繁荣、更具魅力、更为和谐的现代化新市中提供坚强的思想保证、强大的精神力量、丰润的道德滋养和良好的文化条件。

（区文明办供稿）

【公民思想道德建设】 加强全区善行义举四德榜的维护管理，督促指导各街道、社区（村）定期评选四德先进人物，更换四德榜内容，确保四德榜常换常新。做好省第四届“榜上有名”人物推荐，区六里山街道黄承义、十六里河街道于禄海入选省“榜上有名”人物候选人。1—6 月，每月组织开展好“身边好人”线索及“最美济南人”评选推荐活动。全年向市文明办推荐“身边好人”暨“最美济南人”候选人 8 人。丁瑞云等 4 人被评为济南市“身边好人”。张恒真当选为“济南市十大孝心子女”。上半年,共推荐身边好人线索 1600 余人。开展“好人库”建设工作，要求全区市级以上文明单位至少推荐 1 名道德模范典型，区文明办经过审核把关，将事迹过硬的典型人物加入到“市中好人库”，全区各市级以上文明单已推荐典型人物133 人。下发关于开展“我们的节日”——春节、元宵节、清明、端午等节日期间的活动方案，做好各种传统节日期间的工作部署。在各重要节日期间，走访慰问道德模范。要求各街道开展好民俗展示、联欢联谊、经典朗诵等文体活动，重点开展好关爱空巢老人、关爱未成年人等各种送温暖主题志愿服务活动。

（区文明办供稿）

【未成年人思想道德建设】 把培育和践行社会主义核心价值观贯穿青少年思想道德建设各方面。发挥《未成年人思想道德建设工作测评体系》导向作用，推动各部门形成工作合力。做好优秀童谣征集传唱工作。开展未成年人心理健康教育，加强对未成年人校外心理健康辅导站的规范和管理，努力实现全区心理健康辅导站全覆盖。组建老干部、老教师讲师团、家长讲师团和在职教师讲师团，编写家长学校教学大纲和教材，深入各校分专题授课。组织开展“做一个有道德的人”主题实践活动及“网上祭英烈”“童心向党”歌咏、童谣征集等活动，引导未成年人树立心向党、爱劳动、有礼貌的价值追求。济南实验初中举办全市国学小名士电视大赛海选选拔赛。全区 3 名同学获市乡村学校少年宫书法展示优秀作品奖，4 名同学获“济南市国学小名士”称号。

（区文明办供稿）

【文明城市创建】 区文明办制订《2016 年市中区创建全国文明城市“十大整治提升行动”实施方案》和《2016 年市中区创建全国文明城市“十大整治提升行动”工作台账》。按照中央创建全国文明城市材料测评体系和未成年人测评体系要求，用两周时间完成全年文明城市创建档案材料提报工作。结合全区实际，完成实地测评点上报。成立市中区市民巡访团，引入第三方力量加强对全区文明创建、城市管理、民主评议和城乡环卫一体化等各项工作的检查督导。组建由区委宣传部、区文明办、“两办”督查室组成的督导组，发挥市民巡访团作用，对各测评项目进行全面督导，就全区公益广告制作、环境卫生整治、公共秩序维护、重要测评点打造等重点、难点工作进行提升完善。召开全区创建全国文明城市领导小组（扩大）会议，对全区创建全国文明城市进行全面部署；召开创城迎评工作动员会，就做好 2016 年迎评工作做出周密安排。开展“我爱泉城　文明出行”文明交通志愿服务工作，全区共招募 240 名志愿者并最终确定 195 名志愿者参与全区文明交通行动。7 月 1 日起，发挥全区 60 多个市级以上文明单位和驻区市直 90 余个省、市级文明单位力量，与全区 195 名志愿者一道，在全区 30 个交通易拥堵路口开展文明交通志愿服务。12 月 22—23 日，创建全国文明城市中央测评组对济南市进行年度测评。经过随机抽取，测评组对市中区舜耕街道办事处综合文化站、南辛庄西路和济大路主次干道、经七纬二和经十纬一路口、经四路商业街、普利街和义酒店、鲁能信谊酒店、木子网吧、市中区政务服务中心大厅10个测评点进行测评。中央测评组对市中区二七街道建新社区、七里山街道七西社区2个社区进行入户问卷调查，总体情况良好。

（区文明办供稿）

【文明创建活动】 2016年，市中区按照市文明办有关通知要求，区文明委开展2015年度省、市级文明先进复查，复查省级文明单位26个，合格23个，撤销3个；省级文明村11个，合格11个；复查省级文明社区21个，合格21个。复查市级文明村29个，合格27个，撤销2个；复查市级文明单位84个，合格79个，撤销3个，注销2个；复查市级文明社区47个，合格47个。全年推荐省级文明单位5个，省级文明村2个，省级文明社区4个。召开全区百佳和谐家庭表彰工作会议，表彰黄淑珍家庭等100户家庭为市中区2015年度百佳和谐家庭。下发《2016年度百佳和谐家庭创建实施意见》，拍摄2016年度百佳和谐家庭纪录片。

（区文明办供稿）

组织机构

【中共市中区委】

书　记　朱红方

副书记　王勤光　邵登功　于　红（女、回）

常　委　朱红方　王勤光　邵登功
于　红（女、回）　王其广
任晓策　谢兆村　蒋济东
刘伟华　王国顺　郅　颂（女）
闫培胜　田俊林

【区委工作部门】

1. 中共济南市市中区纪律检查委员会机关（济南市市中区监察局与其合署）
2. 中共济南市市中区委办公室（挂中共济南市市中区委政策研究室、济南市市中区全面深化改革领导小组办公室牌子）
3. 中共济南市市中区委、济南市市中区人民政府信访局
4. 中共济南市市中区委组织部（挂中共济南市市中区委组织员办公室牌子）
5. 中共济南市市中区委老干部局
6. 中共济南市市中区委宣传部（挂济南市市中区精神文明建设委员会办公室牌子）
7. 中共济南市市中区委统战部（挂济南市市中区台湾工作办公室牌子）
8. 中共济南市市中区委政法委员会（济南市市中区社会治安综合治理委员会办公室与其合署）
9. 济南市市中区机构编制委员会办公室
10. 中共济南市市中区委区直机关工作委员会

【区委直属事业单位】

1. 中共济南市市中区委党校（挂济南市市中区行政干部学校牌子、济南市市中区社会主义学院牌子）
2. 济南市市中区老龄工作委员会办公室

【市中区人大常委会】

主　任　苏维泉　邵登功

副主任　姜守明　钱　城　王盛元
李　莹（女）　徐广玉

【区人大常委会工作部门】

1. 办公室
2. 人事代表处

3. 法制处
4. 财经处
5. 科教文卫处
6. 城建处
7. 信访处
8. 预算处

【市中区人民政府】

区　长　王勤光

副区长　于　红（女、回）谢兆村
郅　颂（女）　闫培胜
赵延生　李咸梁　王书信
程　伟

【区政府工作部门】

1. 济南市市中区人民政府办公室
2. 济南市市中区发展和改革委员会
济南市市中区物价局
济南市市中区价格监督检查局
3. 济南市市中区经济和信息化局
4. 济南市市中区教育局
5. 济南市市中区科学技术局
6. 济南市市中区民政局
7. 济南市市中区司法局（挂济南市市中区社区矫正管理局牌子）
8. 济南市市中区财政局
9. 济南市市中区人力资源和社会保障局
10. 济南市市中区城乡建设委员会
济南市市中区人民防空办公室
11. 济南市市中区城市管理局
济南市市中区城市管理行政执法局
12. 济南市市中区环境保护局
13. 济南市市中区农业经济发展局（挂济南市市中区水务局、济南市市中区扶贫开发领导小组办公室牌子）
14. 济南市市中区商务局
15. 济南市市中区文化局
16. 济南市市中区卫生和计划生育局
济南市市中区中医药管理局
17. 济南市市中区食品药品监督管理局（挂济南市市中区食品安全委员会办公室牌子）
18. 济南市市中区审计局
19. 济南市市中区统计局
20. 济南市市中区安全生产监督管理局
21. 济南市市中区住房保障和房产管理局（挂济南市市中区城市更新局牌子）
22. 济南市市中区市场监督管理局
济南市市中区企业注册局
济南市市中区公平交易局（挂济南市市中区市场监管经济检查大队牌子）
济南市市中区网络交易监管局

济南市市中区政务服务中心管理办公室
济南市国土资源局市中分局

【区政府直属事业单位】

1. 济南市市中区体育局
2. 济南市市中区旅游局
3. 济南市市中区民营经济服务局
4. 济南市市中区红十字会
5. 济南市市中区人民政府金融工作办公室（挂济南市市中区地方金融监督管理局牌子）
6. 济南市市中区投资促进服务中心
7. 济南市市中区机关事务管理局
8. 济南市市中区人民政府国有资产监督管理委员会
9. 济南市市中区交通局
10. 济南金融商务中心区（市中区）服务中心
11. 济南市市中区大学科技园服务中心
12. 济南市市中区文化创意产业园区服务中心
13. 济南新城工业基地管理委员会
14. 济南腊山高新技术创业服务中心
15. 济南市市中区农业科技产业园管理委员会

16. 济南市市中区国防教育基地管委会
17. 济南市市中区创新设计产业园区服务中心
18. 济南市市中区房地产开发（集团）总公司

【政协市中区委员会】

主　席　梁英为
副主席　张桂春（女）　潘　华
徐长远　孙振华　刘秀才

【区政协工作部门】

1. 提案处
2. 经济科技处
3. 社会文教处

【市中区人民法院】

济南市市中区人民法院

【市中区人民检察院】

济南市市中区人民检察院

【民主党派】

1. 中国国民党革命委员会市中区委员会
2. 中国民主同盟市中区委员会
3. 中国民主建国会市中区委员会
4. 中国民主促进会市中区委员会
5. 中国农工民主党市中区委员会
6. 中国致公党市中区委员会
7. 九三学社市中区委员会

【人民团体】

1. 济南市市中区总工会
2. 共青团济南市市中区委员会
3. 济南市市中区妇女联合会（挂济南市市中区妇女儿童工作委员会办公室牌子）
4. 济南市市中区科学技术协会
5. 济南市市中区工商业联合会
6. 济南市市中区文学艺术界联合会
7. 济南市市中区归侨侨眷联合会
8. 济南市市中区残疾人联合会
9. 中国国际贸易促进委员会济南市中区支会（挂中国国际商会济南市中商会牌子）

【街道】

1. 济南市市中区舜玉路街道办事处
2. 济南市市中区六里山街道办事处
3. 济南市市中区七里山街道办事处
4. 济南市市中区二七新村街道办事处
5. 济南市市中区四里村街道办事处
6. 济南市市中区杆石桥街道办事处
7. 济南市市中区大观园街道办事处
8. 济南市市中区魏家庄街道办事处
9. 济南市市中区泺源街道办事处
10. 济南市市中区王官庄街道办事处
11. 济南市市中区舜耕街道办事处
12. 济南市市中区七贤街道办事处
13. 济南市市中区白马山街道办事处
14. 济南市市中区十六里河街道办事处
15. 济南市市中区兴隆街道办事处
16. 济南市市中区党家街道办事处
17. 济南市市中区陡沟街道办事处

市中区受国家部委表彰的奖项

市中区2016年5月被中央宣传部、国家司法部、全国普法办公室评为2011—2015年全国法治宣传教育先进集体。

市中区2016年12月被国家卫生计生委评为2014—2016年全国计划生育优质服务先进单位。

市中区科协2016年8月被中国科协、中央组织部等9部委评为《全民科学素质行动计划纲要》“十二五”实施工作先进集体。

舜耕街办2016年5月被中国计划生育协会评为全国计划生育协会乡级先进单位。

四里村街办英雄山社区2016年12月被国家减灾委、民政部评为2016年全国综合减灾示范社区。

大观园街办万紫巷社区2016年6月被中国科协、国家财政部评为2016年“基层科普行动计划”科普示范社区。

舜耕街办舜华社区2016年10月被国务院侨办评为2016年度全国社区侨务工作明星社区。

（区考评办供稿）

市中区受省委省政府和省直部门表彰的奖项

市中区教育局2016年12月被省委、省政府评为全省妇女儿童工作先进集体。

四里村街办2016年7月被省委、省政府、省军区评为全省爱国拥军模范单位。

舜耕街办舜华社区综合党委2016年6月被省委评为全省先进基层党组织。

市中区委中心组2016年12月被省委宣传部评为2015—2016年度全省先进县级党委中心组。

市中区2016年8月被第六届山东文化产业博览交易会组委会评为第六届山东文化产业博览交易会“优秀展示单位”，区委宣传部被评为“优秀组织单位”。

市中区2016年4月被省委防范和处理邪教问题领导小组办公室评为2014—2015年度全省无邪教创建示范区，舜耕街办被评为示范街道，舜玉路街办舜园社区、六里山街办玉函北社区、二七新村街办梁南社区、魏家庄街办馆驿街社区、泺源街办科技街社区、王官庄街办九区社区被评为示范社区。

市中区2016年1月被省政府安委会评为2015年度全省消防安全“责任落实年”活动先进区，大观园街办被评为先进街道，杆石桥街办自由大街社区、十六里河街办西十六里河村被评为先进社区（村庄）。

市中区2017年1月被省体育局评为2016年度全省体育彩票工作考核先进区。

市中区委统战部2016年1月被省委统战部、省人力资源社会保障厅、省公务员局评为全省统战工作先进单位。

市中区委党校2016年11月被省委党校评为2013—2015年度全省党校系统先进党校。

市中区政府残疾人工作委员会2016年12月被省政府残疾人工作委员会评为全省残疾人工作先进单位。

市中区工商联2016年2月和2017年2月连续两次被省工商联评为全省工商联系统“五好”县级工商联，四里村、泺源街办商会被评为全省工商联系统2015年度五好商会，六里山、杆石桥、王官庄街办商会被评为全省工商联系统2016年度五好商会。

市中区经济和信息化局2017年1月被省人力资源社会保障厅、省经济和信息化委、省公务员局评为全省经济和信息化工作先进集体。

市中区人力资源社会保障局2016年1月被省人力资源社会保障厅、省公务员局评为全省人力资源社会保障系统先进集体。

市中区安监局2016年2月被省政府安委会评为全省安全生产工作先进单位，大观园街办被评为全省安全生产基层基础工作安全示范社区。

市中区政府法制办2016年1月被省人力资源社会保障厅、省政府法制办、省公务员局评为全省依法行政先进集体。

市中区政务服务中心管理办公室、十六里河街办为2016年度新增省级文明单位，六里山街办铁路玉函社区、四里村街办建设路社区、大观园街办万紫巷社区、魏家庄街办馆驿街社区为2016年度新增省级文明社区，兴隆街办青桐山村、党家街办相家庄村、小屯村为2016年度新增省级文明村。

市中区委区直机关工委2017年1月被省党的建设研究会机关党建研究专业委员会评为2016年度全省机关党建调查研究与实践创新先进单位。

市中区委610办公室2016年6月被省委防范和处理邪教问题领导小组办公室评为全省2013-2015年教育转化决战先进单位。

市中区档案局2016年10月被省档案局评为2016年全省档案宣传工作先进集体。

市中区职工服务中心2016年1月被省总工会评为2015年度全省工会职工维权法律服务示范单位，二七新村街办总工会2016年12月被评为2016年度全省工会职工维权法律服务示范单位。

市中区妇联2016年2月被省妇联评为全省三八红旗集体，七贤街办被评为全省城乡妇女岗位建功先进集体。

市中区文联2016年11月被山东国际大众艺术节组委会、省文联评为第九届山东国际大众艺术节优秀组织奖。

市中区政协2016年10月被省政协办公厅评为全省政协宣传工作先进集体。

市中区法院2016年1月被省档案局评为2015年度全省档案工作科学化管理示范单位，区直机关工委、区人力资源社会保障局、区卫计监督所、区机关事务管理局和杆石桥、七贤、白马山、十六里河、兴隆街办被评为全省档案工作科学化管理先进单位。

市中区检察院反贪污贿赂局2017年1月被省检察院评为全省2016年度查办职务犯罪专项侦查工作先进集体。

市中区教育局2016年4月被省人力资源社会保障厅、省工商联评为全省第二批劳动争议预防调解工作示范单位。

市中区科技局2016年12月被省地震局评为2016年度全省县级防震减灾工作目标责任考核优秀单位。

市中区人力资源社会保障局2016年12月被省人力资源社会保障厅评为全省人才资源统计调查先进单位，农保处2016年3月被省社会保险事业局评为2015年度全省城乡居民基本养老保险统计报表工作先进单位。

市中区文化局2016年8月被省文化厅、省公安边防总队评为2014—2015年度全省公共电子阅览室建设先进单位。

市中区疾控中心2016年4月被省疾控中心评为2015年度全省艾滋病防治工作先进集体、全省消毒与感染控制工作先进集体，2016年6月被评为2014—2015年度全省慢性非传染性疾病防制工作先进集体、全省食品安全风险监测工作先进集体。

市中区统计局2016年8月被省1%人口抽样调查工作协调小组办公室评为全省2015年1%人口抽样调查先进集体。

市中区政务服务中心服务大厅2016年4月被省总工会评为全省工人先锋号。

六里山、七里山、二七新村、四里村、大观园街办2017年1月被省残联评为全省基层残疾人组织建设示范街道。

二七新村街办团工委2016年4月被团省

委评为2015年度全省五四红旗团委。

大观园街办总工会2016年5月被省总工会评为全省示范乡镇（街道）工会。

十六里河街办2016年7月被省妇联、省妇女“双学双比”“巾帼建功”竞赛活动领导小组评为省级巾帼文明岗。

杆石桥街办乐山小区社区2016年6月被省科协、省财政厅评为2016年全省基层科普行动计划示范社区。

十六里河街办瓦峪村农家书屋2016年3月被省新闻出版广电局评为2015年全省“示范农家书屋”。

（区考评办供稿）

市中区在全市考核中获得第一名或一等奖的工作

共青团市中区委在2016年度全市团的工作考核中荣获第一名。

市中区科协在全市2016年度县区科协工作目标考核中排名第一。

市中区经济和信息化局在全市2016年民用清洁燃煤推广工作中排名第一。

市中区财政局在全市2016年基层财政管理工作综合考评中荣获一等奖。

市中区市政局在全市2016年度城市道路桥梁管理绩效考核中荣获第一名。

市中区园林局在全市2016年度城市绿化养护管理检查综合考核中荣获第一名。

市中区环保局在2016年度全市污染减排和环境改善考核中，荣获污染物总量减排一等奖和大气环境质量改善一等奖。

市中区住房保障管理局（山东广安物业管理有限责任公司）在全市2016年度委托直管公房经营管理考核中综合得分第一。

市中区市场监管局在全市2016年度工商业务指导评价得分第一。

市中区交通局在2016年度市内四区组农村公路养护考核中综合得分第一。

（区考评办供稿）

HIZHONGNIANJIAN

市中
年鉴

中共济南市市中区委员会

ZhongGongJiNanShiShiZhongQuWeiYuanHui

综　述

【概况】 中共济南市市中区第十一届委员会（以下简称区委）设有12个工作机构，分别是区纪律检查委员会机关、区委办公室（挂区委政策研究室、区全面深化改革领导小组办公室牌子）、区委组织部（挂区委组织员办公室牌子）、区委宣传部（挂区精神文明建设委员会办公室牌子）、区委统战部（挂区台湾工作办公室牌子）、区委政法委员会、区社会治安综合治理委员会办公室（与区委政法委员会合署）、区机构编制委员会办公室、区委区直机关工作委员会、区委防范和处理邪教问题领导小组办公室、区委区政府信访局、区委老干部局等部门(单位)。2016年,任晓策、蒋济东、谢兆村、刘伟华4名委员调出。年底，实有区委委员30名、候补委员7名。

区委在区人大、区政府、区政协、区法院、区检察院建有5个党组；设舜玉路、六里山、七里山、二七新村、四里村、杆石桥、大观园、魏家庄、泺源、王官庄、舜耕、七贤、白马山、十六里河、兴隆、党家、陡沟17个街道党工委;分别在区委区直机关、区委党校、区发展和改革委员会、区教育局、区城乡建设委员会、区城市管理局、区农业经济发展局、区商务局、区卫生和计划生育局、区住房保障和房产管理局、区国有资产监督管理委员会、区交通局、区文化创意产业园区服务中心、济南新城工业基地管委会、区房地产开发集团总公司、区市场监督管理局、区食品药品监督管理局、公安市中分局以及区非公有制经济组织、区社会组织、区委离退休干部中设21个系统党（工）委。年底，全区有党（工）委109个，党总支98个，党支部2025个，党员总数33709名。

（陈哲）

【重要决策部署】 1月21日，全区基层党建工作会议召开，部署基层党建工作任务。2月14日，全区旧改棚改（征收拆迁）、招商引资、项目建设攻坚誓师大会召开，对2016年“三项重点工作”作出安排部署。3月11日，全区机关党建工作会议召开，就推行机关党建工作标准化建设、开展“双联系双服务”工作作出安排部署。4月13日，全区脱贫攻坚工作会议召开，深入贯彻落实中央、省、市扶贫开发工作会议精神，分析形势，安排部署扶贫开发工作任务。12月6日，全区召开创建全国文明城市工作领导小组（扩大）会议，通报市中区创城前期工作开展情况，并对全区做好迎接全国文明城市年度测评有关工作进行安排部署。

（陈哲）

2016年区委文件选录

文号	责任者	文件名
市中发〔2016〕1号	中共市中区委	关于邵登功等同志职务任免的请示
市中发〔2016〕2号	中共市中区委	关于印发《市中区党的基层组织建设2016-2020年工作规划》的通知

续表

文号	责任者	文件名
市中发〔2016〕3 号	中共市中区委	关于开展“活力党建 魅力市中”党建品牌创建工作的意见
市中发〔2016〕4 号	中共市中区委	关于进一步强化街道党工委书记抓基层党建主体责任的意见
市中发〔2016〕5 号	中共市中区委	关于 2015 年度工作情况的报告
市中发〔2016〕6 号	中共市中区委 市中区政府	关于 2015 年度文明单位、文明村、文明社区的通报
市中发〔2016〕7 号	中共市中区委	关于常委“三严三实”专题民主生活会召开情况的报告
市中发〔2016〕8 号	中共市中区委	关于同意周广谋同志辞去现任职务并辞去公职的批复
市中发〔2016〕9 号	中共市中区委	关于苏维泉等同志职务任免情况的备案报告
市中发〔2016〕10 号	中共市中区委	关于调整区委常委分工的通知
市中发〔2016〕11 号	中共市中区委 市中区政府	关于调整充实济南市市中区安全生产委员会组成人员的通知
市中发〔2016〕12 号	中共市中区委	关于调整济南市市中区落实党风廉政建设责任制领导小组的通知
市中发〔2016〕13 号	中共市中区委 市中区政府	关于表彰 2015 年度科学发展综合考核先进单位的决定
市中发〔2016〕14 号	中共市中区委 市中区政府	关于印发济南市市中区三项重点工作 2016 年度任务计划的通知
市中发〔2016〕15 号	中共市中区委 市中区政府	关于调整济南市市中区扶贫开发领导小组组成人员的通知
市中发〔2016〕19 号	中共市中区委	关于李建国同志免职的请示
市中发〔2016〕20 号	中共市中区委	关于印发《落实党风廉政建设党委主体责任和纪委监督责任的实施意见（试行）》的通知
市中发〔2016〕22 号	中共市中区委 市中区政府	关于坚决打赢脱贫攻坚战的实施意见
市中发〔2016〕24 号	中共市中区委	关于李聚春因私出境政审备案的报告
市中发〔2016〕26 号	中共市中区委	关于同意王海勇同志辞去现任职务并辞去公职的批复
市中发〔2016〕27 号	中共市中区委 市中区政府	关于 2016 年全区党风廉政建设和反腐败工作任务分工意见
市中发〔2016〕29 号	中共市中区委	关于市对区 2015 年度科学发展综合考核评价意见整改方案的报告
市中发〔2016〕30 号	中共市中区委	关于加强社会主义协商民主建设的实施意见
市中发〔2016〕31 号	中共市中区委	关于谢兆村同志任职的请示
市中发〔2016〕32 号	中共市中区委 市中区政府	关于成立济南市市中区突发事件应急管理委员会的通知
市中发〔2016〕33 号	中共市中区委 市中区政府	关于印发济南市市中区打造区域科技创新新平台三年行动计划（2016—2018 年）的通知
市中发〔2016〕35 号	中共市中区委 市中区政府	印发《济南市市中区 2016 年度科学发展综合考核办法》的通知

续表

文号	责任者	文件名
市中发〔2016〕36 号	中共市中区委	关于黄春国同志任职的请示
市中发〔2016〕37 号	中共市中区委	关于苏维泉同志因私出境政审备案的报告
市中发〔2016〕38 号	中共市中区委	关于刘宪同志因私出境政审备案的报告
市中发〔2016〕39 号	中共市中区委	关于孟庆斌同志市第十次党代会代表资格处理意见的报告
市中发〔2016〕40 号	中共市中区委	关于成立市中区换届工作领导小组的通知
市中发〔2016〕42 号	中共市中区委	关于宋汝海同志因私出境政审备案的报告
市中发〔2016〕43 号	中共市中区委	关于召开中国共产党济南市市中区第十二次代表大会的请示
市中发〔2016〕44 号	中共市中区委	关于任晓策、蒋济东同志职务任免的请示
市中发〔2016〕45 号	中共市中区委	关于印发《济南市市中区“六五”依法治区规划（2016-2020）》的通知
市中发〔2016〕46 号	中共市中区委 市中区政府	转发《区委宣传部、区司法局关于在全区公民中开展法治宣传教育的第七个五年规划（2016-2020 年）》的通知

【区委全体会议】 7 月 29 日，召开十一届九次全会。会议深入学习贯彻中共十八大，十八届三中、四中、五中全会精神和习近平总书记系列重要讲话，特别是“七一”重要讲话精神，以及省委十届十四次全会、市委十届十一次全会精神，回顾总结上半年工作，研究部署下半年任务。

9 月 28 日，召开十一届十次全会（扩大会议）。会议主要对时任区委、人大、政府、政协领导班子及成员、法检“两长”和纪委副书记进行民主测评；对时任区委、人大、政府、政协领导班子及成员、法检“两长”和纪委副书记进行民主评议；对新一届区委、人大、政府、政协领导班子成员、法检“两长”和纪委副书记人选进行全额定向民主推荐；对区委及区委书记干部选拔任用工作、区委新选拔任用干部进行民主评议；对严肃换届纪律情况进行问卷调查。

10 月 24 日，召开十一届十一次全会。会议主要听取关于召开区第十二次党代会有关情况的汇报，作出召开党代会的决议。

（陈哲）

【区委常委会议】 1 月 4 日，召开区委十一届 67 次常委（扩大）会。会议主要传达学习《人民日报》关于中共中央政治局专题民主生活会报道及评论员文章，并就阶段重点工作作出部署。

3 月 14 日，召开区委十一届 71 次常委(扩大）会。市委组织部调研巡视组组长、市委组织部副部长李旭东讲话，区委就配合做好调研巡视工作提出要求。

4 月 13 日，召开十一届 73 次区委常委会。传达王文涛书记到市中区调研时的讲话精神；传达学习习近平总书记重要讲话精神和毛泽东同志《党委会的工作方法》；宣读关于省委巡视组反馈问题的整改落实情况的说明；汇报关于全区基层党建工作三项清单和软弱涣散村党组织排查整顿工作情况。

7 月 15 日，召开十一届 79 次区委常委(扩大）会，集体观看《镜鉴——衡阳、南充违反换届纪律案件警示录》，学习贯彻习近平总书记在庆祝中国共产党成立 95 周年大会上的重要讲话精神，以及中央和省市委关于换届有关事项的要求。

9 月 13 日，召开十一届 83 次区委常委会（扩大）会议。传达《中共中央关于辽宁拉票贿选案查处情况及其教训警示的通报》、市委常委会（扩大）会议精神。

9 月 13 日，召开十一届 84 次区委常委会。会议研究学习贯彻“四种形态”相关文件情况，全区“两学一做”学习教育情况，深入开展反对“自以为是”、助推“四个中心”建设活动的情况。

11 月 1 日，召开十一届 90 次区委常委会（扩大）会议。传达《中共中央办公厅关于认真学习宣传党的十八届六中全会精神的通知》以及《中国共产党第十八届中央委员会第六次全体会议公报》。

（陈哲）

区委办综合工作

【政策研究】 牵头或参与研究制定、审核把关《市中区党的基层组织建设 2016—2020 工作规划》《关于坚决打赢脱贫攻坚战的实施意见》《济南市市中区“六五”依法治区规划（2016—2020）》等区委文件 47 件、区委办各类文件 40 件。围绕区委中心工作，坚持问题导向，结合全年各阶段重大工作部署，开展专题性、对策性和思路性调研，先后形成《关于当前旧村改造中部分突出问题的调研报告》《玉符河流域相关基本情况分析》《老旧厂房改造利用有关问题的调研报告》等多篇专题调研报告。

（陈哲）

【文稿起草】 完成《在全区旧改棚改（征收拆迁）、招商引资、项目建设“三项重点工作”攻坚誓师大会上的主持讲话》《在全区庆祝中国共产党成立 95 周年大会上的讲话》《区域板块支撑现代泉城发展—在全市务虚会上的发言》等各类重要讲话、发言、汇报等 60 余篇、25 万余字。协助区委主要领导完成《大众日报》《济南日报》及济南电视台等媒体多个访谈参考材料及约稿文章的起草。

（陈哲）

【深化改革】 市中编发〔2016〕21 号文件核定区全面深化改革领导小组办公室行政编制 5 名、专职副主任 1 名（副处级）。全年召开领导小组会议 9 次，出台改革文件 37 件。研究制订《市中区 2016 年全面深化改革工作要点》，首次建立年度改革工作台账、监控台账，将 40 项改革事项分解为 130 项改革任务。出台《市中区全面深化改革调度督察工作实施办法（试行）》，先后开展改革督查 3 次。健全完善改革联络员制度，强化改革进展情况定期通报和文件备案。《市中工作》设立“改革创新”专刊，印发 4 期，先后总结社会组织统战工作、刑事案件速裁程序试点、教育集团化办学等改革案例 9 个，上报改革信息 7 篇，被《济南改革》采用 2 篇。

（孙冰）

【信息管理】 信息收集 在提高信息质量、确保信息时效、拓宽信息来源、发挥网络优势等方面采取一系列加强和改进的措施，着力在“快、新、深、好”上下功夫、求突破、见成效。重点关注贯彻落实中央、省、市委重要会议精神、重要工作部署情况，经济社会发展中各类热点、难点问题以及落实全区中心工作、重点工作中发现的新情况、新问题等内容。

信息上报　围绕中心、服务大局，对照中央和省、市委决策需求，充分发挥贴近基层的优势，向市委报送大量第一手情况和有价值的信息，为市委领导科学决策、指导工作提供优质高效的信息服务，上报信息300条，被市委办公厅采用102条，全市排名第三位，被评为市级先进单位。

信息管理　加大信息员轮训力度，推动信息服务质效稳步提升。对各街道和区直各部门信息报送、采用情况进行统计和评价，评价结果实行每月通报、每季排名。设立“市中信息e家”微信群和QQ群，要求全区信息员与分管领导加入，加强沟通交流、畅通报送渠道，提高信息编报效率。

（孙冰）

【重点工作督查】　督查“旧改棚改（征收拆迁）、招商引资、项目建设”三项重点工作。实行周调度、季通报、半年督查评议。共实地督促检查“三项重点工作”推进落实情况30余次，协调解决各类问题40余个，牵头组织重点项目建设督查评议活动2次。

（韩希宁）

【决策督查】　对区委重要会议、重大决策部署、重要工作，及时分解立项，明确分管领导、责任单位、目标任务、完成时限，确保按计划高标准推进。共编发《市中督查》124期，先后开展美丽乡村建设、城区山体绿化、落实中央八项规定等专项督查活动，并督促推动三联阳光舜城等难点遗留问题解决。

（韩希宁）

【重大事项督查】　编写《区委主要领导同志批示交办事项办理情况反馈》17期，办理领导批示件152件；对新闻媒体曝光问题，坚持当日发现、当日办理，每月通报办理情况，编发《新闻媒体曝光问题办理情况简报》9期，妥善处理各类新闻媒体曝光问题74件；认真办理涉及党群机关的政协提案，及时下发《督办通知》，严格按照要求进行办理、回复、反馈。全年共办理政协提案4件，全部按时限要求办结并答复委员，委员对办理情况均表示满意。

（韩希宁）

【保密管理】　强化日常管理，认真做好网络管理、定密管理、保密人员管理三项重点工作，严格落实收文登记、转办签字、归档存放、借阅归还、监销清退、专人专网专机、信息发布核查等工作制度。强化保密督查，先后开展信息公开保密审查、涉密人员分类确定和保密审查、互联网专项保密检查、重要军事设施周边安全保密自查、职能部门业务专网保密检查等一系列保密督查活动。强化宣传教育，定期对各单位保密工作人员进行业务指导，先后组织集中学习7次，为全区各单位发放《党政机关工作人员保密须知》《手机使用安全保密须知》《保密宣传教育多媒体展示片》光盘等宣传材料，安装保密常识屏保、保密电脑桌面等，增强机关工作人员保密意识。

（徐昕）

纪检监察工作

【概况】 中共济南市市中区第十一届纪律检查委员会有委员 27 人，纪委常委 7 人，书记 1 人，副书记 2 人。区纪委与区监察局合署办公，机关内设办公室、组织部、党风政风监督室（济南市市中区人民政府纠正行业不正之风办公室）、信访室（济南市市中区国家行政机关工作人员违法违纪举报中心）、第一纪检监察室、第二纪检监察室、第三纪检监察室、案件审理室 8 个室（部）；廉政教育中心 1 个事业单位。派驻机构 32 个，其中 4 个为归口派驻机构，28 个为个别派驻机构。在编人员 95 人，其中，行政编制 70 人，事业编制 24 人，工勤编制 1 人。

（李青梅）

【区纪委全体会议】 2 月 23 日，全区党风廉政建设和反腐败工作会议暨区纪委十一届六次全体会议召开。传达学习中央和省、市纪委全会精神，总结 2015 年全区党风廉政建设和反腐败工作，部署 2016 年度工作任务。会议审议通过区委常委、区纪委书记王其广代表区纪委常委会所作的题为《聚焦主责主业，忠诚履行职责，坚定不移推进党风廉政建设和反腐败工作》的工作报告。区纪委委员 25 人出席，2 人请假。

（陈安玺）

【党风廉政建设】 协助区委制订《2016 年全区党风廉政建设和反腐败工作任务分工意见》，将责任细化为 6 大项，50 小项。通过述廉述责、日常督查，定期检查、年度考核、分析通报等措施，层层压实责任，层层传导压力，严肃问责追究管党治党责任缺失等问题。围绕主体责任落实、廉洁从政等内容，组织 13 名区级党政班子成员向区纪委全会述廉述责，接受区纪委委员现场评议。发挥派驻机构职能作用，督促被监督部门认真落实主体责任，共巡查单位 8 家，发现主体责任落实不到位、担当意识不够强等 6 类 39 个问题，分别提出整改建议并督促整改。组织全区 700 余名副处级以上党员干部进行德廉和党风党纪知识测试，一次性通过率 97.5%。联合财政、审计等部门，加大对区直各部门大额资金使用情况的审核监督，共受理重大事项报告 209 件次，涉及资金 5.57 亿元，拒批 53 件次报告事项，涉及资金 1.23 亿元。制订区纪委《关于落实省委第五巡视组反馈意见的整改方案》，将巡视组意见反馈中涉及纪委的 8 个方面问题，归纳为 3 大类，制定 22 条具体整改措施，分解到 7 个具体业务处室，明确工作时限，严格督导推进。强化问题导向，在机关处室和派驻机构中抽调 18 名工作人员，成立 4 个调查小组，集中对省委巡视组交办的 32 起问题线索进行调查，已办结 31 起，1 起正在办理中。立足抓常、抓细、抓长，研究制订《关于进一步落实党风廉政建设党委主体责任和纪委监督责任的实施意见》《关于进一步落实“三转”要求狠抓监督执纪问责的实施办法（试行）》等 9 项制度规定。

（彭康）

【监督执纪问责】 重点查处违规使用公车、公款吃喝送礼、变相公款旅游、违规报销费用、乱发津贴补贴等突出问题。共开展专项检查 8 次，上报车辆线索 35 条，查处公车私用、公款旅游等问题 5 起，对 3 起典型案例进行通报曝光。开展“慵懒散”专项治理，采取明查与暗访、监督与受理举报相结合的方式，对区政务服务中心窗口和街道窗口单位遵守工作纪律、工作状态等情况进行监督检查，督促整改9起空岗缺位、看手机视频等问题。对媒体二次曝光的2起扬尘渣土问题进行效能督查，责令相关街道作出书面检查，对2个单位负责人进行诫勉谈话。联合财政、农业等部门，重点检查6个涉农街道强农惠农政策落实、涉农补贴发放情况，对发现的3个问题下发监察建议书，并进行跟踪整改。完善问题线索收集受理与分类处置机制，共受理各类信访举报553件次，其中检举控告类362件次，严格按照5类处置标准进行办理，梳理提供问题线索98起，对存在苗头性问题的6名干部进行提醒谈话。加大纪律审查力度，改进执纪监督方法，把握运用“四种形态（指党内关系要正常化，批评和自我批评要经常开展，让咬耳扯袖、红脸出汗成为常态；党纪轻处分和组织处理要成为大多数；对严重违纪的重处分、作出重大职务调整应当是少数；而严重违纪涉嫌违法立案审查的只能是极少数）”，严格审查和处置党员干部违反“六大纪律（指政治纪律、组织纪律、廉洁纪律、群众纪律、工作纪律、生活纪律）”涉嫌违法行为，严肃查办在土地征收流转、农村“三资（指资金、资产、资源）”管理、惠农补贴、扶贫救济、专项资金管理使用等方面损害群众利益的问题，查办南康村部分村干部与拆迁工作人员相互勾结骗取补偿款案件。全年共受理问题线索143起147人，谈话函询9起14人，初步核实问题线索94起105人，立案62起65人，结案65起68人，党纪处分65起67人、政纪处分14起16人、党政纪双重处分12起14人，组织处理2起2人，移送司法机关6起6人。

（吴静波　彭康）

【纪检队伍建设】 5月20日，机关内设机构调整和人员调配方案获批。调整后，执纪监督人数占总编制的66.6%。制订进一步加强区纪委监察局机关建设的实施意见、关于加强纪检监察干部监督工作的意见等，强化对纪检监察干部的教育管理监督。开展“两学一做”主题教育活动，结合实际制定《实施方案》和活动配档表，组织支部党员集体学习10次，到“双联系双服务”联系点开展活动4次、讲党课2次。加大纪检监察干部培训力度，举办为期3天的全区纪检监察干部培训班，先后派出32人次参加上级纪委举办的业务培训班。

（彭康　李青梅）

组织工作

【概况】 中共济南市市中区委组织部（挂中共济南市市中区委组织员办公室牌子）内设办公室、干部科、干部监督科、组织科、人才工作科5个科室；管理正处级事业单位4个（济南市市中区干部培训中心、中共济南市市中区委群众工作办公室、中共济南市市中区委下派干部管理办公室、济南市市中区农村党员干部现代远程教育管理中心）；下设区考评办公室（副处级行政单位）。年底，共有在编人员24人。

（韩茜）

【干部队伍建设】 2016年，共调整干部174人，其中，提拔重用51人，调任4人，平职交流48人，根据工作需要兼、免职务26人，机构更名重新任命30人，安置军转干部5人，因调离及辞职、退休免去职务9人，超职数整改后重新明确职务1人。

根据省委巡视组反馈意见，解决好“干部队伍结构不合理，部分单位混编混岗现象较为突出”等问题。利用现有职数，尽最大可能将优秀年轻干部充实到处级干部队伍中，使干部队伍整体结构更趋合理。4月，新提拔使用的22名副处级干部中，80后干部占6名。对混编混岗问题，拉出单子、列出台账、逐一分析，分门别类制定整改措施。对因机构改革原因造成的，协调市委组织部予以解决；对可通过调任和轮岗交流解决的，结合干部日常调整及专题调整予以解决。上半年，全区99名事业及工人身份科级干部顶岗任行政职务问题全部整改到位。全区81名混编混岗使用的处级干部有74人整改到位。在全区开展事业单位人员全员聘用工作，切实维护单位和工作人员合法权益。

贯彻《干部教育培训工作条例》，加大对干部的理论、党性教育和能力培训。年初，组织开展中共十八届五中全会精神轮训工作，举办三期五中全会精神专题培训班，将处级干部全部轮训1遍。相继举办浙江大学全区党政领导干部“开放型经济建设”和“社会管理创新和民生服务”专题研修班、复旦大学文化产业领军人才专题培训班、南京财经大学现代服务业发展专题培训班、市委党校媒体应对专题研修班、潍坊临沂村居干部法制和经济专题培训班、市中干部大讲堂等一系列班次。结合与济南大学开展的干部教育培训合作，先后邀请济南大学马克思主义学院、政法学院优秀教师在科级领导职务人员任职培训班、市中干部大讲堂等班次授课。研究制定订学时计算办法，规范2015年后干部教育培训学时登记工作。继续开展干部网上自主选学工作，利用齐鲁先锋——山东干部学习平台，落实《干部教育培训工作条例》学习要求。组织全区933名处级领导干部填写完成2015年度个人有关事项报告，并按照规定要求开展电子信息录入工作。严格执行查核规定开展重点抽查与随机抽查，对拟提拔重用、拟提名为“两代表一委员”等情形的275名领导干部进行重点抽查核实，发现3名干部存在瞒报问题，其中1人被取消干部考察人选资格，1人被取消人大代表提名资格，对1人进行诫勉谈话。确定94名干部作为2015年度领导干部个人有关事项报告随机抽查核实对象。运用12380举报电话、网络举报、来信举报、来访诉求、邮箱举报等五大干部监督平台，及时受理广大群众对选拔任用干部工作反映的意见和问题，做好对涉组涉干信访举报案件的统筹管理和总体调度。健全完善首问负责、限时办结、跟踪督办、办结反馈、责任追究等制度，对违规用人及群众反映强烈的问题，做到有举必查、查必有果、纠必到位，不断提高组织工作满意度。全年办结上级转办及本级受理信访件20件，办结率100%。明确《换届风气监督“五类责任主体”责任清单》，制订《关于加强换届风气监督的实施方案》，明确严肃换届纪律的工作部署、教育、监督、查处、宣传等主要措施，举办市中区换届风气监督工作专题培训班。制订《关于全区“两代表一委员”人选考察工作实施方案》，明确组织领导、资格条件、时间安排、工作流程、考察责任等。落实换届期间12380专人值守制度、立项专办制度、快速查核机制等，与区纪委、区检察院、市中公安分局等建立联合查核机制，组建违反换届纪律问题专门查核组，专职查核人员共8人，严格落实查核工作责任制。对换届考察涉及的40

名干部档案做到“凡提四必”。

（王新磊　柴玉恒）

【基层党组织建设】 立足区情实际，研究制订《市中区党的基层组织建设2016—2020年工作规划》《关于进一步强化街道党工委书记抓基层党建主体责任的意见》，建立责任清单和考核办法。推出发展党员全程纪实、党建品牌项目化管理、党建工作现场观摩评比等一大批制度机制，推动基层党建工作制度化、常态化、长效化。制订《关于在全区党组织中开展“主题党日”活动的实施意见》《关于开展“活力党建、魅力市中”党建品牌创建工作的意见》，将每季度第一个月的20日固定为全区“主题党日”、巩固提升区级党建品牌，为基层党组织搭建平台载体，全面提升基层组织生活的规范化水平和品牌化建设成效。确定《解决干部不作为、乱作为》《社区服务型党组织建设》《“两新”党建扩面增效》等研究课题，加强对前瞻性工作的研究破解。加大投入，树立大抓基层的导向，引导各类资源向基层倾斜。在人员方面，为党员50人以上或居民2000户以上的社区党组织配备专职副书记；区委组织部投入110万元，购买20名党建组织员，配备到17个街道和3个区域性党组织，充实工作力量。在资金方面，加大财政投入力度，年投入3300万元，实现群众工作专项经费对城市社区、行政村、村改社区的全覆盖和报酬补贴、定期体检对村“两委”成员的全覆盖；制定《无固定收入老党员和困难党员关爱补贴发放办法》，建立生活困难党员台账及工作档案，实行动态管理，全年向158名党员发放补贴24万元。在场所阵地方面，通过新建扩建、改造提升、产权置换、房屋租赁等形式，改善社区办公服务用房条件，倡导机关单位腾退办公出租房屋用于为民服务，年减少租金1300余万元，新增为民服务用房62处、2.45万平方米。全区17个街道的86个城市社区办公服务用房全部达到300平方米以上。研究制订《关于推行“核心引领、多元共治”模式进一步加强街道社区区域化党建工作的意见》，指导成立街道大工委、社区综合党委，搭建社区党建服务中心、社区服务中心等组织架构。建立党建工作联动、服务项目认领、在职党员管理等六大工作机制，年度新增财政投入400余万元，拨付每个街道20万元区域化党建工作经费和每名社区自管党员100元活动经费。开展基层协商民主工作，探索深化“一线访民情、五步促协商”“三级协商、多元善治”等工作机制20余个，累计听取意见建议250余条，解决居民实际问题90余个。探索创新商圈、楼宇、餐饮行业、专业市场、小微企业、园区等六种区域化党建模式，先后组建区域性综合党组织和行业党员职工服务中心48个，打造山东商会大厦楼宇社区党委、万达商圈党委、绿地普利中心党群服务中心等11个特色工作载体和亮点。出台《市中区村“两委”班子绩效考核办法（试行）》《关于对村级干部经济责任常态化审计的意见》等一系列规范性文件，进一步理顺决策程序、加强财务监管、严格考核奖惩，规范村级权力运行；在临沂、潍坊举办农村干部“讲法纪、守规矩”等2期培训班。出台《机关党的工作标准化建设工作手册》，明确机关党建工作依据、工作标准和具体操作流程；开展区直部门（单位）联系服务社区、机关在职党员到社区报到联系服务群众工作，全区85个区直部门（单位）与79个社区以“一对一”“多对一”“一对多”的形式，全面建立对口帮扶联系，引导3457名机关在职党员认领社区服务岗位，进一步发挥先锋模范作用，密切党群干群关系。研究制订关于加强和改进非公企业、社会组织党建工作的两个《十条意见》，从人、财、物、政策等方面出台具体有效措施，全面提升支持保障力度。

（阳光）

【人才工作】 政府人才事业资金支出在区级财政支出中所占比例不断提高，鼓励人才创新创业的载体平台和活动项目进一步增多。区委组织部认真落实人才工作目标责任制，将各项目标任务细化量化、逐一分解、定期调度，确保年度目标按计划推进。贯彻落实党委联系专家制度，21名区级党员领导干部与专家结成联系对子；继续实施人才工作“网格化”管理，不断完善部门、街道和各类园区的工作责任，上下联动、部门协调的运行机制日趋成熟；继续实施《人才工作创新项目管理办法》，为23个创新项目发放奖励资金65万元。研究制订《市中区产业园区人才发展支持办法（试行）》，明确园区人才队伍建设的重点任务、引进政策、人才能力提升、服务保障等措施，鼓励各产业园区申报产业园区人才发展项目；推进“十大产业园区”建设，济南国际创新设计产业园、市中区创业学院2016年正式开园，红场1952、星工坊影视文化产业园建设工作扎实开展，山东新金融产业园、泉城国际文化创意产业园等招商引资工作进展顺利，人才聚集效应初步显现。继续实施社工人才“燎原计划”，完善社工人才培养机制，持续加强“领跑者助力计划”培训，举办2期大型社工培训，全年共开展24期社工继续教育培训，2期主题沙龙活动，2期经验交流活动，组织社工宣传周、社工日、社工论坛等系列专题活动；构建社工项目管理机制，打造专家督导团队，“王丽工作室”“邻舍家”“妇女儿童家园”等社工项目服务群众近万人。相继推出青年企业家论坛、“智汇聚莱”企业战略服务平台等工作措施，广泛开展示范点创建、观摩交流等活动。全年引进普华永道会计师事务所、复星保德信人寿保险等各类总部型企业、金融机构20余家，引进一批行业内高端管理型和技术型人才。加大创新创业人才扶持力度，研究“泉城双创”人才计划配套措施，积极构建区、街道、企业院校相结合的多层次、宽领域众创空间格局，全区登记备案众创空间16家，同时，开展市中区第三批创新创业人才评选工作，14人被评为创新人才，6人被评为创业人才。实行柔性引才策略，利用市中区政府与济南大学的战略合作协议，在济南大学商学院成立市中区经济发展研究中心，整合相关领域专家学者等智力资源，组建市中区专家智库，并委托济南大学课题组完成《市中区经济发展模式研究》课题报告。搭建项目、园区、科研等载体平台，全区有12家企业建立市级以上企业技术中心，其中，国家级1家、省级5家、市级6家，推荐中泰证券和济南市供排水监测中心的2名高层次人才入选5150引才倍增计划高层次创新人才，推荐2人申报泰山产业领军人才工程，组织3家企业申报省级示范工程技术研究中心。区科技局成立市中区科技扶贫专家服务团，组织科技特派员深入园区等开展服务20人次，培训人员近3000人次；区教育局先后举办名班主任培训、骨干班主任培训、教学管理领导干部研修班、“名师工程”培养人研修班等，并组织英国、芬兰基础教育考察，名师台湾学习活动等；区人社局邀请市人才服务局专家到市中区开展高层次人才政策宣讲，驻区62家企业的70多名从事人力资源工作的人员参加，组织山东鸿基换热技术有限公司和山东栋梁科技有限公司申报为济南市“院士专家基层服务工作站”，组织驻区8家企业分别赴东北、华东和西北地区等多所211、985院校招聘优秀毕业生，均取得丰硕的成果；区金融办组织金融人才座谈会，与恒生银行济南分行、中泰证券有限公司等企业相关负责人进行座谈交流。

（柴玉恒）

【“两学一做”学习教育】 以省委组织部到市中区开展“两学一做”专题调研为契机，广泛征求意见建议，掌握各领域党员的所想所盼和疑问顾虑。坚持问题导向，重点围绕“如何全面覆盖，确保入脑入心”两个关键问题，结合区情实际制定实施方案。在全市率先召开工作座谈会、培训会，进行动员部署，参会人员涵盖全体村、社区党组织书记，确保“一竿子插到底”，实现全覆盖、零遗漏。4月底，全区1998个基层党组织全部完成启动工作。结合市中实际，围绕重点要求，设计形式多样的学习教育载体，灵活采取“小组互助、上门辅导、结对帮扶、网络互动”等助学形式，开辟“五个讲堂”，成立学习教育宣讲团开展巡回宣讲。至12月，通过各种形式累计送党课下基层230余次，受益党员20000余人次。结合实际指导农村党员围绕“讲纪律、守规矩，提素质、增能力”，社区党员围绕“亮身份、强服务、比贡献”，机关事业单位党员围绕“转作风、强素质、争一流”，“两新”组织党员围绕“讲党性、重规范、有作为”等不同主题，开展特色主题活动，推动学习教育具体化、精细化、差异化。成立“两学一做”学习教育督导组，采取随机抽查、专项调研等多种方式，定期深入党（工）委、基层党支部开展巡回督导70余次。把开展学习教育情况作为2016年基层党建工作述职评议考核的首要内容；提出理论知识测试、征文比赛、演讲比赛等经常性检验措施以及开展学习教育“回头看”的硬性要求。启动新一轮软弱涣散党组织整顿工作，组织各涉农街道逐村进行摸底排查，结合年底考核和平时掌握情况，按照20%左右的比例，倒排确定11个重点帮扶对象，采取区委常委包挂指导、街道党工委书记蹲点整顿、工作组驻村帮扶等措施，推动软弱涣散党组织转化提升。认真开展反对“自以为是”、助推“四个中心”建设活动，在区级层面梳理查摆突出问题5个，基层党（工）委梳理查摆各类突出问题200余个，及时抓好整改。对基层探索出的建过硬支部的好经验、好做法，分领域总结提炼一批党支部工作法，形成可复制、可借鉴、具有市中特色的党建工作经验，促进基层工作全面提升。

（阳光）

【科学发展综合考核】 市中区在全市科学发展综合考核中，连续第八次获二等奖；在全市首次开展的重点工作专项考核中，市中区获2个一等奖（招商引资、项目建设）、1个二等奖（棚改旧改）。

按照“突出重点工作、突出问题导向，强化时限要求、强化一责双岗”的思路，在广泛征求意见、对接市里考核新要求的基础上，形成全区2016年度科学发展综合考核办法，突出“三项重点工作”和脱贫攻坚等阶段性重点任务。协调各考核部门起草或修订完善指标考核细则，组织区直各部门围绕服务保障推进“三项重点工作”确定公开承诺事项。7月15日，经区委常委会研究通过印发全区。对旧改棚改（征收拆迁）、项目建设等重点工作，强化时限意识，严格对照时间节点进行考核；对主要经济指标，各季度完成进度得分按一定比例纳入全年成绩；对城市管理、信访维稳、12345市民服务热线件办理等工作，实行月度定期考核；通过单位重点工作季度报表和处级干部工作实绩季度报表，把班子干部的工作实绩、在急难险重任务中的担当和关键时刻的表现在平时全面掌握起来。强化区直部门考核督导与协调服务相统一，加大街道对区直部门指导工作开展、帮助解决难题的评价力度。12月中下旬，由区考评办牵头，从区纪委、区委组织部等考评委成员部门抽调23人组成5个考核组，对全区17个街道、87个区直部门严格进行实地考核。针对6个城郊街道承担“三项重点工作”特别是旧改棚改（征收拆迁）、项目建设任务较重的实际，一等奖增至2个，更好体现“干与不干不一样、干多干少不一样、干好干坏不一样”。干部奖惩方面，获奖街道和被评为先进的区直部门，干部优秀等次比例由15%提高到不超过20%，并拿出180个左右优秀等次名额，向在“三项重点工作”一线和为市中区在市委市政府考核中取得优异成绩做出突出贡献及获得省部级重要综合性奖项的干部倾斜。

（宋振法）

【“第一书记”工作】 全年累计走访任职村老党员1819人次，召开座谈会301次，上党课86次，发展党员15名，收集党员群众意见建议267条。围绕区委、区政府的工作重点，协助任职村（居）理清发展思路、优化发展环境，通过招商引资、旧村改造、发展特色种植、养殖项目等途径，促进农业增效和农民增收。全年派出单位集体研究脱贫规划项目51个，解决其他12项行业扶贫类问题10个，帮助村（居）引进各类致富项目14个，帮助村集体新增经营性收入40.3万余元。至12月，组织创业培训1200多人次，转移输出劳动力460多人。组织开展路边、背街小巷治理和村庄绿化美化等活动76次，帮助通水村9个，硬化道路73.1千米，绿化树木5270株，安装路灯160余盏，进一步改善农村生产生活条件。

（于磊）

【远程教育】 年初，重新制定《市中区远程教育教学管理制度》《市中区远程教育设备管理制度》，结合“深入基层、服务群众”活动，继续做好“市中区远程教育旗舰站点引领带动工程”。年底，全区有旗舰站点24个。探索制定远教管理员奖惩机制和远程教育站点设备维护经费使用机制。承担区委组织部组织工作信息化建设任务，组织用好“灯塔——党建在线”信息化党建系统平台。为全区远教管理员开通短信通知服务，确保通知下达时效性，建立远教月通报制度，通过微博、博客发布每月站点学用情况，同时反馈分管政工副书记，督促管理员抓好落实。深入全区17个街道、186个村居，拍摄大量内容丰富的脚本素材，制作《林芳，我为你点赞》《走近你，温暖我》等4部“十百千工程”专题片，筹划拍摄的《别样夕阳无限红》《建言献策大忙人》《铁面柔情女法官》等11部电视新闻专题片，在齐鲁先锋、时代风采党建节目播出，推动全区党建品牌创建工作的开展。

（钟宜超）

宣传工作

【概况】 2016年，区委宣传部（区精神文明办公室）机关编制总额15人（含工勤人员2人）。设部长1人，常务副部长1人（按部门正职配备）；副部长2人，兼职副部长1人（兼任区精神文明建设委员会办公室主任）。下设办公室、理论学习党员教育科、社会宣传工作科、新闻科、未成年人教育科5个科室。下属事业单位济南市市中区互联网信息办公室。

（李璐）

【理论学习】 学习贯彻中共十八大、十八届三中、四中、五中、六中全会和习近平总书记系列重要讲话精神。发挥区委理论学习中心组龙头作用，引导全区领导干部和广大党员群众认真学习党的理论政策。学习宣传贯彻中共十八届六中全会和习近平系列重要讲话精神，继续开展各党（工）委中心组理论学习"督学"工作。为区委理论中心组40名成员编发《学习园地》，阐释当前热点问题。以通俗易懂的语言编发《理论宣讲活页》，为党员干部群众提供灵活管用的理论学习资料，并通过政府内网发送到全区各党支部。

学习贯彻习近平关于做好新形势下意识形态工作的一系列重要指示精神，召开党委（党组）意识形态工作责任制座谈会，制订《济南市市中区党（工）委（党组）意识形态工作责任制实施细则》。

将报告会参加范围扩大至全区副处级以上领导，邀请中央政策研究室经济局局长冯海发，杭州巴洛克音乐研究所副所长、杭州魅艺室内乐工作室总监张博，复旦大学教授孟建，中国科学社会主义学会副会长、中国政治学会副会长、山东大学博士生导师、济南大学政治与公共管理学院院长包心鉴等，作专题报告5场。

中央宣讲团成员、中宣部常务副部长黄坤明到市中区舜耕街道舜华社区调研工作并宣讲。组织社区普通党员和群众听讲，面对面交流学习心得。邀请省、市专家学者、区优秀理论工作者和部分"五老"宣讲团成员，组建学习贯彻十八届六中全会精神宣讲团进行广泛宣讲。组建百姓宣讲团深入街道、社区和企业进行宣讲；在全区范围内评选推荐出3名优秀宣讲选手，参加济南市"中国梦·小康情"百姓宣讲比赛，获2个一等奖和1个三等奖。

（李璐）

【新闻宣传】 全年在省、市级新闻媒体发稿2867篇，重点稿件321篇。围绕"以项目论英雄、凭拆迁定成败、靠招商比业绩"主题，做好新闻报道。在省、市级媒体发稿951篇，其中重点稿件265篇。在《大众日报》刊发《凝心聚力谋发展　勇立潮头敢为先》等专版6篇；《济南日报》刊发《市中区狠抓三项重点工作推进经济社会发展》等稿件40余篇；在济南电视台《济南新闻》栏目刊发《玉符河综合治理工程市中段进展顺利》《市中区开展政银企合作》等稿件80余篇。

围绕王勤光区长参加《电视问政》节目，媒体曝光的各类问题，联合济南电视台、《济南日报》《济南时报》等驻济主流媒体，连续刊发稿件50余篇，集中报道市中区整改落实情况。在济南电视台刊发《市中区落实整改群众反映问题》《市中区启动全区环境卫生综合整治行动》等重点稿件20余篇；《济南日报》刊发《电视问政提出的问题，咋办？》《15个问题已有8个解决到位》《市中区二环路拆迁全面收尾》《市中回应"问政"提升城管水平》等重点稿件20余篇。

5月24日，召开文庄项目推进工作会议后，先后在《济南日报》《济南时报》和济南电视台等主流媒体刊发稿件500余篇，其中《济南日报》刊发《4.5万户棚改旧改项目进展顺利》等重点稿件10余篇；济南电视台《济南新闻》、济南人民广播电台专题刊发《文庄整村拆迁项目加快推进》等重点稿件10余篇；《市中手机报》在文庄拆迁倒计时 100 天，增设“文庄拆迁进行时”专栏，每天记录倒计时天数，及时报道拆迁协议签订最新进展和全区齐参与，服务保障文庄拆迁的良好氛围。其中刊发《助力文庄拆迁—区委区直机关工委提前完成包挂任务》等重点稿件 100 余篇。

联合区金融商务中心区服务中心举办《创业英雄汇》济南总决选。活动前期在 20 块城市大屏、1000 余块城市公交屏幕进行滚动播出；总决选当天组织、协调国内 30 余家媒体进行广泛宣传，并在央视财经频道播出。联合济南广播电台举办“声动泉城”市中专场汇报演出，得到社会各界的广泛参与，累计有上万名朗诵爱好者参与其中。

《市中手机报》先后配合全区各项重点工作开设“聚焦三项重点工作”“文庄拆迁倒计时”等专栏，共发稿 4565 篇。《市中手机台》APP 客户端策划《打好攻坚战　当好排头兵》系列专题报道 12 集，全面介绍全区各街道“三项重点工作”开展情况，策划旧改棚改专题《文庄拆迁进行时》发稿 45 篇，集中报道拆迁经验和典型事迹；“市中头条”微信公众号突出可读性，刊发了大量市民关心的民生稿件 590 篇，粉丝量达到 14 万多，单篇最高阅读量超过 3 万次，其影响力已经超过传统媒体。特别是有关卧龙路拓宽，高架桥两侧改造，王官庄、白马山、党家庄等片区拆迁涉及旧改、棚改等内容的报道引发市民的强烈关注。

加强监管监测，加大正面宣传引导力度，与驻济媒体的相关栏目建立密切联系。全年在省、市各新闻媒体应对处置“负面新闻”230 多次，其中涉及市政道路工程施工、棚改旧改建设、旧村改造拆迁、裸露渣土覆盖、海绵工程提升等方面问题。按照第一时间到达现场；第一时间了解情况；第一时间与媒体做好解释的工作原则，最大限度的做好突发新闻事件的解释和淡化工作。

（朱振）

【网络宣传与监测】 2016 年，在新华网、大众网、凤凰网、舜网等品牌新闻网站，相继刊发《市中区与济南大学签订 6 大合作项目合办创业学院》《创业英雄会济南站海选》等稿件 300 余篇。围绕“互联网 + 在山东”全国网络媒体采风采访活动和“美丽家园 · 我的梦”大型采访活动等专题专访，先后发表评论《让脱贫力度实现小康梦想》《让更有尊严的救助实现恤贫暖心》等稿件，被省网信办活动指定报道网站大众网和胶东在线第一时间首发；围绕全国“两会”、国家领导人出访和国内调研、世界互联网大会等网络热点，在新浪等网站及时发帖、跟帖 2000 余条。

加强网络舆情监管监测，与大众网舆情中心开展合作，刊发《舆情动态》24 期，对重大舆情事件，快速跟进，及时刊发《舆情专报》上报区委有关领导。对全区各街道、区直有关部门的关键信息基础设施，开展网络安全检查工作。

开展山东手机报济南版和市中专刊订阅工作，推广用户 3 万余人。为深化市中区重点工作宣传搭建影响力较大、美誉度较高的网络新平台。

（李璐）

【舆情信息】 健全完善社会舆情研判、报送和疏导机制，健全工作网络，围绕中央重大决策部署、国内外重大事件、社会热点问题，准确反映社会各阶层群体的想法、意见和要求，提出对策建议，为区委和上级提供决策服务。向省市分别报送舆情信息 3000 余篇、工作信息 150 余篇。

（李璐）

【文化强区建设】 推进落实市中区《关于加快推进市中区文化创意产业的意见》，为文化创意产业单位提供政策支持和保障。协调市委宣传部等部门，推介宣传市中区的文化企业，申报济南市重点文化产业园区。世纪舜风传媒、济南国际创新设计产业园、悦动城体育文化创意产业园等大项目开业，运营良好。

对获得2015年度市中区文化产业专项资金和领军人物的单位进行督查调研，为下一步专项资金的使用和领军人物的评选提供决策依据。聘请专家对申报2016年度文化产业发展专项资金的企业进行严格评审并按序排名，为10家企业发放300万元的文化产业发展资金。与济南格林文化传媒有限公司合作，对市中区文化产业4个单位和6名文化产业领军人物进行采访，汇集为《雅聚华德：济南市中文化访谈录》（暂名）一书。对市中区文化创意产业项目、企业、园区等进行调查摸底，全面了解和掌握全区文化产业发展现状。年底，市中区有山东省重点文化产业园区2个，济南市重点文化产业园区9个。

邀请济南大学历史与文化产业学院文化经营管理系主任、教授王玉为区文化产业联盟成员举办题为《文化产业与城市更新》学术讲座。与济南大学联合实施文化部创新工程项目《文化主导下的城市更新模式创新与实践—以济南市市中区为例》。组织文化产业联盟成员单位负责人到厦门大学参加全市文化产业创新发展培训班，并参加第十二届中国（深圳）国际文化产业交易博览会。筹备制定参加省文博会参展工作方案，确定辖区内10个文化产业园区一并参展，获“优秀展示”奖和“优秀组织”奖称号。

描写济南的散文集《风雅济南》正式出版发行。《风雅济南》汇集全国、省、市58位知名作家的64篇散文佳作，致力于讲好市中故事。并向驻区学校、机关、企事业单位、图书馆、档案馆等免费赠送，成为全区的1张文化名片。编发《天下泉城　魅力市中》外宣手册，涵盖“市中概况、优势产业、市中教育与休闲娱乐、投资服务、市中欢迎您”六个板块，全方位、多角度，生动形象地展现市中区的政治、经济以及文化，增强市中区的知名度、美誉度和影响力。举办纪念中国共产党建党95周年暨长征胜利80周年合唱比赛、书画展、征文比赛，消夏晚会，承办第九届山东国际大众艺术节市中专场等丰富多彩的群众性文化活动。新建改造社区健身场所146处、社区文化活动中心（文化大院）112个，区全民健身活动中心和图书馆新馆建成启用。

（李璐）

统战工作

【概况】 中共济南市市中区委统战部（挂济南市市中区台湾工作办公室的牌子）设部长1人，常务副部长1人，副部长3人。内设办公室（挂新社会阶层科牌子）1个科室，下设济南市市中区台胞服务中心（正科级事业单位）。年底，共有在编人员13人。

（贾荣）

【区委统战工作会议召开】 2月26日，召开区委统战工作会议，区委副书记于红出席会议并讲话，对加强和改进新形势下的统战工作提出明确要求。区委印发《济南市市中区贯彻落实〈中国共产党统一战线工作条例（试行）〉实施方案》。

（贾荣）

【统战组织建设】 成立由区委书记任组长，区委副书记、区委常委、副区长、区委常委、统战部部长、区人大常委会副主任、区政协副主席任副组长，各有关单位负责人任成员的区委统战工作领导小组，办公室设在区委统战部。全区17个街道均明确党工委副书记分管统战工作，配备1名兼职统战干事，确保基层统战工作“有人干”。统战部增设办公室，加挂新社会阶层工作科牌子。成立市中区台胞服务中心。

（贾荣）

【党外人士工作】 8月28—9月2日，组织全区党外代表人士通过培训班、辅导报告会等形式，学习中共十八大、十八届历次全会和习近平总书记系列重要讲话精神，及省、市、区委会议精神。邀请上海社会主义学院、南京空军政治学院、上海复旦大学的知名专家教授，就“习近平关于统一战线新思想新观点新要求”“中国军事力量崛起与使命”“国情和社会热点问题”等专题进行详细解读，凝聚统战成员的政治共识，提升思想境界。

（贾荣）

【扶贫攻坚】 2016年，区委统战部研究成立工作领导小组，制定《全区统一战线“同心扶贫攻坚行动”实施方案》，由驻村“第一书记”与村两委对接，专门负责对群众的帮扶解困，并召开全区统一战线“同心扶贫攻坚行动”动员会。坚持献良策与办实事相结合，帮助解决实际困难和问题。2016年，区委统战部召开8次扶贫工作专题会议，先后5次走访慰问困难党员群众，为急需帮包的党员群众发放米、面和食油，共计9万余元。联系4个区内相关单位及全区各民主党派进行帮扶。3月，通过实地调研、入户走访，摸清贫困户基本情况，建档立卡；组织全区各民主党派于4月和7月2次到郭家村调研，为贫困村的集体经济发展和贫困村民脱贫出谋划策，捐款捐物20余万元。引进山东老井茶叶种植有限公司与郭家村村委会合作，村委会与公司签订产业扶贫合作项目利益分配方案。

（贾荣）

【新阶层统战工作】 4月，成立市中区社会组织联合会。全年接待各省、市、区统战部考察交流团队8批次76人次。

（贾荣）

【协调市、区政协换届人事安排】 2016年，市中区按照市统战部《关于推荐提名十四届市政协委员人选的意见》《关于县（市）区政协换届人事安排有关问题的意见》精神和《中国人民政治协商会议章程》规定，做好市、区两级政协换届人士安排工作。协助推荐提名十四届市政协委员16人，其中，中共人选5人，非中共人选11人。经与市委统战部协商，十四届市政协委员留任5人，新推市政协委员11人。区政协九届一次会议安排233名委员结构比例情况：中共委员91人，占39.1%，党外委员142人，占60.9%；民主党派成员79人，占总数的33.9%；妇女委员76人，占32.6%；少数民族委员17人，占7.3%；大专以上222人（其中大学142人、硕士35人、博士5人），占总数的95.2%；非公经济代表人士42人，占18%；新的社会阶层人士16人，占6.9%。政协常务委员会组成人员45人，其中，中共党员15人，占政协常务委员会组成人员总数的33.3%；非中共人士30人，占政协常务委员会组成人员总数的66.7%。

（贾荣）

机构编制工作

【概况】 济南市市中区机构编制委员会办公室为区委、区政府双重管理部门，列入区委机构序列。内设综合科、机构编制科、监督检查科、区人民政府行政审批制度改革办公室4个科（室），下设市中区事业单位监督管理局（副处级）、市中区机构编制电子政务中心（副处级）2个事业单位。

（张群）

【机构编制管理】 2016年，区编委办公室对11家事业单位进行清理规范，调整规范单位名称4项，明确经费类型2项，明确建制级别4项，明确处级领导职数2人、科级领导职数21人，撤销2个事业单位建制。2月25日，根据市编办转发鲁编办文件要求，下发《关于规范事业单位经费来源有关问题的通知》，对全区事业单位经费类型按类别划分进行调整规范。继续集中清理“僵尸”事业单位工作。8月，根据市编办文件精神，制定《集中清理“僵尸”事业单位工作方案》，把腾出来的事业编制用于满足经济社会发展需要。

1月，根据市委组织部、市编办文件精神，下发《关于调整区扶贫开发工作机构有关事项的通知》，在区农业经济发展局加挂区扶贫开发领导小组办公室牌子，明确其职责任务。4月，根据市编办《关于事业单位补充完善机构编制要素的实施方案》和市文化体制改革和文化产业发展工作领导小组办公室《关于同意泉城国际文化创意产业园、济南国际创新设计产业园为济南市重点文化产业园区（基地）的批复》精神，下发《关于腊山工业基地管理委员会更名为济南市市中区文化创意产业园区服务中心的通知》《关于济南红山尖园艺中心管理委员会更名为济南市市中区创新设计产业园区服务中心的通知》，明确2个园区服务中心的职能定位、管理范围和主要职责。根据市编办《关于设立济南市不动产登记中心市中分中心的批复》，将区住房保障和房产管理局的房屋登记职责、区农业经济发展局的林地登记职责进行整合，统一移交市国土资源局市中分局承担。通过总量调剂方式成立济南市不动产登记服务中心市中区分中心。5月，根据鲁政办发〔2016〕6号和济编办发〔2016〕32号文件，下发《关于建立健全乡村安全生产、建设工程质量安全、环境保护和道路交通安全监管机构的通知》，为全区各街道办事处单独设立安全生产监督管理办公室，为6个涉农街道办事处单独设立乡村规划建设监督管理办公室，经济发展科加挂环境保护办公室牌子，并明确城市管理科承担所辖区域内道路交通安全监管工作职责。

实行机关事业单位机构编制动态管理，全年调剂行政编制8名、事业编制42名。根据上级统一部署，开展中小学教职工核编工作，全区共核定中小学教职工编制3981名（小学2686名、初中1295名），比原中小学教职工编制3563名多核定418名，并把相关编制及时分配到核编学校。通过盘活现有机构编制资源，设立市中区舜苑学校、市中区爱都小学、市中区泉欣小学、市中区卧龙路小学、市中区舜苑幼儿园、市中区育明幼儿园等6所学校。根据《关于印发山东省公立医院机构编制标准的通知》要求，根据床位、门诊量等因素，为区医院核定人员控制总量595名。

（任均娟）

【行政审批制度改革】 深化行政审批制度改革，按时编制完成“三张清单”，加强清单动态调整。开展区级行政权力清单编制和调整工作。区审改办会同区财政局、区法制办、区行政服务办对区级行政权力事项进行全面摸底清理，编制《市中区区级行政权力清单目录》。结合上级有关文件、法律法规的立、改、废情况和《济南市行政权力清单动态管理办法》有关规定，分2次调整区农业经济发展局、区人力资源和社会保障局等7个部门的行政权力事项33项。重新公布法律法规调整较大的区食品药品监督管理局行政处罚、行政强制、行政监督事项目录，为经济建设、教育、医疗、食品安全等社会民生领域提供制度保障。分2批次对8个部门涉及的11项行政许可，91项其他类别行政权力事项要素进行调整。至年底，共纳入38个区直部门（单位）的行政权力事项2816项，其中，行政审批132项、行政处罚2090项、行政强制122项、行政征收12项、行政给付20项、行政裁决3项、行政确认64项、行政奖励18项、行政监督205项、其他权力事项150项。

至2016年底，区政府部门责任清单共纳入39个部门（单位）主要职责285项，具体责任事项1115项，追责情形1125项，确定部门职责边界105项，编写具体事例108例，建立事中事后监管制度256项，公共服务事项142项。保留6个部门（单位）20项行政审批中介服务收费项目。

区政府办印发《关于转发济政办字〔2016〕44号文件推广随机抽查规范事中事后监管的通知》，对推广随机抽查工作进行安排部署，提出工作任务、目标要求和时间节点。区编办制作实施方案模板，为各部门（单位）开展工作创造条件。全区35个建立双随机制度的部门（单位）中，已经开展抽查次数为1457次，“双随机一公开”制度初显成效。

（郭冬梅）

【机构编制监督检查】 按照市编办通知要求，开展市中区2015年度机构编制工作绩效管理考核迎查工作，上报《关于2015年度市中区机构编制工作绩效管理情况整改意见》、2016年度补充人员计划。按照市编办《关于下达2016年度县（市）区机关事业单位补充人员计划的通知》，下达市中区机关事业单位2016年度补充人员计划总共118名，其中，党政机关行政编制18名，事业编制100名。5月底，再次为有用人计划需求的单位追加2016年度用人计划。6月起，实行网上人员入减编审核。全年没有出现超编进人问题，全区财政供养人数较上年年底减少103人。按照《关于转发鲁编办〔2016〕177号文件扎实开展控编减编等工作专项督查的通知》，开展自查工作，形成自查报告，8月底上报市编办，并按市编办工作要求每月统计上报超编进人情况。开展编制评估核查，确定区文化局、区城管局（城管执法局）、区市场监督管理局、区食药局、区农业局、区政务服务中心管理办公室6个评估对象。各部门先按照评估通知要求进行自查，填写相关表格，形成自查报告。10月11—12日，由区编办分管领导带队，机构编制科、监督检查科、审改办相关工作人员组成检查组，对区文化局、区城管局（城管执法局）2个部门进行实地评估。11月，上报市编办2016年度用人计划备案，没有超计划数安排工作人员，并上报2017年度用人计划。

（郑文涛）

【事业单位监督管理】 1月1日，启动事业单位统一社会信用代码工作。结合事业单位法人年度报告公示工作，同步启动事业单位统一社会信用代码工作，开展事业单位法人统一社会信用代码的赋码和新版《事业单位法人证书》换发工作。3月31日，共有155家事业单位完成 2015年度事业单位法人年度报告公示及新版法人证书换发工作，6家单位未按时进行年度报告公示，年度报告公示率为96%。为区机关社保办公室、区妇幼保健计划生育服务中心和杆石桥街道经七路社区卫生服务站等8家事业单位办理原单位印章收缴和新单位印章启用；为二七新村街道卫生院和区工资发放中心等4家事业单位办理单位公章和财务印章封存；为区交通运输管理站、二七新村街道卫生院和区创新设计产业园区服务中心办理封存印章使用。规范向社会组织和个人提供事业单位登记管理信息服务，办理事业单位信息查询服务4项。对区文化馆、济南市纬二路小学法人治理结构工作进行跟踪指导。7月底，按照省市编办统一部署要求，完成全区65家党政群机关统一社会信用代码赋码工作。开展事业单位登记管理专项监督检查、事业单位法人异常信息管理及探索实施事业单位业务范围清单化管理工作。2016年，共办理事业单位法人设立登记1家，变更登记49家，证书补领1家，注销登记1家。

（蔡欣欣）

【事业单位“双随机、一公开”】 按照《2016年度市中区事业单位绩效考核工作实施方案》，区编办、区财政局、区人力资源社会保障局、区审计局等区事业单位考核委员会成员单位选派人员随机参加主管部门组织的考核组，对教育、卫生计生等部门所属的事业单位进行重点考核，将事业单位“双随机、一公开”检查结果作为2016年度事业单位绩效考核综合指标得分依据。2016年度事业单位绩效考核确定为A级的单位27个，确定为B级的单位138个。按照《济南市市中区事业单位“双随机、一公开”监管工作方案》要求，建立“一单两库”制度，明确“双随机”抽查内容清单。事业单位名录库涵盖全区所有区属纳入机构编制管理范围且已经核准登记的200家事业单位法人，执法检查人员名录库包含编制部门所有具有执法资格的人员。年底，执法检查人员按照分组情况随机抽取，每组2—3人，抽查对象按照2%的比例，通过摇号等方式，从事业单位名录库中随机抽取济南市经九路小学、市中区文化馆等4家单位开展检查。抽查情况和查处结果通过市中区机构编制网向社会公布。

（蔡欣欣）

【机构编制电子政务】 严格按照《济南市机构编制实名制管理办法（试行）》有关规定，以机构编制实名制信息管理系统为抓手，通过入减编制度和机构编制管理证的规范使用，推进市中区实名制管理工作。严格执行实名制信息维护登记、审核、报表制度，进一步优化和规范机构编制实名制管理工作流程，及时调整实名制信息管理系统并打印机构编制管理证，完善机构及人员信息1000余项，打印更新编制证信息700余项，实现全区在职人员动态监管。以市编办机构编制实名制数据月报工作为契机，每月21日前更新系统数据，完成《机关事业单位机构编制及在职人员情况统计表》，坚持常态化管理与动态化监督相结合，不断优化机构编制资源配置。规范机构编制管理证的使用管理，使编制证成为组织、人社、财政部门人员调动、岗位设置、工资调整的有效凭证。9月中旬组织召开全区机构编制实名制管理业务培训会，全面推行新版机构编制实名制信息管理系统。为各主管部门及独立运行的事业单位分配了账号和U盾（注：一种通过通用串行总线接口直接与计算机相连、具有密码验证功能、可靠高速的小型存储设备），实现了实名制信息录入、人员入减编等业务网上办理。每季度第三个月25日前，及时更新实名制信息公示数据，在区编办网站进行实名制公示。全年完成中文域名注册单位483家，其中政务域名137家，公益域名346家，注册率133.15%，已申领网站标识单位共计99家，挂标率100%

（李远飞）

信访工作

【概况】 区信访局为区委、区政府合设机构，行政编制8人，工勤编制1人，在职11人。2016年，市中区信访形势表现为“三下降、两上升、一好转”，即到省、市越级访56起，同比下降54%，进京非访16人次，同比下降57%，集体访172起，同比下降43%，网信量1141件，同比上升90%，对信访部门满意率98.7%，同比上升0.7%。全年化解“钉子案、骨头案”8件，无新增上访老户。区信访局连续3年保持市级文明单位。

（周恒俊）

【网信】 推进“互联网+信访”工作模式，各街道办事处、有关区直部门建立网上信访工作队伍，将各渠道接收的信访件全部纳入山东省信访信息系统运转、办理，方便群众就地就近通过“网上信访”反映诉求，让群众“多上网、少跑腿”，减少社会成本。依托互联网“所见即所得”技术，建立市、区两级“网上信访大厅”，实现群众投诉、查询、跟踪、监督、评价一体化。开展“五率达标”创建活动。全区信访事项“及时受理率”100%，“按期办结率”100%，列入满意度评价事项“群众参评率”达97%，“信访工作满意率”“责任主体满意率”分别达98.7%、96.3%，全部高于全市同期平均水平。

（周恒俊）

【接访】 投入资金12.49万元，建设信访视频会议系统，实现省、市、区（县）三级信访部门视频会议、案件会商、业务研讨、领导异地视频接访等功能。坚持领导干部定期公开接访制度。区级领导每月轮流到信访接待场所值班接待群众来访，做到接访安排、社会公示、接谈纪录、网上录入四对上。区领导全年公开接访接待群众102批403人次。

（周恒俊）

【规范化建设】 坚持法定途径优先，引导涉法涉诉问题进入法定途径解决，强化法律在化解矛盾中的权威地位，保障合理合法诉求按照法律规定和程序进行处理；通过行政程序（行政调解、行政裁决、行政确认、行政救助、技术鉴定、行政监察、劳动监察）分类处理的信访事项，引导信访人依法向权力机关提出；对现行法律、法规、规章及规范性文件有明确救济途径，具备明确的主体、时限和操作程序等要素，而且处理结果具有明确法律效力的，导入指定救济途径依法按程序处理。制定《关于做好依法逐级走访制度衔接进一步规范信访事项受理办理程序的意见》，进一步规范受理、答复、回访等环节流程。编订下发《市中区信访工作业务规范手册》，将办信、接访、复查、听证等业务流程标准化，形成一整套操作规范，促进信访事项严格受理、科学办理、精准管理。

（周恒俊）

区直机关工委工作

【概况】 2016年，区委区直机关工委下属2个机关党委，11个党总支，99个党支部，共有党员2011人。1月，被山东省档案局评为山东省档案工作科学化管理先进单位。2017年1月，被省党的建设研究会、机关党建研究专业委员会评为2016年度全省机关党建调查研究与实践创新先进单位。

（魏珂嘉）

【开展“两学一做”学习教育】 召开区直机关“两学一做”学习教育工作动员部署会，对开展学习教育作出具体安排，提出明确要求。为每名党员发放《习近平总书记系列重要讲话读本（2016年版）》。成立专门督导组，强化组织协调和督查指导，对区直机关党组织开展“两学一做”学习教育以及机关党建工作标准化建设推进情况进行实地督导，对学习教育落实不力的单位，及时指出问题并督促其进行整改，确保学习教育取得实效。随时调度各单位进展情况，收集汇总支部书记党课讲稿，掌握各党组织开展学习讨论动态编发《机关工作交流》简报，为各党组织交流沟通搭建有效平台。结合区直机关实际，制定出台实施方案，将学习教育任务具体化、精准化、差异化。坚持边学边改、立行立改，针对学习教育中查摆出的问题建立整改台账，认真落实党员组织关系集中排查、党费收缴工作专项检查等基层党建重点任务，取得积极成效。抽调3名工作人员组成文庄拆迁包挂工作组，经过28天的不懈努力，提前10天圆满完成包挂任务。招商引资引进项目4个，注册资金达5000万元。结合“第一书记”下派工作制定扶贫方案，班子成员多次到刘家林村走访慰问贫困户。研究制定《关于深入开展反对“自以为是”助推“四个中心”建设活动的实施方案》，加强督导指导，认真组织实施，切实把“两学一做”学习教育成效体现到推动中心工作上。

（魏珂嘉）

【党建工作标准化建设】 围绕推进区直机关党建工作标准化建设，立足区直机关党建工作特点，从机关党建工作运行规律出发，导入现代质量管理理念，以“内容系统化、工作规范化、管理标准化”为目标，把《中国共产党章程》《中国共产党党和国家机关基层组织工作条例》内容细化为党组织和党员的工作任务，明确机关党建工作依据、工作标

2016年6月29日，区直机关举行庆祝建党95周年大会　　（区委区直机关工委　提供）

准、具体操作，编写成由“工作标准”“程序管理”“作业指导书”“文件汇编”四部分组成的《机关党的工作标准化建设工作手册》，推动区直机关党的工作规范化、制度化运行。在全区机关党的建设工作会议上下发《关于推进机关党建工作标准化建设的实施意见》《机关党的工作标准化建设工作手册》，有关做法被《济南日报》《泉城党建》《机关党的工作》等媒体刊发，山东省监狱党委专程到市中区考察学习。区直机关工委负责人分别在全省市县机关工委书记座谈会和全市机关党建工作现场交流会上，以“积极推进标准化建设，促进机关党建工作规范提升”为题作会议发言，介绍经验做法。

（魏珂嘉）

【“五型”机关建设】 发挥“活力机关、服务先锋”党建品牌的引领导向和辐射带动作用，指导各党（总）支部紧密结合实际，着力打造具有自身特色的党建品牌，区直机关打造出“全新市中、全心服务”等党建品牌30多个，以品牌创建引领学习型、服务型、和谐型、廉政型、创新型“五型”机关建设。认真抓好政治理论学习和党建理论研讨，确定11个机关党建研究课题，组织机关各党组织积极开展党建课题调查研究和理论研讨，向省、市报送调研文章18篇。工委撰写的《务实抓党建，创新促发展》获2016年度市机关党建课题研究成果一等奖，选送的文章中2篇获二等奖，9篇获三等奖。紧贴区委“三项重点工作”，持续开展“转作风、作表率、创一流”主题实践活动。推进区直部门开展文明单位创建，区直机关有各级文明单位47个。组织机关干部参加全区第六届全民运动会，举办新春棋牌比赛，增进干部职工身心健康。推进廉政文化进机关，区直机关有市、区级廉政文化示范点9个。倡导机关党组织以改革创新精神推进党的建设，在机关党建工作理念、工作模式、工作方法上积极探索创新。

（魏珂嘉）

对台工作

【对台交流】 2016年，市中区采取“以台引台，以台引商”方式，利用台属、台商及鲁台经贸洽会等各种渠道，开展对台经贸交流。先后接待台湾井得集团、东方美略集团、宏汇集团、华山文创、台湾科技大学等17个经贸考察团到市中区考察对接。12月10日，聘请台湾两岸经营者俱乐部总执行长、中华两岸连锁经营协会执行长卓世杰到山东绿地泉控股集团就《特色小镇规划打造与运营管理》进行专题讲座，区台办、区医院、山东绿地泉控股集团约80人参加讲座。

2016年，先后组织由区委副书记于红、副区长谢兆村为团长的“文化创意考察团”“城市建设交流团”和由区教育局组织的名师培养工程交流团、舜耕小学交流团赴台参访交流。区文化创意考察团与台湾文化创意产业联盟协会签订“海峡两岸文创学院”项目战略合作框架协议。推荐市中区大观园街道办事处为“山东省海峡两岸交流示范点”。

（曲霄飞）

【对台服务】 4月，成立市中区台胞服务中心，负责辖区台胞（台属）服务工作、对台招商引资宣传、辖区台资企业的日常协调服务等工作事项。建立“三访”制度，即有病必访、有难必访、节日必访。节日期间走访台胞、台属和贫困台属50余人次，为60户困难家庭送去50吨“暖心煤”，发放慰问金及慰问品3万余元。开展“台资企业走访季”“进台企、话亲情、促发展”和“平安台企”创建活动，帮助解决10多起在生产经营、子女上学等方面的问题，办结率100%。11月30日，召开“共话两岸情谊、共谋市中发展”台胞台属座谈会。

（曲霄飞）

党校教育工作

【概况】 中共济南市市中区委党校是中共市中区委的直属单位，核定编制37人，在编在岗干部职工37人，内设办公室、教研室、教务处、总务处、信息中心。区委党校是中央党校的基层党建联系点。2016年，再次被评为省级先进党校，连续4年被评为市级先进党校；连续11年保持市级文明单位称号；连续2次被省委宣传部和市委宣传部评为省级理论宣教基地和市级理论宣教基地。

（吴月苹）

【干部培训】 全年举办主体班次13期，培训学员1770人次。其中，学习贯彻中共十八届五中全会精神专题培训班3期，培训605人；入党积极分子培训班1期，培训212人；“两学一做”农村党员培训5期，培训500人；换届风气监督专题培训班1期，培训78人；新任科级领导职务人员培训班2期，培训248人；市中干部大讲堂“学习贯彻十八届六中全会精神”专题培训班1期，培训127人。

（吴月苹）

【学习参训】 全年组织教师参加7个批次的7个专项主题学习，参训总人数16人次，为历年最高。参训地点有省市党校、浙江大学、中山大学等，参训内容有开放型经济建设培训、民生问题研究专题培训、经济专业师资培训、社科专业师资培训、十八届六中全会精神专题培训、市党校系统师资培训和知识拓展培训等。

（吴月苹）

【调研科研】 全年走访调研区政务中心、区文联、市科协、区科协、山东省信息化展厅及“互联网+”体验中心及泺源街道办事处、玉函社区、阳光舜城社区、舜绣社区、舜函社区等十多个单位和社区。调研涉及区政务中心运管情况、区城市管理工作中遇到的难点热点问题、市和区文化产业发展现状、社区社会保障需要完善的问题和需要达到的保障水平、社区居民养老问题、当前山东的网络现状、“互联网+”应用推广的实践案例、社区党总支网格党支部开展的社区党建工作及难点、社区党员队伍基本情况及特点、科技创新的不足和面临的困难、济南市建立科创中心工作中存在的不足、济南市人才建设中存在的问题、如何加强社区党组织建设等十三个方面的内容。

申报省委系统党校年度课题《中华优秀传统文化与社会主义核心价值观研究》，申报立项省委党校系统十八届五中全会精神专项研究课题10个。结项省委党校系统十八届四中全会专项研究课题2个。参与市委组织部科研课题1个。参与征文活动，获一等奖1篇，二等奖2篇，优秀奖1篇。

（吴月苹）

【宣讲任务】 2016年，成立市中区宣讲团，面向街道、社区、村居进行宣传；初步建立送课机制，向全区发放党课菜单，开展中共十八届五中全会精神和“两学一做”学习教育的宣讲。5 名教师外出宣讲 51 人次，其中，到机关部门宣讲 19 人次，到街道办事处宣讲 23 人次，到社区村居宣讲 9 人次，区机关部门和村居社区的 3000 余名党员在家门口听党课。

（吴月苹）

【决策咨询服务】 2016 年，印发校刊《学习与研究》4 期，为区委、区政府提供决策咨询服务。党委副书记王永新应邀到济南市建筑设计院，就企业党建如何发挥党组织主要负责人的作用这一专题进行研讨，为济南市建筑设计院的党建开展提供理论指导和措施谋划。

（吴月苹）

党史研究

【资料征编】 2016 年，制定《市中区改革开放实录征编工作方案》。召开工作调度会，就做好改革开放实录课题研究及征编工作进行部署，下发《改革开放实录资料汇编》，为实录编写提供参考。6 月，贯彻落实鲁党研发〔2016〕3 号和济党研字〔2016〕15 号文件精神，制定《市中区“社会主义建设时期区委书记口述历史”征编工作方案》，按照“两手抓，三步走”的步骤方法制订实施计划，通过查找档案、查阅书籍及相关资料等，搜集整理老领导的署名文章，完成第一批口述史资料征集报送任务。11 月，按照市委党史研究室的相关要求，认真查找档案资料 100 余卷，完成市中区抗战时期档案文献资料报送及人口伤亡和财产损失入户调查口述资料电子档案的转化。

（潘梅）

【党史宣教】 4 月，为隆重纪念中国共产党暨中共济南地方组织成立 95 周年，组织开展党史征文活动，报送征文 14 篇，经市委党史研究室和党史学会评选后，获一等奖 2 篇、二等奖 4 篇、三等奖 4 篇，优秀奖 4 篇。7 月，区委党史研究室与区文联共同举办“庆祝建党 95 周年书画摄影展”活动，展出近 300 幅书画和摄影作品。8 月，济南育英中学作为山东早期党组织和社会主义青年团活动旧址被确定为“第一批济南市党史教育基地”。9 月，区委党史研究室与济南育英中学举行济南市党史教育基地揭牌仪式，使其充分发挥革命遗址、纪念地的作用。

（潘梅）

档案管理

【区档案馆建设】 9 月底，拟定《市中区档案馆新馆建设建议方案（草案）》，成立市中区档案局档案新馆建设推进工作领导小组，召开专题会议，明确责任分工。年底，完成新馆建设预算上报工作，预算新馆前期建设资金 4000 万元、选址设计考察等费用 90 万元。

（李利）

【区档案采集、征集】 区档案馆根据旧改棚改（征收拆迁）、项目建设的进度，制订“城乡记忆档案”的采集收集、移交进馆工作计划，制发《关于开展旧改棚改（征收拆迁）档案收集进馆的通知》。联合区文联制定“城乡记忆采集拍摄计划安排表”，每周由档案局（馆）工作人员同区文联选派的专业摄影师、街道办事处工作人员一起到各街道旧改棚改项目建设现场多角度进行拍摄采集，对项目片区拆迁前、拆迁过程及建设中等各个阶段进行记录，保存第一手图像素材。年底，已对白马山街道山凹村、党家庄街道魏家村、七贤街道文庄等25个旧改棚改（征收拆迁）、项目建设现场拍摄，拍摄照片6486张，现场收集文件材料1756份（张），收集门牌等实物档案。继续与区教育局、区社教办联合在全区10个小学2200余名学生中进行“寄存梦想”档案的征集。工作人员把小学生们心中充满激情的美丽梦想和对未来美好的憧憬，用文字、图画的形式封存在档案袋内，并保存在档案馆库房。若干年后，同学们将凭借各自“寄存证书”，到区档案馆查看自己的“梦想档案”，重温年少时的记忆，让历史见证当年的美丽梦想。年底，已完成2000余份“寄存梦想”档案的征集。

（任萍）

【馆藏结构】 2016年，专门划拨资金，统一将全区各单位年内进馆档案全文数字化加工，并复制一套由各单位留存。全年接收51个单位档案7614件，81卷；电子档案694件；实物1件。

2016年年底，馆藏档案达113个全宗，89627卷，文件级档案95613件，排架长度720米，馆藏资料12481册。另有录音录像带140盘，照片9865张等。有107个档案室，馆舍面积856平方米，专兼职档案人员115人，馆藏有文书档案、会计档案、声像档案、业务档案、实物档案、基建档案等。档案馆总建筑面积2267平方米，库房建筑面积1698平方米。

完成全部馆藏档案的目录数据库、90%以上的全文数字化数据库建设（重要档案的数字化率为100%）和多媒体数据库建设工作。其中，目录数据库共计案卷级目录数据库52822条、文件级目录数据库1100695条。全文化扫描总计完成456万页，实现馆藏档案的全面机检。根据群众利用需要设立“民生档案”数据库，查档速度提高一倍。

（任萍）

【档案设施】 配置新服务器等硬件设备，购买馆室一体化档案综合管理系统软件。全年新增库房13间，总面积432平方米。对档案库房的防火、防盗监控等系统重新设计改造、合理规划，根据专业档案特殊要求，定制书画、会计、人事等档案专用密集架，新增档案密集架248立方米。

（任萍）

【档案开发利用】 贯彻落实《济南市档案利用服务工作规范》，对照《济南市“档案利用服务示范窗口”评选标准》和《济南市“档案利用服务标兵”评选标准》要求，完善窗口服务规范，提高档案利用服务窗口的办事效能和服务质量，提高查档评价的满意度。

（任萍）

【档案服务】 通过设立《征求意见簿》、信息咨询、预约查档、函电代查、送档上门、印发《市中区档案馆档案利用便民手册》等多种形式的便民利民措施，为利用者提供档案原件查阅、信息查询等服务。坚持“服务机制完善、服务行为规范、服务态度热情、服务方式多样、服务效率快捷、服务质量优质”的品牌标准，

2016 年 10 月 10 日，区档案局创建“兰台书屋”拓展便民休息区域服务功能

（区档案局　提供）

实现服务行为和服务质量的标准化管理。在接待查档过程中，杜绝人情查档，没有发生出假证、伪证及投诉等现象。全年接待查档利用 4426 人次，13689 卷次（其中电话查询 1635 人次、6416 卷次）。其中，为行动不便的利用者提供送档上门服务 3 次，接待民生档案信息区域共享服务利用人员 203 人次。

（任萍）

【开展省档案科学化管理测评】 2016 年是山东省档案科学化管理测评第二年，档案局将这项工作作为规范提升机关事业单位档案科学化规范管理的重要措施，在部署年度工作的同时部署考核测评，并对相关业务标准在培训中讲解强化，对申报示范单位的市中公安分局，申报先进单位的大观园街道办事处、区园林局等单位多次上门指导，对照标准逐项逐条完善各项工作，做好检查验收准备。12 月 1 日，市中公安分局在市档案局组织的测评验收中，以 101.8 分顺利通过山东省档案科学化管理示范单位测评；大观园街道办事处、区园林局在区档案局组织的山东省档案科学化管理先进单位测评中顺利通过。

（傅晓丽）

【档案指导监督】 2016 年，验收全区机关事业单位归档文件 9000 多件，案卷合格率 95%。组织区内 10 家市级重点工程项目建设单位开展登记。指导 2 家企业建立档案机构，规范建档 820 件，录入目录 820 条。与区农业局协调加大农产品企业建档，先后为济南好旺美食品有限公司、山东石崮寨都市农业生态园服务有限公司等 4 家食品企业规范建档 450 件，录入目录 450 条。对舜玉路街道、大观园街道、四里村街道、十六里河街道、兴隆街道开展现场巡查督促，规范建档 750 余卷。各街道按照“两集中两巡查”相关要求，先后在 10 月份组织村居开展集中检查验收，全区 170 个村居规范建档 1030 卷。对村居档案工作规范化程度高的 14 个村居引导开展示范村居创建活动。

（傅晓丽）

【开展“国际档案日”系列宣传活动】 5 月 19 日，在市中区舜耕路街道舜华社区文化广场举办档案图片展，向社区群众进行档案宣传。5 月 28 日，在泉景社区，从与群众关系密切的家庭档案建立和民生档案查询利用入手开展家庭建档宣传活动。结合济南市国际档案日活动主题，6 月 7 日档案馆开放日当天举办“魅力市中”图片展、特藏档案展、家庭档案展等，舜耕街道办事处聘请 10 余位社区居民、记者到档案馆体验查档过程，对档案馆工作提出意见和建议。

（李利）

【食品安全信用档案专项执法检查】 9月，区档案局与区人大常委会办公室、区法制办、区食药监局、区农业局联合印发《关于开展食品安全质量信用档案专项执法检查的预备通知》，督促各相关单位完善食品安全信用档案。五部门于10月18—19日组成联合检查组，对辖区内部分食品生产单位食品安全质量信用档案管理情况进行执法检查，抽取6家单位实地检查，被抽查的6家食品生产单位档案管理工作总体情况良好。

（傅晓丽）

老干部工作

【概况】 2016年，区委老干部局机关编制10人（含工勤人员3人），领导职数设正职1人，副职2人，科级领导职数3人。有下属事业单位区老年人大学（正处级）、区关工委办公室（正科级）。区老年人大学人员编制6人，领导职数1正2副。区关工委办公室人员编制2人。

（王维）

【老干部活动】 1月28日，走进党家街道办事处寨尔村开展送福下乡活动。2月2日，召开副区级以上老干部迎新春座谈会，观看《回眸2015展望2016》专题片。4月7日，参观游览齐河农业园。6月1日，与育贤小学举办“高雅艺术进校园，童叟共乐庆‘六一’笔会”。6月28日，举办纪念建党95周年暨区老干部艺术团成立文艺演出、庆祝中国共产党建党95周年书画展。9月6日，参加济南市离退休干部第三十届门球比赛，荣获纪念奖。9月28日，举办庆祝建国67周年书画展。9月29日，与六里山街道南路社区开展书画交流活动。10月9日，举办重阳节经济发展情况通报会。10月19日，举办“翰墨忆长征 丹青绘河川”——纪念红军长征胜利80周年书画展。12月14日，组织基层党建助理员及离退休干部党支部书记（委员）业务培训。坚持每月定期集中学习，阅读文件，组织老干部参加重要会议和重大活动，引导老干部严守政治纪律和政治规矩，确保老干部队伍的纯洁性、先进性，取得良好成效。

（王维）

【老干部阵地建设】 区委、区政府在原区委党校院内改建、扩建多间教室，投入260万元，

2016年6月1日，与育贤小学举办“高雅艺术进校园，童叟共乐庆六一”笔会（区委老干部局 提供）

新增1300平方米的活动场所，改变基础设施建设滞后、场地面积狭小、设施设备陈旧状况，为离退休干部构筑多方位精神文化养老阵地。区老年人大学开设10个特色班，在校学员260人，老年艺术团和老年合唱团180余人。确定舜耕街道舜华社区老干部活动中心、七里山街道泉景社区老干部活动中心为全市区域性“开放式”老干部活动室（中心）。共拨付奖励补助经费23万，用于更新文体活动设施和器材，订阅报刊杂志等学习资料，聘用管理维护人员费用等开支。

（王维）

【老干部生活待遇】 1月，根据省委老干部局、省民政厅、省财政厅转发《关于调整军队离休退休干部离退休费和艰苦边远地区津贴标准的通知》，调整移交地方服务管理的军休干部离休费和生活补贴。3月，根据省委老干部局、省民政厅、省财政厅转发《关于调整移交政府安置的军队离退休干部退休士官公勤费和护理费标准的通知》的通知，调整军休干部护理费标准，由每人每月2300元调整为3500元。8月，根据省委老干部局、省民政厅、省财政厅转发《关于调整军队离休退休干部、退休士官基本津贴补贴和高山海岛津贴标准的通知》《关于调整军队离休退休干部遗属和1955年前后复员女同志生活补助费标准的通知》的通知，军休干部津贴补贴标准，由每人每月3500元调整为4300元，军休干部遗属生活补助费标准，由3300元调整为3500元。12月，根据省委组织部、省委老干部局转发《中共中央组织部关于提高抗战时期参加革命工作的部分离休干部医疗待遇的通知》的通知，按副省（部）长级标准报销医疗待遇，提高3名离休干部享受按副省（部）长级标准。全年为老干部生病送关怀20人次、学习送资料350余人次、理发送家门18人次。组织全区100名离退休干部在省立医院南院进行健康查体及赴荣成健康休养。春节前夕，先后走访看望区直机关离退休干部65人，移交省属特困企业离休干部11人，移交市属破产企业离休干部86人，军队移交市中区服务管理的离休干部5人，老干部遗属28人，生活困难的老干部、老党员11人，共计206人，确保离退休干部各项生活待遇的落实。通过政府购买服务，为省属改制、破产企业11名离休干部及身患重病、孤寡空巢、行动不便的离休干部开展服务。

（王维）

【老干部作用发挥】 组织老干部志愿者进社区，担任社区矛盾纠纷调解员、环境整治协管员、政策法规宣传员、网络媒体信息员，参与服务三项重点工作。先后到南北康项目指挥部、西客站市中片区建设指挥部、党家街道魏家村旧村改造工程建设指挥部，看望慰问奋战在拆迁建设一线的党员干部，送去优质劳保用品价值5000余元。到十六里河街道吴家庄村开展精准扶贫，爱心帮扶10户特困家庭，投入资金2万元。3月31日，区关工委举办党史国史教育专题报告会。邀请青岛市关心下一代工作委员会常委、青岛市政治学会副会长王继军，作题为《中国道路与青年的责任——学习习近平坚定不移走中国道路讲话的一点体会》的报告。组织“五老（老干部、老专家、老军人、老教师、老模范）”成员参与青少年法制教育、网吧义务监督、校园交通安全志愿服务等公益工作，为社会增添正能量。

（王维）

HIZHONGNIANJIAN

市中年鉴

济南市市中区人民代表大会

JiNanShiShiZhongQuRenMinDaiBiaoDaHui

综　述

【概况】 2016年，区人大常委会有人大常委会主任1人，副主任5人。下设办公室、人事代表联络处、法制工作处、财政经济工作处、城市建设工作处、教科文卫处、信访处、预算处。各街道设人大工作室，作为区人大常委会办事机构。

（区人大常委会办公室供稿）

【常委会议】 1月9日，召开区十七届人大常委会第三十四次会议。听取审议关于2015年预算执行情况及2016年预算初步安排意见的报告、关于2014年预算执行审计查出问题整改落实情况的报告；研究人事任免事项；审议表决区人大常委会工作报告（草案）、关于区十七届人民代表大会代表资格的审查报告（草案）、区十七届人大五次会议有关人员名单（草案）。

3月23日，召开区十七届人大常委会第三十五次会议。审议表决济南市市中区人大常委会2016年工作要点（草案）；研究人事任免事项；举行宪法宣誓仪式。

4月6日，区十七届人大常委会第三十七次会议审议市公安局市中区分局《关于报请许可对涉嫌犯罪人大代表刘刚民采取强制措施的报告》。依照《中华人民共和国全国人民代表大会和地方各级人民代表大会代表法》第三十二条规定，同意济南市公安局市中区分局的报告，决定许可对市中区第十七届人民代表大会代表刘刚民采取刑事拘留。

5月20日，召开区十七届人大常委会第三十八次会议。听取审议关于深化集团化办学推进教育高位均衡发展情况的汇报、关于刑事审判工作情况的报告；研究人事任免事项；举行宪法宣誓仪式。

8月3日，召开区十七届人大常委会第三十九次会议。听取审议关于2015年度预算执行及其他财政收支情况的审计工作报告、关于2015年财政决算草案的报告，审查批准2015年财政决算、关于2016年上半年财政预算执行情况的报告、关于2016年上半年国民经济和社会发展计划执行情况的报告；审议表决关于表彰先进代表小组和优秀人大代表的决定（草案）；研究人事任免事项；举行宪法宣誓仪式。

8月3日，区十七届人大常委会第三十九次会议决定，对舜玉路地区代表组等7个先进代表组、王红等61名优秀人大代表

2016年1月9日，区十七届人大常委会召开第三十四次会议（区人大常委会办公室　提供）

予以表彰。

9月30日，区十七届人大常委会第四十一次会议决定：区人民代表大会换届选举工作自2016年9月至2017年1月下旬进行。新一届区人民代表大会第一次会议于2017年1月27日前召开；山东省第十二届人大常委会第二十二次会议确定，新一届区人民代表大会代表名额为243名，常委会组成人员名额为33名。

（区人大常委会办公室供稿）

【重要决议决定】1月12—14日，召开区第十七届人民代表大会第五次会议。会议听取和审议区人民政府工作报告，审查、批准区国民经济和社会发展第十三个五年规划纲要（草案）；审查、批准区人民政府计划和预算报告；听取和审议区人大常委会、区人民法院和区人民检察院工作报告；进行选举。

3月25日，区第十七届人大常委会第三十六次会议决定接受刘贤江辞去区第十七届人民代表大会代表职务的请求，确认其代表资格终止。

8月3日，区人大常委会第三十九次会议决定对舜玉路地区代表组等7个先进代表组、王红等61名优秀人大代表予以表彰。会议结合审议审计工作报告，对2015年市中区财政决算草案和决算草案的报告进行审查，同意区人大常委会预算处的初审报告，决定批准2015年市中区财政决算。

10月12日，召开全区人大换届选举工作会议。会议集中观看换届选举工作警示片《镜鉴》，区人大常委会副主任姜守明传达全市县乡人大换届选举工作学习班精神并宣读《济南市市中区人大常委会关于人大换届选举工作的决定》，区委常委、组织部部长王国顺主持会议并传达《中共济南市市中区委关于转发〈中共济南市市中区人大常委会党组关于做好区人民代表大会换届选举工作的意见〉的通知》精神，区人大常委会主任邵登功对加强全区人大换届选举工作提出具体要求。

（区人大常委会办公室供稿）

【重要活动】6月28日，区人大常委会主任邵登功，副主任姜守明、钱城、王盛元、李莹、徐广玉，部分常委会组成人员和区人大代表对全区防汛工作进行视察，区委常委、副区长郅颂陪同视察。视察组察看二七南路排水防汛物资储备情况、白马山南路积水点改造情况、二环南路漫水桥内涝地区相关情况，并召开座谈会。

7月21日，区人大常委会主任邵登功，副主任姜守明、钱城、王盛元、李莹、徐广玉，部分常委会组成人员和区人大代表对全区国民经济和社会发展情况进行视察，区政府副区长程伟陪同视察。视察组察看世纪舜风广告传播公司、济南大学创业学院、南北康片区安置房项目，并召开座谈会，听取区发改委关于全区国民经济和社会发展情况的汇报。

10月21日，区人大常委会主任邵登功，副主任姜守明、钱城、李莹、徐广玉，部分常委会组成人员对全区社会治安综合治理服务攻坚“三项重点工作”情况进行视察，政法委副书记、综治办主任姜化东陪同视察。视察组察看区检察院派驻党家监察室，区公安分局兴隆派出所，区法院、区司法局三联锦绣苑项目遗留问题司法处置现场，并召开座谈会，听取区法院、区检察院、区公安分局、区司法局服务攻坚“三项重点工作”情况汇报。

11月25日，区人大常委会主任邵登功，副主任钱城、王盛元、李莹、徐广玉及部分常委会组成人员对全区重点项目建设情况进行视察，区委常委、区政府副区长郅颂陪同视察。视察组察看绿地海珀天沅项目，小岭村安置房建设工程，二环东路南延、二环南路东延快速路建设工程，南北康安置房建设工程，并召开座谈会，听取全区重点项目建设情况汇报。

（区人大常委会办公室供稿）

人大常委会主要工作

【监督工作】 1月9日，人大常委会组成人员及部分代表，听取审议关于2015年预算执行及其他财政收支情况的审计报告和2015年财政决算草案的报告，审查批准2015年财政决算；听取审议关于2015年预算执行审计查出问题整改落实情况的报告、关于2016年预算执行情况及2017年预算初步安排意见的报告，并形成初步审查报告，要求区政府深入推进预算管理制度改革，切实加强财源建设，充分发挥财政职能，全面提高财政工作水平。

8月3日，人大常委会组成人员及部分代表，听取审议2016年上半年国民经济和社会发展计划执行情况的报告和招商引资工作情况的报告；对上半年国民经济和社会发展计划执行情况和财政税收工作运行情况进行视察。

（区人大常委会办公室供稿）

【人事任免】 1月9日，区第十七届人民代表大会常务委员会第三十四次会议，根据王勤光区长的提请，决定免去于红济南市市中区人民政府副区长职务、闫培胜济南市市中区人民政府副区长职务。决定任命韩秉林为济南市市中区人民检察院检察员、检察委员会委员、副检察长。决定免去曲立春济南市市中区人民检察院检察委员会委员、检察员职务；宋蔚济南市市中区人民检察院副检察长、检察委员会委员、检察员职务。

3月23日，区第十七届人民代表大会常务委员会第三十五次会议，根据王勤光区长的提请，决定任命徐广利为济南市市中区经济和信息化局局长、周军为济南市市中区财政局局长、刘伟忠为济南市市中区人力资源和社会保障局局长。决定免去周军的济南市市中区经济和信息化局局长职务、程伟的济南市市中区财政局局长职务、闫勇的济南市市中区人力资源和社会保障局局长职务。根据韩秉林检察长的提请，决定任命周建华为济南市市中区人民检察院检察员、检察委员会委员；孙颖为济南市市中区人民检察院检察员。决定免去李伟的济南市市中区人民检察院检察员职务。

5月20日，区第十七届人民代表大会常务委员会第三十八次会议，根据主任邵登功的提请，决定任命王伟伟为区人大常委会预算工作处副处长、李秀法为杆石桥街道人大工作室主任、董士亮为大观园街道人大工作室主任、王俊杰为白马山街道人大工作室主任、赵九龙为党家庄街道人大工作室主任、崔珉为陡沟街道人大工作室主任。

8月3日，区第十七届人民代表大会常务委员会第三十九次会议，根据区长王勤光的提请，决定免去谢兆村区人民政府副区长职务。

9月30日，区第十七届人民代表大会常务委员会第四十一次会议，根据区长王勤光的提请，决定任命刘中泰为区住房保障和房产管理局（济南市市中区城市更新局）局长。决定免去祁由恒区住房保障和房产管理局局长职务。根据韩秉林检察长的提请，决定任命杨婷婷、程昕、刘玉杰、王斐然、王文萍、贾非、化玉杰、孙羽为区人民检察院检察员。

决定免去杨丹区人民检察院检察员职务。

（区人大常委会办公室供稿）

【代表工作】 2016年，区人大常委会进一步完善代表学习培训制度和履职保障机制，组织开展《中华人民共和国选举法》等法律法规的学习培训。坚持开展区人大常委会组成人员联系代表、代表联系原选区选民活动。开展代表向选民述职活动，督促代表自觉接受选民监督，增强履职意识。加强代表活动室和社区联络站建设，加大对街道人大工作的指导力度，扎实做好换届选举准备工作。组织对先进代表小组和优秀代表进行表彰奖励。组织代表开展各类视察、调研等活动50余次，提出各类建议意见200余件。对代表提出的建议、批评和意见，均在法定期限内办理完毕并答复代表，代表满意率和基本满意率100%。

（区人大常委会办公室供稿）

【代表换届选举】 根据区人大常委会关于换届选举工作的决定及安排意见，区人民代表大会代表选举日定于2016年12月22日。12月2日前做好建立组织、培训骨干、宣传教育、划分选区、选民登记等工作。12月2日公布选民名单，颁发选民证。初步代表候选人名单于12月7日前公布，正式代表候选人名单于12月15日前公布。12月22日，选举出区人大代表208人（另外33人于2017年1月25日选举产生）。其中，舜玉路地区20人，六里山地区12人，七里山地区13人，二七新村地区14人，四里村地区19人，杆石桥地区26人，大观园地区18人，魏家庄地区13人，泺源地区14人，王官庄地区10人，舜耕地区8人，七贤地区14人，白马山地区12人，十六里河地区14人，兴隆地区9人，党家地区15人，陡沟地区10人。驻区解放军代表3人。

（区人大常委会办公室供稿）

HIZHONGNIANJIAN

市中
年鉴

济南市市中区人民政府

JiNanShiShiZhongQuRenMinZhengFu

综　述

【概况】 区政府设区长1人、副区长6人、区政府办公室主任1人。区政府有工作部门22个、派出机构17个。

全区全年深入实施“创新引领、产业提升、城乡一体、民生优先”四大战略，做好新型城市化、项目建设、产业升级、城市管理、社会建设、依法治区等各项工作，实现生产总值826.9亿元，同比增长8.4%，固定资产投资217.2亿元，同比增长12.3%，进出口总额48788万美元，同比增长17.8%，完成全年经济社会发展主要目标任务，主要经济指标增幅位居全市前列。

全年区政府制发综合性、政策性文件9件，区政府办公室制发综合性、政策性文件17件。

（区政府办供稿）

【重要决策决定】 2月17日，区政府印发《济南市市中区国民经济和社会发展第十三个五年规划纲要》，共7篇、24章，规划纲要提出夯实发展基础，建设繁荣魅力和谐新市中的总目标，从综合实力、协调发展、环境发展、民生改善、社会建设、深化改革六个具体方面进行目标细化；明确坚持创新集聚，构建现代产业发展新体系的发展总路径，重点发展金融产业、现代服务业、新兴服务业，实施新型工业化、农业现代化，掀起大众创业浪潮；明确坚持协调发展，开创均衡融合发展新格局，实施全域发展、统筹城乡发展、完善基础设施、推进精神文明和生态文明建设、发展低碳循环经济、加快构建生态市中、健全发展新体制、打造开放新格局等重大工程；提出坚持共建共享，形成包容和谐稳定新局面，重点抓好健全社会保障体系、统筹教育均衡发展、提高居民健康水平、全面发展社会事业、构建和谐稳定社会秩序等各项工作；为完成规划预期新目标，纲要强化具体保障措施。

2月23日，区政府印发《济南市市中区2016年国民经济和社会发展计划的通知》，2016年经济和社会发展的预期目标是：生产总值增长8%左右，一般公共预算收入增长9%左右，固定资产投资、社会消费品零售总额增长10%左右，进出口总额、实际利用外资分别均增长5%左右，城镇登记失业率控制在4%以内，根据城市建设需要，拟对双龙旧城更新等7个项目，以回迁、外迁和货币补偿等方式进行国有土地上房屋的征收工作。征收房屋总面积约10.34万平方米，其中住宅

2016年2月24日，区政府全体（扩大）会议召开　　（区政府办　提供）

面积约 6.48 万平方米。实现目标主要措施有：促进支柱产业创新发展；促进工业经济转型升级；推进农业现代化建设；推进总投资1687 亿元、总规划建筑面积 3006 万平方米的80 个项目建设，包括片区建设重点、市政项目建设、民生工程建设；大力提高引资质量；推动绿色生态城区建设；着力保障改善民生。

2 月 29 日，区政府印发《关于贯彻落实济南市稳定增长促进发展若干政策措施的实施意见》，制定强化投资拉动、扩大消费需求、提振外贸出口、促进创新创业，加强科技扶持 5 项政策措施，涵盖建设项目、住房消费，促进旅游、家用汽车、信息网络、居民养老消费、推进智慧城市建设等 46 项具体内容。

4 月 12 日，区政府印发《关于公布政府规范性文件清理结果的决定》，对 2012 年 1 月 1 日前制定发布的区政府规范性文件进行清理，确定继续实施的规范性文件 7 件。

4 月 20 日，区政府印发《济南市市中区加快服务业发展实施意见》，提出到 2017 年，全区规模以上服务业企业、限额以上批发零售住宿餐饮企业、资质以上房地产开发企业达到 550 家；产业布局按照北部核心区、中部拓展区、南部生态区三大板块规划，具体包括济南市中金融商务区、老商埠历史文化传承街区、英雄山文化休闲老商埠历史文化传承街区商业街区、信息通讯服务区、新金融发展区、南部新城活力区 6 个重点区域，做大做强金融、商务、商贸、文化产业集群，努力打造现代服务业制高点、产业聚集核心区。意见提出：到 2017 年，基本实现全区电子商务企业的有效集聚，到 2020 年，全区电子商务企业达到 500 家，从业人员达到 2 万人。

5 月 13 日，区政府印发《济南市市中区企业上市扶持办法》，提出对于拟进入新三板、创业板、中小板、主板以及境外证券交易市场为目的、进行改制的市中区内企业实行政府扶持。凡符合规定条件的改制上市企业，申请在新三板挂牌的，扶持资金为 150 万元；申请境内公开发行上市的 IPO 企业，扶持资金为 100 万元，如果“买壳”“借壳”上市，并将上市公司工商注册和税务登记全部迁入市中区的企业，给予 100 万元一次性扶持；对申请在境外公开发行上市的企业，根据不同板块，分别给予一次性扶持 50 万元或 100 万元等优惠。

7 月 13 日，区政府印发《关于进一步加强应急管理工作的意见》，明确实行统一领导、综合协调、分类管理、分级负责、属地管理为主的应急管理体制，提出推进应急管理体系建设、提高突发事件防范应对能力、依法有效应对突发事件、落实保障措施 4 项基本措施，以及构建应急管理组织体系、健全应急管理工作机制、完善应急预案体系、推进应急管理政策体系建设，实施隐患排查和趋势分析，加强突发事件监测预警、推进应急平台体系建设、强化应急救援队伍建设、增强应急保障能力、加大资金投入和科技支撑、强化信息报告和应急值守、迅速开展先期处置、实施突发事件分级响应、科学组织现场应急处、做好信息发布和舆情应对、规范事后恢复与重建工作、开展调查和总结评估等 17 项具体措施。

8 月 12 日，区政府印发《济南市市中区突发事件总体应急预案》。

12 月 30 日，区政府印发《济南市市中区全民健身实施计划（2016—2020 年）》，提出到 2020 年，每周参加 1 次及以上体育锻炼的人数达到 60% 以上，经常参加体育锻炼人数达到 40% 以上；人均体育场地面积达到 2.1 平方米以上；城区普遍建有 10—15 分钟健身圈；实现区级公共体育场全覆盖；全民健身组织体系基本覆盖；全民健身赛事活动深入开展；国民体质监测工作全面展开；科学健身指导服务明显提升；全民健身服务业逐步壮大等7大目标。

（区政府办供稿）

区政府下发文件选录

文号	发文单位	文件名称
市中政发〔2016〕1号	区政府	济南市市中区人民政府关于印发济南市市中区国民经济和社会发展第十三个五年规划纲要的通知
市中政发〔2016〕2号	区政府	济南市市中区人民政府关于印发济南市市中区2016年国民经济和社会发展计划的通知
市中政发〔2016〕3号	区政府	济南市市中区人民政府印发关于贯彻落实济南市稳定增长促进发展若干政策措施的实施意见的通知
市中政发〔2016〕4号	区政府	济南市市中区人民政府关于公布政府规范性文件清理结果的决定
市中政发〔2016〕5号	区政府	济南市市中区人民政府关于印发济南市市中区加快服务业发展实施意见的通知
市中政发〔2016〕6号	区政府	济南市市中区人民政府关于印发济南市市中区企业上市扶持办法的通知
市中政发〔2016〕7号	区政府	济南市市中区人民政府关于进一步加强应急管理工作的意见
市中政发〔2016〕8号	区政府	济南市市中区人民政府关于印发济南市市中区突发事件总体应急预案的通知
市中政发〔2016〕9号	区政府	济南市市中区人民政府关于印发济南市市中区全民健身实施计划（2016—2020年）的通知

【区政府常务会议】 1月14日，召开区政府第51次常务会议，明确区政府领导成员工作分工。3月5日，召开区政府第52次常务会议，会议研究干部免职事宜、安排部署近期重点工作，集体收看李克强总理在十二届全国人大四次会议上作政府工作报告的实况直播。3月21日，召开区政府第53次常务会议。研究部分干部任免事宜、听取“啄木鸟行动”曝光辖区大气污染问题处理情况的汇报。会议确定各街道办事处、各有关部门要对“啄木鸟行动”曝光的问题及时进行整改。4月15日，召开区政府第54次常务会议。会议听取全区一季度经济运行情况、科学发展观综合考核重要扣分项工作完成情况、市中区《政府向社会力量购买服务的实施意见》起草情况、《政银合作协议》起草情况、《济南市市中区企业上市扶持办法》起草情况的汇报。5月3日，召开区政府第55次常务会议。会议研究部分干部任免事宜、二环西路南延（二期）道路建设工程及经四纬一旧城更新项目国有土地上房屋征收工作有关事宜、传达学习市委落实党风廉政建设责任制大会精神。6月15日，召开区政府第56次常务会议。会议研究安排部署近期经济发展、旧改棚改（征收拆迁）、项目建设及其他各项重点工作。

7月12日，召开区政府第57次常务会议。会议调整区政府领导成员工作分工，研究部分干部免职事宜、听取近期“啄木鸟行动”反映问题处理情况的汇报，要求对“啄木鸟行动”曝光的问题进行及时整改，会议对下一步工作安排部署。7月26日，召开区政府第58次常务会议。会议研究部分干部任免、行政审批制度改革，听取科学发展综合考核重要扣分项工作完成情况的汇报、全区上半年重点工作完成情况的汇报。8月23日，召开区政府第59次常务会议。会议研究部分干部任免、区公费医疗改革、高校毕业生公益岗等事宜，听取近期“啄木鸟行动”反映问题处理情况的汇报。会议确定区公费医疗改革所需资金由区财政局统筹解决。9月5日，召开区政府第60次常务会议。会议研究推进“3项重点工作”等事宜。会议提出举全区之力推进旧改棚改（征收拆迁）、招商引资、项目建设，做好9月底全市棚改安置房开工考核，10月底或11月初全市现场督促检查活动。9月26日，召开区政府第61次常务会议。会议研究精神文明奖发放办法，调整机关事业单位退休人员基本养老金等事宜。会议要求精神文明奖发放工作责任部门，要明确责任分工，把好政策关。机关事业单位退休人员基本养老金要严格按照政策要求执行，认真确定调整范围、人员。10月25日，召开区政府第62次常务会议。会议研究辖区林地保护利用规划修编工作等事宜。会议要求区农业局要按照会议提出的意见和建议，抓紧修改完善《山东省济南市市中区林地保护利用（2010—2020年）修编规划》，按程序批复后，报上级主管部门备案。11月25日，召开区政府第63次常务会议。会议研究部分干部任免等事宜，听取近期“啄木鸟行动”反映问题处理情况的汇报、全区“拆违拆临”行动有关情况的汇报，会议要求各街道办事处、各有关部门要对上级督查出的问题进行彻底整改；“拆违拆临”工作要研究实施细则，明确责任，加强督导。12月2日，召开区政府第64次常务会议。会议研究部署年底重点工作。强调要确保年度各项任务目标全面完成，抓好考核迎查、安全生产、大气污染防治、“拆违拆临”、全国文明城市、国家食品安全城市创建、信访稳定、反腐倡廉、政府工作报告的起草等各项工作。12月28日，召开区政府第65次常务会议。会议研究行政审批制度改革有关事宜。要求尽快履行发文程序，以区政府名义行文公布，同时调整更新区级行政许可事项目录和行政权力清单的网上公示信息。

（区政府办供稿）

政务综合协调

【政务督查】 全年督办《政府工作报告》确定的工作任务58项、为民办实事任务40项；督办区政府常务会议确定事项14次、28项；办理市领导批示事项29件，办理市政府专项督查30项；组织参加现场督查活动120次。办理、答复市人大代表建议和政协提案5件，督办区人大代表建议和政协提案105件。

（区政府办供稿）

【政务公开】 推动政府信息公开，进行重大决策、行政权力运行、财政资金及公共资源配置和公共服务信息公开，全年主动公开政府信息17809条，网站累计发布信息100240条，办理民声连线522件。

（区政府办供稿）

【文电办理与会议活动】 全年审修制发各类文件160余件；传阅国家、省、市文件1328件、区长签批件623件。组织承办区政府全体（扩大）会议1次、区政府常务会议15次、区长办公会议1次。编发《市中政务信息》48期、288条，上报市政府办公厅197条。

（区政府办供稿）

【应急管理】 全区贯彻落实《中华人民共和国突发事件应对法》《山东省突发事件应对条例》和《济南市人民政府关于进一步加强应急管理工作的意见》，根据上级法规规定制定下发《市中区人民政府关于进一步加强应急管理工作的意见》。

（区政府办供稿）

机关事务管理

【概况】 区机关事务管理局为区政府直属全额拨款正处级事业单位，内设6个职能科室：办公室（挂公共机构节能办公室）、会务科、通信科、车管科、机关土地房产管理科、退休干部服务科。下属2个中心（区机关服务中心、区财政集中支付管理中心区直机关分中心）。其中，区机关服务中心为区机关事务管理局所属全额拨款正处级事业单位，区财政集中支付管理分中心区直机关分中心为区机关事务管理局所属的全额拨款的副处级事业单位。

（宫颜军）

【公务用车管理】 2015年11月18日，市中区组建成立公务用车制度改革领导小组。12月1日，区车改领导小组办公室印发《车改领导小组成员单位职责分工意见》，对区发改委、区机关事务管理局、区财政、区人力资源社会保障局、区审计局和区国资委等单位职责进行明确分工。区发展改革委承担领导小组办公室日常事务和综合协调工作，负责牵头拟定区公车改革总体方案、区直机关公车改革实施方案，起草有关综合性文稿，组织安排有关会议、活动等。区机关事务管理局负责区直一般公务车辆的封存、处置、保留车辆管理以及收集各级、各部门机要通信、应急、特种专业技术用车和符合规定的一线执法执勤岗位车辆及其他车辆数量汇总等方面工作。研究拟定《区直机关公务用车制度改革涉及车辆处置办法》《区直机关公务用车制度改革保留车辆管理办法》《区直机关公务出行车辆保障办法》等相关政策。区财政局负责公务交通补贴标准测算、制定和发放、执法执勤用车改革等方面的工作，研究拟定《区直机关执法执勤用车制度改革办法》及公务交通补贴保障范围与差旅费保障范围零号衔接等相关政策，按照区级行政事业单位国有资产处置办法规定，办理已处置车辆的账务核销。区人力资源社会保障局负责司勤人员安置等方面的工作，研究拟定《区直机关公务用车制度改革涉及司勤人员安置办法》等相关政策。区审计局负责对公务用车改革全过程进行监督，并将改革后公务用车配备和运行维护费用、交通补贴发放、车辆处置情况等纳入日常和专项审计监督。区国资委依据中央和省、市车改领导小组的工作部署，负责区级国有资产公车改革的组织实施工作，并研究拟定相关政策。

2016年5月17日，《济南市市中区党政机关公务用车制度改革实施方案》获济南市公务用车制度改革领导小组审核批复。5月20日，市中区召开82家参改单位主要负责人动员大会，区长、区公务用车制度改革领导小组组长王勤光做动员讲话，要求5月29

日前完成取消车辆的封存停驶。各参改单位按照取消车辆封存要求，在规定时间内（5月29日前）完成就地封存停驶，共计457辆车。改革后，通过政府采购确定汽车租赁服务项目供应商方式保障公务出行。6月16日，通过公开招标方式，确定12家A包（小型客车）供应商，4家B包（大中型客车）供应商。合同有效期为2年，中标汽车租赁公司进入市中区公务出行租赁车辆备选库。参改单位公务出行租用车辆从中标供应商中自行选择。

11月22日，区委办公室、区政府办公室联合印发《济南市市中区党政机关公务用车制度改革后保留车辆使用管理办法（暂行）》《济南市市中区党政机关公务出行保障办法（暂行）》，并通过政府内网下发到各单位。

（董田川）

党政机关公务用车保留车辆编制情况统计表

单位：辆

分类	实物保障用车	机要通信和应急用车	调研接待用车	17部门内		17部门外	
				执法执勤用车	特种专业技术用车	行政执法用车	特种专业技术用车
编制数	36	90	2	109	6	23	10
合计	276						

【车辆处置】 区车改领导小组研究决定，车辆评估与拍卖从区财政中介机构备选库中选定，备选库中的5家评估机构全部参与市中区车改取消车辆的评估工作。区机关事务管理局经现场询价（向买受人收取的佣金费用），确定山东光彩银星拍卖有限公司、金诺国际拍卖有限公司和山东英大拍卖有限公司3家公司负责拍卖。市中区先后于8月17日、9月13日、9月29日、10月19日和12月17日，通过中国拍卖行业网络平台成功举办5场，累计成功拍卖393辆，成交总额933.34万元，溢价总额447.53万元；成交率87.82%，溢价率88.08%。拍卖完成后，区机关事务管理配合买受人做好车辆过户手续等衔接工作。对于流拍车辆，将按照拍卖法有关法律法规要求，由鉴定评估机构重新评估后再进行公开拍卖，评估完成后择期再拍，共计22辆。需要报废处置的车辆42辆。其中，没有继续维修改造使用价值的37辆；无法办理过户手续的5辆。

（董田川）

【办公用房管理】 2013年9月4日，区委办公室、区政府办公室联合下发《关于党政机关停止新建楼堂馆所和清理办公用房的通知》，对全区各单位（部门）停止新建楼堂馆所和清理整合办公用房工作安排部署。

整合前，全区行政事业单位办公用房总使用面积6.83万平方米，总编制人数8817人，总实际人数8729人，全区人均办公用房使用面积7.82平方米/人。其中，区直机关办公用房使用面积1.07万平方米，编制人数1594人，实际人数1274人，人均办公用房使用面积8.39平方米/人；驻外单位办公用房使用面积4.43万平方米，编制人数5927人，实际人数6291人，人均办公用房使用面积7.04平方米/人；17家街道办事处办公用房使用面积1.33万平方米，编制人数1296人，实际人数1164人，人均办公用房使用面积11.42平方米/人。历史原因形成8家单位没有办公场所，在外租房办公，租用面积6252平方米，年支出租金188.8万元。

通过整合，共腾退办公用房共23807.53平方米，其中腾空办公街中楼房产7处（胜利大街52号）、计生委办公楼（文化西路58号）、交通局办公楼（经十路21418号）、妇幼办公楼（经十路21418号）、腊山管委会办公楼（段店南路腊山路18号）、房管局办公楼（纬四路6号）和民政局婚姻登记处办公楼（经八路乐山南区7号楼一层），面积13821.71平方米；退租岔路街纪委办公楼（岔路街38号）、数字城管办公楼（郎茂山路6号）、区医院（英雄山路308号）、区武装部办公楼（阳光新路65号）、区老干部局办公楼（经八路乐山小区南门6号）、区食药监局办公楼（经五路小纬四路30号）和区商务局在乐山小区租用的办公楼（经八路乐山南区4号）7处，面积9985.82平方米，年减少租金524万元。

调整过程中，严格按照《党政机关办公用房建设标准》对建筑装修的要求，先后修缮维修新党校办公楼（英雄山路74号），办公街（胜利大街51、52、53号）、卫生系统办公楼（郎茂山路6号）、四里村办公楼（信义庄南街66号）、经九路小学西办公楼（纬二路180-1号）、原教委招生办办公楼（纬二路162号）和济南大厦办公楼（经八路122号）。逐步形成以济南大厦为中心四大五小9处办公区域。

（邵建军）

【宿舍区管理】 1998年至2016年6月，区机关共有宿舍区5处。一宿舍位于凤林南区的五号楼、六号楼；二宿舍位于英雄山路78号；三宿舍位于梁庄南区的四号楼、五号楼；四宿舍位于建设路89号；五宿舍位于郎茂山路6-2号。共有住房900余套，总建筑面积76831.67平方米，占地面积43725.7平方米（4.37公顷）。1998—2004年，进行4期公有住房改革。2016年7月1日起，区机关事务管理局不再对机关5个宿舍区进行物业管理，协调各宿舍区和辖区街道办事处成立业主委员会，由业主委员会负责各宿舍区的日常管理工作。

（侯学辉）

【机关财务管理】 2005年12月8日，区委、区政府研究决定，成立市中区财政集中支付中心区直机关分中心。主要对区直33家部门建立单位报销制度，实行财务收支集中核算；对区直部门的财政国库资金、财政专户资金、单位往来款项实行财政单一账户集中支付管理；管理区直机关的国有资产；负责区直机关工作人员工资的发放；管理区直机关的水、电、暖及各项公务保障的支出。

（段朋华）

行政审批服务

【概况】 2016年，共受理行政许可和公共服务类事项24.9万件，办结24.6万件，即期办结率98.8%，按期办结率100%。

2016年，区政务服务中心管理办公室（政务服务中心）先后被评为省级文明单位和省级工人先锋号。6月份，被评为“国家级社会管理和公共服务综合标准化试点单位”，是省内唯一一家入围的城区政务服务中心，省委党校和省行政学院也在当年将区政务服务中心管理办公室评选为教学实训基地。

（朱传亮）

【审批管理服务】 2016年，将全区所有行政审批事项录入行政审批系统平台管理，制订

2016年4月6日，区委副书记、区长王勤光到区政务服务中心调研（区政务服务中心　提供）

《市中区政务服务事项管理流程》，安排专人监督管理流程落实情况，对全区审批事项办理进度进行2次／日检查，如出现延期或接近延期的办理事项将通报相关部门首席代表、业务科长和分管领导，同时将各部门（单位）行政审批系统使用情况列入《区直部门（单位）行政审批服务工作考核》；对不按时、无故超期、体外循环等办理事项涉及的部门在全区通报，同时纳入全区党风政风行风考核，确保行政审批系统的规范高效运行。

修改《济南市市中区政务服务大厅进驻部门（单位）窗口绩效考核办法》《济南市市中区2016年度行政审批服务工作考核办法》，完善监督管理工作机制。逐步完善周检查、月通报、年总评的考核体系，全年撰写周报52篇，周点评52篇，月报12篇。每月开展“红旗窗口”“服务标兵”评比活动，全年评选红旗窗口单位11家、16次，优秀标兵181人次，并向优秀窗口单位发放各类喜报。为全区134行政许可事项制作《业务手册》《办事指南》，将所有行政许可事项的审批环节压缩到4个以内，承诺时限压缩10%，精简办理环节58个，压缩承诺时限223个工作日。将手册和指南通过中心网站、微信平台、自助触摸屏查询机向社会公布。建立《办事指南》《业务手册》动态管理制度，对于符合要求的要件变更审批后，在第一时间进行更新。

（李亮　刘啸）

【网上审批】 区政务服务中心被确定为济南市市级电子政务服务平台建设试点单位。区政管办多次组织各审批部门开展新平台使用培训，并与浪潮软件有限公司研讨制定《济南市市中区电子政务服务平台建设方案》，对群众办事中经常遇到的问题进行梳理汇总，按照“一问一答”形式在网站中增设自动咨询服务，将涉及全区129项行政许可事项，387个相关问答及答案列入知识库。安排专人负责基础数据录入，用最短时间完成基础数据录入任务。2016年6月30日前完成系统部署及搭建。

（刘啸）

外事侨务

【概况】 2016年，区外事侨务办公室共办理因公出国（境）审核和转报手续21批66人次，其中自行组团13批57人次，随团出访8批9人次。办理外国人来济邀请函67批97人次，办理APEC商务旅行卡12批39人次。

（何正祥）

【侨务服务网络建设】 2016年，成立区侨务工作领导小组，各街道办事处以及相关社区分别成立领导小组，全面领导协调辖区侨务工作。结合区位资源优势划分网格片区，将辖区学校、企业、驻区单位的归侨侨眷纳入，实现侨务工作无缝隙全覆盖，形成“条块结合、资源共享、优势互补”的侨务工作格局。针对辖区归侨侨眷素质高、层次高的特点，建立“双向”服务机制，充分发挥归侨侨眷的人才优势作用，大力推进侨务工作志愿服务网格化，形成普法宣传、文化传播、便民利民、扶贫帮困等9大类别服务项目。

（何正祥）

【关爱工程】 全面推进归侨侨眷关爱工程，坚持将走访慰问常态化，做到知侨情、解侨忧、暖侨心，重点做好困难归侨侨眷救助工作。全年重点对归侨侨眷中贫、病、弱、残群体进行走访慰问。累计走访慰问辖区困难归侨侨眷40余户，共发放慰问品和慰问金合计3万余元。采取结对子形式，帮助困难归侨侨眷家庭解决就业、就医、就学、政策扶助等方面问题。设立“党员先锋岗”，着力打造救助平台，对辖区内困难归侨侨眷进行帮扶救助。

（何正祥）

【侨法宣传】 利用社区小报、橱窗、宣传册以及网络平台等载体进一步加大侨法和《山东省归侨侨眷权益保护条例》宣传力度，将侨法宣传活动融入到社区日常活动中，开展多形式、多层次的学习宣传活动。在省、市侨办举办的侨法宣传月活动中，制作侨法宣传展板10余块，印发上千份侨法宣传手册，在活动现场及各个社区发放。组织全区侨务干部、归侨侨眷代表参加侨法知识测试，提高侨务干部的涉侨法律知识，形成全区知侨、爱侨、护侨的良好氛围。

（何正祥）

【社区侨务教育学习活动】 在“两学一做”活动中，为社区归侨侨眷党员、社区侨务工作人员发放笔记本100本，引导社区归侨侨眷党员认真学习党章、党规，争做合格党员活动。在双联系双服务活动中，与舜世社区开展互动联系，组织28名归侨侨眷党员参观生态农业建设情况；组织归侨侨眷党员和归侨侨眷30余人参观台儿庄战役纪念馆。“七一”为社区归侨侨眷党员发放党徽40枚。9月9日，联合街道共同举办侨法进社区文艺晚会，为“侨法进社区法律咨询团”进行揭牌，表彰社区优秀侨务服务项目，营造知侨、爱侨、护侨的良好社会氛围。

（何正祥）

史志工作

【区志编纂】《市中区志》编修工作完成统编—总纂—评审任务。年初，借鉴优秀志书样本，调整修改区志篇目提纲。统编阶段，区史志办加强与各承编单位沟通，对电力、电信、供水、金融等辖区单位，主动上门协助，提供文字样本，约定交稿时间；对区属各单位则提供文本格式，按要求填空补充内容。全年共协调补充内容30万余字。总纂阶段，统揽全书，进一步核实查证资料，深入区档案馆查找相关档案、从区统计局历年统计年鉴中查找核对相关数字。全年共核实补充内容40万字。总纂评审阶段，按照志书体例要求编写序、大事记、概述、

2016 年 10 月 27 日，《市中年鉴（2017）》编纂工作会议召开 （区史志办 提供）

篇后记。区志清样形成后，交市史志办评审组阅审，由市史志办召开专家评审会进行初次评审。初审后，区志办编纂人员对一审稿进行多次修改补充，形成二审稿。12 月底，省、市史志办组成联合评审组进行二次评审，区志二审稿基本达到二审质量要求，评审顺利通过。

（于继东）

【年鉴编纂】 按照省、市史志办指示精神，2016 年起，实施“一年一鉴”编纂工作。10 月底，召开《市中年鉴（2017）》编纂工作动员大会，市史志办领导、区政府分管副区长、全区各街道办事处、区直各部门分管领导及供稿人员、区史志办全体人员参加会议。会议下发《市中年鉴（2017）》编纂工作方案，明确各参编单位负责编写的内容、完成时限及要求。12 月，各参编单位编写的年鉴资料陆续报送至区史志办。

（于继东）

【省、市年鉴供稿】 按照报送要求，区史志办提供《济南市年鉴（2016）》市中区部分文字资料 5000 余字、图片 12 幅、《山东省年鉴（2016）》市中区部分文字资料 1000 余字、山东《地方史志志（1981—2018）》市中区部分文字资料 1000 余字，完成年鉴供稿任务。

（于继东）

HIZHONGNIANJIAN

市中年鉴

政协济南市市中区委员会

ZhengXieJiNanShiShiZhongQuWeiYuanHui

综　述

【概况】 2016年1月11—14日，政协第八届济南市市中区委员会第五次会议召开。年底，八届委员会有委员262人，常务委员会组成人员45人。经八届政协常务委员会决定建立学习提案委员会、经济科技委员会、人口资源环境委员会、社会文教委员会、三胞联谊委员会、文史资料委员会。委员会共分27个界别，分别是中国共产党、中国国民党革命委员会、中国民主同盟、中国民主建国会、中国民主促进会、中国农工民主党、中国致公党、九三学社、无党派爱国人士、青年团市中区委员会、市中区总工会、市中区妇女联合会、市中区工商业联合会、市中区科学技术协会、市中区台属联谊会、市中区归侨侨眷联合会、文化艺术界、科学技术界、经济界、农业界、教育界、体育界、医药卫生界、社会福利与社会保障界、少数民族界、宗教界、特别邀请人士。区政协有主席1人，副主席4人。机关内设办公室、提案处、经济科技处、社会文教处4个处室；下设学习提案委员会、经济科技委员会、人口资源环境委员会、社会文教委员会、三胞联谊委员会、文史资料委员会。

（项枫）

【全体会议】 1月11日，召开中国人民政治协商会议第八届济南市市中区委员会第五次会议。出席委员256人，特邀代表20人。会议听取区政协主席梁英为作的区政协八届常委会工作报告和区政协副主席张桂春所作的关于提案工作情况的报告。会议审议通过《区政协八届五次会议关于常务委员会工作报告的决议》《区政协八届五次会议关于常务委员会提案工作报告的决议》《区政协学习提案委员会关于区政协八届五次会议提案审查情况的报告》《区政协八届五次会议政治决议》。会议赞同区长王勤光作的政府工作报告和其他有关报告。

（项枫　郭天维）

【政协常委会议】 3月31日，召开八届二十三次常委会议。会议传达习近平总书记参加全国政协十二届四次会议民建、工商联界联组会讲话精神和十二届全国人大四次会议、全国政协十二届四次会议精神，审议通过《政协第八届济南市市中区委员会常务委员会2016年工作要点》及有关人事事项。

7月8日，召开八届二十四次常委会议。会议学习习近平总书记在庆祝中国共产党成

2016年1月11日，政协第八届市中区委员会第五次会议召开　（区政协办公室　提供）

立95周年大会上的讲话精神，听取区司法局关于全区普法依法治理工作情况的汇报和区城乡建设委关于棚改旧改工作情况的汇报，传达中共济南市市中区委关于加强社会主义协商民主建设的实施意见。

9月29日，召开八届二十五次常委会议。会议传达学习王文涛关于反对“自以为是”的重要讲话精神，济南市政协十三届二十六次常委会议精神，有关换届文件精神，审议通过有关人事事项。

（项枫　郭天维）

【重要活动】 3月11日，区政协主席梁英为带领区政协委员、政协机关、各街道政协工作室工作人员及部分政协参加单位有关人员等200余人，在市中政协委员绿化基地开展义务植树活动。4月26日，山东省政协召开委员队伍建设座谈会。区政协主席梁英为作为全省县区政协代表作题为《发挥委员主体作用，激发委员履职活力》的大会发言。6月16日，市政协副主席李好臣、徐明梅带领部分中共、特邀界别组委员到市中区调研人社工作。区委副书记、区长王勤光，区政协主席梁英为、副主席张桂春陪同调研。8月18日，市政协副主席徐明梅带领市委专项督导组一行4人到市中区督导检查省委、市委政协工作会议贯彻落实情况。9月5日，省政协副主席雷建国、秘书长张心骥、省委督查室督查专员任朝荣、省政协办公厅副主任蔡洪理等8人组成的省委专项督查组到市中区督导检查省委政协工作会议精神贯彻落实情况。10月，区政协安排61名政协委员（干部）分三期赴北戴河全国政协培训中心参加全国政协地方政协委员（干部）培训班。区政协主席梁英为带队参加第84期培训，并作为全国优秀区县政协代表主持培训；区政协副主席张桂春、潘华、徐长远、孙振华、刘秀才，秘书长王彦明参加各次培训。

（项枫　郭天维）

政协主要工作

【调研视察】 紧扣区委中心工作，确定产业发展、市容环境、生态文明、民计民生、社会稳定、精准扶贫6个专题议政项目作为重点课题，以发放调查问卷、实地调查、与基层群众座谈为手段，组织界别委员和专家学者开展专题调研20余次，形成事关区域经济社会发展的调研报告10余篇，提出的意见建议均转化为有关部门的具体措施。

（项枫　郭天维）

【政治协商】 全委会期间，共安排11名政协委员作大会发言，印发大会发言材料38篇。区委、区政府主要领导签批大会发言8件，责成有关部门认真调查研究，切实抓好落实回复。常委会先后听取区司法局、区城建委等单位的工作介绍。创办“协商民主大讲堂”，先后召开对口协商座谈会8次，对市中区重大议题开展协商讨论，所提意见建议得到区委、区政府肯定，在出台的相关文件中得到体现。依托“委员之家”开展界别协商活动10余次，征得意见建议20余条。各街道委员联络室组织委员深入基层开展各类协商活动40余次，全面推动协商民主向基层延伸。

（项枫　郭天维）

【民主监督】 推荐20余名委员担任教育、环保、卫生、交通等领域特邀监督员、行风评议员，参加受监督单位有关会议和活动，开展日常监督，就受监督单位推进发展中的重要问题开展专项监督，共促相关工作提升。

（项枫　郭天维）

【参政议政】 政协有关领导按照区委统一部署，担任市中区旧村改造、四里村旧城更新、白马山旧村改造等重点项目的主要领导、指挥调度工作，在工作中帮助协调各方利益关系，推动项目开展。

（项枫　郭天维）

【提案办理】 全年共收到委员提案90件，其中，民主党派团体提案8件，委员联名提案20件，委员个人提案62件。经审查立案86件，立案率96%；不予立案的4件，占4%，作为意见处理。全部立案的提案分别由37个承办单位办理，2016年10月，全部办复完毕。委员们对提案办理结果满意率100%。

（项枫　王冉）

【文史资料征集】 按照“存史、资政、团结、育人”的方针，扎实开展文史研究工作。全年征集各类文史资料50多篇，10万余字，照片100余幅，编辑出版《济南开埠》，彰显市中历史文化的底蕴与传承。

（项枫　郭天维）

HIZHONGNIANJIAN

市中年鉴

民主党派　工商联

MinZhuDangPai GongShangLian

中国国民党革命委员会市中区总支部委员会

【概况】 2016年，民革市中区总支有6人组成。原主委王琳因调离辞去主委工作，由副主委许媚主持总支工作，总支下设文教支部、综合一支部、综合二支部、市中医医院支部和实验中学支部。全年发展党员8人。年底，总支有党员168人，省人大代表1人，市政协委员4人，区政协常委1人，区政协委员6人。

2016年，组织党员参加民革山东省举办的学习实践活动、民革党员应知应会知识竞赛活动，交答卷40余份。民革市委会换届，民革市中总支党员王东晨、姚虎明任民革市委会副主任委员，王东晨、姚虎明、李轶锋、范桂玲、龚红戈任民革市委会常务委员。组织党员参观山东省博物馆举行的《山东抗日战争主题展》，开展纪念孙中山诞辰150周年征文和演讲等活动。组织党员参加“五·三惨案”纪念日活动。

（许媚）

【参政议政】 利用“两会”和区委、区政府通报会、协商会、区统战部基层座谈会等多种形式提出建议、意见、情况通报和调研报告参政议政。2016年，总支参加区政协第八届第五次会议，提交集体提案和个人提案10篇；《美丽乡村建设》获大会优秀提案并作大会发言。民革济南市副主委聂爱华在市政协“坚持生态优先原则，加快海绵城市建设”专题协商会，就《进一步强化组织的协调作用统筹海绵城市建设管理》作大会发言。

（许媚）

【社会服务】 按照统战部结对子的要求，总支与兴隆街道斗母泉村和郭家村结对子，分3批捐赠贫困农民果树幼苗，建立爱心果园。党员们自筹资金6000余元，购买果树苗500余株，与斗母泉村村民一起植树，共种植果树3亩多。党员们还带米、面、食用油等生活必需品，看望村里的贫困户。总支先后几次组织党员到郭家村考察，为茶园过冬大棚捐款2万余元，为平阴蔬菜大棚捐款5.7万元。文教支部党员王舟协调单位为平阴洪范池镇丁泉村委捐赠28台电脑，作为助教之用。总支为大观园纬一路社区和白马寺袁柳社区捐助创城劳保用品和涂料。

2016年，民革党员区政协委员孔祥仁为沂蒙山老区、市中区兴隆街道郭家村以及平阴蔬菜大棚捐款21.5万元；陈载源为社会捐助5.5万元；新党员苏桂红为扶贫捐款以及社会奉献5.5万元；姚虎明捐款3.5万元，许媚捐款3.6万元，李其威捐款2.6万元，郑秉东捐款6000余元，范桂玲捐款3000余元，赵莉莉捐款3000余元，潘盼捐2000余元。

民革市中文教支部义务服务于济南市残联“我的兄弟姐妹”和“市侨联艺术团”，从艺术指导、创作、排练、到演出化妆、提供服装，组建招收社会爱心文化使者助理艺术团。2016年，参与“十艺济南”、济南合唱节、济南人的春晚、赈灾义演等，演出300余场次。打造出“心手相牵”“爱心助侨、助残、助群众”三助品牌。文教支部宣传委员张霞主要负责，全身心投入，夜以继日创作编排新作品，她和许媚获济南市残联爱心大使称号。老党员佟志海义务服务的甸柳社区艺术团，获全国优秀社区；佟志海还承担着济南市“群星艺术团”所有排练、演出任务。支部老主委周汝军义务服务多个中小学和少年宫的器乐辅导，党员孙大明导演为省内外大型晚会指导。

“三八”期间，总支为社区、公安系统等举办化妆、礼仪培训讲座15余场。市中医医院支部主委张雪梅带领支部党员关注孤寡老人，组织到老年公寓开展义诊咨询服务；实验支部主委龚红戈带领支部党员开展对困难学生义务教育辅导40余节课；总支委员姚虎明、陈亮律师免费解答15余人次法律咨询；综合二支部主委刘剑锋，多次义务组织书画名家进驻区送书画、传精品。

（许媚）

中国民主同盟市中区基层委员会

【概况】 2015年12月，民盟市中区基层委员会经第二届盟员大会选举产生，主任委员1人，副主任委员4人，委员12人。下设10个支部，分别是民盟市中区机关一支部、机关二支部、市中区支部、济南中学支部、十四中支部、二十七中支部、六十八中支部、信息工程学校支部、回民中学支部、济南市教研室支部。盟员之家位于旅游路28566号二楼，面积330平方米，分为多功能教室、会议室、舞蹈房、保健室、茶艺休息区等，能同时容纳上百名盟员活动。

2016年4月15日，民盟市中区基层委员会在区盟员之家举行基层委员会妇委会成立大会。5月20日，济南市政协副主席、民盟济南市委主委崔大庸、副主委安立国、华巍、王钢城、张殿岭等领导到民盟市中区基层委员会盟员之家检查指导工作。崔大庸对市中区盟员之家的建设及活动开展情况给予高度评价。年底，区民盟共有盟员189人，具有中、高级技术职称的盟员为56％，教育界别占49%，法律、文化、非公有制经济代表人士也占有一定比例。盟员中，市政协委员2人，政协常委2人，区政协委员8人。

（孔爱玲）

【参政议政】 深入调查调研，反映社情民意，成立专题小组，开展调研活动。主委孔爱玲撰写《关于12345服务热线存在问题的思考和建议》《关于在佛教场所供给环保香的建议》被区政协采用，上报上一级政协组织。全年，各支部上报社情民意20余篇，开展调研活动10余次。成立参政议政工作小组，围绕市中区中心工作和社会热点、难点问题，开展调研活动，建言献策。多次组织进行“关于美丽乡村建设”调研活动，在政协市中区九届一次会议上，副主委梁艳代表民盟市中区基层委员会作题为《关于市中区美丽乡村建设的建议》大会发言，该提案被列入市中区重点提案。

（孔爱玲）

【社会服务】 2016年3月19日，在中国民主同盟建盟75周年之际，市中区政协民盟界别，携手民革界别委员们一行10余人到济南七十二泉最高泉——斗母泉进行爱心植树活动。每位政协委员出资120元，种植认领10颗山楂树，果树收入将全部归贫困家庭所有。4月15日，民盟市中区机关一支部及市中区支部部分盟员，参观考察互联网＋印赛格印刷有限公司。大家对公司业务拓展、网上运营提出合理化建议。

（孔爱玲）

中国民主建国会市中区总支部委员会

【概况】2016年，民建市中区总支部委员会有机关支部、综合支部、经济支部、文体支部、夕阳红支部、老年支部、锅炉厂支部7个支部，班子成员13人，会员126人。全年发展会员5人。

区总支全年召开3次主委办公会议、2次全委（扩大）会，及时传达学习全国、省、市统战部长会议精神和市中区委统战工作会议精神；安排部署年度重点工作。

1月8日，召开民建济南市第十二届委员会第七次全体（扩大）会议。会上表彰民建中央全国先进集体、先进个人，刘健荣获“民建全国优秀会员”称号。5月18日，区总支利用“市中区政协协商民主大讲堂”召开民建界别学习习近平总书记重要讲话精神座谈会，11位会员作交流发言。

8月28日—9月2日，区委统战部在上海复旦大学举办党外代表人士培训班，区总支4人参加。8月24—25日，民建市委举办新会员培训班，区总支5人参加。10月17日，召开“民建市中区总支会员代表大会”，推选出席市民建代表大会代表15人，民建市中区总支实际代表数为18人。10月24日，民建市委增补周如辛为民建济南市第十一次代表大会代表，市中区总支代表人数为19人。

11月6—8日，中国民主建国会济南市第十一次代表大会在珍珠泉宾馆召开。区总支刘健、宋蔚被选为民建济南市第十三届委员会委员、常委。区总支综合支部组织部分会员到青州地区就农村经济发展问题进行考察；经济支部先后组织登山和参观沂蒙红色教育基地等活动；文体支部举办笔会活动。

（刘健）

【参政议政】1月11—14日，区政协八届五次会议召开，主委刘健代表区总支作题为《关于建设市中区科技创新综合服务平台的建议》大会发言。区总支提交的集体提案《关于加强大气污染防治工作的建议》被评为《民建济南市委2015年度参政议政优秀成果二等奖》，刘健撰写的《关于禁止散养放牧养羊的建议》被评为社情民意奖。会员魏光胜提交的《关于降低物业三级资质企业从业人员审批条件的建议》被省政协采用。主委刘健以特邀监察员身份参加济南电视台第二季直面问题，践行承诺电视问政节目直播。区总支提交的《服务社会热心公益倾听民生参政议政》一文被评为《民建济南市委2015年度新闻宣传优秀作品》。张静撰写的《加强民主监督，推进依法治国》一文被评为《民建济南市委2015年度理论研究优秀成果三等奖》。

（刘健）

【社会服务】2月1日，区总支组织部分会员到南部山区义和村慰问7户困难村民。6月29日，响应市委统战部号召，会员王浦学、唐世明各捐赠2幅4尺国画参加义卖活动。7月26日，区总支4人参加区委统战部组织的南部山区贫困村（郭家村）调研活动。在区委统战部扶贫捐款活动中，区总支会员张超捐款1万元、李志勇捐款1万元、金刚捐款5000元、孙岩捐款3000元、巩宝德捐款1000元、薛福同捐款1000元。

（刘健）

中国民主促进会市中区总支部委员会

【概况】 2015 年 12 月，民进市中支部换届，班子由 7 人组成，总支主任委员 1 人（简称主委），副总支任委员 2 人（简称副主委），委员 7 人。当年发展会员 1 人。

2016 年，中国民主促进会济南市委员会市中区支部委员会有会员 59 人。会员中，济南市民进委员 2 人，第九届区政协委员 4 人。

（冯国华）

【参政议政】 围绕济南市“十三五”规划和“打造四个中心，建设现代泉城”工作部署，组织全体会员多次进行考察调研活动，共提交委员提案 5 件，组织会员围绕市、区的发展建设等方面进言献策，上交社情民意信息 2 件。

（冯国华）

【社会服务】 组织开展文化下乡活动，全年组织书画下乡等 10 余次。市中总支开展“绿荫•泉”社会服务品牌建设。开展了“绿荫•泉”义剪，爱心观影等 10 余次活动，组织捐赠各类物品 300 余件，捐款 7 万余元。以温暖民心、增进和谐为“微公益”活动主题，践行“服务就在身边，人人可以参与”的理念，参加区组织的下乡扶贫活动，会员共捐赠 5000 元。

（冯国华）

中国农工民主党市中区总支部委员会

【概况】 2015 年 12 月，农工民主党市中区总支部进行换届，选举产生中国农工民主党市中区总支部第七届委员会。主任委员 1 人，副主任委员 3 人，总支部委员 11 人。下设市中医医院支部、市口腔医院支部、市妇幼保健院支部、市传染病医院支部、市中区医院支部、市值机关一支部、市值机关二支部、市中区综合支部 8 个支部。

2016 年，有党员 189 人，70% 为医药卫生界人士，部分为科学技术、文化教育、环境保护、公务员、律师等中、高级知识分子。

（李莉）

【参政议政】 2016 年 1 月 13 日，参加区政协第八届第五次会议，主委李莉在代表农工党市中总支部作《关于对民营医疗机构、美容院、美容整形机构加强监管的建议》的大会发言，得到区长批示，被列为区重点提案；党员个人提交提案 4 份，均引起有关部门的重视、得到答复落实。

（李莉）

【社会服务】 3 月 13 日，总支部和市直二支部响应农工党济南市委“生态济南同心同行”社会服务品牌活动号召，到南部山区开展植树活动（连续 3 年开展的支部社会服务品牌活动），共栽植 50 余株树木。

4 月 14 日，总支部开展“世界帕金森日”专家义诊进社区活动。市传染病医院、市中医院、市妇幼保健院、市中心医院的内、外、妇、儿、中医科、口腔科的 10 余位专家党员为 200 多名社区居民进行义诊咨询和宣传。

8 月 2 日，参加区统战部陡沟扶贫考察并组织农工党总支部党员捐款 14000 元建设扶贫茶园大棚，捐赠扶贫电脑 10 台。

（李莉）

中国致公党市中区总支部委员会

【概况】2015 年 12 月，致公党市中总支进行换届，设总支主任委员 1 人。下设市中支部及律师支部。2016 年，致公党市中总支有党员 69 人，年龄结构 40 岁以上占比 76%，博士 2 人，硕士 14 人，其他均为大学学历。行业界别为新社会阶层 18 人，党政机关 15 人，民营企业 9 人，医药卫生界 5 人，文化艺术领域、教育界等多人。全年发展党员 3 人。

2016 年，组织骨干力量参加区政协组织的全国、省市各级政协理论培训班，考察城乡建设，交流学习心得；走进上海复旦大学，学习中央统战工作会议精神。建立党员日常考核监督机制，下发《市中区致公党党员工作考核表》，通过对党员平时的党派工作表现进行细化考评，加大管理力度。

（崔莹）

【参政议政】2016 年， 选派优秀党员代表参加致公党市委会第六次大会、市中区政协第九届一次大会。10 名党员代表参加中国致公党济南市第六次代表大会，其中，高咏梅、李清、刘玉军 3 人当选市委委员。7 名党员参加市中区九届一次政协会议，主委彭玉红当选常委。年初，提交提案议题 10 个，立项调研成果 2 篇。提案《关于建立和推行行政执法公示制度有建议》由主委彭玉红代表致公党界别在市中区九届政协一次会议中作发言，《关于加强对单位宿舍老旧生活小区管理问题的几点建议》提交市中区九届政协一次会议提案组。党派慰问养老院，调研市中区消防等活动图文发表于《联合日报》；《建议六层以上老旧小区加装电梯》等提案被市委会采用。

（崔莹）

【社会服务】2016 年春节前夕，市中总支与历下中心医院支部部分党员共同走访慰问绿苑福鼎老年公寓，为老人义诊、送去慰问金和节日祝福。结合养老状况，对老年公寓的发展提出建议。主委彭玉红多次带领致公党员到兴隆街道郭家窝村，与郭家窝村结成帮扶对象，围绕精准扶贫，确定利用地势特点在流转土地上兴建茶园，捐出爱心款 3 万元。3 月 8 日，举办庆祝三八妇女节歌唱比赛。八一建军节，党员们赴济南市市中区消防大队进行调研慰问。重阳节，带领年轻党员走入老党员家中慰问，送去关怀。9 月下旬，崔莹代表市中总支参加市委会“中国梦·侨海情”宣讲活动，以《传递温暖 幸福相伴》为主题传颂市中总支奉献精神，得到市委会认可并推选参加省委会宣讲；11 月，再次以《收藏奉献》为主题宣讲党员中的典型事迹录制视频，报致公党中央。汇总记录市中总支成立后的重要活动情况，理顺完善济南市市中区致公党党史。

（崔莹）

九三学社市中区委员会

【概况】2016 年，九三学社市中区委员会有 5 个支社，社员 121 名。其中委员 11 人，主任委员 1 人，副主任委员 4 人。社员主要分布在机关事业单位、国有企业、大专院校、教育、环境保护、律师及金融机构等行业。其中，具有中、高级职称的占 70% 以上。

全年围绕市中区的中心工作，先后就市中区环境整治、农村扶贫、重点项目建设开展多次调研活动。对区委统战部组织的精准扶贫工作，帮扶市特级贫困村兴隆街道郭家窝坡村，捐款22000元。

（杨胜强）

【参政议政】 组织社员围绕市中区改革发展稳定的重大问题和人民群众普遍关心的问题，开展调研视察。通过市中区政协和九三市委2个平台参政议政。副主委孙韶华《关于实施我省农村污水集中收集处理的提案》入选九三学社省委重点提案。社员杨剑向九三市委提交《加强水产品管理的报告》。在市中政协八届五次会议上提交《关于尽快建立市中区国有企业人才库》的集体提案。

（杨胜强）

市中区工商业联合会

【概况】 按照《工商联章程》规定，与区工商局、区经信局等部门合作，全年发展山东泰岳信息技术有限公司、济南龙祥生酒店管理有限公司等89家企业负责人为新会员，会员结构呈现多元化、年轻化、潜力化。17个基层商会配备由政工书记或街道办事处副主任担任会长，7—8名企业家任副会长，经济发展科科长担任秘书长的基层商会班子。

（程媛媛）

【参政议政】 开展“两学一做”学习教育活动期间，组织召开意见征集会4次、交流座谈会6次，深入企业一线调研13次，在如何帮助非公企业调整经济结构、加快发展方式转变、促进小型微型企业保生存谋发展等方面开展调研，共征集意见建议153条，总结归纳出6项有代表性的意见和建议，被区委、区政府采纳。

（程媛媛）

【开展活动】 开展“一线服务月”活动，联合区委组织部、区纪委、区经信局、区商贸局、区民营服务局、区台办、区市场监管局、区食药监局、区国税、区地税、区公安分局等部门到企业座谈交流，宣传政策，现场答疑。先后与40余家企业进行互动交流，帮助企业解决困难28项，解答政策34条。开展“同心扶贫攻坚行动”“千企帮千村”活动，通过济南超意兴餐饮有限公司、山东鼎好餐饮集团2家会员企业牵头，组织多家企业到钅广村、郭家窝村2个市级贫困村考察，并对每户贫困家庭走访，进行帮扶。超意兴餐饮有限公司联合数家企业，投资11.4万帮助钅广村建立生态茶园。山东鼎好餐饮集团在中秋期间，到贫困家庭走访慰问，发放救济金及各项生活用品价值2万余元。

（程媛媛）

【非公党建】 对非公企业党组织书记及党务工作业务骨干进行培训，开展档案标准化管理工作，在“从严治党”的要求下，开展党员组织关系集中排查工作，为21家企业党组织，492名党员重新完善信息登记。全年发展党员2人。

（程媛媛）

【工商联换届】 2016年12月8日，召开区工商联第十一次会员代表大会。会议选举李咸梁为市中区工商联第十一届执行委员会主席、民间商会会长，常务副主席1人，副主席15人，副会长8人，秘书长1人。

（程媛媛）

社会团体

SheHuiTuanTi

区总工会

【组织概况】 市中区总工会机关内设办公室、组织宣传科、综合科3个科室。下设济南市市中区总工会困难职工帮扶中心（副处级）1个事业单位，在职人员15人。

（王洪星）

【维护职工合法权益】 2016年，推行协商民主、强化社会责任品牌创建。坚持和完善以职代会为基本形式的民主管理制度，抓培训、抓规范、抓典型。国有、事业单位厂务公开、职代会建制率100%。全区已建工会非公企业厂务公开、职代会建制率96%；职工董事、职工监事建制有较大幅度增加；各街道总工会分别选树厂务公开典型企业2家。坚持“独立工会单独签、行业工会行业签、联合工会区域签”的工作原则，加强集体协商指导员队伍建设，建立完善区总工会及各街道工资集体协商指导员队伍，简化备案流程。聘用专职工资集体协商员1人，全区已建工会组织企业集体协商建制率85%，其中百人以上已建工会组织企业建制率90%。济南英雄山建筑安装工程有限公司被评为济南市劳动关系和谐企业。12月，省总工会副主席王星海到山东广信工程试验检测集团有限公司调研，对厂务公开民主管理工作给予充分肯定。

（王洪星）

【送温暖活动】 春节慰问困难劳模、职工469户，发放帮扶款44.66万元。2月，应邀参加全总组织的在四川泸州和内江举行以“提高就业质量，鼓励创业创新，服务基层职工，促进科学发展”为主题的2016年全国工会就业援助月活动启动仪式和大型招聘会。5月，“帮扶送教育”救助10人。6月，开展精准扶贫，办理特困职工证215人。7月，夏送清凉走访慰问3000余人次，折合资金5万元。8月，金秋助学救助学生15人，发放助学金3万元；互助互济入、续会9305人，上交互助金26.4万元，救助49人，发放救助金17.39万元；开展技能培训2675人次，其中获得技能证书280人，1850人就业，培植各类A级工字号32家，创业带头人32人。超意兴餐饮有限公司被市总命名为4A级“工字号”基地，区总工会困难职工帮扶中心被评为山东省工会职工维权法律服务示范单位。

（王洪星）

【群团阵地共同体建设】 4月初，在七里山、六里山、二七新村、舜耕、大观园5个街道推进群团阵地共同体建设，在山东新金融中心探索楼宇群团阵地建设。10月，在全市群团阵地共同体建设调研中，七里山街道的泉景社区工会、二七新村街道的梁南社区工会以及六里山街道的玉函北社区工会受到市总常务副主席张福俭的高度赞扬。11月，舜耕街道的舜和社区工会、舜华社区工会，代表市总工会迎接全省工会组织建设检查，省总检查组给予“工会工作扎实，活动开展新鲜，感触比较深刻”的评价。

（王洪星）

【关爱重点工作领域】 提高全区重点工作领域劳模评选比例。4月，表彰五一劳动奖状15个，其中三项重点工作10个，占66.6%；表彰五一劳动奖章20人，其中三项重点工作10人，占50%；表彰工人先锋号20个，其中

2016 年 4 月 27 日，五一表彰大会　（区总工会　提供）

三项重点工作 11 个，占 55%。全年参加疗休养一线职工及劳模 80 余人，6 月，走访文庄项目，为项目人员赠送 170 余份清凉礼包。

（王洪星）

【"职工查隐患"活动】 3 月，在全市"职工查隐患"工作中，七里山街道总工会、白马山街道总工会、思迈尔制衣有限公司工会、超意兴餐饮有限公司工会受到市总督导组的充分肯定和高度评价。"查保促"期间职工的参与率达 98.7%。基层以上工会干部包挂企业 632 个，各级工会干部督导 5625 人次，组织开展活动的企业 5145 个，事业单位 53 个，职工查出安全隐患 1647 项，已整改 613 项。十六里河街道总工会被评为济南市"职工查隐患"活动优秀组织单位，超意兴餐饮有限公司被评为济南市"职工查隐患"活动先进单位。

（王洪星）

【劳动竞赛】 2016 年，开展"百万职工劳动竞赛，助推四个中心建设"主题活动，引领广大职工群众投身岗位创新、技术创新等工作。10 月，区城管局举办环卫工人技术比武；11 月，超意兴餐饮行业举办厨艺技能大赛。12 月，山东广信工程试验集团举办技术竞赛。

（王洪星）

【基层工会组织建设】 11 月底，全区共有基层工会组织 1835 家，涵盖法人单位 12630 家，会员 25.57 万余人，新增农民工会员 1.2 万余人。大观园街道总工会被评为山东省示范乡镇（街道）工会；四里村街道总工会尚静被评为山东省优秀工会工作者。

（王洪星）

共青团市中区委员会

【概况】 2016 年，共青团市中区委共有 37 个团委，42 个团总支，678 个团支部，16072 名团员。

团区委制定市中区志愿服务相关管理条例，利用全区建成的 5 个社区青年志愿服务站、4 处"花 young 年华"系列青少年事务社会工作服务项目点、3 处青少年示范工程基地和各类公益组织，推动志愿服务工作向"志愿 + 专业化"发展。开展"青春志愿行，温暖回家路""做文明使者，建现代泉城""DFC·行动达人·社区共建""心手相牵，快乐成长"等形式多样的志愿服务活动，共计 180 余次，总时长 2856 个小时，受益人群 12600 余人次。

成立多支由"80 后、90 后"青年组成的“青年突击队”，投身拆迁一线、项目建设一线、招商引资一线。济南电视台《新闻频道》对文庄片区“青年突击队”多次采访报道。组织各级“青年文明号”单位开展帮扶结对，实施“青春扶贫　精准扶贫”。在“践行社会主义核心价值观　争做‘济南最美青年’”评比活动中，市中公安分局治安大队出入境管理科张慧获“爱岗敬业类”最美青年称号；在济南市“双能手（济南市青年岗位操作能手;济南市青年技术创新能手）”评比活动中，天津银行济南分行营业部经济师王诗仙获“济南市青年岗位操作能手”称号。

6月，团区委与区检察院共同打造的“社区考察帮教基地”落户“花 young 年华·青春起航”青少年事务社会工作服务项目二七站。同时，团区委联合区公安分局、区司法局、济南市法律援助中心等单位，集中开展“送法进校园”活动、“社区青少年远离毒品”宣传活动。与山东女子学院“暖心向 Young 大学生社会实践团”合作，为市中区偏远地区小学开展“童心大梦想，乡村小社团”支教实践活动；联合济南大学政法学院“青年马克思主义者培养工程”社会实践团到社区开展主题宣讲。

（隗娜）

【团省委书记张涛调研文庄项目】 6月28日，团省委书记张涛到七贤街道文庄项目指挥部，亲切看望奋战在拆迁建设项目一线的全体青年职工，并与优秀青年干部代表一同座谈交流。张涛勉励大家要再接再厉，继续发挥青年突击队的先锋模范作用，力争早日取得片区征地拆迁工作的最终胜利。

（隗娜）

【“童心大梦想，乡村小社团”支教活动】 暑假期间，联合区妇联、区民宗局及部分政协委员与山东女子学院共同开展“童心大梦想，乡村小社团”支教活动，在党家街道催马小学举行山东女子学院“大学生社会实践基地”揭牌仪式，并签署合作意向书。

（隗娜）

【开展纪念抗日战争胜利活动】 9月3日，组织辖区青年团干、青年团员以及部分“青年文明号”单位成员到“五三惨案”纪念碑前敬献鲜花，祭奠英烈，回忆曾经的艰苦岁月。在“五三惨案”纪念碑前，广大团干、青年在领誓人的带领下重温入团誓词，并向纪念碑敬献鲜花；志愿者们与市中区青年人一起重温抗战历史，缅怀革命先烈，继承光荣传统，传承革命家风，提醒人们牢记历史、奋发图强。

（隗娜）

2016年9月3日，团区委开展纪念抗日战争胜利活动　　（团区委　提供）

【青春扶贫行动】 团市中区委按照"青春扶贫"要求，在全区上下宣传动员广大青年团干投身扶贫攻坚实践，积极作为。组成扶贫攻坚队，与兴隆街道青桐山村8户贫困户、兴隆街道钜村6户贫困户先后结对，并帮助引进爱心企业和植物栽培先进技术。团区委结对帮扶的青桐山村8户贫困户均已实现脱贫。2016年8月，团市中区委与山东大学土建与水利学院水利专业青年志愿服务队，在党家街道蛮子村开展以"青春扶贫 水利造福"为主题的农村水资源高效利用社会实践活动，进一步提高蛮子村居民生产生活用水的科学性，同时，对青春扶贫行动也将起到积极的推进作用。

（隗娜）

【开展"月满仲秋·情暖心中"走访慰问活动】 9月13日，团区委联合团市委志愿者指导中心、七贤街道团工委，在文庄安置房工地现场举行以"月满仲秋·情暖心中"为主题的工地建设者慰问活动。为工地建设者发放定制T恤1200余件，联合市文广新局为大家安排电影大放送。

（隗娜）

【开展关爱困难青少年活动】 团市中区委联合全区各部门，争取社会各界的广泛关注与热心参与，为青少年办实事、解难事。春节期间，团市中区委开展了系列关爱困难青少年活动，共为200多名贫困家庭青少年、农村留守儿童等重点和特殊青少年群体，送去价值9.74万元的学习用品等物资。2016年8月，联合"青年文明号"单位安利集团山东公司（济南地铺）的2位爱心人士为党家街道辖区内2位贫困大学新生资助大学四年学费，共计4万元。

（隗娜）

【开展"关爱贫困家庭子女·光明行动"】 10月17日，团区委联合省、市青联以及山东省青少年视力低下防治中心在市中区东河小学，开展"关爱贫困家庭子女·光明行动"。省青联领导向同学们赠送篮球等文教用品，叮嘱他们要劳逸结合，在学习的同时要多放松眼睛，做好对心灵之窗的保护；省青少年视力低下防治中心领导向学生们介绍此次活动的情况，向大家赠送护眼知识科普读物，专门开展爱眼护眼健康知识讲座。活动仪式结束后，各位领导前往义诊现场，与12位专家一起为200多名学生进行眼睛的免费诊治，发放视力表，讲授保护眼睛的有关知识，指导学生科学用眼，保护视力。

（隗娜）

2016年10月17日，团区委开展 "关爱贫困家庭子女·光明行动" （团区委 提供）

【共青团深圳市委到市中区交流观摩】 11月16日，共青团深圳市委、深圳市少工委一行100多人到济南市市中区舜文学校交流观摩学校团、队工作建设。各位老师参观和了解舜文学校少先队部室建设、基层少先队工作开展情况和少先队活动课等内容。在召开的团、队工作座谈会上，市中区白马山小学大队辅导员张庆贺，以《小白马变形计》为主题，向深圳老师们详细介绍市中区外来务工子女定点学校的少先队员如何建立对少先队组织的归属感和荣誉感，以及怎样结合学校特色，开展少先队工作等情况。

团深圳市委领导和济南市、市中区及学校的团干们就团中央和教育部联合下发的《中学共青团改革实施方案》内容和要点深入交换意见。

（隗娜）

【利用“青年之声”，建立“青年之家”】 充分利用“互联网 +”思维创新共青团工作的有效方式，灵活运用“团帮青、专帮青、青帮青、政帮青、社帮青”等模式，推动“青年之声”平台的运转，通过打造“专业团队 + 社工 + 义工志愿者”模式，并为青年社会组织提供场地支持、项目辅导、资源互助、信息交流等服务，实现线上线下良性互动。截至目前，团委全体机关干部已联系不同领域青年 400 余人，市中青年之声专家数达到 1444 人，周浏览量达 87286 人次，有 27 次线下活动在团省委、团市委青年之声平台发布。

（隗娜）

区妇女联合会

【概况】 2016 年，区妇联下设妇女儿童活动中心 1 个事业单位。妇联有工作人员 13 人；辖机关妇委会 16 个，街道妇联 17 个，“两新”组织妇委会 4 个。民主党派妇委会 1 个。

（徐贤）

【妇联组织建设】 2016 年，新建民盟市中区基层委员会妇委会，探索延伸妇联工作新领域。按照“党建带妇建、妇建服务党建”的思路，在绿地中心建立妇委会，填补商务楼宇中妇女组织和妇女工作的空白点。全区城区社区全部聘任妇联副主席，并颁发聘书。将 4 个家园统一打包给专业社工机构济南恩泉社会组织发展中心托管。各家园因地制宜先后开展各类活动 400 余场次，服务妇女儿童 5800 余人。舜耕街道舜华社区妇女儿童家园被评为省级示范妇女儿童家园。8 月 18 日，联系工会、团委、科协、残联、文联等群团部门，在二七新村街道建立社区群团服务站。

（徐贤）

【关爱妇女创业就业】 2 月 25 日，联合区人社局、区就业办等单位，在七贤广场举办市中区 2016 年“春风行动”大型招聘会暨市中区数字化就业“云平台”启动仪式。130 余家企业参与，现场提供 3000 余个就业岗位，吸引 8000 多人前来求职，2800 余人当场达成就业意向，其中 60% 以上为女性。3 月 26 日，联合山东师范大学长清校区举办 2016 年春季毕业生供需见面会，现场为女大学生推介工作岗位 300 余个，初步达成就业意向的女大学生 200 余名。明确“巾帼家政服务业”帮扶合作项目，与长清区妇联结成对口帮扶对子，免费开展 3 期“巾帼家政　帮扶创业”培训班，200 余名富余女劳动力参加培训。为 7 名创业妇女办理小额贷款申报工作，发放贷款 70 万元。

（徐贤）

2016 年 3 月 8 日，区妇联隆重表彰市中项目建设巾帼标兵　（区妇联　提供）

【巾帼文明活动】 3 月 8 日，市中区妇联联合区建委在区旧村改造指挥部召开项目建设巾帼标兵座谈会，表彰 20 名在项目建设中有突出贡献的女性。

开展寻找“最美家庭”评选活动，推选市级最美书香家庭 4 户，最美教子家庭 1 户，最美军警家庭 1 户，区妇联获济南市寻找“最美家庭”活动先进组织单位。5 月国际家庭日期间，开展“讲家史•诵家规•严家训•正家风”好家风好家训征集活动，征集家风家规 500 余条，优秀家风故事 85 个。

12 月 5 日，承办山东省暨济南市“安全生产幸福家庭”巾帼志愿服务宣传月活动启动仪式，省妇联主席邢善萍等领导与省、市、区、街道、社区五级巾帼志愿者队伍以及社区家庭代表 500 多人参加活动。

（徐贤）

【巾帼关爱活动】 2016 年，共救助单亲特困母亲 133 人，发放救助金 13.679 万元；申请区财政专项资金为 886 名贫困“两癌”妇女发放救助金 26 万余元；申请 160 万元资金用于全区“两癌”免费筛查，并联合市中区卫计局出台《市中区妇女“两癌”免费检查项目实施方案》，开展免费筛查，惠及妇女 1 万人；救助各类困难儿童 292 人次，款物折合 11.36 万元。筹集资金 5 万元，在十六里河街道建立儿童快乐成长活动站 1 个。征集“爱心妈妈”48 人，为困难儿童编织毛衣 48 件。春节前夕，区妇联联系山东健康公司走进市中区的部分小学，开展“爱心助学之旅”活动，筹集爱心助学金 5 万元，用于资助全区 100 名贫困小学生。

（徐贤）

【妇女维权】 2016 年，区妇联共接待、受理群众来 42 件。信访处结率 100%。其中，“12338”热线来电 11 个，家庭暴力 24 件。3 月 4 日，济南市首个反家暴联席会议办公室、反家暴维权合议庭在市中区人民法院成立。市中区率先建立包括政法委综治办、法院、公安局、检察院、司法局、民政局、团委、妇联、残联等多个部门在内的反家暴联席会议。3 月 21 日，市“两个规划”终期监测评估检查组对市中区妇女儿童发展“十二五”规划进行终期监测评估检查。

（徐贤）

【“三八”节纪念活动】 3 月 8 日，联合区建委表彰市中区首批 20 名“项目建设巾帼标兵”，通过表彰先进、选树典型，发挥示范带动作用，引领全区广大妇女投身到现代化市中建设中。

（徐贤）

区残疾人联合会

【概况】 2016年，区残联设办公室、康复科、组织联络科、综合服务中心、劳动就业管理服务中心。全区17个街道办事处残联设有专职残联理事长，配齐“一专两员”（专职干事、就业服务员、康复服务员）。全区185个社区（村）设有专职残协委员。

协调区财政局、区人力资源和社会保障局，修改“一专两员”管理办法，包括“一专两员”岗位补贴、采暖补贴、子女入园保教补助费、休假、请假和销假制度等内容。2016年7月1日起施行。

年底，全区有持证残疾人8076人。其中，视力残疾646人，听力残疾747人，言语残疾80人，肢体残疾4061人，智力残疾1093人，精神残疾1183人，多重残疾266人。一级重度残疾1185人，二级重度残疾1820人，三级残疾2259人，四级残疾8076人。

（郭冉）

【残疾人康复】 2016年，全区已建成规范化康复指导站8个，康复站104个。组织专家评估小组对103名贫困重度肢体残疾人和0—6岁残疾儿童进行入户评估适配，为56名符合条件的残疾人评估适配个性化辅具31种，159件。6月2—3日，举办2016年市中区残疾人辅助器具评估适配专业技术人员培训班。各街道残联理事长、康复指导医生、康复服务员、康复协调员199人参加，并取得济南市残疾人辅助器具评估适配培训登记册。

（陈兆洪）

【残疾人救助】 全年对489名符合救助条件的贫困精神残疾人每人提供1200元服药补贴；贫困精神残疾人住院治疗补贴救助28人，住院治疗补贴经费每人6000元。2016年春节期间，投入41万元，购置米、面、油等用品走访贫困残疾人家庭2037户。1—6月，发放困难残疾人生活补贴1950人次，172.83万元；发放重度残疾人护理补贴2534人次，金额119.31万元；7月该工作转交区民政局。筛查出符合个体扶持条件16人，每人扶持5000元。对符合条件的17名残疾人发放两项保险补贴，补贴金额10.85万元。对6个寄宿制托养机构和日间照料机构进行资助，发放补贴7.56万元。全年募集善款35.5万元。

（朱同　李晓梦）

【残疾人教育就业】 2016年，全区救助残疾人学生35人，残疾人家庭子女138人，救助金额41.11万元；开展残疾大学生励志助学活动，救助3人，救助金额1.6万元。采取多种形式组织残疾人参加各类劳动技能培训。在城区以“简单易学、方便就业”为目标，举办手工皂（双证）、钻石画、丝网花等残疾人技能培训班6期。在农村举办蔬菜大棚种植、养鸡养牛和PVC编织等培训班等5期。全年，征收残疾人保障金1378.9万元，安置残疾人就业249人，其中按比例就业169人。

（蔡克敏）

区科学技术协会

【概况】 济南市市中区科学技术协会属区委群团工作部门，在职人员6名。7月21日，成立山东广信工程试验检测集团有限公司科协；11月14日，成立山东协通通信技术有限公司科协。年底，市中区企业科协达19家。全年在5个企业举办7场济南市专家企业行活动。2016年，区科协被中组部、中宣部、中科协等9部门评为十二五全民科学素质行动计划纲要实施工作先进集体。大观园街道万紫巷社区被中国科协、财政部评为全国科普示范社区；杆石桥街道乐山社区被省科协、省财政厅评为山东省科普示范社区；市中区洪兴畜牧兽医协会被中国农技协评为中国农技协龙头协会；大观园、杆石桥街道被省科协评为“科学 关爱 和谐”示范街道。

【科普活动】 3月5日，由区科协、区教育局联合举办的市中区第31届青少年科技创新大赛在经九路小学举行。该届大赛注重在引导学生从实现小小的科技发明做起，培养学生的发现问题、思考问题、解决问题和动手、动脑的创新精神和实践能力。全区70所学校、近1200余件创意、创新、科幻画作品参加评比。

5月13日，由区科协主办，区德恩养羊协会承办的市中区第四届农村科普节暨兴隆街道科技活动周启动仪式在兴隆街道侯家村举行。

6月，制定市中科协《济南市市中区科学技术协会“讲理想 比贡献”活动实施办法》，对在济南市“讲理想比贡献”活动中获二等奖三项、三等奖六项的项目完成人给予资金奖励。

9月，市中区2016“全国科普日”启动式暨社区科普体验中心揭牌仪式在十六里河街道南苑社区举行。

（韩炜）

【ROBOFEST世界机器人锦标赛】 5月，参加在北京举办的ROBOFEST世界机器人锦标赛中国区选拔赛。市中区实验初中代表队派出4位选手，参加机器人相扑、机器人高尔夫球、机器人未知赛三个大项的冠军争夺，初中组机器人相扑赛与高尔夫球赛获冠军，并获代表中国队赴美国参加国际竞赛的资格。5月16日，第16届ROBOFEST世界机器人锦标赛在美国举行。共有13个国家、200多支代表队、420多名参赛选手参加比赛。市中区实验初中代表队参加机器人相扑、机器人高尔夫两个大项的比赛，获机器人相扑赛冠军。

（韩炜）

【科普阵地建设】 2016年8月，“市中科普网”正式上线，“济南市中区科协”微信公众号启用，网站和公众号由专人负责。9月，在十六里河街道南苑社区建成以“火车形象”为主题的“南苑社区科普体验舱”。

科普中国（泉城）e站建设依托社区民生科普服务站为科普活动阵地，每处服务站建有一所科普大学、一个心理健康咨询室、一处科普画廊、一处科普馆或科普体验中心、青少年科学工作室、科普广场和一处科普网络设施。11月，在12家社区、学校、农村进行试点。其中，胜利大街小学、十六里河街道南苑社区通过验收、挂牌。年底，建成“中草药科普馆”“营养与健康科普馆”“食品安全科普馆”“疾病控制科普馆”“民俗文化科普馆”“防震减灾科普馆”“科普体验中心”“科普体验舱”等12个不同主题的科普网络建设阵地。全年建成春元里社区、林祥街社区、泉景社区、南苑社区、舜岭社区、郎茂山军休所、济南市养老服务中心7所科普大学。

（韩炜）

区文学艺术界联合会

【概况】 2016年，区文联坚持先进文化的前进方向，依托辖区艺术资源优势，以满足群众文化需求、活跃基层文化生活、打造市中文化品牌、提升市中文化品位为目标，围绕培养文艺人才、繁荣文艺创作、配合区委中心工作等方面，发挥“联络、协调、服务”的职能作用，组织开展送文化下乡、展览出版、慰问部队、助残帮教、文艺演出、艺术培训、艺术创作等文化惠民活动，全年举办大型书画作品展2次、摄影展4次、民俗展1次、文艺演出1次，出版散文集1本、书画作品集1本，慰问部队2次，送文化下乡5次，艺术名家社区指导4次，摄影培训1次。多次组织文艺工作者和爱好者参加省、市举办的艺术赛事，屡获奖项，区文联荣获第九届山东国际大众艺术节优秀组织奖和济南市精神文明先进单位称号。

（朱梅）

【《风雅济南》编辑出版】 2016年，市中区出版发行第一本拥有国家标准书号的纯文学散文集《风雅济南》，16开本，共36万字，280页，汇集全国、省、市58位知名作家64篇散文佳作，配以专业画家的精美水墨插图，图文并茂地展示济南市和市中区的历史文化内涵，描摹百年商埠的沧桑历史，回放其发祥、聚积、繁华、蝶变的传奇历程，追忆文化名人和经典历史，满足外地人探寻济南文化的心理期待。《风雅济南》向驻区学校、机关、企事业单位、基层文化大院、社区图书室、公共服务场所以及省市图书馆、档案馆、名胜景区无偿赠送，成为弘扬济南文化、展示发展成果、诠释城市精神、提升市民自信的文化新名片，具有重要的学术意义和人文价值。书中刊登的《光明日报》记者韩小蕙的散文对济南市泉水文化建设提出良好建议，得到市委书记王文涛的批示。

（朱梅）

【文化惠民活动】 1月4日，区文联在二七新村街道梁南社区举办“魅力市中摄影艺术展（第七期）”，展出200余幅摄影作品，内容与社区工作和居民生活息息相关，包括经济建

2016年3月24日，市中区出版散文集《风雅济南》 （区文联 提供）

设、民生动态、社区管理、文艺生活、童趣乐园等版块，摄影图片里的主角以基层群众为重要组成。摄影展开辟社区大展厅，宣传基层成就与特色、推介典型人物和良好经验。通过征集稿件，发现一批民间摄影爱好者，壮大了市中区摄影家协会创作队伍，带动了社区的群众文化建设。

7月1—6日，由区直机关工委主办，区文联、区委党史研究室、山东新金融产业园、祥泰实业有限公司承办的市中区庆祝建党95周年书画摄影展在祥泰广场主楼举行，展出近300幅书画和摄影作品。重点展示市中区棚改旧改、招商引资、项目建设三大重点工作阶段性进展情况和丰硕成果。区文联在展厅设置书画案，观展的艺术家现场即兴创作，赠送观众，让书画爱好者们在观摩展品的同时，亲历艺术创作过程，取法技巧，丰富自身书写和绘画经验。《济南日报》《生活日报》《都市女报》和舜网等媒体都对该次活动进行了报道。展览结束后，区文联收录展览精品，编辑印制《市中区庆祝建党95周年书画摄影集》，发送作者和社区群众。

9月21日，山东省文联、山东国际大众艺术节组委会主办，市文联、区委宣传部和区文联承办了第九届山东国际大众艺术节“风雅济南 魅力市中”摄影艺术暨第三届市中区民俗作品展，将西方现代摄影技术与中国传统民间艺术相糅合，打造文化艺术交流的重大平台和艺术产品交易的重要载体。出自省、市摄影界名家之手的精品佳作，以黑白老照片和七彩数码像对比的影像语言，为观众解读着市中区的风土人情和人文景致；民俗展区的千余件手工艺品包罗万象，既有纯民间的草根手艺，也有堪登大雅之堂的高档工艺，各门类原创作品把齐鲁民间艺术整合推出，展示了祖国优秀传统文化的悠久历史。活动还特邀6位残疾人艺术家携带原创作品参展。现场增加制作表演和交易互动环节。

10月20—23日，由区委宣传部主办，区文联和山东祥泰实业集团承办“英雄不朽 历史长存——市中区纪念中国工农红军长征胜利80周年暨济南市十县市区书画精品展”，荟萃全市基层文联推荐的200余幅书画作品，借助艺术形式，追忆万里长征的历史风貌，缅怀革命先烈的英雄壮举，表达和平发展的崇高愿望，激发爱国爱党的壮志豪情。区文联将展厅作为主题党日的活动地点，悬挂国旗，组织党员重温入党誓词。

10月底，区文联举办2016年市中区摄影培训活动，特邀山东省摄影艺术专家授课，区直机关和街道办事处的文化宣传工作人员及社区摄影艺术爱好者近200人参加培训。

11月下旬，区文联启动“深入基层 扎根人民——艺术名家进社区”文艺志愿服务系列活动，国家、省、市级书法和美术协会的艺术名家分批分期走进驻区街道、基层服务场所和村居，为社区书画院、书画协会的爱好者们答疑解惑，传授书法和绘画技巧，现场创作书画作品和春联、福字赠送单位和居民，传承和普及祖国优秀传统文化。

（朱梅）

【庆祝八一建军节诗歌朗诵会】 7月29日，由区委宣传部主办、区文联承办的庆祝八一建军节诗歌朗诵会走进军营。省内知名播音员、主持人、诗人诵读名篇，共叙军民鱼水深情，共建军地文化乐园，为部队官兵送去美的享受。山东省朗诵艺术家协会副主席侯波、王勇，诗人吴兵、林之云、陈忠以及区文联选送的学生代表分别朗诵《蓝水兵》《不朽》《老兵》《向英雄致敬》《为有牺牲多壮志》《妈妈，我等了你二十年》《深深的情意》《阿玛尼》等篇章，丰富部队精神生活，使艺术家了解战士、了解军营，积累创作素材、激发创作灵感，巩固发展“同呼吸、共命运、心连心”的军政军民关系，促进军地文化艺术交流。

（朱梅）

【“十艺济南　我也是腕儿”成果展演】 9月7日，由市委宣传部主办，区委宣传部、区文联承办的“十艺济南　我也是腕儿”基层文艺爱好者成果展演开场，辖区文艺骨干力量演出歌曲串烧、残疾人手语诗、山东评书、异国舞蹈、合唱独唱等优秀节目，使辖区居民共享十艺文化成果。

（朱梅）

【扶持基层文艺团体】 在具备条件的定点社区和学校开办公益培训班，选派书法、国画老师定期为社区艺术爱好者授课，给予具体指导和沟通，从资金支援、文化用具配备、各项活动启动等各方面尽最大能力给予帮助，充实完善其硬件和软件建设。在永长街回民小学打造书画培训教育基地，提供资金和人力支持，聘请书画名家，每周一次固定课时到校现场义务指导学生的书画和摄影创作，开办书法、素描、彩画、花鸟画、山水画、摄影等社团，合理规划课程设置。学校老师在管理过程中也跟随艺术家们学习而提高。

（朱梅）

区归国华侨侨眷联合会

【概况】 2016年，利用中秋节、重阳节、端午节、春节等传统节日走访慰问辖区归侨侨眷30余户，发放慰问品和慰问金2万余元。定期组织辖区老归侨健康查体。11月，为辖区取暖困难的5户归侨侨眷每户送去500元“爱心炭”，帮助他们解决取暖困难问题。为辖区2名侨界困难家庭大学生申报“英才助飞”计划，每年为他们提供助学金2000元直至其毕业。为兴隆街道钌村结对帮扶村民送去慰问金和慰问品1万余元；为钌村卫生院捐款1万元用于改善村卫生院基础设施建设，向钌村幼儿园小朋友赠送价值3000元的图书和学习用品。

（王丽瑛）

【联谊活动】 3月，组织市中归侨侨眷参加全市侨界“共植侨心树，同圆中国梦”和“展侨界风采，建现代泉城”登山活动。4月，组织侨联委员和侨商侨企开展“春踏青”赏花联谊活动。举办“侨界庆祝建党95周年书画笔会”活动，市中侨界10余位书画家挥毫泼墨，用手中画笔抒发侨界群众对党的热爱和感激。实施文化惠侨工程，利用侨联大讲堂举办保健养生知识讲座，为侨界群众送健康、送关爱。参加济南市2016侨界新春联欢会，促进市中广大归侨侨眷与各区侨胞的联系沟通；组织举办“点亮色彩·扮靓女人”市中侨界庆“三八”活动。2016年中秋之际，组织市中侨界的众多人士和全市归侨侨眷欢聚一堂叙友情、话未来，共同欢度中华民族的传统节日；组织市中区小学生参加世界华文大赛并获多项奖励。

（王丽瑛）

【招商联络】 整合侨界力量，充分借力借势，搭建侨界人士为社会服务新平台，密切加强与市侨联侨商会、新侨联谊会、海内外侨团联络互动。向海外华侨、华人提供本区项目引进和科技交流计划，引导他们回乡投资创业，兴办企业和公益事业，更好的发挥侨界助力市中经济发展的作用。积极参与济南市侨联、济南市投资促进局组织的赴广州、厦门招商推介活动，宣传推介市中区重点招商项目并达成初步意向。全年引进招商项目5个（其中5000万元以上项目1个），引进资金7000万元，项目涉及国际贸易、环保节能服务、建筑劳务工程、体育产业等方面。组织驻区20余名归侨侨眷侨商代表参观市中区发展规划展览馆并展开座谈讨论。加拿大侨商陈罕频投资的国际财富中心项目建成后，已缴纳房产税等税金570万元；国际财富中心成为济南市及市中区的重要招商引资平台。

（王丽瑛）

【参政议政】 发挥民主参与、民主监督作用，组织侨界人大代表、政协委员进行调研，倾听侨声，了解民意，真实反映侨界群众呼声，收集侨界新侨人才各种建议和意见11条，形成提案，得到有关部门的重视。2016年，区侨联在优秀侨界人才中推荐4名政协委员和2名人大代表。

（王丽瑛）

区红十字会

【概况】 区红十字会于2005年4月实现独立建制，成为全市第一个独立建制的区级红十字会。2006年底，设办公室、赈济业务科和事业发展科。2007年1月，成立市中区红十字会党支部，直属机关党工委。2009年，按省市组织部、人事局规定确定为参照公务员法管理事业单位。2016年，有机关工作人员14人。

（张郁珑）

【红十字知识宣传】 市中区红十字会以“世界红十字日”“防灾减灾日”“世界急救日”等活动为契机，通过解答疑问、派发资料、现场演示等方式进行宣传。至2016年，市中区红十字会连续三年被中国红十字会总会办公室评为报刊宣传先进集体三等奖。

（张郁珑）

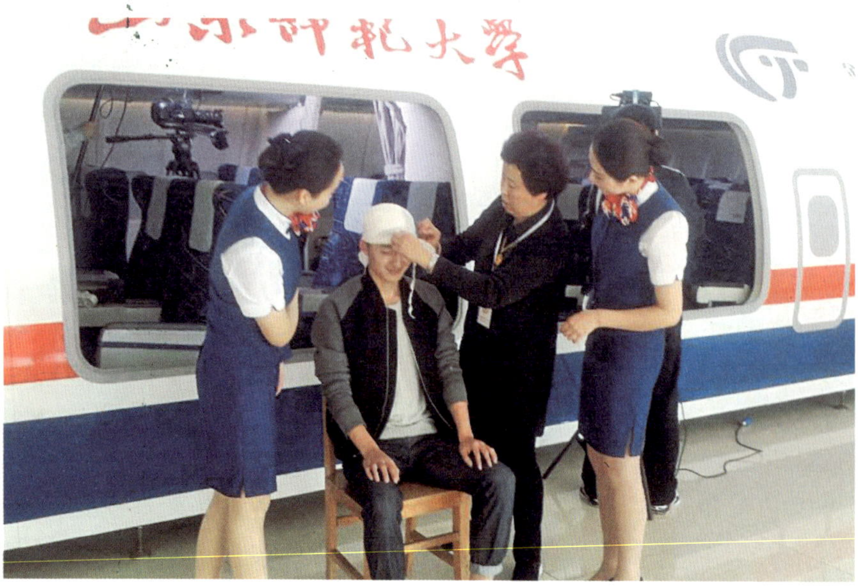

2016年3月31日，区红十字会为山师大学生进行急救知识培训　　（区红十字会　提供）

【应急救护培训】 依托红十字救护培训基地和红十字青少年素质教育基地开展应急救护培训，重点对意外伤害事故易发的高危人群及辖区群众，学生开展培训。2016年，先后在山东师范大学、济南育晖小学、郎北社区和青少年素质基地举办急救知识普及培训班，普及培训3721人；培训红十字急救员65人，举办应急逃生演练 1 次。

（张郁珑）

【红十字会志愿服务】2016 年是全市红十字会系统“志愿活动年”，按照市红十字会部署要求，市中区红十字会完善志愿服务制度，健全志愿服务台账，完善志愿服务标识、证件、服饰、培训教材和奖励标准统一，发展红十字志愿者 237 名，红十字志愿服务队 3 支。3 月，召开全区志愿服务研讨会，确定全年志愿服务工作计划，建立市中区红十字会志愿服务网络交流平台，制订《济南市市中区红十字会志愿服务实施方案》《市中区红十字会关于开展对优秀红十字志愿服务集体、红十字志愿者、社会爱心人士表彰的通知》。

（张郁珑）

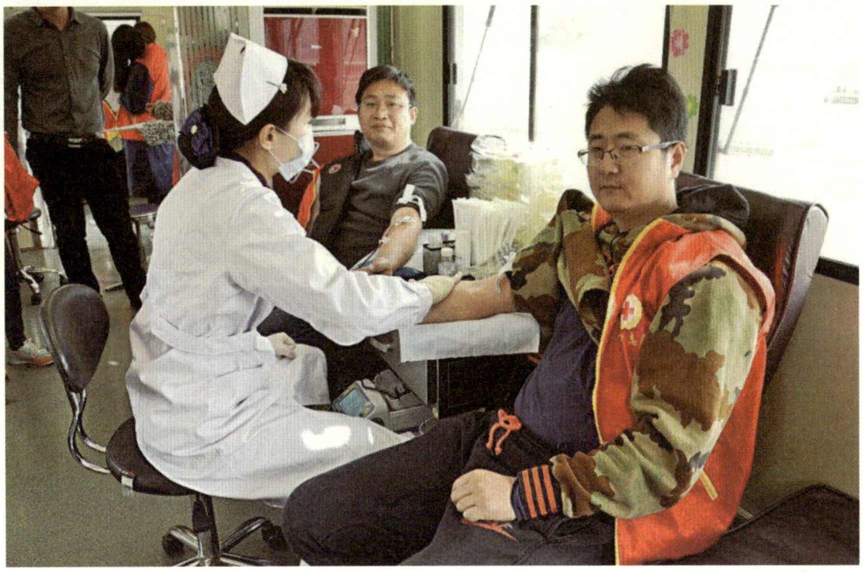

2016 年 3 月 6 日，区红十字会志愿者在泉城广场参加无偿献血活动　（区红十字会　提供）

【人道救助】2016 年，共募集救助款物 10.03 万元，发放救助款物 12.44 万元，受益人数 973 人。春节前夕，为辖区 100 户居民，发放款物价值 2.4 万元；三八妇女节前夕，机关女干部自发走访连续七年救助的残疾学生王森，并送去面粉、大米、花生油、牛奶等生活用品；为精准扶贫帮扶户发放救助金 2200 元及油、米、面等生活必需品。入冬后，为南部山区贫困孩子发放 60 件御寒衣物。

（张郁珑）

【三献工作】2016 年，有 2 名造血干细胞捐献志愿者与患者配型成功，实现捐献。有 12 人进行遗体捐献登记。10 月 24 日，109 岁孟宪陶老人遗体实现捐献，成为全省年龄最大实现遗体捐献的志愿者。在献血日，区红十字会绿色公益骑行团志愿服务队在泉城广场开展无偿献血活动，有 30 余名志愿者献血约 1 万毫升。

（张郁珑）

【服务全区三项重点工作】走访慰问双龙拆迁指挥部，为 30 多名工作在拆迁一线的项目经理和安全员讲解应急救护知识。发动区红十字会机关工作人员，以科室为单位进行结对帮扶，为结对帮扶的困难户送去慰问品。开展招商引资工作，引进 3500 万项目 1 个。

（张郁珑）

国际贸易促进委员会济南市中支会

【概况】2003 年 3 月，中国国际贸易促进委员会济南市中区支会（挂中国国际商会济南市中商会牌子）成立，属区政府直属局级全额预算管理事业单位。2015 年 12 月 25 日，区贸促会机关纳入群团机关管理。2016年，区贸促会设事业编制10人，实有9人。设会长1人、副会长1人、秘书长1人。

2016年，组织单位工作人员参加2016年政府工作报告在线学习活动并参与答题。3月23—25日，区贸促会工作人员和相关企业参加在义乌举办的企业“走出去”系列培训之投资欧盟国家培训班暨双向投资说明会。参加由市委组织部举办的“泉城干部大学堂”第五期专题讲座、市中区举办的党的十八届五中、六中全会精神学习培训、区委组织部在浙江大学举办的2016年全区招商引资工作专题培训班、市贸促会举办的济南市成长型企业融资支持说明会、2016年经贸摩擦预警暨优惠原产地证工作座谈会和党课教育《学党章 学系列讲话 做合格党员》等各种培训学习。

（李筱蔓）

【参展活动】 5月18—22日，带领企业参加在福州举办的“21世纪海上丝绸之路博览会暨第十八届海峡两岸经贸交易会”之“展中展——魅力济南商品展”，大力推介济南市名优产品。7月1—3日，组织企业参加在济南国际会展中心举办的“2016第五届（济南）韩博会及日本商品展”“魅力济南商品展”，集中展示市中区各领域的先进技术和特色产品。其中“济南好愿残疾人就业创业服务中心”展示的人物肖像剪纸艺术深受韩国朋友欢迎。11月4—6日，市中区两家会员企业参加在泰国举办的“济南名优特商品（泰国展）-- 东盟（曼谷）中国进出口商品博览会”，其中济南新思达机械有限公司在展会上签订100万元订单。推荐山东山建机械有限公司和山东龙力电器有限公司参加在河北省唐山市举办的“第十届中国－拉美企业家高峰会”“2016—2017年度中小企业国际化经营管理领军人才高级研修班”，学习跨境电商和电子商务的相关知识和模式，促进传统领域和新兴领域的发展。

（李筱蔓）

【服务企业】 加强与企业的联系沟通，定期对企业开展走访，了解企业生产经营情况，有针对性地组织企业参加相关培训学习，努力帮助中小企业改善发展环境，提高企业开拓国际市场和风险抵御能力。6月22日，组织企业参加市贸促会联合天津股权交易所、建设银行山东省分行和济南农商银行3家金融机构在龙奥大厦举办的“济南市成长型企业融资支持说明会”，搭建银企合作平台。开展原产地证书签证点的申请工作，制定工作方案，配备专门人员，保证原产地工作所需的网络软硬件达到办证要求。加强与市、区两级财政、商务等职能部门的联系与协调，为济南晨生医用硅橡胶制品有限公司、济南新思达机械有限公司2家企业赴境外参展申请开拓国际市场专项资金6万多元。全年发展会员企业5家。

（李筱蔓）

市中年鉴

法治　军事

FaZhi JunShi

政法综治

【平安市中建设】 按照中共十八大关于深化平安建设的战略部署和中央、省委、市委政法工作会议部署要求，制订《2016 年全区综治暨平安市中建设工作要点》《2016 年度平安市中建设工作考核细则》等文件。健全完善市中区大调解工作体系，协调各街道、政法综治部门着力解决涉及重点群体、重点时期、重点项目的不稳定问题。全年共化解矛盾纠纷 1988 件；处理上访事件 458 起 2899 人次，同比分别下降 19%、40%；个别重点时期实现非访“零登记”。区公安分局共破刑事案件 550 起，办结涉众型经济犯罪案件 13 起；区检察院批捕各类刑事案件 204 案 243 人；区法院共收各类案件 6192 件，审执结 5187 件。围绕重点部位和治安复杂区域开展清查行动 124 次，排查整改各类安全、消防隐患 2000 余条，抓获逃犯 5 人，各类违法人员 20 名。在“三级两会”、中央巡视组回头看驻济期间、G20 杭州峰会、十八届六中全会等敏感节点，市中区未发生有社会影响的事件。

（马建行）

【矛盾纠纷排查化解】 加强矛盾纠纷信息员队伍建设，按照矛盾纠纷“日排查、周分析、月研判”的工作要求，健全完善信息舆情工作机制，坚持做到矛盾纠纷早发现、早调处。建立矛盾纠纷排查调处月例会制度长效机制。将全区每月矛盾纠纷排查调处情况进行分类汇总，以会议纪要的形式向各街道办事处进行通报。对排查出的突出矛盾纠纷，全部登记造册，建立台账，公布清单；对重点矛盾纠纷，按照“一起纠纷、一个方案”的工作要求，确定责任领导、责任单位和责任人，明确办理要求和时限，定期跟踪问效；对已经化解的突出矛盾纠纷逐件向上级报告，并进行备案存档。在征地拆迁、交通事故、物业管理、环境保护、劳动保障等重点领域建立专业性、行业性调解组织，建立案件委托受理、工作流程、绩效评价等相关制度，实现规范化运行。吸纳人大代表、政协委员、人民团体代表、律师、专家学者、社会组织等作为第三方参与社会矛盾化解工作，推进矛盾纠纷调处化解社会化。全区共建各类调委会 205 个，成功调处 1988 起。特别是交通事故人民调解工作室依法调解道路交通事故纠纷共 180 起，涉及金额为 2893 万元，取得良好社会效果。

（马建行）

【社会治安综合治理】 完成三级“两会”和中央巡视组“回头看”期间、G20 峰会等重要敏感时期的安保维稳工作。组织开展多次治安隐患排查整治专项行动，共排查隐患 370 余项，摸排各类人员、场所、安防设施等方面信息 15300 余条，围绕重点部位和治安复杂区域开展全局性清查行动 33 次，中小规模清查行动 91 次，排查整改各类安全、消防隐患 2000 余条，抓获逃犯 5 人，各类违法人员 20 名。通过各项措施，“两抢（抢夺、抢劫）”、盗窃等侵财类案件均不同程度下降。继续利用在中国电信购买短信云平台，向社会和特定群众编发防范宣传信息 100 余万条，印制 1 万份挂历、3 万份台历和 6 万份环保宣传袋对社会发放。各街道分别开展“宣传进单元”“宣传进楼宇”活动，在“三类（投资、担保、理财）”公司前台悬挂风险提示警示牌。组织各街道及市场监管、公安部门联合对 180 家“三类”公司定期开展清查，同“三类”公司负责人警示谈话，签订依法规范经营的承诺书。开展“三纲一网（治安卡点监控、视频监控、天网工程，各种监控连点成线、连线成网，织密市中区监控网）”视频监控建设，区综治办将其作为综治考核的重要内容，定期督导调度，在警情较多、发案率较高的重点地区、老旧开放式小区视频监控实现全覆盖，有效降低发案率。全区视频监控总量达54145个。在区政法委机关、街道办事处和相关维稳部门配置移动网络终端设备，加强平台使用培训，利用平台建立政法综治队伍专属微信群，在通知发放、信息传送方面实现管理平台网上办公。在政法委会议室、各街道办事处配备触控一体机、视频、音频等硬件设备，实现市、区、街道信息平台上下贯通，全面提升全区政法综治管理平台应用工作水平。

（马建行）

【法治理论建设】 10月20日，成立市中区法学会，按照“坚持标准、积极发展、合理布局、改善结构”的原则和《中国法学会章程》规定的条件、程序选举出市中区法学会第一届理事会及第一届理事会领导机构。以“法治六进（法治进机关、进企业、进学校、进乡村、进社区、进单位）”为载体，提升群众防范非法集资意识。区委政法委把打击防范涉众型经济犯罪作为法治宣传教育的重点内容，以提升群众防范意识和能力为目标，组织开展集中宣传活动，增强群众防范意识。成立由区委政法委牵头、区普法联络办、政法部门和各街道相关责任人组成的工作小组。每2个月举行一次大型法治活动。针对不同专题，印制市中区法治进社区系列宣传册、宣传袋、餐巾纸盒各2万份，发放到各街道社区和活动现场。

（马建行）

【执法监督】 对区法院刑事审判工作和区公安分局经济犯罪侦查工作进行巡查。采取与班子成员和部分法官、民警谈话，查看有关文件资料、查阅案卷等形式进行。

（马建行）

政府法制工作

【行政执法监督】 开展全区执法人员清理及年审工作，重点清理从事行政执法工作的劳动合同制人员、劳务派遣人员、临时借调人员、工勤编制人员以及其他不符合《山东省行政执法监督条例》《山东省行政执法人员资格认证和行政执法证件管理办法》相关规定的持证人员。共审验行政执法证件266个，注销执法证件50个。严格按照省政府法制办《关于启用山东省行政复议应诉证件管理平台和做好行政复议应诉资格证件换发工作的通知》要求，通过山东省行政复议应诉管理平台办理行政复议应诉资格证的相关申领、补办、注销等工作，全年换发复议应诉证件81个。根据工作实际，修订完善市中区科学发展观依法行政部分考核细则。严格按照有关法律规定，对区编办报送的行政权力事项要素调整和行政审批中介服务收费项目清理等材料进行合法性审查，确保行政权力动态调整合法合理。

（黄伟）

【法制宣传、培训】 4月21—22日，举办全区2016年度听证主持人资格培训班，进行闭卷考试，考试合格者由省法制办统一发放听证主持人资格证。11月30日，举办2016年度行政执法人员岗前培训班，邀请山东省高级人民法院、市中级人民法院行政庭法官及市法制办领导进行授课，区直各部门及街道办事处共90余人参加。9月，举办全区行政复议应诉及政府信息公开工作专题培训班。围绕"开展法律顾问工作中发现的市中区法治政府建设中的问题和建议""对未来市中区法律顾问工作重点、服务保障、报酬标准、管理考核等方面的建设性意见"等多个议题，组织召开由省高院、市中院、区法院三级法院行政庭法官、法律顾问等参加的交流座谈会。

（黄伟）

【规范性文件审查清理】 实行"三统一"、有效期管理制度，对区政府及各部门、办事处制定的规范性文件，严格按照法律、法规、规章的规定进行审查，审查通过的登记在册，予以备案。对未经统一登记、统一编号、统一公布的规范性文件，一律不得作为行政管理的依据。发布规范性文件必须标注有效期，有效期届满，一律自动失效。定期在政府网站上公开现行有效的政府规范性文件目录。

2月16日起，对全区2011年12月31日前制定发布且仍在实施的区政府规范性文件进行清理。经过审查清理确定继续实施的规范性文件7件。全年审查政府规范性文件3件，部门规范性文件1件。另研究讨论市法规规章征求意见稿5件。

（黄伟）

【行政行为风险控制和纠纷处置】 通过列席政府常务会、区长办公会，参与政府重大决策；对重大项目、重大资产处置、企业改制，按区领导指示做好合法性审查。通过重大事项报告审议领导小组，对部门的重大事项进行法律把关。对加盖区政府公章对外发布或签署的大量文件、文书、合同书，严格审查，努力做好风险控制。根据区领导的批示，为区教育局、区行政审批中心、区就业办、区房屋征收服务中心以及泺源街道办事处、白马山街道办事处、陡沟街道办事处等有关街道办事处和区属单位提供法律意见和建议，协助解决纠纷。5月，落实律师值班制度，每天均有法律顾问到法制办值班。全年会同法律顾问审查合同30余份，出具法律意见书30余份。

（黄伟）

【行政复议】 在案件审理过程中，对符合调解条件的案件，加大调解力度，全年当事人不再申请行政复议或申请后又撤回行政复议申请的46件。多次邀请法律顾问参与案件研讨，定期将典型案例进行总结分析，并针对案件处理中遇到的疑难问题，与市、区两级法院行政庭、市复议办及政府法律顾问值班律师进行沟通交流，提高复议案件审理质量。全年办理行政复议案件73件，办结63件，其中复议后起诉到市中区法院的案件审结6件，均维持复议决定，经复议后提起诉讼的案件胜诉率100%。

（黄伟）

【行政复议·行政诉讼应诉】 2016年共办理案件460起，其中办理应诉案件355起（区法院17件，中院259件，省高院78件，最高院再审1件），办理市法制办受理的以区政府为被申请人的行政复议案件65件（其中文庄拆迁的51户）。上述部分案件中，原告或申请人涉及几十户村民。根据案情需要多次牵头召开不同范围的碰头会，对各村当时采取的程序以及每户村民的不同情形逐一进行调查核实，分类整理。区法制办就批量案件的不同情况与市法制办、市中级人民法院多次进行沟通交流。市法制办在收到最后一批案件后第 21 天即全部作出决定，维持市中区相关行政行为。

根据《济南市人民政府办公厅关于印发济南市行政应诉和参加行政复议程序规定的通知》，结合区情实际，拟定《市中区行政应诉和参加行政复议程序规定》。

（黄伟）

公 安

【概况】 2016 年，市中公安分局内设机构 12 个（其中执法勤务机构 8 个，综合管理机构 4 个）派出所 20 个。执法勤务机构：办公室、国内安全保卫大队、经济犯罪侦查大队、治安警察大队、刑事警察大队、巡警大队、特警大队、网络警察大队，均为处级建制；禁毒大队为副处级建制。综合管理机构：政治处、警务督察大队、法制大队、警务保障处均为处级建制。党的组织、纪检监察、工会、共青团、妇女工作等机构设置按有关规定为处级建制。全区共有 18 个派出所，本别是泺源派出所、杆石桥派出所、魏家庄派出所、大观园派出所、四里村派出所、六里山派出所、兴隆派出所、七里山派出所、二七新村派出所、舜玉路派出所、玉函路派出所、舜耕派出所、王官庄派出所、七贤派出所、白马山派出所、党家庄派出所、陡沟派出所、十六里河派出所。在职民警 1102 人，在职帮勤 1 人。

2016 年 12 月市中分局档案室，被评为山东省档案工作科学化管理示范单位。

（冷明莉）

【社会治安】 2016 年，强化“三区三圈”工作开展。“景区”重点加大技防建设。继续推进“平安景区”创建工作，建立健全重点人员身份登记准入等工作机制，督促各景区公园增设技防设施 78 项，努力将规范工作机制向外围景区延伸。“政区”重点落实机制。以省委为核心，强化稳控措施，增强处突能力，依法妥善处置省委门前各类事件。“站区”以火车站、以“防范暴恐案件和个人极端事件”为目标，提升火车站周边地区反暴恐管控能力，以及辖区各公交站点的安全防范等。“校圈”重点坚持体系建设。进一步完善“校圈”安全机制建设，针对涉外院校，借助微信等多种手段，试行建设“高校留学生服务站”。“医圈”重点细致摸排隐患。深化涉医治安隐患和矛盾纠纷排查化解，全面摸排重点人员和医患纠纷苗头 120 余人次，在全区避免堵门闹事等恶性事件的发生。“商圈”重点强化督导整改。组织开展多次治安隐患排查整治专项行动，共排查隐患 370 余项，指导《企业事业单位内部治安保卫条例》的落实，强化各类商业综合体内部促销活动安全监管。

（冷明莉）

【打击犯罪】 2016 年，成功侦破“2·5”魏家庄故意杀人案、“1·31”泺源持刀抢劫案、“5·25”七贤依山新居外国人被抢劫案、“10·3”杆石桥抢劫出租车案等八类案件 121 起，破案率 85% 以上，命案 4 发 4 破，抢劫案 18 发 18 破，破案率 100%。成功打掉王某、梁某、聂某某抢劫、非法拘禁等恶势力团伙势力团伙9个。成功破获“1·13”“2·16”跨省贩卖毒品案2起，均被定为省厅目标案件。破获入室盗窃案件79起，同比提高15个百分点；破获三车盗窃案件92起，同比提高13个百分点。经济犯罪立案127起，同比下降64%，破案51起，同比上升6%，涉案价值总计7.2亿，避免直接经济损失2亿余元。非法吸收公共财产案件的侦办质量、追逃、追赃、起诉工作有很大提升。食药环犯罪破案34起，发起集群战役1起，打击处理55人，各项战绩在市局名列前茅。

（冷明莉）

【安全保卫】 2016年，完成三级“两会”“2·27”警卫、“9·30”公祭安保等重大安保维稳任务，妥善处置一批涉稳事件。自领受中央巡视组“回头看”工作安保任务后，分局先后出动警力1.8万余人次，历时2个多月，完成该项重大政治任务。分局围绕G20峰会安保，强化领导、落实责任，开展G20峰会反恐维稳、重点群体和重点人员稳控、公共安全监管、打击防范等各项工作，确保全区社会大局持续稳定。分局43名民警历时半个月到杭州执行增援安保任务。

（冷明莉）

【消防安全】 2016年，所属执勤中队共制定灭火预案800余份，开展夜间演练120次，高层建筑、商业综合体、大型石油企业和山林防火等针对性演练20次，参加节日消防安全保卫104次。大队及所属中队共接处警908次，出动车辆1246辆次，出动警力9917人次，抢救被困人员76人，疏散人员215人，挽回经济财产损失337万元。全区有防消联勤单位780家，发现影响灭火救援火灾隐患1836处，现场整改1285处。将全区所有街道和单位纳入消防安全“网格化”管理。全区有17个大网格、172个中网格、1500个小网格，完成微型消防站建设77处，全部达到建设标准。街道办事处领导每月检查单位40家，居委会领导每月检查单位80家，安全巡查员每月检查单位120家。对全区6个危旧小区进行专项治理，消除各类火灾危险源120处，清理堵塞消防通道杂物11吨，安装室外消火栓12台，设置电动车充电桩6处、更换电气线路1.5万米，建立微型消防站4处。其中回民小区饮虎池街拆除占用消防通道、圈占市政消火栓的建筑11处，恢复使用市政消火栓12台。后龙窝庄新建室外消火栓15台，6处危旧小区已全部达标。

（冷明莉）

【户籍管理】 2016年，市中分局召开实有人口“网格化”管理观摩推进会。按照封闭式小区、开放式小区、旧村改造小区、村居等不同类型，确定网格划分标准，绘制1张清晰的网格图。建立一支三级架构、专兼结合的网格员队伍；采取多种方式获得流动人口、出租房屋、寄住人口及空挂户口实际居住地址、建筑物等各类信息。充分利用现代信息技术，通过部门间信息共享、建立微信群、入户调查、发展信息员等方式，获取“完整、准确、鲜活”的人口信息，并及时录入系统，建设完善的信息流转平台。健全一套高效的管理机制体系，为警务工作提供信息支持。全区划分网格1115个，物建网格员5685余人，组织培训50余次，争取专项资金30余万元，共采集流动人口信息65876条，出租房屋10560条，寄住人口1500条，收集上报各类信息1200余条。

（冷明莉）

【出入境管理】 至2016年底，市中区常住境外人员665人。其中，外教46人，留学生376人，三资企业35人，外侨7人，寄养儿童25人，家属79人，其他97人。

出入境共受理公民因私出国（境）申请57529份，其中，普通护照申请31248份，港澳申请16488份，大陆证9793份。审核法定不准出境人员577人，省内493人，省外84人。共办理入境人员住宿登记20694人。

（冷明莉）

【"110"服务】 8月，市中分局以省公安厅、市公安局"减轻基层公安机关'110'接处警工作负担专项治理"为契机，以"进一步提升110接处警工作质效，切实减轻一线民警工作压力"为目标，结合基层公安工作实际，建立"依情而动、科学调度，依势而变、巡处合一"的多警协同协作接处警机制，有效缓解"处警效率不高、民警职能单一、一线任务繁重"等问题，机制实行以来，巡特警出警量占派出所有效警情的30%，最高达到49.5%，现场出结率达85%以上。济南市公安局在市中分局专门召开现场会，推广分局机制做法。

（冷明莉）

【保安服务】 2016年，共组织15次保安培训、22次应急反恐演练。分2期建设308处站点，安装400路监控。白马山、陡沟、党家庄、七贤等派出所共建设53路视频监控，部分已连入公安机关。已采集公安自建视频监控145处，社会资源391个，街道派出所自建探头623个。

（冷明莉）

【民生服务】 2016年，开展专项整治行动81余次，解决"噪音扰民、违规养犬、案件查处、户政管理"等民生诉求问题。对出入境和户政服务，提出前台接待 "零推诿"、受理事项"零积压"、服务方式"零距离"、服务对象"零投诉"的"四零"工作目标，全年窗口工作服务满意率99.81%。全年共成功化解涉及项目开展的矛盾纠纷120余起，处置阻工警情160余起；配合有关部门旧村改造拆迁2800余户、面积34万余平方米，完成文庄拆迁安保工作。

（冷明莉）

【公安设施建设】 七贤派出所办公场所新增700多平方米；舜玉路派出所新建230平方米；大观园派出所与经二路派出所整合之后，办公条件得到改善；禁毒大队、刑警三中队、刑警便衣中队迁入新的办公场所；二七、杆石桥、特警大队营房建设正在建设之中。2016年，对部分装备和设备进行升级和补增，为破案打处工作提供强力的刑事技术支撑。年底，全区视频监控总量达54145个。市中分局办公室信息通讯科获省公安厅科学技术进步二等奖。

（冷明莉）

检　察

【概况】 2016年，市中检察院内设机构21个，其中院机关业务部门12个，综合部门4个，事业单位1个，派驻检察室2个。业务部门：侦查监督科、公诉科、反贪污贿赂局、反渎职侵权局、民事行政检察科、法律政策研究室（检委会秘书科）、检察技术科、法警队、职务预防犯罪科、刑事执行检察科、控告申诉检察科。综合部门：办公室、政治处、机关党委、监察室。事业单位：网络信息管理中心。派驻检察室：党家派驻检察室和七里山派驻检察室。后因工作需要，内部增设了案件管理办公室和计财科。在职干警 99 人。2016 年，检察院自侦部门受理并立案侦查 26 案 26 人，侦查终结 32 案 33 人。侦查监督科受理审查逮捕案件 285 案 355 人，批准逮捕 233 案 291 人，不批准逮捕 52 案 63 人。公诉科受理 559 案 753 人，审结 479 案 618 人。执检科受理并发出纠正违法刑罚执行和监管活动违法案件 3 件，审查并办结法院作出的暂予监外执行决定 2 件，受理并办结监管履行职责不当案件 1 件。民行科受理 37 件，办结 27 件，发出检察建议 13 份，采纳 10 份，督促履行职责并采纳 16 份。控申科受理举报线索 22 件，审查处理 21 件；受理并审查处理申诉案件 24 件；受理并办结国家赔偿案件 1 件。预防科开展预防教育讲座、撰写案件犯罪分析等 40 次。检委会研究事项、案件 25 次。技术科开展技术协助、同步录音录像等 68 次。

（胡贵海）

【反贪污贿赂】 2016 年，区检察院注重深挖多起窝案、串案，共立查窝串案，涉案人员 10 余人。全年共立查涉嫌贪贿案件 21 案 21 人，要案 4 人（副局 2 人，正处 1 人，副处 1 人），国家机关工作人员 4 人，医疗卫生系统 8 案 8 人。至年底，侦查终结 31 人，起诉法院 7 人，有罪判决 7 人；成功抓获在逃 13 年之久的涉嫌贪污的犯罪嫌疑人 1 人。

（李明）

【反渎职侵权】 2016 年，市中区检察院反渎职侵权工作重点为查办发生在“国家产业发展财政专项引导资金”领域和济南市重点工程领域内国家机关工作人员滥用职权、玩忽职守等渎职侵权类案件，全年共立查渎职侵权类案件 7 案 7 人。其中，滥用职权案 5 案 5 人，玩忽职守案 2 案 2 人，全部为大要案（其中县处级 3 案 3 人，立查国家机关工作人员 6 人）。区检察院反渎职侵权局被济南市人民检察院评为全市检察机关优秀反渎职侵权局。

（郑进东）

【刑事执行检察】 2016 年，对市中区检察院批准逮捕后，与被害人达成谅解，认罪又有悔罪表现，符合释放条件的 3 名犯罪嫌疑人作羁押必要性审查，对公安机关提出释放建议，保障他们的合法权益。对全区负责执行社区矫正执法工作的 17 个司法所进行 2 次全面检查，对发现的司法机关执法不规范和因工作不负责任造成的罪犯脱管等现象提出纠正意见，给区司法局发出纠正违法通知书 1 份。对发现的审判机关不及时交付执行、交付执行的法律文书不全、做出暂予监外决定程序和采用证据不合法等现象及时提出纠正意见，共为区法院发出纠正违法通知书 5 份，实现市中检察院对法院审判监督零的突破。对法院判处实刑不交付执行的现象，进行全面清查，共发现因病或逃匿躲避执行的罪犯 8 人。根据不同情况对未执行的罪犯建议法院做出及时收监和暂予监外执行处理。对区法院判处财产刑未执行的情况进行全面的摸底，并上报市院。

（王理平）

【公诉批捕】 2016 年，公诉科共受理移送审查起诉案件 559 件 744 人；审结 482 件 610 人，审结率 86%；追诉漏犯 18 人，提起抗诉案件 6 件，改判 2 件。追诉漏犯 6 人，上年追漏尚未判决或未生效的13人，已生效3人，抗诉0件，采纳0件。

全年受理公安机关提请批准逮捕的各类刑事案件285案355人。其中，批准逮捕233案291人，不批准逮捕52案64人。捕后无因办案质量出现绝对不起诉、撤案、判无罪情形。

（张晓辉）

【两项监督】 监督公安机关应当立案而不立案8人;监督公安机关不应当立案而立案9件，公安机关全部撤案；纠正漏捕11人；因强制措施使用不当等侦查取证程序和办案程序违法，向公安机关发出纠正违法通知书14份，公安机关全部整改。

（李龙）

【典型案例】 非法经营疫苗案:2014年2月—2015年3月份，犯罪嫌疑人、山东某生物有限科技公司员工黄某峰，明知庞某卫没有经营药品资质，在公司领导刘某刚、任某元授意下将疫苗等药品卖给庞某某。张某荣将没有资质的个人进购疫苗情况套用有资质的疾控中心、企业的资质，做出“流向”及出库单，使没有资质的庞某某进购疫苗。山东某生物有限科技公司的黄某峰、任某元、张某荣各在其职，结伙向庞某卫非法经营疫苗等药品合计277万元。庞某卫进购该药品后，未按照“冷链”要求进行运输及储藏，采取低价进、高价售出方式赚取差价。

办理该案过程中，对于案件中发现的问题，办案人多次与公安机关沟通协调，协助公安机关补充完善证据，确保案件事实清楚，证据确实充分，依法批准逮捕黄某峰等4人。在重点打击犯罪领域，取得较好的社会效果。

2016年高考作弊案：2016年5月，犯罪嫌疑人曹某飞以5000元价格向济宁市刘某、李某才等人，出售2016年山东省春季高考语文科答案。在春季高考数学科目考试中，通过手机QQ向刘某传递选择题答案。6月，犯罪嫌疑人曹某飞以2万元价格，向滕州市刘某君出售2016年山东省夏季高考四科答案及一套专业作弊设备。同月，犯罪嫌疑人曹某飞以5000元价格，向日照市张冬冬出售山东省夏季高考答案，并在高考语文、数学、综合考试中向张某冬传送试卷及答案。同时，犯罪嫌疑人曹某飞和李某事前预谋，在2016年高考中互相交换试卷及答案。6月，犯罪嫌疑人李某，以1.8万元价格向枣庄市宋某、陈某阳分别出售高考四科答案及两套专业作弊设备。在考试过程中，李某负责和曹某飞等人交换试卷和答案，犯罪嫌疑人姜某萌负责在枣庄市第十八中学向宋中英等考生传送答案。

该案是《刑法修正案(九)》增设该罪名后，山东省办理的首例案件，且犯罪嫌疑人系在高考中组织作弊，影响较大。该案在审查逮捕阶段，因全案的犯罪嫌疑人尚未全部抓获，上下线间不能存在对应关系，对组织行为的认定十分不利。市中区检察院主动提前介入调查、引导侦查取证，审阅犯罪嫌疑人供述和证人证言，与侦查人员共同探讨案情，与侦查人员一道逐一捋顺犯罪嫌疑人从获取高考试题、到寻找枪手作答、到出售作弊设备、到收取作弊者财物、到发送考试答案的每一条线索，在提捕后依法从快做出批准逮捕决定，有效打击犯罪行为，有利于案件的进一步侦查。

邪教组织破坏法律实施案：犯罪嫌疑人臧某于2006年前后经人介绍开始加入全能神，使用灵名，通过电视和报纸知道全能神被国家定性为邪教组织后仍继续参加邪教活动，并由开始的普通信徒逐渐成为邪教组织的骨干成员，教唆他人为邪教组织制作音视频宣传资料，并亲自组织、参与活动，担任邪教组织接待工作，负责给外地到济南的全能神高层人员提供交通及食宿。案件对当地社会稳定影响大，案件办理过程中，办案人提前介入，多次与公安机关交流、探讨并给予指导，最终共逮捕犯罪嫌疑人8人。

法　院

【概述】 2016年，济南市市中区人民法院共接收各类案件12050件、审结11425件，结案标的额65.1亿元，同比分别上升10%、4%和217%。

（李冬华）

【立案】 2016年，贯彻立案登记制改革，改造诉讼服务中心，整合立案窗口功能，综合运用集中立案、远程立案、预约立案、上门立案、自助立案等措施，加大对群众诉求的保障，立案总数在全市法院名列前茅。落实司法救助制度，为符合条件的87名当事人缓减免诉讼费用16万元。实行诉访分离，坚持院领导每天接访、首问负责、移位处理、联合审查、信访听证、上挂追责、依法终结等信访制度，建成可直接与最高法院视频连线的远程接访系统，赴省进京访和信访总量同比分别下降24%和33%，因历史原因形成的10余名上访老户案得到妥善化解。

（李冬华）

【案件审理】 全年审结刑事案件399件，判处犯罪分子505人，其中判处5年以上有期徒刑46人。审结“醉驾”、交通肇事、以危险方法危害公共安全等犯罪129件129人。审结杀人、故意伤害、非法拘禁、聚众斗殴、强奸罪63件76人。审结原济南市工商业联合会常务副主席赵万里受贿等职务犯罪25件30人，其中，原副处级以上干部5人。对185名社会危害性不大的犯罪分子使用缓刑，并开展轻罪封存、社区矫正、跟踪回访、教育感化工作。

全年审结民事案件4840件，其中，64%的案件以调解或撤诉方式结案，有效化解社会矛盾。推进家事审判方式改革，设置全市首个反家暴维权合议庭，发放人身安全保护令。审结全省首例吊唁权纠纷，平息家庭纷争。处理三联锦绣苑房地产纠纷，共促成326户购房群众与开发商达成人民调解协议，并予以司法确认，近3亿元执行款发放到位，受到省市区委充分肯定。

2016年9月27日，区法院敲响全省互联网庭审第一槌　　（区法院　提供）

审结商事案件3155件，标的额39.1亿元。审结买卖、承揽、委托、担保、动产租赁等合同纠纷案件1022件。推进社会诚信体系建设，制裁违约行为672件，适用3倍以上惩罚性赔偿规定审结消费欺诈案件167件。

审结行政争议案件231件，妥善审理全国首例专车行政诉讼案，促进出租车改革和网约车规定的出台。支持、监督行政机关依法行政，作出各类支持性判决160件。坚持对行政机关败诉案件逐案提出司法建议，发布行政审判白皮书，深入行政机关开展座谈、举办讲座12次。

（李冬华）

【案件执行】全年执结案件2800件，标的额22.7亿元，同比分别提高25%、114%。执结追索赡养费、抚育费、扶养费、医疗费、赔偿金、农民工工资等案由案件736件，涉及农民工286人，实际执行到位600余万元。加强执行规范化建设，案件未经三查一控并上传文书，不得终结本次执行程序，使终结本次执行程序适用率减少15%。开展执行过付款专项清理行动，实行过付款逐笔登记、网上流转、限期过付、自动核销，彻底清理过付执行款2218万元，建立定期通报、逐月清理制度，杜绝问题发生。加大执行威慑力度，用足各项强制措施，搜查102人，拘传7人，强制腾房6件，罚款6人，拘留17人，限制出入境6人，移送拒执罪3人，纳入最高法院失信被执行人名单723人。通过报纸、电视、互联网、微信、微博、户外显示屏、社区公告栏等方式，全方位、立体化曝光老赖信息，限制其乘坐飞机、高铁、入住星级宾馆、出境、贷款、开办公司等，压缩老赖生存空间。创新执行方式，与余额宝、腾讯财富通合作，实施查扣800余次，破解执行难题。

（李冬华）

【司法公开】在全国首创司法公开信息港，为群众提供“一站式”公开自助服务3万次；除刑事案件外，所有正在审理、执行中案件的信息全部公开，当事人借助手机或任何移动网络终端，均能随时随地查询、掌握；所有审判庭均设置数字化监控系统，开庭过程同步录音录像，庭审笔录向当事人同步展示；当事人的意见和建议，均可通过评议系统第一时间反映；与新浪网合作开通的司法云系统，可实现微信、微博同步视频直播庭审过程，4.5万群众对全院庭审进行“掌上旁听”；生效裁判文书应公开全部上网公开，公开率113%。

（李冬华）

【司法为民】关注群众需求，提供立案明白纸、风险告知书、举证指导意见和各类文书样式，设置自助立案机、排号机、便民饮水机、纸笔、药箱、雨具等。坚持以当事人双方都易接受的方式处理问题，实行全员、全案、全程调解，创设特邀调解员驻庭调解。

组建青年法官服务团，开展“法治六进”，举办讲座21次，发放法治宣传资料5000余份。在舜玉路社区成立“红日法律工作室”，法官现场解答咨询、提供帮助，成功打通司法服务“最后一公里”。通过官方微信、微博和今日头条新闻客户端，每日推送法治资讯，营造良好法治环境。

（李冬华）

【司法改革】贯彻司法责任制改革，首批43名法官入额工作全程公开、程序严谨、结果公正；创新法官、法官助理，合议庭、书记员两个1∶1配置模式和“四级十等”书记员管理体系，相关经验被省委政法委推广。

拓展司法民主，规范人民陪审员的选任、参审、履职和保障，完成人民陪审员“倍增计划”，人民陪审员普通程序参审率为98%，居全市法院前列。

（李冬华）

【“双模”创建】 完成“双模”创建。一线法官年人均办案227件，超过全省平均水平10%；坚持典型带动，6人次获省级以上荣誉，吕青被授予全国模范法官称号，市中法院成为全市唯一夺得全国“双模”（全国模范法院、全国模范法官）的法院；形成制度、文化、科技“三位一体”惩防体系，相关经验获中纪委和最高法院推广，队伍27年未发生严重违纪违法问题。

建成集控中心和执行指挥中心，实现对审判执行数据的统一查询、检索、监控、指挥、调度、展示，促进大数据时代审判信息数据的深度融合，智慧法院建设被写入《中国法院信息化发展年度报告》蓝皮书。开发法官业绩自动生成评价系统，这一系统被纳入著作权正式保护。

加强审判庭建设，所有审判庭全部升级改造为高清科技法庭，兴隆法庭获批筹建，十六里河法庭改建并正式投入使用，新增办公办案面积400多平方米。

（李冬华）

司法行政

【概况】 2016年，市中区司法局内设办公室、法制宣传科、公证律师管理科、基层工作科、社区矫正与帮教安置工作科5个科室。下设法律援助中心、“148”法律服务协调指挥中心、济南市鲁源公证处3个事业单位。辖17个基层司法所，实行区司法局和街道办事处双重管理，以区司法局管理为主的管理体制。共有在职工作人员97人。

设立区“法治六进”工作办公室。对全区司法所工作实施目标量化管理和考核。开展“人民调解”“法律援助进社区、进基层”等活动。组织司法所工作人员进行业务培训。加大重大疑难纠纷调处力度，坚持每月一排查和月报制度，对排查出来的矛盾纠纷进行梳理和调处，重点加大城郊司法所重大疑难纠纷的专项调处。坚持每季度一次的司法所长排调联席会议制度，分析交流情况，研讨复杂疑难问题。

（邹宏）

【普法教育】 设立区“法治六进”工作办公

2016年4月29日，区司法局开展打击危害食品药品安全和电信诈骗集中宣传活动

（区司法局　提供）

室，编制《市中区区直政法机关“法治六进”（村）工作联系表》，制定并下发《2016年全区普法依法治理工作的要点》，进一步明确全区普法依法治理工作年度任务、标准要求及领导小组成员单位、普法办公室的工作职责。利用春节、元宵节、三八节等节点开展防火、防盗、防诈骗、安全燃放烟花、妇女维权、消费者权益保护、送法进校园等群众喜闻乐见的主题普法活动。印制普法手提袋2万个、“法治六进”主题年画2万张、《反家庭暴力法》1万份、《常用法律法规选编》1万册、打击非法集资和电信诈骗彩页2万份、“法治六进”普法扑克1万副向村居群众免费发放。新建普法宣传阵地3处，更新宣传栏160余块。开展“法治进校园”、法律服务进楼宇、“法律体检”、农民工依法维权等系列宣传活动，与济南电台经济广播联合开展“普法讲堂”活动11场次，服务干部群众2000余人次。利用手机短信、微信、QQ群等载体开展法治宣传教育。定期更新、优化“法治市中”网站信息平台及管理模式，更新基层普法工作动态等内容100余篇。在“法治市中”网站设立“法治六进”专栏，建立全区“法治六进”工作微信群，邀请区直政法机关分管领导和联络员、各街道分管领导和政法科长、各司法所长加入，及时联系和发布最新工作动态。

至2016年底，全区共举办“法治六进”各类活动196次，提供法律咨询服务2万余人次。市中区被评为“2011—2015年全国法治宣传教育先进县（市、区）”，7个单位和13名个人受到省、市表彰。

（邹宏）

【人民调解】 年初，根据区委政法委要求，区司法局依托调解中心、司法所及律师、公证员、专职调解员成立全区重点工作矛盾纠纷调解服务中心。区司法局组织专职调解员、律师等8人成立法治宣传工作组率先进入文庄片区，开展进门入户宣传工作。对承担的4户涉法涉诉家庭专人包挂，成功促使3户签订拆迁协议。

全区共建各类调委会205个。其中，街道调委会17个，村居调委会181个，企事业调解组织5个，行业性专业性调解组织2个，共有人民调解员859人。全区三级调解组织共接受各类矛盾纠纷1830起，成功解决1826起，调处成功率99.7%。交通事故人民调解工作室依法调解道路交通事故纠纷共180起，涉及金额为270余万元。

（邹宏）

【律师管理】 完成律师事务所和律师年度考核，开展律师事务所及律师的投诉查处工作，处理投诉4起；增设3家律师事务所。年底，各所共担任法律顾问222家，办理刑事案件234起，民事案件2370起，行政案件89起，非诉讼法律事务343起，解答法律咨询人1076次，代写法律文书229件，业务收费共计6231.68万元。

（邹宏）

【社区矫正与安置帮教】 发挥检司联动基地作用，对社区矫正人员开展了10次集中法制教育。组织司法所工作人员进行4次业务培训；联合检察院对各司法所矫正工作进行联合检查；对预释放对象每季度开展1次“三假三无”排查。完成对社区矫正对象手机定位监管平台的更新维护。

至年底，共接收矫正对象238人，解除235人。监管矫正对象301人；其中，缓刑267人，假释24人，管制5人，暂予监外执行5人；对严重违反管理规定的4人，进行书面警告处理，2人提起治安拘留。对社区矫正对象和拟假释人员进行社会调查279例。对2名丧失暂予监外执行条件的罪犯按规定启动收监程序。刑释解教人员年内纳入帮教224人，解教81人。全区有刑释解教人员973人，帮教安置率95%，网络核查成功率100%。

（邹宏）

【法律援助】 强化法律援助服务体系建设，逐步形成区、街道、村（居）三级法律援助工作网络，在完善工、青、妇、老、残等工作站外，依托司法所、法院、检察院、交警部门设立法律援助工作站。联合区人社局劳动仲裁委建立劳动争议法律援助工作站。基本实现法律援助工作站在基层组织的“全覆盖”。

2016年，共接待来访人员1100余人次，为他们提供咨询、代书等法律帮助；受理各类法律援助案件536件，办结465件；其中，民事案件400件，刑事案件65件，发放办案补贴55.64万元。

（邹宏）

【“148”法律服务热线】 实施“148”同多部门间的协调配合，配合市局“12348”公共法律服务平台建设，加强与市“12348”和各区县“148”热线、各司法所“148”值班室、区法律援助中心、区直各部门、局机关各科室，各司法所、居委会的沟通合作，协助开展灵活多样的法制宣传与送法服务活动。全年共接听和接待来电来访法律咨询120余人次，未发生投诉现象。

（邹宏）

【公证】 2016年4月1日起，根据省财政厅公布的最新的收费目录清单，司法部门公证费由非税收入转为经营服务性收费。全年共办理公证2081件，收费296万元；其中，民事类公证1771件，经济类公证310件。

（邹宏）

人民武装

【征兵】 2016年，受适龄青年逐年递减、独生子女比例增加等因素影响，呈现当兵冷、征兵难的形势。各街道办事处和征兵工作职能部门适应形势，完成征集任务，其中大学生比例突破73%。济南大学在全国大学生征兵工作会议上进行典型发言，市中区人武部在山东省大学生征兵工作会议上进行典型发言。

（谷兴华）

【民兵整组】 2016年1月29日，组织兴隆等6个涉林街道办事处和6个驻区部队，召开森林防火联席会，重新修订市中区森林防火预案。根据区情实际，分三类任务进行编组：舜耕、十六里河、兴隆、陡沟、党家、七贤6个涉林街道办事处编为森林防火队伍；杆石桥、四里村、二七新村、六里山、七里山、舜玉路6个街道办事处为维稳处突队伍；泺源、大观园、魏家庄、王官庄、白马山5个街道办事处为防汛分队。全年组织3次民兵应急拉动，提高民兵应急处突能力。

（谷兴华）

【战备训练】 全年组织民兵骨干、教练员等大小集训6次，参训人员650余人。重新修订完善战备方案，开展针对性演练。完成战备器材库室整修、战备物资器材补充等工作。

利用专武干部例会、集训等时机强调民兵信息工作，组织民兵信息员业务培训。每周五下午，各基层武装部准时向区武装部值班室汇报当周情况。9月，北部战区组织国防动员潜力数据统计，保质保量完成数据上报。10月下旬，中央军委国防动员部组织动员潜力数据上报，区武装部完善人民武装、经济动员、人民防空、交通战备、信息动员、政治动员六方面内容，上报数据19450条。

（谷兴华）

【国防教育】 3月29日，省军区、警备区党委召开改革强军主题教育和“两学一做”学习教育部署会议后，区武装部对两项重大教育进行动员部署，制定学习教育方案，落实七项组织生活制度。开展“新体制、新职能、新使命”大讨论活动。

（亓海战）

【国防教育基地】 区国防教育基地南邻南绕城高速，北靠胡家山，位于103国道与红符路交会点，占地面积30.2公顷，综合功能完备，集“食、宿、会、训”为一体的现代化商务培训休闲文化园——济南红山尖园艺中心，三面环山，植被茂盛，该基地于2003年建成投入使用，常年担负保障国防教育实践训练和市中区民兵应急队伍射击训练任务。由于年久、使用频繁，造成射击场靶档损坏严重，部分训练设施老化，成为射击场训练的安全隐患。2016年7月，投入20万元，对射击场靶档及训练设施进行升级更新维护。

（谷兴华）

人民防空

【人防工程维护】 对全区人防工程进行维护，实施清淤排水，加固底板硬化等工程，增加通风设施，重点对中山公园、纬二路平拉门、中光明街实施清淤，总投资额165万元。

（杜斐）

【人防结建工程】 济南市人防办质监站工程处协同市中区人防办组织竣工验收后，属市中区人防属地管理，由市中区人防巡查和管理，并办理《和平时期人防工程使用证》。

（杜斐）

【人防警报】 辖区有警报器49台，分布在社区、企业、学校和各大机关等一些重点目标单位，鸣响覆盖范围达95%。在全市“5·3”试鸣工作中，对全区49台防空警报器进行全面的检查维护。4月28日，组织辖区警报器点社会管理员进行技术培训。“5·3”当天在赤霞广场、八一立交桥、建设路悬挂宣传横幅，为路人发放人防宣传册。

（杜斐）

【人防宣传教育】 2016年，结合全市第十八次防空警报器试鸣日活动，在全市中、小学组织开展防空防灾应急疏散演练。重点围绕空袭、灾害情况下的应急疏散、进入掩蔽工程、自救互救、心理疏导、宣传教育等内容展开。经与市中区教育局沟通确定，胜利大街小学、育贤四小、育英中学、68中学、育贤中学、育才中学为重点演练学校，为重点演练的学校拨发演练经费4000元。全年使用人防教育宣传经费2.5万余元。

（杜斐）

HIZHONGNIANJIAN

市中年鉴

经济综合管理

JingJiZongHeGuanLi

发展和改革

【概况】 济南市市中区发展和改革委员会，负责拟定并组织实施全区国民经济和社会发展战略，推进产业结构调整升级，制订落实全社会固定资产投资规模等管理工作，是区政府工作部门。区发展和改革委员会内设办公室（挂组织人事科牌子）、国民经济综合科（挂服务业办公室牌子）、社会发展科3个职能科室，下设市中区物价局（副处级）1个直属机构和市中区价格监测中心（正科级）、市中区价格认证中心（正科级）、市中区价格信息咨询服务中心（正科级）3个事业单位，区物价局下设市中区价格监督检查局（正科级）1个直属机构。年末在岗干部职工52人。

全区实现生产总值826.9亿元，增长8.4%；三次产业比例调整为0.47 ∶ 15.98 ∶ 83.55，服务业比重比年初提高0.88个百分点。完成地方财政一般公共预算收入91.7亿元，增长9.6%；固定资产投资217.2亿元，增长12.3%；社会消费品零售总额484.6亿元，增长10.2%；实际到账外资2.35亿美元。较好完成区十七届人大五次会议审议批准的国民经济和社会发展目标，计划执行情况总体良好。

（鲁桂全）

【固定资产投资】 2016年，全区固定资产投资完成217.2亿元，增长12.3%，增幅列市内四区第二名。其中房地产开发完成投资132.9亿元，增长7.2%，占投资总量的61.2%。完成南北康片区（南康村、北康村）、后龙村、兴隆片区（F1、N1地块）村民安置房项目的核准批复和玉兴路南段道路建设工程、福景佳苑幼儿园项目初步设计概算评审。

（刘萍萍）

【项目立项审批】 2016年，为南康村、北康村和后龙窝庄村等5个城中村改造项目出具核准文件；为国网山东电力公司电力科学院等3家企业及24名自然人分布式光伏发电项目出具登记备案证明。

（刘萍萍）

【重点项目建设】 2016年，全区欧亚大观、国药控股等11个市级重点项目完成投资84.3亿元，占计划的124%，在全市四项重点工作项目建设考核中获第二名。星工坊、山东中医药大学病房楼扩建等7个项目顺利开工，新建项目开工率100%。

（刘萍萍）

【争取扶持资金】 2016年，为南北康、兴隆片区申请获得保障性安居工程配套基础设施建设中央预算内投资1.15亿元、国家专项建设基金（农发行）5.2亿元，为领秀城高中（济南三中新校区）项目申请获得省区域战略推进专项资金700万元。

（刘萍萍）

【服务业发展】 2016年，编制出台《市中区加快服务业发展推进意见》。为全区企业的互联网＋社区便民养老示范工程项目和退伍军人“020”就业创业公共服务平台项目申请省级服务业引导资金250万元；将星工坊纳入省服务业品牌目录，服务业规模以上企业入库19家，位居全市前列。

（陈浩）

【社会信用体系建设】 2016年，组织涉及信息公开工作的 31 个部门，全面梳理上报部门行政许可和行政处罚目录清单，共统计收集上报行政处罚目录 2123 条，行政许可目录 133 条。将各单位 2015 年 1 月 1 日至 2016 年作出的行政许可和行政处罚的信用信息，按照统一的双公示数据归集标准进行收集。共收集信用信息 13709 条，其中，行政处罚 64 条，行政许可 13645 条。

（郝姗）

【国民经济动员工作】 2016 年，市中区人民药业股份有限公司通过济南市国民经济动员中心批准成为国民经济动员中心；筹备上报山东中医药大学第二附属医院和国药控股山东物流中心 2 家为国民经济动员专项资金单位，山东国储物流有限公司为经济动员中心。

（盛小弟）

物价管理

【概况】 2016 年，区物价局坚持“阳光物价 民生至上”的工作理念，发挥价格调节职能，解决群众关心的热点、难点问题，通过加大市场价格监管力度，加强市场监测预警和调控、加强行政单位收费事中事后监管、加大涉案物品价格认定工作力度、受理价格投诉举报等措施，维护市场价格秩序，保障群众的价格权益。区物价局获 2016 年度全国价格认定工作法制建设年先进单位、全国价格宣传工作表现突出单位、全省价格认定信息宣传工作突出单位。

（安大伟）

【市场价格监管】 2016 年，区物价局对 8 家非营利性医疗机构和医疗卫生相关单位开展检查，重点检查药品加价率政策执行情况、药品零差率政策执行情况以及一次性耗材的价格执行情况等。对个别执行政策规定不严格的单位责令进行整改，督促各医疗服务机构建立健全收入、价格、医疗预收款、票据、退费管理、物价管理等各项制度。

对 10 家房地产开发单位商品房销售明码标价情况进行检查，对检查发现的未按照国家和省市有关商品房销售明码标价的相关规定和实施细则的房地产开发商进行处罚，罚没款合计 21.9 万元。

按照《济南市物价局关于规范汽车销售 4S 店价格行为的通知》，对省体育中心、玉函路、英雄山路、南外环等 20 余家汽车销售 4S 店的价格行为进行检查，检查督促各汽车销售 4S 店对收费项目、收费标准、收费价格等进行公示。

向物业服务公司下发《关于进一步加强物业收费公示工作的通知》，督促物业公司参照统一样式按时制作安装物业收费公示牌，并查处不按时公示、不按规定方式公示，以及公示内容与合同约定不符的行为。选取银丰花园、领秀城中央公园、华润置地等执行政策规定比较严格、落实公示比较好的典型进行宣传推广，推进物业收费公示实现全覆盖。

抽取 5 家涉企收费单位进行重点检查，主要检查涉企收费目录清单和进出口环节收费清单有关落实情况、利用电子商务平台向企业收费情况以及中介服务收费情况等。根据区政协委员《对民营美容机构加强监管的几点建议》的提案，对辖区 13 家民营美容机构场所价格服务明码标价情况进行全面检查，督促经营机构在店内显著位置设立价格项目收费公示，公开“12358”价格举报电话。

在元旦、春节、五一、中秋、国庆期间，对商场、超市、农贸市场等50余家经营商户进行检查，重点检查和巡查零售商品、节日礼品的明码标价执行情况，以及与市民生活息息相关的蔬菜、粮油、肉蛋奶等农副食品的价格稳定情况，对分布较广的银座、大润发、华联、华润万家等商户开展不间断式节日市场巡查，对银座鸿园店、H&M、斯凯奇等违反明码标价的行为进行处罚。清明节期间，对玉函山公墓和双峰山公墓2处停车场的停车收费价格进行检查，督促收费人员在停车场显著位置设置价格公示牌，并按照公示的相关收费标准进行收费。

2016年9月，国庆节市场价格检查　（区物价局　提供）

（陈凯）

【价格监测预警和调控】 区物价局完善监测点布局，建立17个价格监测点，其中11个省、市级价格监测直报点。针对倾向性、苗头性问题做到早发现、早报告，及时准确地预测市场价格走向，全年上报农副产品、劳动力价格报表658份，价格变动及预测分析82份，月、季度、半年、年度价格分析19份。

在市中手机报上开设“便民服务专栏”，每周定期发布重要农副产品的价格分析。借助市中区政府网站推出重要民生商品价格发布平台，每周二、周四发布主要农副产品价格，周五发布市内五区重要民生商品价格对比表。

与上年相比，粮食价格相对平稳，如面粉出厂价特一粉、标准粉每吨3185元、3060元，分别上涨2.08%、2.00%；大豆、花生仁每斤均价分别为3.50元、6.86元，分别上涨5.00%、-0.84%。大润发超市5升桶装鲁花牌、胡姬花牌花生油全年均价分别为140.94元、134.60元，同比分别上涨0.92%、6.13%。猪肉五花肉、精瘦肉每斤均价分别为14.95元、14.83元，同比分别上涨6.89%、6.77%。羊肉（去骨）、羊肉（带骨）每斤均价分别为31.35元、27.00元，同比分别上涨1.14%、16.71%。牛肉价格基本稳定，如牛肉（去骨统货）每斤均价30.00元，与上年相比持平。与上年相比鸡蛋价格小幅下降，年均价每斤3.99元，下降6.87%。带鱼、鲫鱼、草鱼、海虾每斤均价分别为16.46元、10.45元、6.88元、28.86元，同比分别上涨10.24%、28.05%、4.53%、2.29%。蔬菜价格上涨明显。如大白菜、油菜、茄子、西红柿、土豆每斤均价分别为1.09元、2.05元、2.43元、2.94元、2.02元，同比分别上涨15.14%、10.13%、45.72%、10.82%、15.66%。香蕉、西瓜、梨每斤均价分别为2.47元、1.69元、2.26元，同比分别上涨35.26%、4.73%、0.84%。葱、蒜每斤均价为3.29元、6.81元，同比分别上涨33.28%、57.23%。生姜价格每斤均价为 3.21 元，同比下降 20.89%。

（尹珊）

【收费管理】 2016 年，区物价局要求各收费单位建立健全收费台账制度，对上一年度收费落实和执行情况进行核查，完成审核 54 个收费单位的收费情况报告，上报率 100%。其中，行政事业单位 17 个，教育办幼儿园 14 个，村办幼儿园 23 个。取消收费项目 1 项，放开收费项目 2 项，提高收费标准 2 项。

利用“全国收费动态监管系统”平台，以收费年审统计报表为基础，填报相关内容，分析收费总量及其变化情况，7 月底前完成 58 个收费单位的年度收费情况统计分析。全区行政事业性收费金额共 9634.38 万元，同比下降 2.7%。其中，涉企收费金额为 6291.21 万元，占收费总额的 65.3%，其他收费额为 3343.16 万元，占收费总额的 34.7%。

落实收费公示制度，建立健全社会监督制度。4 月，实施行政事业性收费目录清单制度，会同财政部门清理、整理完成 2015 年度行政事业性收费项目清单，在区政府门户网站向社会公布执收单位、收费项目、收费依据、收费类别等信息，涉及 54 个单位，26 项收费，较 2014 年减少收费项目 4 项。

要求各收费单位在门户网站或者在固定场所的醒目位置做到收费项目、收费标准、收费主体、收费依据、收费范围、收费对象、监督电话“七公开”。全年共审核办理 38 个幼儿园收费公示，抽取 22 家有代表性的幼儿园，详细查阅幼儿园的保教费、伙食费等收费情况和公示情况，全面客观的对幼儿园发展现状、办园条件、教职工配备、幼儿生源情况以及年度经费收支等情况进行调查。

（张妍）

【价格投诉处理】 全年共受理投诉案件 1484 件，其中，“12345”案件 1306 件，市物价局转办 120 件，“12358”案件 37 件，电话受理 21 件，包括停车收费、物业收费、明码标价、教育收费及水电暖气、医疗卫生收费等等，办结率 100%，群众满意率 99%。

（陈凯）

【价格认定】 区物价局在全市各区县中率先设立价格认定采集点。2016 年，选取山东新业价格评估有限公司、金鹰森林资源资产评估公司等同行业中规模较大、信誉度较高的 10 个商家作为价格认定采价点，建立实体店、网店和价格认定专家库“三位一体”的价格采集体系。全年受理各类价格认证案件 225 件，标的额 2000 万元，标的额在 10 万元以上的重大案件有 9 件。

（张斌）

【价格信息】 全年报送、采用信息 200 余篇，《中国经济导报》采用 50 篇，《联合日报》采用 3 篇，山东电视台报道 2 次，济南电视台、济南广播电视台报道 3 次，《济南日报》采用 5 篇，《市中手机报》采用 150 篇，市物价局网站采用 47 篇，泉城物价采用 65 篇。

（安大伟）

审　计

【概况】 2016 年，区审计工作围绕区委、区政府中心工作，依法履行审计监督职责，打造“民本审计”品牌，坚持依法审计、文明审计、廉洁审计。全年完成审计项目 41 项，其中，预算执行审计5项，专项审计调查2项，经济责任审计24项，上下联动审计(调查)项目10项。审计查出违规金额200.93万元，管理不规范金额67060.63万元，应上缴财政金额158.82万元，已上缴财政金额158.82万元，入库率100%。应归还原资金渠道14.38万元。提出审计建议44条，均被审计单位采纳。完成基建工程审计项目257项,审减工程造价2700万元,净审减率11.96%。4月，区审计局被市总工会授予济南市五一劳动奖章。

（路军）

【预算执行审计】 2016年，安排区本级预算执行审计和对税收征管情况进行审计，重点对区财政局、地税市中分局、区教育局、区环保局等5个部门的预算执行及其他财政收支情况开展审计。安排审计调查2项，分别为财政支持“大众创业、万众创新”政策落实情况审计调查、2014年至2015年城乡社区建设专项资金管理使用及绩效情况审计调查。对环卫管护中心、经济开发投资中心等相关单位进行延伸审计。

（路军）

【经济责任审计】 全年完成领导干部任期经济责任审计项目24个，其中，任中审计7个，离任审计17个。查处违规金额45.89万元，管理不规范金额8741.21万元，应上交缴财政金额9.41万元,已上缴财政金额9.41万元,应归还原渠道资金10万元，提出整改意见及建议23条，被审计单位予以采纳。

汇总2016年度市中区经济责任审计工作情况，为市中区领导干部经济责任审计领导小组会议出具报告，联合区纪委（监察局）、区委组织部、区编办、区人社局、区财政局、区审计局等联席会议成员单位，就市中区2015年领导干部经济责任审计的情况作出通报。向区委组织部提供2016年度领导干部经济责任审计建议名单。

（路军）

【专项资金审计】 以促进资金合法、高效使用为目标，对各专项资金从申报立项、管理分配、安排使用到投资效益的全过程进行审计监督，从体制、机制、制度和管理等方面分析原因，提出切实可行的审计建议。全年组织完成2项专项资金审计，查出各类问题3个，主要涉及政策执行、制度落实等方面，提出合理化建议3条，均被采纳。

（路军）

【内部审计】 区内审协会成立内部审计督查领导小组,按照《全省内部审计情况督查方案》确定的重点督查内容，选择3个不同类型的部门和单位进行现场督查，形成督查报告并对被督查单位进行问题反馈。

（路军）

【固定资产投资审计】 全年完成投资结算审计项目257个，涉及金额2.3亿元，审减金额2700万元，净审减率11.96%。重点对区河道挡墙修复及清淤工程、二环西路南延建设工程拆迁项目、济南市市中区郎茂山公园工程、济南市市中区医院工程、未成年人素质教育基地工程、市政局漫水桥修复工程、农业局双山顶山体绿化提升工程等项目进行跟踪审计。

（路军）

统 计

【概况】 2016 年，区统计局组织开展统计工作调研，坚持每月到各街道和重点单位进行工作调研，通过检查发现问题，解决问题。按时完成“四上”企业（规模以上工业企业、资质等级以上建筑业企业、限额以上批发零售业和住宿餐饮业企业、规模以上服务业企业）及亿元项目的申报审核工作。年底，全区“四上”企业 524 家，当年申报新增房地产企业 4 家，投资企业 5 家，5000 万元以上投资项目 15 个。基本单位名录库新增法人、产业 2864 家。每月向区委、区政府各相关单位提供相关统计数据。编印《市中统计》及《市中统计年鉴 2016》。组织全区统计系统 70 多人的专题培训班，各专业对基层企事业单位统计人员 700 余人次开展专业培训。将街道办事处财政所更名为财政统计服务中心，并配有 2—3 人不等的专职统计工作人员。全年累计执法检查 25 次，对存在的问题及时纠正。在英雄山北广场开展普法宣传，向市民群众宣传《中华人民共和国统计法》，发放各类宣传品 5000 余份。全区统计系统执法证件新增 15 人，换证 36 人。

（区统计局供稿）

【全国第三次农业普查】 2015 年 12 月 20 日，印发《济南市市中区关于开展第三次全国农业普查的通知》。2016 年 9 月，综合试点工作在陡沟街道红星村开展。先后开展划区绘图、试点宣传、调查摸底、业务培训、现场登记等各项工作。通过模拟农业普查的主要环节，为开展市中区第三次农业普查工作提供经验。11 月，对全区 410 余名普查员和普查指导员进行综合业务培训。全区普通农户 23790 户左右，规模户 152 户，生产单位 78 家。

（区统计局供稿）

【1% 人口抽样调查】 2016 年，省政府决定开展 1% 人口抽样调查工作。此次调查涉及市中区 17 个街道的 47 个调查小区。其中，国家样本 1 个、省级样本 46 个。10 月，区统计局对调查员 94 名，指导员 17 名进行业务培训，严格把握时间节点，在街道办事处、抽中村居的全力配合下，完成 1% 人口抽样调查工作。共调查约 3300 户，7800 余人，出生 75 人，死亡 24 人。

（区统计局供稿）

【统计调查】 开展“企业一套表”联网直报工作。分专业组织“四上”企业做好 2015 年年报和 2016 年月、季度数据报送工作，全区 500 多家“四上”企业网上直报率 100%。按照省、市统计部门的部署安排，组织开展工业、建设业、批发零售和住宿餐饮业、房地产开发经营业、服务业等行业，及能源、投资、月度劳动力、人口、科技等领域统计调查和“四上”企业星级管理申报工作。

（区统计局供稿）

市场监督管理

【概况】 2016 年，区市场监督管理局下设 17 个市场监管所，有党委成员 8 人，在职副处级以上干部21人，干部职工251人。其中，在职干部职工165人，到龄免职4人，退休干部82人。

市中区市场监督管理局机构设置情况一览表

<table>
<tr><th>类别</th><th colspan="2">机构设置</th></tr>
<tr><td rowspan="9">内设机构（9个）</td><td colspan="2">办公室（挂财务装备科牌子）</td></tr>
<tr><td colspan="2">组织人事科</td></tr>
<tr><td colspan="2">政策法规科</td></tr>
<tr><td colspan="2">市场合同监督管理科</td></tr>
<tr><td colspan="2">商标广告监督管理科</td></tr>
<tr><td colspan="2">消费者权益保护科</td></tr>
<tr><td colspan="2">质量监督管理科</td></tr>
<tr><td colspan="2">标准化和计量科</td></tr>
<tr><td colspan="2">特种设备安全监察科</td></tr>
<tr><td rowspan="6">直属机构（3个）</td><td rowspan="3">企业注册局</td><td>注册一科</td></tr>
<tr><td>注册二科</td></tr>
<tr><td>综合监管科</td></tr>
<tr><td rowspan="2">公平交易局</td><td>经检一科</td></tr>
<tr><td>经检二科</td></tr>
<tr><td colspan="2">网络交易监管局</td></tr>
<tr><td rowspan="9">派出机构（17个）</td><td colspan="2">舜玉路市场监督管理所</td></tr>
<tr><td colspan="2">六里山市场监督管理所</td></tr>
<tr><td colspan="2">七里山市场监督管理所</td></tr>
<tr><td colspan="2">二七新村市场监督管理所</td></tr>
<tr><td colspan="2">四里村市场监督管理所</td></tr>
<tr><td colspan="2">杆石桥市场监督管理所</td></tr>
<tr><td colspan="2">大观园市场监督管理所</td></tr>
<tr><td colspan="2">魏家庄市场监督管理所</td></tr>
<tr><td colspan="2">泺源市场市场监督管理所</td></tr>
</table>

续表

<table>
<tr><th>类别</th><th colspan="2">机构设置</th></tr>
<tr><td rowspan="8">派出机构（17 个）</td><td colspan="2">王官庄市场监督管理所</td></tr>
<tr><td colspan="2">舜耕市场监督管理所</td></tr>
<tr><td colspan="2">七贤市场监督管理所</td></tr>
<tr><td colspan="2">白马山市场监督管理所</td></tr>
<tr><td colspan="2">十六里河市场监督管理所</td></tr>
<tr><td colspan="2">兴隆市场监督管理所</td></tr>
<tr><td colspan="2">党家市场监督管理所</td></tr>
<tr><td colspan="2">陡沟市场监督管理所</td></tr>
<tr><td rowspan="2">事业单位（2 个）</td><td colspan="2">市中区消费者投诉中心（12315、12345 热线）</td></tr>
<tr><td colspan="2">市中区个体私营经济服务中心（市中区个体私营经济组织党委、团委）</td></tr>
<tr><td rowspan="2">参公事业（1 个）</td><td rowspan="2">市中区质量技术监督稽查大队</td><td>一中队</td></tr>
<tr><td>二中队</td></tr>
</table>

【工商登记与服务】 2016 年，根据辖区实际情况，进一步简政放权，凡注册资本 3000 万元以下企业的登记注册全部下放到辖区市场监管所，整合成立六里山、四里村、大观园和王官庄 4 个登记中心所，方便群众就近办理业务。

9 月 1 日，在全市率先实施“五证合一、一照一码”改革，比国务院规定的 10 月 1 日截止日期提前 1 个月。12 月 1 日，省工商局副局长田治颖、市中区副区长王书信在市中区市场监管局王官庄市场监管所，为超意兴快餐店、金春喜水饺店颁发“两证整合”营业执照，标志着济南市个体工商户“两证整合”登记制度改革正式全面启动。

“两证整合” （区市场监督管理局 提供）

建立完善全区 39 个部门参与的事中事后监管平台，实现 14 个部门的信息对接，将抽查结果纳入市场主体信用记录，对列入经营异常名录的企业，在政府采购、办理银行贷款、授予荣誉称号、申请驰（著）名商标、申报“守重企业”、申请上市等环节给予限制。

年底，全区市场主体总量达到57620户，同比增长20.63%；注册资本（金）2977.03亿元，同比增长92.09%；民营经济应对经济下行压力能力明显提升，带动就业46961人。

（宋军）

【商标广告管理】 2016年，通过注册局、王官庄所等窗口单位发放宣传材料5000份，在企业成立初期做好商标知识的宣传和指导工作，提高企业商标意识，完善商标梯次培育库，全区商标申请总量3505件，注册量2503件。申报省著名商标5户；先后2次组织辖区驰、著名商标企业和商标代理机构40余家参加全市马德里国际注册培训；协调商务局，摸底全区104家进出口企业商标注册情况。

开展文化市场专项整治行动，全年查办商标侵权案件12起。加强对媒体、户外、互联网、印刷品广告的监管力度，加大对药品、食品、医疗器械、化妆品等与群众利益息息相关的各类违法广告的查处力度，全年受理涉嫌广告违法线索50余起，同比增长200%，查办广告违法虚假宣传等各类案件20余起。

（陈正义）

【合同管理】 2016年，推进合同监管工作，开展公用事业类、旅游类、汽车类合同格式条款整治工作，出动执法检查人员424人次，检查经营单位213家，检查经济合同文本229份，约谈企业16户次，查办一般程序案件6起。培育公示省级“守合同重信用”企业46户，办理动产抵押登记15件，实现融资金额16.16亿元。

（李世东）

【市场管理】 开展2016年度精品示范农贸市场创建活动，领秀城菜市场被评为济南市2016年精品示范农贸市场，获奖励7万元。加强日常综合监管抽查工作，全年抽查各类经营主体3431户。开展流通领域成品油抽检工作，抽检市中区民营加油站12家22批次汽、柴油，委托山东省产品质量检验研究院检测，成品油合格率95.5%。对经营不合格成油品的加油站，依法进行查处。

（李世东）

【执法检查】 2016年8月，开展创建无传销城市迎检工作，8月9日通过市级验收。10月13日，市工商局、市公安局、市文明办、市综治办认定市中区为“无传销区”。11月24日，作为省级验收迎查单位通过省验收小组验收。

以查办案件为切入点和突破口，严厉打击损害人民群众利益、严重扰乱市场经济秩序的虚假宣传、商业贿赂、限制竞争、假冒侵权等违法行为，全年查办广告违法案件20余起，查处不正当竞争案件11起，查处傍名牌及假冒侵权案件7起，查处商业贿赂案件1起。区市场监管局稽查大队，加大对安全意识不强的电梯使用、维保单位进行查处，全年全区电梯安全形势平稳。

（鹿萍）

【消费维权】 2016年，按计划对学生用品、童车、夏季和冬季服装及鞋帽、玩具、家用电器、汽车配件、灯具、电线电缆等48个批次的商品进行抽样检测。魏家庄、大观园、十六里河市场监管所分别对5个批次检测不合格的商品立案查处。

利用年度“3·15”活动，在学校、社区、大型市场、商场开展法律法规咨询宣传活动，发放法律法规宣传材料5000余份，对全区消费维权服务站人员进行不定期的检查指导。

全年共接到咨询、投诉、举报件11164件，其中“12345”市民热线转办件7024件，经落实后退件2400件；受理咨询、投诉、举报8764件，其中，咨询4038件、投诉4291件、举报435件，接到消费者表扬件10件，为消费者挽回经济损失157万元，转办处结率100%，群众综合满意率99.5%，在全区综合考评中始终保持在前三名。

（侯大同）

【质量监督管理】 2016年，对生产加工环节的日用消费品、建筑装饰装修材料、工业生产资料、食品相关产品四大类45小类产品的81家企业进行产品质量监督抽查，抽查产品87批次，合格78批次，不合格9批次，合格率89.66%。其中，专项监督抽查（配装眼镜、絮用纤维制品）34批次，合格28批次，合格率82.35%。

与区车管所建立以季度为单位的联动检查机制；开展“质检利剑”专项行动，围绕农资、建材、汽配、汽柴油、日用消费品等重点，分阶段集中开展专项执法检查，严查坑农害农质量违法案件。开展煤炭制品质量监督检查，依法查处违规生产企业4家。

（肖文彩）

【标准化和计量管理】 2016年，对取得生产许可证和3C强制认证企业及其他有关企业在质量、标准、计量、认证等方面进行全方位监督巡查，检查企业11家，发现问题隐患企业5家，立案调查1起。推进名牌创建活动，对企业上报的材料认真进行初审；山东银丰物业管理有限公司、济南超意兴餐饮有限公司被评为山东省服务名牌。对辖区41家加油站、8家出租车管理公司的加油机、出租车计价器、计量衡器等强检情况进行全面摸查，完善监管档案。

在学雷锋日、5·20世界计量日，联合市计量检定测试院举办的“计量惠民”进社区活动中，发放宣传资料300余份，免费检测老花镜、血压计等160余件，受益群众280余人次。

鼓励企业开展企业产品标准自我声明公开，完成52家企业、316项标准、1045种产品企业产品标准自我声明公开。有5家单位主导或参与制定国家标准13项，10家单位主导或参与制定国家标准75项。

（赵华平）

【特种设备安全监察】 2016年，全区有注册特种设备7359台，设备总量在济南11个县区（含高新区）中排名第四。在用的特种设备6408台，其中，锅炉103台、压力容器291台、电梯5328台、起重机械531台、大型游乐设施1台、场内机动车辆154台；有注册车用气瓶5195只。重要特种设备定期检验率100%，未发生特种设备事故。

特种设备注册登记工作进一步简化程序、流程，汇编《特种设备注册登记明白卡》，实现审批流程“零障碍”。全年办理各类特种设备注册登记553台，办理改装车用气瓶注册登记1267台，接受并办理使用单位信息变更、移装、报停、报废设备565台。

5月，根据万达鸿景苑和盛景苑小区的电梯投诉情况，多次召开现场会协调相关事宜，依法对使用单位主体责任不落实、维保单位执行规范不严格等行为进行处置。6月，在大众广场参加由区安委组织的大型宣传咨询活动，现场解答群众提出的特种设备安全等方面的问题，并发放液化石油气钢瓶、电梯、客运索道、大型游乐设施等特种设备安全知识宣传资料200余份。7月，开展特种设备安全知识“进企业、进社区、进校园”活动，为南上山街小学的学生讲解电梯安全注意事项及发生危险时的紧急救援措施，在龙景苑社区、济南银座商城八一店向居民宣传电梯安全基本常识，普及特种设备安全知识。组织5家单位开展安全生产应急救援演练活动。8月，通过区安委协调安监、交警、车管等部门对辖区内使用存在安全隐患气瓶的2辆机动车进行停用催办。10月，参加党家庄街道办事处特种设备安全培训。

2016年，全区特种设备使用登记率、设备定检率、人员持证上岗率98%，重要特种设备的使用登记率、设备定检率、人员持证上岗率、事故结案率100%。

（孙成建）

安全生产监督管理

【概况】 2016年，区安监局有在职人员24人，科室8个。年初，区政府与各街道办事处和安委会成员单位签订2016年度安全生产目标责任书和承诺书，进一步明确责任和目标。严格实行“一岗双责”“一票否决”制度。先后召开多次安全生产工作会议，调度“大快严”集中行动开展情况。

市中区人民政府、市中区安监局被省政府安委会表彰为安全生产先进单位。大观园街道被省政府安全生产委员会评为省级安全示范社区。

（任俊伟）

【“大快严”执法行动】 开展安全生产隐患大排查快整治严执法集中行动。区安委会成立“大快严”集中行动12个督导组，分领域、分行业开展督导检查。召开“大快严”集中行动调度会议，调度区安委会12个督导组、17个街道的“大快严”集中行动开展情况。对不按照要求及时整改的，该停就停，该关就关。对辖区124家危险化学品企业、非煤矿山、烟花爆竹、职业危害等重点企业进行综合检查，签订企业自查自改指令书。对辖区1家烟花爆竹批发企业、1家储存仓库及2016年新办烟花爆竹经营（零售）许可46家业户开展安全检查。对没有按照规定进行整改的市中金诚加油站及济南土产杂品有限公司枣林仓库依法立案查处，罚款8万元。对山东水泥厂凤凰山石灰岩矿进行多次检查，停产停业整顿企业3家，注销危险化学品企业1家，行政处罚20余万元。督导检查9家涉粉尘企业，按照《粉尘防爆安全规程》落实企业安全生产主体责任。查出中石化74站《危险化学品经营许可证》到期未经许可擅自经营、济南土产公司枣林烟花爆竹仓库非法储存违法行为。处理山东酒总酒店设备有限公司发生坠亡、南水北调市中区卧虎山水库程寨而头南康泵站5·2淹亡生产安全事故。

（任俊伟）

【风险分级管控建设】 开展安全生产网格化实名制管理、安全隐患排查和风险分级管控建设工作。3月，全市安全生产网格化和实名制管理系统运行使用情况调研会在市中区召开。市中、槐荫、长清、平阴安监局网格化和实名制管理工作分管领导和网格化系统管理员参加会议。按照区、街、村（居）三级网格化要求，向市安委填报“一区一册”，上报企业 5800 家。完成对中化工油气销售有限公司等 124 家危化企业的风险分级管控调查统计工作。

（任俊伟）

【职业危害防治评估】 4 月，区安监局举办为期 2 天的工商贸企业职业卫生培训班，全区各生产经营单位主要负责人、职业卫生管理人员以及 17 个街道办事处安监中队长参加培训。市安监局副局长李成革 2 次到市中区指导职业危害防治评估工作。区安监局聘请评估技术专家对驻区 20 家参评企业逐一进行审查。市中区代表济南市迎接国家安监总局职业危害评估得到充分肯定。

（任俊伟）

【安全生产主体责任落实】 区安委会成立以安监、监察、经信、教育、市场监管、公安、检察院 7 个部门分管负责人为组长的 7 个督导组，对全区 17 个街道办事处、部分区安委会成员单位一季度安全生产工作进行全面督导考核。6 月，成立 4 个互查组，由安监局分管领导带领各街道安监中队长进行互查，全面落实安全生产主体责任和专项执法检查工作。二七新村街道与山东建筑大学签约，引进社会化服务，借助专家力量开展安全教育培训、排查辖区隐患。白马山街道联合执法局、公安局开展打击非法燃气灌装点行动，借助职业健康验收工作规范辖区重点企业安全生产管理工作等。7 月 28 日，对全区 17 街道安监办主任、副主任，安委会成员单位分管领导、负责安全生产工作的科室负责人 110 余人进行安全风险分级管控和隐患排查治理体系建设培训。

（任俊伟）

【安全生产标准化】 区安监局全过程参与安全生产标准化评审工作，对所有评审机构及参加评审或复评企业进行检查，并出台一系列措施。严把企业评审、复评质量关，加强对评审机构的监督检查，要求其对评审过程发现的各类隐患做到跟踪督促落实整改；划定标准化达标企业底线，将影响企业安全生产基本条件的项目设置为必须整改项，防止出现企业标准化建设以偏概全、盲目追求得分过关的现象；将标准化达标工作作为街道办事处年终考核评优重要指标。把商贸企业和安全生产基础薄弱的企业作为创建工作的重点，深入企业开展帮扶指导，推动企业开展安全生产标准化建设。

2016 年 1 月 29 日，全区安全生产大会召开　（区安监局提供）

全区共完成规模以上工业企业安全生产标准化建设 34 家；其中，二级安全生产标准化企业 5 家，三级安全生产标准化企业 29 家；完成商贸企业安全生产标准化建设8家，其中，二级安全生产标准化企业2家，三级安全生产标准化企业6家。通过安全生产标准化建设，全区事故起数、死亡人数连续2年下降。

（任俊伟）

【安全生产月活动】 制定《济南市市中区2016年“安全生产月”活动方案》，全区开展安全讲座79个，授课3600余人。举办各类培训班23个，制作宣传展板110块，发放宣传材料数量3万余份，参加咨询日活动人数1200余人。督查单位1607家次，发现问题数量1120条，整改1079处（条），限期整改41条。举行应急疏散演习167场次，参加演习人数55600余人，观摩演习人数4100余人。6月16日，在大众广场举办以“强化安全发展观念，提升全民安全素质”为主题的安全生产咨询日活动。各部门、各街道、企业代表360余人参加。活动实况在济南广播网络电视台，市中手机电视平台连续滚动播放。各街道、各部门制定方案开展安全生产月活动。

（任俊伟）

食品药品监督管理

【概况】 2016年，区食品药品监督管理局内设办公室（加挂政策法规科牌子）、综合协调督查科（加挂应急管理办公室牌子）、食品安全监管科、药品监管科、医疗器械保健食品化妆品监管科5个科室，有人员105人。其中，局机关19人，稽查大队16人，监管所70人，缺编19人。

年底，全区有各类“四品一械”（食品、药品、保健食品、化妆品、医疗器械）生产经营单位15484家。其中，食品生产企业41家、食品添加剂生产企业4家、食品生产加工小作坊30家、餐饮单位1951家（大中型餐饮705家，小型餐饮769家，食堂212家，集体配餐企业5家，快餐店158家，饮品店、甜品站102家）、校外托管场所435家、食品流通经营企业3215家、保健食品生产经营单位643家（生产2家、经营641家）、化妆品生产经营单位366家（生产2家、经营364家）、药品生产经营及使用单位296家（生产2家、医疗机构制剂室5家、批发16家、零售连锁总部15家，药品零售企业258家）、医疗器械生产经营单位447家（生产35家、经营412家）、药品、医疗器械使用单位556家，“三小”行业7500家。

（唐婷）

【食品药品市场监管】 2016年，办理《食品经营许可证》2585个、《药品经营许可证》45个、校外托管场所登记149家，保健品会议营销备案30家。

开展“两超一非”（超范围、超限量、非法——添加食品添加剂）专项整治行动和小作坊专项清理整顿活动，查处无证经营和非食品原料加工食品行为。督促食品流通企业制定《食品进货查验制度》《食品进货查验记录制度》《食品安全承诺制度》等食品经营自律制度，对食品零售企业实行临期食品、婴幼儿配方乳粉、保健食品、转基因食品和清真食品专柜销售；对肉制品多次进行专项检查和抽检。推进餐饮服务单位动态等级评定，开展保健食品生产企业信用等级评定。加强药品生产源头治理，在2家药品生产企业和5家医疗机构制剂室，开展药品生产质量提升行动。组织开展GSP认证，40家经营单位通过现场认证检查。开展药品流通领域违法经营活动集中整治，对14家药品批发企业进行督导检查，并对存在问题责令整改。对注射用透明质酸钠等四类产品开展集中整治，重点监管企业日常检查覆盖率100%。抓好两证（化妆品卫生许可证和化妆品生产许可证）合一后的换证工作。

（唐婷）

【食品药品稽查办案】 2016年，市中区出台打击危害食品药品安全违法犯罪活动联动执法工作意见。查处食品安全违法行为，先后组织开展“打击食品犯罪夏秋季专项行动”“打击食品安全犯罪百日行动” 等专项整治行动。分级分类开展执法大检查，惩处食品药品生产经营违法行为，变“等案子”为“找隐患”。建立健全案情会商研判、信息交流共享、联合执法办案、线索移交移送、案件成果联合发布等机制。全年查办案件190起，受理投诉举报1815件，处结率100%。一般程序违法案件信息公开率100%。

（唐婷）

【食品药品技术监督】 2016年，抽检、检测样品1493批次；其中，30批次样品不合格，1463批次样品合格，整体合格率97.99%。加工食品抽检861批次，14批次不合格，合格率98.37%；食用农产品抽检632批次，16批次不合格，合格率97.45%；不合格样品类别主要为淀粉制品、蔬菜、水果、豆制品、蜜饯、酱腌菜、茶叶等12个品类，涉及的不合格项目为食品添加剂、农药残留、兽药残留和理化指标。

全年收集上报药品不良反应1199例。其中，严重报告171例，占14.3%；新严报告322例，占26.9%；二级以上报告1110例，占92.6%。器械不良事件上报575例，其中严重报告85例，占14.8%。化妆品不良反应上报21例。

（唐婷）

【食品药品安全宣传】 区食安办在城区和涉农街道举办专题宣传活动4次，发放宣传资料7000余份，悬挂宣传标语20幅，接受现场咨询1500余人次。形成工作信息5期，上传区政府门户网站及市局各类工作信息330余条，在各类外部媒体上发布新闻信息16条。印制食品药品从业人员培训教材，开展培训4期，完成培训1万余人次。开展协管员业务培训，发挥204名协管员作用，协管员补贴发放到位。

（唐婷）

【食品安全城市创建】 2016年，召开创城推进会，采取多种途径宣传创建活动，先后在各街道增设宣传展板、条幅100余个，在各主要路段、商场、超市、酒店利用LED屏滚动播放食品安全城市口号标语，制作发放食品安全知识光盘1000余张；开展食品安全知识进社区、进学校、进市场活动24次，发放宣传彩页和食品安全知识读本1.3万余份，接受群众咨询3000余人次。完善全区食品生产、流通、餐饮服务企业（单位）监管档案，对食品生产小作坊和农贸市场开展重点达标整治。改善各食药所办公场环境，执法装备全部达到“十个一”标准。选取海鲜市场、领秀城等5个农贸市场作为试点，设立农残快速检测室，配备快检设备，提升农贸市场快检能力。

（唐婷）

国土资源管理

【概况】 2016年，市国土资源局市中分局围绕保障全市“四个中心”目标和全区“三项重点工作任务”，强化各重点项目和棚改旧改项目用地保障；严格履行国土资源管理职责，严厉打击遏制各类违法行为，规范开展耕地和基本农田保护建设；加快山体整治绿化进度，开展地质灾害防治工作；完成农村集体土地确权登记发证任务，开展不动产统一登记工作。

（苏晨）

【土地规划与耕地保护】 结合永久性基本农田划定工作，完善土地利用总体规划；对二环西路南延三期、千佛山风景名胜区、济泰高速等11个建设项目83.27公顷用地实施预审；协调推进董庄增减挂钩项目拆旧村复垦验收工作，完成旧村复垦12.67公顷，使用结余指标4.67公顷（二环西路南延工程）；开展基本农田保护建设工作，组织实施永久性基本农田划定、建库工作，全域基本农田调整为4233.33公顷，埋设基本农田界桩288个，超额完成全市下达的3780公顷基本农田保护目标；组织实施在建土地整治项目，推进西渴马东等6村土地整治项目及瓦峪村土地开发项目，完成土石方清理2.1万立方米，平整土地2.6万平方米。

（苏晨）

【土地利用】 2016年，组织实施文庄、山凹、魏家、搬倒井、小岭等旧村改造征地报批工作，完成兴隆片区、文庄片区等重点项目征地报批工作，共征收土地215.4公顷。全年完成刘长山路企业安置区4宗工业用地以及南北康片区、文庄片区、经四纬一片区及四里村片区城市更新项目等17宗土地的供地工作，总供地面积61.96公顷（其中出让土地面积55.3公顷）。推进二环南路、二环南路东延、二环西路南延三条重点道路工程约160公顷用地的供地工作，为各重点项目的顺利实施提供有力保障。

（苏晨）

【地籍与不动产登记管理】 基本完成农村集体土地确权登记发证工作。完成4个城郊街道剩余35个村的宅基地使用权的调查公示，共调查公示宅基地19448宗，发放宅基地使用权证书9954件。通过试点推进方式，完成玉函小区等30个老旧小区，13.95平方千米范围内2500余宗土地权籍调查。在区政务服务中心设立市中区不动产登记分中心，全年办理土地房屋类不动产登记业务1.8万余件。

（苏晨）

【执法监察】 2016年，多次组织辖区国土、城管执法、公安、街道办事处等部门开展联合行动，立案查处违法行为80余起，联合拆除违章建筑50余处，3万余平方米，腾退土地（耕地）4公顷。

（苏晨）

【矿产资源管理】 2016年，加强对山东水泥厂有限公司的监督和管理，督促企业安全生产。对违法开采山体和来料加工等行为加大管控力度，多次组织开展联合执法行动，拆除磕石机、洗砂机、移动磕石设备21台，查扣开采设备6台。实施瓦峪东山等山体绿化工程，组织开展进场施工、渣土回填等工作。

（苏晨）

【地质灾害防治】 2016年，编制年度地质灾害防治方案，汛前开展地质灾害隐患排查，组织灾害防治培训会议；组织协调相关部门对郎茂山北侧崩塌山体（完成危岩体排险工作）和珍珠山隐患点进行治理。督促相关责任单位对辖区8处地质灾害隐患点进行监测预防。

（苏晨）

民营经济管理

【概况】 2012—2016年，全区个体工商户发展累计达到32000户，年均增长22.5%；私营企业发展累计达到23100家，年均增长23.8%；个体私营经济注册资金累计达到92.7亿元，年均增长14.4%；个体私营经济上缴税金12.9亿元，年均增长9.8%。

民营经济由传统的机械加工、商贸、餐饮服务业逐步向生物制药、包装印刷业、软件业等高新技术产业和金融服务、电子商务、信息技术、现代物流、房地产业、服务外包等现代服务业拓展。民营企业初步建立现代企业制度，涌现出蓝海集团、英大科技、鲁银投资、泉景置业、载信物流等一大批优秀民营企业。

（何兴安）

【民营楼宇发展】 新增绿地普利中心、财富中心、鲁能领秀城综合体、中海环宇城等一批优质楼宇，形成祥泰广场、银座晶都国际大厦、齐鲁商会大厦、金龙大厦、三箭银苑等一大批高档商务楼宇，吸引香港恒生银行、壳牌石油公司、信泰人寿股份有限公司、南京大陆投资公司、济南银丰房地产开发有限公司、民生银行、鲁源电气集团等一大批民营企业入驻，楼宇民营企业入驻率达90%以上。

（何兴安）

HIZHONGNIANJIAN

市中年鉴

招商引资·经济园区

ZhaoShangYinZi JingJiYuanQu

招商引资

【概况】 2016年，区投资服务中心更名为区投资促进服务中心，调整为区政府直属的正处级全额拨款事业单位。内设综合科、招商促进科、企业服务科、信息宣传科4个科室，人员编制20名。主要负责全区对外招商引资工作，拟订全区招商引资年度计划及考核奖励办法并组织实施，承担项目引进、落地及发展过程中的服务工作。至年底，全区新引进千万元以上项目705个，引进注册资金1088亿元，分别比去年同期增长67%和216%；其中，亿元以上项目87个，引进注册资金963.9亿元。17个街道办事处新引进千万元以上项目555个，引进注册资金655.2亿元；区直部门新引进千万元以上项目150个，引进注册资金432.8亿元。全年全区招商引资形成固定资产投资72.6亿元，增幅32%；外资实际到账折合人民币153718.22万元，同比增长12.66%。

2016年，辖区新设有外资独资、外资合资企业14家：济南环宇商业运营管理有限公司（中国香港）、达摩康力贸易（济南）有限公司（开曼群岛）、济南泉得机电科技有限公司（中国香港）、济南博睿文化传媒有限公司（澳大利亚）、中登国际融资租赁有限公司（与中国香港合资）、山东刚能能源有限公司（港资背景投资性公司投资）、济南易说网络科技有限公司（与匈牙利合资）、山东省华科国际贸易有限公司（中国香港）、弗里斯温特汽车零部件（济南）有限公司（德国）、济南信德致诚体育文化有限公司（与中国香港合资）、济南枫驰体育竞技文化有限公司（中国香港）、济南高森低压电器有限公司（与加拿大合资）、华润电力（山东）销售有限公司（港资背景投资性公司投资）、山东布兰德悦文化创意有限公司（与中国台湾合资），总注册资本8505.62万美元，投资总额13005.03万美元；合同外资增资企业有中国重汽集团济南卡车股份有限公司（与中国香港合资）1家，注册资本3795.01万美元，投资总额3795.01万美元。

（荣耀）

【楼宇经济发展】 市中区围绕楼宇经济发展，从“入驻率、注册率、贡献率”向“聚集度、关联度、创新度”转变，运用“政府引导、企业运作、属地服务”成熟招商运作模式，明确产业定位，引导企业集聚，打造形成多座特色楼宇。

鲁能国际中心成为国企总部集聚楼。结合山东鲁能亘富房地产有限公司具有国企背景并且在国家电网系统内企业资源丰富的特点，主动开展企业上下游产业链招商，引导电力系统及国有企业考察落户。至2016年底，国电控股、国电投资、英大证券、华润电力、鲁能亘富、鲁能商管、天津银行、工商银行等国有企业入驻；平安国际融资租赁、盛丰保险代理等金融机构相继落户。

中海广场写字楼成为外资企业集聚楼。随着普华永道会计师事务所济南分所签约入驻，外资总部企业集聚特色已逐渐形成。至2016年底，全球四大会计师事务所中的德勤华永和普华永道、世界500强企业康宝莱和戴尔、施耐德、尤妮佳、菲尼克斯、三菱电机、日本光电等一批知名外资企业区域总部落户楼。

祥泰广场成为山东新金融产业园。中信逸百年资本、上海复星、中粮期货等50余家金融机构落户并完成注册。

润华国际财富中心成为保险总部集聚

祥泰广场

楼。以招商入驻的泰康人寿山东分公司、中意人寿山东分公司为引爆点，侧重招商引进保险公司区域总部。

山东商会大厦成为世界500强企业集聚楼。通过多年不断集聚，恒生银行济南分行、壳牌石油、微软、交银康联、华润置地等近20家世界500强企业集聚该楼宇。

（荣耀）

济南新城工业基地

【概况】 市中区新城工业基地位于党家庄地区罗而庄北，104国道南侧52米处以南，东至大丘山铁路专用线西侧，南至南绕城高速公路北侧，西至罗而庄公路东侧。征地面积30.31公顷，净用地19.29公顷，规划路、绿化带及其他用地11.02公顷。建有面积2000平方米办公楼一幢。2001年，成立济南新城经济开发区管理委员会。2004年，变更为济南济南新城工业基地管委会，为全额财政拨款事业单位，下设1室5科。2016年底，园区有企业4家。

（田爱军）

【园区项目建设】 国药控股山东物流中心　项目占地5.35公顷，总投资2.34亿元，总建筑面积为32859.7平方米。一期投资1.5亿元，建筑面积18391平方米，项目定位为山东医药分销第一品牌，由物流中心、办公楼及辅助用房组成的现代化医药物流中心。办公楼主体已通过验收，物流中心的高架库和平库主体结构基本完成。

佳怡点点物流中心　项目占地4.81公顷，总投资2亿元，总规划面积约40000平方米。建设由物流配送中心、展示中心、综合楼、药品阴凉仓库及配套生活、消防等设施组成的集商品加工、储运于一体的商品货物集散中心。正在办理相关手续。

山东山建工程机械有限公司　项目占地1.43公顷，计划总投资6500万元，从事发动机、液压泵等设备总装。主要建设技术研发中心、实验室、试制车间、培训中心、综合办公楼及总部相关配套设施等。正在办理相关手续。

良机集团山东良机机械设备有限公司　项目占地2公顷，计划总投资6900万元，从事冷却水塔配套设备制造。主要建设以研发中心及办公楼、仓库、厂房为主的生产研发基地。正在办理相关手续。

（田爱军）

【园区基础设施】 基地管委会多方协调，编制水、电、绿化等预算方案，进入政府预算阶段。与有关方洽谈，规划完善园区用电设施。研究决定自打水井提供整个园区及企业的用水。计划打井4眼，已完成2眼。对园区绿地进行一体式规划设计，与入园企业统一绿地植被品目，优化院内景观绿植，形成整体式绿色工业园。2016年，园区净用地尚余5.67公顷。管委会已将园区发展设想上报区政府。

（田爱军）

济南腊山高新技术创业服务中心

【概况】 济南腊山高新技术创业服务中心成立于2002年4月，为区政府派出机构，属全额拨款处级事业单位，领导职数设置为1正、1副，编制5人，设办公室、财务科、项目科、企业服务科4个科室。

创业中心位于段店南路腊山路18号（济南市市中区文化创意产业园内），位置优越，西依腊山东麓、北邻经十路、东邻济军总院西院，西邻西外环路1000米。交通便利，距离西客站约有10分钟的车程，有9路、74路、K90、K172路公交车停靠。中心建有6117平方米的科技企业孵化器，楼高7层（其中含地下停车场及仓储区），设有货运升降电梯。一层为服务大厅，二至六层可根据企业要求进行间隔，设计室、实验室、操作间均可独立成间。

2016年底，创业中心有在册统计企业81家。其中，楼内孵化企业15家，远程孵化企业66家；孵化企业占入驻企业数量的75%以上；孵化场地面积使用率达到了95%以上。

【发展历程】 济南腊山高新技术创业服务中心是一家以促进科技成果转化、培育高新技术企业、为创业者提供全方位支持与综合服务的公益性科技服务机构。有完善的孵化企业入驻流程及孵化器运行管理制度，包括《孵化器运行管理制度》《孵化企业入驻流程》《内部日常管理制度》《服务承诺制度》《物业管理制度》《卫生管理制度》《安全保卫制度》等。

2002年12月，济南腊山高新技术创业服务中心被国家科技部认定为国家高新技术创业服务中心。2004年10月，经国家人设部批准，成立了济南留学人员创业园腊山创业区，和创业中心一个机构、两块牌子。

2011年9月，创业中心被济南市经信委确定为“全市第一批小企业创业辅导基地”。2013年11月，被山东省中小企业局认定为“山东省小企业创业辅导基地”；2016年，被济南市经信委公布为“市级中小企业服务机构”，是市中区唯一获此认定的公益性服务平台。2015年，中心申报并获批了科技部火炬中心科技计划《济南腊山众创空间服务体系平台》建设项目。该项目拨付资金60万元，可为企业提供实时共享及网上对接等服务。

至2016年底，创业中心累计引进孵化企业167家，毕业企业66家。其中，成功毕业并转化为社会生产力的40余家，销售收入过百万的企业16家，上市企业1家。楼内、远程孵化模式培育的企业分别实现销售收入8000万元、3.23亿元；缴纳税金270万元、1200万元。

（董承俊）

【重点企业简介】 中德栋梁教育科技集团　是一家集科研、开发、生产、培训为一体的综合性高新技术企业、双软企业。公司总部位于腊山路18号，占地面积1万平方米，拥有济南市机电一体化实训设备“市级工程技术研究中心”“院士专家工作站”。

公司孵化于创业中心，成长于产业化。拥有七个研发部门，分别为：电子技术研发部、软件技术研发部、电气技术研发部、机械技术研发部、汽车技术研发部；有本科以上专业技术研发人员84人（高级职称5人、中级职称30人）；研发出32个系列、400余种实验实训及多媒体产品，其产品已扩展到普教及军事领域。

该公司深耕于职业教育行业，走过了一条“贸、工、技”之路，形成了鲜明的制造基因和浓厚的制造文化。不仅可提供职教装备，还可全面提供系统思维职教模式、教学环境一体化、能力空间等职教系统化解决方案，有力地推进了职业教育教学模式的全面创新。多次为职业院校技能大赛、世界技能大赛选拔赛提供高质量的设备及工业机器人服务。

公司引进了德国“双元制”模式和IHK、HWK、TUY体系，启动了中德职教合作，为中外职教积累了丰富的合作经验。公司从设备、教程、资源、方法、评价五方面入手，在机器人应用与维护、机电一体化技术（工业4.0方向和城市轨道交通车站机电应用与维修方向）、汽车检测与维修（新能源汽车方向）、飞机机电设备维修技术等领域有广泛应用。

（区民营局供稿）

济南东测试验机技术有限公司 2003年成立，位于济南市市中区二环南路6850号。该公司专业生产电液伺服动态试验机与强度类实际工况模拟加载试验设备。下设电液伺服动态试验机工程技术研究中心，是国家认定的高新技术企业。公司的“电液伺服动态加载技术”“电液伺服多通道协调加载技术”“电液伺服电动缸动态试验技术”“道路谱模拟加载”等处于国内领先地位。设计制造的各类动、静态电液伺服试验设备主要用于地面车辆、航空航天、轨道交通、公路桥梁、建筑、军工等领域，成为国内动态试验机技术的领导者。

（区民营局供稿）

济南长泉新能源技术有限公司 成立于2011年9月，是一家以主导研发零排放电动车环保动力电池、锂离子电池、风能、太阳能储能电池以及再生资源回收、循环利用等新能源为一体的绿色环保能源制造商。拥有1个动力电池研发中心和一个锂离子动力电池新材料试验室。

公司通过清华大学、武汉大学、山东建筑大学等高校、科研院所及中外电源方面专家的支持与协作，博取日、美、韩同行之长，研制出独特的动力电池工艺和设备。其产品有智能电池系统的方案设计和产品生产加工、个性化电源系统设计生产、锂电池组电源管理系统、电源模块等。其中包括：电动车电池、大巴车电池、医疗电池、手持设备电池、测控电池、低温电池、矿用电池等。广泛应用于航空航天、部队、公交、铁路、测绘、医院、银行、石油化工、煤矿安全等领域。

（董承俊）

济南市中控股有限公司 于2015年1月1日成立，位于腊山路18号，设立董事会和监事会；有综合部、财务部、业务部、项目部4个部门，员工11人。2016年底，公司注册资本9.3亿元，经营范围为从事旧城更新、旧村改造、片区开发项目的一级土地开发及土地熟化；房地产开发经营；承担政府公益性项目的建设、经营和管理；建设项目管理咨询；建筑施工、市政工程、园林绿化、装饰装修工程、物业管理；建材设备销售；房屋、设施租赁；国内广告业务。分别出资500万元和5000万元，成立济南申承建材设备有限公司和济南中博置业有限公司2家子公司。

（董承俊）

泉城国际文化创意产业园

【概况】 泉城国际文化创意产业园即原腊山工业基地，位于腊山路18号，总占地面积50.6公顷，建筑面积约30万平方米。2014年，区政府投资5000余万元对园区环境进行改造提升，园区各企业投资2000余万元开展内部环境的美化亮化。园区与大专院校、科研机构进行合作，建立山东省博士实践团实践基地、济南大学实践教学基地、山东创新智库服务基地。年底被济南市文化产业发展改革领导小组命名为“济南市重点文化产业园区”；2015年被中国企业报评为“中国产业园区创新力百强”。

2016年，投资220万元，整修铺设园区人行道，安装护栏。投资100万元，整修主干道路灯。引进山东漫博通、山东医博众汇、山东瑞泉电子等7家公司。

4月20日，济南腊山工业基地管理委员会更名为济南市市中区文化创意产业园区服务中心。同年被定为“第六届山东文化产业博览交易会”分会场。

年底，园区内有舜风传播、儒扬文化、济南日报印刷厂、栋梁科技、文新印务、易邦实业、泉翔创意、苏立信文化、仁泰文化等文化创意企业14家，主要业务涉及数字传播、数字印务、广告创意、图书配送、教学设备研发生产、体育健身器械研发制造等。

（陈慧琪）

【济南国际创新设计产业园】 9月22日开园营业，首批入驻企业35家，营业面积1.4万平方米，业务范围涵盖设计服务、互联网科技以及新媒体等不同领域。

（陈慧琪）

【星工坊·飞尔姆影视产业园】 主要布局影视产业、才艺教育、娱乐体验和产业孵化四大板块，已签约中影星美院线、韩国美动全息剧场、韩国波乐乐游乐场、德国奔驰儿童驾驶体验中心等项目，并与韩国SBS电视台、韩国韩流文化中心、英国泰迪熊博物馆达成战略合作协议。

（陈慧琪）

【重点企业简介】 *济南日报社印刷厂* 成立于1991年5月，占地4公顷，配备有德国曼罗兰Uniset75和Uniset60高速胶印机、上海高斯SSC胶印机、丹麦舒亚全自动邮发线、德国KRAUSE CTP等一流印刷设备。以报纸、书刊、杂志印刷及装订为核心业务，同时开展印刷设备的销售、安装以及印刷物资的进出口贸易等业务。固定资产1.8亿元，年印刷量5亿对开张，年产值约1亿元，有员工104人。业务遍及全国各地，承接省内外70余家报刊的印刷出版业务。

2012年，公司分别与高斯图文印刷系统（中国）有限公司、万邦联合（北京）设备有限公司达成战略合作，成为高斯山东地区销售服务总代理、万邦山东地区设备安装售后服务总代理。

2013年，印刷厂联合社会资源，共同成立济南报业文新印务有限公司，将核心业务向商务印刷领域拓展。文新公司配备上海高斯M45印刷机组、上海紫光平装胶订自动线、骑马装订联动线、FJL封卷龙、ZK340书面勒口机、ZYH660混合式折页机、HPM137M15高速切纸机等国内先进设备，集报纸、书刊、杂志等多种印刷于一体。

山东麦田生物技术有限公司 成立于2013年1月，是一家专业研发、生产和销售II、III类体外诊断试剂及相关配套全自动诊断设备的公司。办公面积2000平方米，员工80余人。

2016年，公司被山东省认定为高新技术企业，是山东省专精特新中小企业、济南市一企一技术创新企业、济南市千层次人才引进计划企业、科技部参服基金“北京互联创投”1000万首轮投资者。承担省经信委创新项目1项，市千层次人才计划1项，市中区科技计划3项，获知识产权10项，其中，发明专利3项，实用新型4项，外观设计3项。

公司有干化学女性分泌物检测和POCT即时诊断2条产品线，主要产品包括全自动阴道炎检测仪、多项目免疫层析分析仪、便携式免疫层析分析仪及配套的七大类28种快速诊断试剂。公司是国内POCT行业获产品注册最多的企业之一，通过ISO9001质量管理体系认证。

济南华海建设集团有限公司 1990年成立，位于济南市市中区西十里河东街107-7号，注册资金6256万元，固定资产1.5亿元，其中生产经营固定资产8600多万元。有职工2000多人，各类专业技术人员880名，其中高中级职称占40%，持证上岗率100%。

公司是以建筑施工、房地产开发、室内装修、装潢为主的国家二级总承包企业。2005年3月，通过ISO9001、ISO2000质量管理体系认证，公司资信等级为AAA级。先后建设中海国际社区A2、A4地块、海亮·院里、重汽配件物流中心等大型社区，工程一次交验优良率80%以上。获“省系统先进企业”和“济南市明星企业”称号，连年被评为市级“重合同守信用企业”“消费者满意单位”。施工工地获山东省安全文明工地、济南市红牌工地、济南市优质结构杯等多项荣誉。

（区民营局供稿）

山东齐鲁文化城有限公司 位于济微路122号，2009年开始运营，占地160亩，总建筑面积10万平方米，建设总投资2.5亿元人民币。是一个集书画艺术创作交易、玉雕制作、陶瓷民俗、创意家居、婚礼庆典、美食餐饮、名优土特产、紫砂茗茶、古典家具、古玩杂项、文化成果展示、创意设计、演艺经纪、影视拍摄制作、精品观赏石博物馆、旅游产品研发、特色小吃、花鸟鱼虫交易等不同业态为一体的文化综合体项目。以景观河为界分南区17排、北区18排，可布置室外展位800余个，是济南市重点打造的“园林休闲式”江北第一文化市场、首批重点文化产业项目，拥有4000平方米的齐鲁赏石博物馆和拟建的5000平方米的齐鲁民俗博物馆、4000平方米的邮票钱币博物馆。2016年，有商铺800余家。

（区民营局供稿）

农 业

NongYe

综 述

【概况】 2016年，区农业经济发展局设办公室、综合科、水政水资源科；下属6个事业站室，分别是经管站、农业技术推广站、农业机械管理站、林业站、水政监察大队、动物卫生监督所，共有在职人员47人。主要开展农业产业结构调整、林业生态治理和生产管理、水利工程建设管理、畜牧产业发展、美丽乡村建设及森林防火、防汛抗旱和动物疫病防控等工作。

8月1日，区农村产权交易服务中心投入运行。投资100余万元，进一步完善农村产权流转交易服务体系建设；强化源头管理，不断完善农产品质量安全监管体系；全面落实富农惠农政策，累计发放良种补贴、农机具购置补贴等惠农补贴519万元；落实政策性农业和公益林保险。

年底，全区市级都市农业园区达到17家，带动流转土地1200公顷，全区农业结构进一步优化；推动农村土地承包经营权确权颁证工作，建立符合规范要求的数据库，被市级检查验收组评为优秀等次，并通过省级审核。

（张云）

【农业产业化经营】 2016年底，有全区农业龙头企业19家。其中，省级2家，市级6家。带动能力较强的济南春天生物农业开发有限公司、济南圣都食品有限公司、济南超意兴餐饮配送有限公司3家企业获市级农业产业化龙头企业项目贷款贴息，济南天天香有限公司获品牌项目奖励。产业化龙头企业推动全区农业向市场化、专业化和现代化转变。全区有农民合作社50家。6家被评为市级一般示范社，3家被评为省级重点农民专业合作社，流转面积200亩以上的共有7家。合作社成员1000多户，辐射带动周边5000多人就业，农民合作社在农民增收、农业增效方面发挥着重要作用。

（张云）

【农村集体资产管理】 2016年，市中区农村集体“三资”管理保持“五权不变”（所有权、使用权、监督权、处置权、收益权归村居），会计核算全部实现电算化。全区各村居均采取“村章办管”，各街道办事处设立公章管理办公室，对辖区各村居委员会公章及党支部公章实行统一集中管理，由党支部和村委会负责人签字后统一到街道办事处盖章，重大事项由各街道办事处下设的管理区负责人签字确认后才可到街道办事处盖章。全区各村居均按照有关要求实施村居财务管理制度、村居重大事项报告制度、村居临时性借款制度和公章管理制度等6项管理制度，进一步规范对村居集体资产出租合同、项目建设合同的监管。按照财务公开要求，各村居均在“村务公开栏”内实行季度村居账目公开，并对公开公示内容保留影像资料。全区各村居均成立村民理财小组和监管管理委员会，人员由村民或村民代表选举产生，对村内账目定期进行监督检查。

（张云）

【农产品质量安全监管】 2016年，市中区重点完善监管体系建设，按照“属地管理、分级负责”的原则，落实各级农产品质量安全监管责任。强化农产品源头治理，加强农资经营单位监管，重点打击违禁剧毒高毒农药的销售使用。全年累计执法检查农资店136个次，出动执法人员235人次。重点监管种植单位制度落实，结合韭菜、种子专项整治，对重点产品实施重点监管，控制投入品使用、安全间隔期管理，产品自检 1065 个样品。市级部门抽检合格率 100%，确保上市前农产品的质量安全。

（张云）

【农业行政执法】 制定严格岗位目标责任制，任务层层分解，责任到人。以强化农产品质量安全监管为重点，从源头抓起，在法律宣传培训、质量监督、市场监管等方面开展工作，确保我区农业生产和农产品质量安全。积极开展农资打假活动，加强执法宣传与教育，发放宣传资料 1 万余份，有效规范农资市场，农民利益得到有效保护。加大执法检查力度，有效规范农产品生产单位，使农产品质量安全可追溯。强化农产品质量安全隐患排查，确保全区农业生产和农产品质量安全。

（张云）

【扶贫解困】 2016 年，市中区投资 767.2 万元，在 9 个贫困村实施产业扶贫项目；投资约 1900 万元，改造 9 个贫困村电力设施，进一步完善贫困村公共基础设施建设，为贫困村经济发展奠定基础。全区建档立卡贫困户全部实现脱贫。

（张云）

【市中区农村产权交易服务中心】 2016 年 8 月 1 日，区农村产权交易服务中心正式挂牌办公，按照“三部一室”要求设交易部、协调部、金融部和办公室，编制 5 人实有 7 人。办公场所和交易大厅设在市中区外来务工（农民工）服务中心。中心为市中区鸿雁家庭农场办理 15 万元贷款并发放到位。

（张云）

种植业

【种植品种与规模】 2016 年，全区小麦种植品种有鲁研 502，济麦 22，良星 77，良星 66。玉米品种主要有郑单 958，德单 5 号。

全区小麦种植面积 40584.81 亩，玉米种植面积约 45000 亩，谷子种植面积 2994 亩，豆类种植面积 532 亩，薯类种植面积 167 亩。粮食种植总面积约 89278 亩。引进高产耐旱作物良种，推广旱作物栽培技术。全年粮食单产 293.2 公斤 / 亩，总产量 26176 吨。

（张云）

【病虫害】 辖区粮食作物主要病害有小麦黄锈病、白粉病；玉米叶斑病、青枯病。虫害：麦蚜虫、麦叶蜂、红蜘蛛、玉米螟、粘虫等。地下害虫有蛴螬、蝼蛄、金针虫等。由于防治及时，病虫害未对全区农业生产造成大的损失。

（张云）

【惠农政策】 全年落实耕地地力保护补贴面积 40584.81 亩，补贴农户 11823 户，补贴资金 125 元 / 亩。落实种粮大户补贴面积 218 亩，补贴农户 2 户，补贴资金 60 元 / 亩。发放农机具购置补贴 12 万元，补贴农户 30 余户。

（张云）

【宅科生态农业观光园】 位于党家街道宅科村，固定资产 1500 万元，规划占地面积 1300 亩。依山而建，毗邻九龙涧湿地旅游保护区，东望卧虎山水库，北观二环南路。

园区以发展现代农牧业为目标，探索现代农业的发展空间，把园区建设成农田园林化、生产装备现代化、生产技术集约化、管理体制人性化，资源利用循环化的农牧业高效科技示范区。园区布局规划为种植区、养殖区、生态休闲体验区3大功能区。

种植区分为蔬菜体验区50亩、香椿采摘区300亩（实有150亩）、山果采摘区600亩（核桃采摘园300亩、苹果采摘园200亩、脆枣采摘园1万余株）、小杂粮种植区300亩。蔬菜体验区种植品种以野菜为主，采用认购、认领等方式，以家庭、单位为单位，每2分地为一方，采用个人管理或园区统一管理方式，满足家庭、单位种植、采收体验等农事需求。小杂粮种植区，品种以水果玉米为主导品种，兼顾发展小米、地瓜等品种。

养殖区分为“众食”绿色蛋鸡生态放养基地、特色肉牛养殖观赏区。“众食”绿色蛋鸡生态放养基地形成5000只蛋鸡存栏规模，建有育雏鸡舍、育成鸡舍、成年鸡舍及管理用房等基础设施500平方米，生态山地放养场50亩；生态鸡场建有2幢鸡舍，770平方米；饲料加工储存车间240平方米。特色肉牛养殖观赏区建设黄牛养殖舍4幢，饲草加工车间、后备牛舍2幢、青贮池、粪污处理室，兽医室、培训室、办公场所等。

生态休闲体验区分为水上乐园、农家乐、奇石园、办公区。充分利用玉符河的自然优势，规划建设天然游泳池1处，大型山中钓鱼池1处。适当建设“农家乐”餐饮设施。

（张云）

【石崮都市农业生态园】 位于十六里河街道石崮村，规划用地面积1万余亩，实有面积5000余亩。园区基础设施建设完善，水、电、路设施配套齐全，建有管理中心、接待中心、都市农业科技示范培训中心、智能温室大棚、养鸡场、梅花鹿养殖场、绿色蔬菜与杂粮种植基地。园区景观包括月牙湾、葫芦池、牛栏池、山寨遗址等观光景点19处，初步形成集种、养、吃、住、行、游、购、教等功能于一体的生态休闲园区。

（张云）

林果业

【林果生产】 2016年，市中区建设渴马峪核桃（香玲、元丰）、石匣峪枣（脆酸枣、仲秋红）、涝坡峪杏（济丽红、红荷包）三大林果主产区，发展小庄樱桃、仁里多肉植物等精品园区。2016年，全区经济林面积达2.6万亩，实现林业产值8600万元。发展林下种养业发展到7家，苗木花卉基地4处，2100亩。全区林果协会、合作社达到12家。

（张云）

【荒山绿化】 2016年，市中区投资388万元，绿化荒山23.6公顷；投资390万元，实施红符路二期道路绿化工程。以村庄道路绿化、“四旁”绿化为重点，绿化村庄5个；结合林业扶贫工作，完成退耕还果3.73公顷，全区森林覆盖率49.97%。

（张云）

【森林防火】 2016年，市中区投资300余万元，进一步完善防火通道、水源地等防火基础设施建设，森林防火五项能力达到省级标准。狠抓责任落实，确保物资储备、人员管理、值班备勤三个到位。通过悬挂宣传标语、设立安全标志牌等方式，加大安全生产宣传力度。

（张云）

【林业执法】 2016年，市中区加强与森林公安、城管、市场监管等部门的联合执法，加大林地林木、野生动物和保护鸟类的监管保护力度，开展打击非法毁坏林地林木资源和打击非法捕猎销售野生保护鸟类专项执法行动，处置林政案件8起，依法向森林公安移交非法捕猎野生鸟类案件2起。

（张云）

畜牧养殖业

【概况】 2016年，全区生猪存栏1.91万头，牛存栏0.21万头，羊存栏1.65万头，家禽存栏49.6万只，肉类总产量2165.87吨，禽蛋产量1972.58吨，奶类产量2018.8吨。

全区有510家养殖场（户），其中规模场户27家。27家规模场户中建有粪污处理设施的14家，分别以发酵床、堆粪场、沉淀池、沼气池的形式处理畜禽粪污，基本达到零排放。其他养殖场户均以有氧或无氧发酵方式处理畜禽粪便，就近用于农田施肥。全区畜禽粪便利用率92%，设施率3%，污水处理利用率48%。

（张云）

【动物防疫】 全区投资28.67万元，购置各类疫苗174.7万毫升，保障全区畜牧业健康稳定发展。强化对兽药、饲料生产经营企业监管，累计出动执法人员50余人次，实施瘦肉精专项检查行动，抽检肉牛尿样40余个，未发现有违规违法使用瘦肉精情况。区级自检抽样400余个。农业部、省、市畜牧局在辖区抽检畜产品44个，抽检合格率100%。协调济南市农业局无害化处理厂与养殖户衔接工作，对病死畜禽进行无害化处理。

（张云）

水　利

【水库除险加固】 辖区有小(二)型水库3座，分别是兴隆水库、钅村水库、大岭水库。其中，兴隆水库库容40万立方米，矿村水库库容25万立方米，大岭水库库容10万立方米。2007年，实施兴隆水库除险加固工程，2008年，实施钅村水库除险加固工程。各水库均落实防汛行政负责人、技术负责人及水库巡查员。制定《市中区小型水利工程维护实施方案》，落实养护资金。

（张云）

【美丽乡村建设】 2016年，投资1000万元，以道路硬化、排水设施建设、村庄绿化、美化为主要内容，对寨而头、东渴、催马、张庄4个村进行连片治理；统筹“一事一议”财政奖补政策，争取财政奖补资金790万元，完成19个村基础设施建设项目。全区A、B两级美丽乡村覆盖率58%。

（张云）

【水利工程】 2016年6月30日，完成玉符河综合治理工程征迁工作，流转土地面积415.93公顷，拆除房屋4.96万平方米。投资504万元，建成五小水利工程80处，提高防汛抗旱保障能力。

（张云）

HIZHONGNIANJIAN

市中年鉴

工业　商贸

GongYe　ShangMao

工 业

【概况】 全区主导行业主要分为汽车制造和其他运输设备制造业、电气机械和器材制造业、机械装备制造业3大类，3大主导行业全年实现主营业务收入348.96亿元，占全区规模工业的98.86%。

（钱曰峰）

【汽车制造和其他运输设备制造业】 全区有汽车制造和其他运输设备制造企业4家，主要分布在党家、陡沟街道办事处，龙头企业有中国重汽集团济南卡车股份有限公司，全年实现主营业务收入296.28亿元，占全区规模工业的81.38%。

（钱曰峰）

【电气机械和器材制造业】 全区有电气机械和器材制造业企业4家，主要集中在王官庄、白马山、陡沟街道办事处附近，全年实现主营业务收入38.25亿元，占全区规模工业的10.5%。龙头企业有山东电力设备有限公司，今年以特高压换流变项目为主，大容量高附加值产品较多，拉动产值快速增长。

（钱曰峰）

【机械装备制造业】 全区有机械装备制造企业12家，主要分布在党家、陡沟、七贤、白马山街道办事处，全年实现主营业务收入12.42亿元，占全区规模工业的3.41%。代表企业有山推建友机械股份有限公司、济南金钟电子衡器股份有限公司等。山推建友、明美机械等企业主产品服务于工程建设行业，受房地产影响，订单增多，企业发展势头良好；另有少数企业产品技术含量较低，受原材料价格波动影响较大。

（钱曰峰）

【信息产业】 2016年末，以互联网+政务为突破口，智慧市中建设有力推进。与行业领军企业银江股份有限公司（上市公司）签订“智慧市中”战略框架合作协议，将智慧城管平台建设作为优先启动项目，已形成“智慧城管”建设调研报告和平台建设草案。积极打造“智慧政府”，完成远程视频会议系统建设。加强对铁塔公司的支持和配合，新建4G铁塔基站76座，大大提高4G网络可靠性。两化融合进程逐渐加快，企业产品设计周期缩短75%，生产自动控制率达95%，信息化对企业效益增长贡献率超过25%。

（方刚 张传俊）

商 贸

【概况】 2016年，全区社会消费品零售总额实现484.6亿元，同比增长10.15%；进出口总额4.87亿美元，同比增长17.8%，增幅列市内四区第一。其中，出口3.7亿美元，同比增长11.1%；进口1.17亿美元，同比增长45.3%；离岸服务外包执行金额实现7513万美元，同比增长18.84%。

（任国春）

【特色商业街区建设】 英雄山文化休闲商业

街区位于英雄山北麓、经十路以南、军区五所以东、玉函高架路以西。核心区域东西长约1000米，南北宽约600米，面积约60万平方米，连同辐射区域，总面积100万平方米。核心区各类商贸设施达30多万平方米，年销售额突破40亿元，是济南市城市中心区聚集人数最多、文化休闲氛围最为浓厚的商业街区。2012年6月20日，济南市英雄山文化休闲商业街区获“中国特色商业街”称号。该街区成为济南市首条被中国步行商业街工作委员会正式授予的国家级特色商业街。2013年1月，英雄山文化休闲商业街和经四路商业街被命名为济南市特色商业街。

2016年，对英雄山文化休闲商业街进行改造提升。完成黄金珠宝古玩城、华夏齐鲁文化城、新世界商城改造并开业。其中，新世界商城停车场，新增停车位600多个；省体育中心悦动城打造为全市第一家以运动为主题的商业mall（商业街）；打通商业街向玉函路、经十路及周边辐射的通道。上半年与主要商户和辖区街道进行摸底调研，成立由商户广泛参与的商会（协会）组织、专业运营管理公司运营管理、区商务局牵头推进协调督导的三级架构。9月，英雄山文化休闲商业街区企业联盟组建成立，街区新世界商城、文化市场等7家骨干企业加入。打造老商埠文化传承特色商业街区。融旅游节点、商业中心、文化名片于一体，实现“老字号”、文化创意、时尚休闲各业态的融合。

（任国春）

【市场体系建设】 全区面积在1万平方米以上竣工开业的批零贸易大项目20多个，总建筑面积80多万平方米。万达广场、环宇城、领秀城贵和购物中心等大体量商业综合体项目相继建成开业，欧亚大观、融汇老商埠等在建和待开业的项目7个，总建筑面积约70万平方米。

全区11家大型专业批发市场不断完善。其中，济南海鲜大市场是江北水产行业的领军企业，英雄山文化市场是全国最有影响力的文化市场之一，济西二手车交易市场是省内规模最大、经营最规范的二手车专业交易市场。

（任国春）

【对外贸易】 2016年，新增进出口企业28家。年底，全区共有对外贸易经营者备案登记企业730家，有固定业务及固定境外客户的出口企业140家。年出口额在1000—5000万美元的企业8家，500—1000万美元的企业4家，年出口额过100万美元的企业约34家。形成机电设备、纺织、服装为主，五金工具、工艺品等各类产品为辅的出口商品格局。全年新增服务外包企业2家，完成离岸服务外包执行金额7513万美元，同比增长18.84%。

（任国春）

【民生商务】 通过政府引导、政策扶持、市场运作、合理布局，推进社区便民放心菜市场、便民肉菜店、早餐流动车等惠民工作。至2016年底，共培育放心菜市场19家，便民肉菜店53家。“放心早餐工程”共设置配送中心4处，建成早餐连锁店62处、发展早餐车20部。在鲁能领秀城菜市场、隆多福菜市场、部分便民肉菜店建立肉菜追溯体系。

（任国春）

【“互联网+便利店”建设】 2016年3月4日，市中区“互联网+便利店”推广工作部署会召开，区政府制订《济南市市中区关于“加快互联网+便利店”建设推广的工作方案》，成立加快“互联网+便利店”建设推广工作领导小组，区商务局、区食品药品监督局、市场监督管理局等相关职能部门和各街道办事处为成员单位。区政府把“互联网+便利店”建设工作列为全区2016年12项重点民生工作之一，纳入政府工作目标考核，并设立500万元专项扶持资金。6月3日，山东省暨济南市智慧便利店进社区工程试点启动仪式在市中区中海国际社区A2区中心广场举行，把市中区列为全省首批3个智慧便利店进社区工程试点区之一。至年底，共建设“互联网+便利店”75家。

2016年6月3日，山东省暨济南市智慧便利店进社区工程试点启动仪式

（任国春）

HIZHONGNIANJIAN

市中
年鉴

财税　金融

CaiShui JinRong

财　政

【概况】 区财政局为区政府工作部门。2016年区财政局设办公室、综合科（挂法规税政科、行政审批办公室牌子）、预算科、国库科、行政事业科（挂行政事业资产科牌子）、农业科（挂农村综合改革办公室牌子）、社会保障科、财政监督科（挂企业科牌子）8个科室，下设区财政集中支付中心（正处级）、区财政投资评审中心（正处级）、区政府项目资金管理中心（正处级）、区工资发放中心（副处级）、区非税收入管理中心（副处级）、区会计事务管理中心（副处级）、区社会保障资金管理中心（副处级）7个事业单位。核定编制74人，在编在岗干部职工63人。全区一般公共预算收入91.69亿元，同比增长9.58%；全区一般公共预算支出47.28亿元，同比增长21.16%。

（孙悦）

【财政收入】 2016年，区财政局进一步完善区街财政体制和考核指标，结合“三项重点工作”，完善差异化指标。引进基金管理等多种现代金融业态，统筹资金1.5亿元，提升新金融产业园区承载集聚能力。推动股权投资基金体系建设，全年参股6支子基金，引导基金出资1.03亿元，子基金规模达到12.02亿元。全区一般公共预算收入91.69亿元，同比增长9.58%；其中税收收入完成82.75亿元，占公共财政预算收入的90.25%。

（孙悦）

【财政支出】 2016年，全年用于民生和社会事业的支出为36.48亿元，同比增长25.38%，占财政支出的77.16%。教育支出14.64亿元，同比增长21.60%，占财政支出的30.97%，同比增长0.11个百分点。居民基本养老保险基础养老金政府补助标准提高到100元/人月，城乡低保标准提高至580元/人月和4165元/人年。投资1000万元，推动“321”医疗联合卫生服务体系建设。投资320万元，建设卫生应急指挥中心。医疗保险政府补贴提高到420元/人年。投资1033万元，在党家街道4个村实施美丽乡村连片治理。安排精准扶贫资金3000万元，用于辖区贫困村庄电网改造、产业引导项目、公益事业建设等。统筹安排区级投入3.11亿元，全面改造8个老旧开放式小区，改善居民居住环境。重点项目投资3.14亿元，加快推进城乡环卫一体化建设。全区一般公共预算支出47.28亿元，同比增长21.16%。

（孙悦）

【政府采购】 2016年，升级改造“一网两系统”（济南市市中区政府采购管理系统、济南市市中区政府采购信息网、济南市市中区政府采购电子采购系统），能够相互链接、融合，实现政府采购全覆盖。9月，出台《济南市市中区政府采购定点采购管理办法》。明确采购人和定点供应商的权利与义务。全年完成政府采购额863251万元（旧棚改造安置房建设政府购买服务755746万元，不列入节支资金和公开招标采购总额的统计数据内）。政府采购节约资金12642.58万元，节支率11.76%。公开招标采购80229万元，占全部采购额的74.6%。

（孙悦）

【政府投融资管理】 2016年，市中区在全市率先出台《关于政府向社会力量购买服务的实施意见》，将棚改征地拆迁、安置住房筹建、公益性基础设施建设等项目全部纳入政府购买服务范围，制定中长期财政规划，将政府购买服务资金纳入相应年度财政预算，并由区人大决议通过。南康村、北康村、兴隆N1地块和F1地块的安置房建设项目，通过政府购买服务，以区城市更新局作为购买主体，确定市中控股作为单一采购来源，向农发行争取资金70亿元，保证重点建设项目的资金需要。

（孙悦）

【财政管理改革】 将政府和部门预决算、“三公”经费预决算按照法定时间节点向社会全面公开；启动2017—2019年部门中期财政规划。完善“三公”经费预算编制，严控“三公”经费预算规模，全年“三公”经费预算同比下降15.94%。搭建电子监管平台，深化公务刷卡结算改革，强化临时银行账户审批备案，选取区3个部门试编权责发生制综合财务报告。开展行政事业单位国有资产清查，先后对市政工程、城市绿化、装饰改造工程、综合整治改造工程等项目进行财政评审，全年完成各类评审预结算项目送审金额7.1亿元，综合审减率8.2%。

（孙悦）

地　税

【地税收入】 2016年，全年完成税收收入715276万元，同口径增收123126万元，增长20.79%。其中区级收入完成550031万元，同口径增收105749万元，增长23.80%。

（王浩）

【税收征管】 2016年，开展“营改增”全面推行试点工作。市中地税分局的“借鉴审计思维，开发税收执法自审平台”重点工作入选全市地税系统十大亮点工作。

（王浩）

2016年10月，省地税局党组书记、局长张洪军一行到市中分局办税服务厅调研指导

（市中地税分局　提供）

【税收执法】 全年减免小型微利企业所得税308万元、高新技术企业所得税2205万元、文化转制企业所得税13303万元，研发费用加计扣除278万元。年所得12万元以上个税自行纳税申报14849人，完成市局计划的105.6%，补缴税款56.32万元，同比增长17.89%。股权转让个人所得税核查入库印花税372万元，个人所得税296.5万元。开展“以地控税”工作，规范纳税人的税源登记信息及纳税申报质量。规范土地增值税清算工作，提高房地产企业土

地增值税清算率。全年入库土地增值税 57640 万元，清退土地增值税 5274 万元。

（王浩）

【地税服务】 2016 年，分局“12345”承办工单 332 件，同比下降 43%，其中受理的属实投诉工单同比下降 72%；2 月、9 月、10 月实现零投诉。逾期办结工单同比下降 86%；重新办理单同比下降 12%。对 VIP 办税服务区升级改造，不断扩大 VIP 服务对象范围，将服务对象由纳税信用等级 A 级企业，扩大到重点税源企业、特需群体等，建立动态 VIP 纳税人退出和补充机制。

（王浩）

国　税

【国税征收】 2016 年，区国税分局组织全口径税收收入 119.5 亿元，增幅 16.78%；国内税收收入 107.9 亿元，增幅 17.95%；县区级税收收入 33.2 亿元，增幅 28.15%。落实小微企业税收优惠 1189.6 万元，受惠面 100%；落实高新技术税收优惠 624.44 万元；落实固定资产加速折旧政策税收优惠 866.36 万元；为企业办理出口退（免）税 15.84 亿元。

（尚晓睿）

【国税征管】 2016 年，建立财政、国税、地税三方联席会议制度、工作过程跟踪制度，定期召开由区财政部门主持的联席会议。在英雄山路 189 号新华书店大楼设立市中区国、地税联合办税服务厅，为企业纳税人提供一次抽号、一站咨询、一机通用、一窗通办国、地税业务服务。成立所得税管理专家团队，重点开展风险事项股权转让、投资收益免税、查账征收企业亏损、企业重组、研发费加计扣除等项目专项评估。为一达通等重点出口退税企业开通绿色通道，为重点税源企业量身定做个性化服务方案，提供点对点、面对面精准服务。定期联合地税局开展税企高层对话、走访调研和税收风险管理工作，开展集团税收形势分析、运行状况分析、政策效应分析。

（尚晓睿）

【营改增】 2016 年，市中区国税局从区地税分局接收营改增户数 16669 户，试点纳税人户数居全省第二位。选址圣玛丽亚妇产医院，设立 700 平方米的办税服务专区，开设 2000 平方米可容纳 400 人的纳税人学堂，对纳税人进行辅导培训。自主开发业务“免填单”系统，纳税人只需提供纳税识别号，就可直接从系统中输出信息确认表。对企业法人、财务主管及具体办税人员设置不同培训内容举办培训班；举办房地产业及建筑业企业座谈会、金融业高端培训；成立 16 个巡回辅导小组，对辖区内餐饮、住宿企业开展入户辅导；为重点企业开展一对一上门辅导。

（尚晓睿）

【“金三”换版】 市中区国税局是全省唯一一个金三换版双轨运行试点单位。成立三换版工作领导小组，组建由 11 名兄弟单位业务骨干和 14 名局内部人员组成的双轨运行测试专业化团队。专门搭建双轨运行测试工作区，配备 15 台全新高性能计算机、10 台桌面云终端、3 台打印复印一体机，为双轨运行、系统上线提供可靠的运行环境和技术保障。根据业务内容分项、分类别划分，对在集中版实际发生的业务，做好工作记录和资料收集，每隔 1 小时在优化版中全量业务同步完成操作，按时通过优化实施问题管理平台上报测试问题，不断优化完善系统设置。

（尚晓睿）

【国税服务】 纳税服务大厅内配备固定导税2人、流动导税4人，对纳税人进厅办税实行"双引导"制度，全面受理营改增纳税人各类咨询、答复、转办事项。新增办税窗口22个，增聘工作人员20人。引导纳税人网上办理申报、发票认证等业务，将网上申报培训课件录制成视频、图像资料，在大屏幕电视、纳税人学堂进行循环播放。对上门进行发票认证的纳税人，引导纳税人进行网上勾选认证。在营改增服务专区，增配8台外网电脑，指派专人对纳税人自助网上申报进行面对面辅导。打造"十分钟办税圈"，在大观园、魏家庄、七贤、白马山等街道办事处社会服务大厅设立社会化办税窗口，方便纳税人就近办理各类常规业务。

（尚晓睿）

【国税执法】 年初制定税收执法督察方案，将涉及创业创新、认证已抵扣失控发票、三证合一、小微企业优惠等8大类25项列为督查内容，对疑点数据查深查透，发现问题及时整改。开展依法行政示范点建设，十六里河分局被市国税局评为2016年度法治国税分局示范点。通过制定"互联网+风险管控"行动计划，将市中区国税局自主研发的数字化办公平台与风险管控工作有效结合，提高风险识别效率和风险分析效果。通过发起风险提醒、纳税评估、大企业自查等多种形式查补税款滞纳金合计8741.61万元，弥补亏损2662.32万元，抵顶留抵52.56万元。

（尚晓睿）

金　融

【概况】 2016年，全区金融业实现增加值240.1亿元，同比增长7.3%，实现金融业区域税收47.77亿元，占全区区域税收的25.6%。年底，全区有银行业区域总部17家，保险业区域总部30家，证券期货业区域总部24家，各类金融机构及营业网点310多家，金融业态不断丰富和发展。

辖区地方金融组织平稳发展。6家小额贷款公司累计发放贷款2395笔，216370万元，纳税2213万元；8家融资性担保公司在保余额253491万元，纳税128.5万元；1家民间资本管理公司支持小微企业累计投资10324万元，有效地缓解了小微企业融资难、融资贵的问题。

【金融监管】 2016年，继续加强对6家小额贷款公司、8家融资性担保公司和1家民间资本管理公司的监管和指导。聘请专业审计机构对15家地方金融组织进行年初、年中2次专项审计，审计结果未发现有重大违规事项。建立完善针对不同监管对象的监管制度和标准，对监管对象做好财务报表、业务报表等资料的统计、收集和分析工作；采取查阅业务合同档案资料、与公司高管座谈、现场检查等形式，及时全面的掌握公司情况，发现风险及违规情况，要求企业及时整改。

（任媛媛）

【防范和打击非法集资】 市中区打击和处置非法集资工作领导小组办公室始终将开展"打

击和处置非法集资宣传教育活动”作为一项重要工作来抓，编制《济南市市中区金融风险处置应急预案》，完善相关制度，全面提高金融风险监测、预警效能。成立济南市市中区互联网金融风险专项整治工作领导小组，制订《济南市市中区互联网金融风险专项整治工作实施方案》，对97家涉及互联网金融业务的机构实施风险排查。开展省外交易所在市中区设立分支机构的清理整顿、贵金属类交易场所专项整治等，净化金融发展环境。制作2万余份宣传材料和8块展板，开展“金融惠民进社区”等主题宣传，提高社会公众风险防范意识。

（任媛媛）

【企业上市】 制定《济南市市中区企业上市扶持办法》，完善《市中区规模企业规范化公司制改制工作方案》，召开3次改制联席会议，已改制完成企业12家。2016年，有山东嘉钢供应链股份有限公司、山东泰维能源股份有限公司、山东世纪装饰工程股份有限公司3家企业在“新三板”挂牌；山东大宇集团股份有限公司、山东德华一机床数控设备股份有限公司、济南杰森世纪实业有限公司、山东国投联合企业孵化器有限公司、济南振宏机械有限公司5家企业在场外交易市场挂牌。同时积极申请济南市上市扶持政策推动企业上市、改制工作持续深入开展。

（任媛媛）

【金融企业选介】 齐鲁银行股份有限公司　成立于1996年6月，是中国银行业协会城市商业银行工作委员会副主任单位。2004年，与澳大利亚澳洲联邦银行（CBA）实现战略合作，发起成立章丘齐鲁村镇银行，对外投资济宁银行和德州银行2家城商行。是山东省首家与外资银行实现战略合作的城商行。2013年5月31日，齐鲁银行成立山东省首家金融便利店，人工服务延长至夜晚9点，以220万零售客户为基础，将水、电、暖、气等十余项公共事业服务、养老金代扣代发业务实现一站式缴费服务，成为全省居民基础生活代理业务量最多、项目最全的银行。2015年6月29日，成功在全国中小企业股份转让系统（俗称“新三板”）挂牌，成为全国第一家挂牌“新三板”的商业银行，证券代码832666。

至2016年底，总资产2058.73亿元，存款1458.23亿元，实现净利润16.38亿元（未经审计）。辖天津、青岛、聊城、泰安、德州、临沂6家分行。

中泰证券股份有限公司　原名齐鲁证券有限公司，2015年9月更名为中泰证券股份有限公司，是全国大型综合类券商。公司致力于为广大投资者提供证券代理买卖、投资咨询、财务顾问、证券发行与承销、收购兼并、资产重组、资产管理、融资融券、金融产品代销、证券投资基金代销、股指期货中间介绍等全方位的专业化证券投、融资服务。公司为全国近300家企业提供股权融资、债券融资服务，实现融资额2900多亿元，为200多家企业提供财务顾问服务。

2016年，公司有员工7500多人，在全国28个省、市、自治区设有38家证券分公司、247家证券营业部，控股鲁证期货股份有限公司、鲁证创业投资有限公司、中泰金融国际有限公司、齐鲁证券（上海）资产管理有限公司，参股万家基金管理有限公司、齐鲁股权交易中心有限公司、中证信用增进股份有限公司、证通股份有限公司，形成集证券、基金、期货、直投为一体的综合性证券控股集团。公司多次被山东省政府授予山东省金融创新奖、山东省金融发展贡献奖；先后获“金钥匙奖”“中国最具成长性证券经纪商”“中国最佳证券经纪商”“最具成长性投行”“最具创新力证券公司”“优秀保荐机构”“金牛投行进步奖”“证券公司投资者教育与服务优秀单位”“中国最佳中小板、创业板保荐机构”等称号。

鲁证期货股份有限公司　是经中国证监会批准，在山东省工商局注册登记，由中泰证券股份有限公司出资控股的大型专业期货公司。公司总部位于山东济南，是山东最大的期货公司。

公司业务范围包括商品期货经纪、金融期货经纪、期货投资咨询和资产管理等。拥有上海期货交易所、大连商品交易所、郑州商品交易所和中国金融期货交易所席位，是中国金融期货交易所24家全面结算会员之一，中国期货业协会第二届、第三届、第四届理事会理事单位和山东省期货业协会会长单位，先后获山东省人民政府金融创新奖、济南市人民政府金融业支持实体经济发展贡献奖、山东省财政厅“AAA”级山东省地方金融企业等称号。

2016年，公司注册资本10.019亿元，员工500余人；设有1家分公司，25家期货营业部，遍布北京、上海、深圳、广州、大连、郑州及杭州等全国主要城市，依托中泰证券200余家营业网点，形成覆盖全国的服务网络。

（任媛媛）

济南金融商务中心区（市中区）服务中心

【概况】济南金融商务中心区位于市中北部核心区，是全区经济发展和财政收入的重要支柱。作为济南区域性产业金融中心的重要组成部分，2010年，被确定为全省重点服务业园区；2011年，成为全省唯一的金融类省级服务业综合改革试点区域。2013年底，区委、区政府组建济南金融商务中心区（市中区）服务中心。根据市编委《关于山东中房物业管理总公司更名的批复》，区编办《关于山东中房物业管理总公司更名为济南金融商务中心区（市中区）服务中心的通知》，山东中房物业管理总公司更名为济南金融商务中心区（市中区）服务中心，为市中区政府直属财政拨款正处级事业单位。2014年10月，区委、区政府决定依托总建筑面积20万平方米的祥泰广场项目打造山东新金融产业园。园区服务业企业全年实现营业收入982.42亿元，同比增长20%；园区金融业完成增加值236亿元，同比增长10%，占全区GDP的29%。

（王玉琳）

【园区建设】2011年10月，制订《加快推进省级服务业综合改革试点工作方案》《关于加快推进济南金融商务中心区建设发展的意见》《关于加快全区楼宇经济发展的实施意见》，建立园区建设、楼宇经济、统计调查等工作机制，落实区级服务业发展引导资金等相关政策措施。制订《关于加快推进济南金融商务中心区优化提升的意见》《济南金融商务中心区2015—2020年发展规划》，确定“一核四区、一轴五线”的空间布局，规划建设新金融发展区，承接北部核心区发展，辐射带动南部新城建设发展，形成老城与新区功能互补、联动发展的新格局。明确金融产业为龙头，以现代商贸、信息通讯、文化休闲、商务服务为支撑的产业定位。制订《关于创建区域股权投资机构集聚区的意见》，设立2亿元规模的区级股权投资引导基金，重点引进国家、省、市各级股权投资引导母基金参股的各类私募股权投资基金、政府和社会资本合作（PPP）基金。对园区官方微信订阅号进行改版升级，建设山东新金融产业园网站，通过《济南日报》开展山东新金融产业园LOGO设计征集活动，确定山东新金融产业园LOGO设计方案，开展VI视觉识别系统设计。制订《山东新金融产业园管理办法（草案）》《山东新金融产业园企业考核评价办法（草案）》，建立产业园线上办公平台。2016年12月1日，园区被省金融办授予山东省（济南）股权投资机构集聚区称号。年底，新金融产业园注册企业达到650余家。其中，政府物业部分注册企业70余家，管理基金规模超过1000亿元。完成投融资服务平台项目可行性研究课题评审论证，信用信息子平台、政策服务子平台基本建设完成。

（王玉琳）

【园区招商】 加强与省金融办、省财金集团联系对接，拓展招商信息资源；建立“一站式”招商引资服务模式，协调工商等部门，帮助山东南郊电建股权投资合伙企业（有限合伙）、山东广发合信齐泉投资基金合伙企业（有限合伙）等30余家企业完成注册工作。2016年，引进中国风险投资有限公司、建银城投（上海）环保股权投资管理有限公司、山东建融信岳投资管理有限公司等36家金融机构。

（王玉琳）

国海证券山东分公司　成立于2011年，辖济南、德州、济宁、威海、泰安、无锡6个地区7家营业部。分公司设立投资银行、债券承销、资产管理等业务部门，有保荐代表人、注册会计师、律师、资管等专业人才20余人。与山东地区各级政府部门、相关监管部门及近100家上市公司、20余家银行建立良好合作互动关系。

济南建华投资管理有限公司　济南建华投资管理有限公司由中国风投作为发起人成立的专业股权投资管理机构，2015年申请到山东省科技成果转化引导基金5000万元，以此为基础设立济南建华创业投资企业（有限合伙）（以下简称济南建华基金），通过基金业协会私募管理人登记，登记编号P1061380。2016年，济南建华投资管理有限公司完成工商登记等所有手续。

该公司管理的济南建华基金专注于节能环保、高端装备制造和生物医药领域，募集规模2.5亿元，国家发改委新兴产业创业投资引导基金和山东省科技成果转化引导基金各出资5000万元。该基金是首批通过国家发改委引导基金评审的3支基金之一。

山东中逸农牧股权投资管理有限公司　成立于2016年，注册资本1000万元，位于山东新金融产业园，由中信集团下属中信逸百年资本有限公司设立。

公司管理的基金是山东省省级股权投资的引导基金，由山东省财金投资集团有限公司、山东中逸农牧股权投资管理有限公司、信安通（北京）投资顾问有限公司等设立，总规模15亿元，首期3.2653亿元，重点投向山东省内的各类涉农、涉牧等行业。

太平财险山东分公司　2003年7月28日，下设济南、潍坊、烟台、淄博、济宁、威海、滨州等15家三级机构、41家四级机构，员工超过1500人。其中，山东分公司本部110人，济南中心支公司67人。

2016年，山东分公司保费规模突破15亿元，实现利润6548万元，上缴税金29574万元。其中，分公司本部及济南中心支公司利税合计 3332 万元。

公司获山东省金融机构综合评价 A 级单位、人行金融机构综合评价 A 级单位、济南市统计工作先进单位等称号。

济南财金复星惟实基金 由是上海复星集团与济南财金投资控股集团合作发起的股权投资基金，规模 20 亿元。该基金由上海复星创富投资管理股份有限公司（简称“复星创富”）管理，其济南的管理平台是济南复星平怡投资管理有限公司，办公地址位于英雄山路 129 号祥泰广场 10 号楼 301 室。

至 2016 年底，完成投资 4 亿元左右。在济南市储备多个项目，包括国企混改、上市公司并购、PE 及 VC 项目。

（王玉琳）

城建　环保

ChengJian　HuanBao

城乡建设

【概况】 2016年，济南市市中区城乡建设委员会内设办公室（政策法规科）、财务审计科、城市建设科、村（居）建设科、建筑业管理科、人防建设管理科（防汛科）6个科（室），下设公路管理局、重点工程办公室、城市规划协调服务中心、人防工程管理服务中心、济南市工程质量与安全生产监督站市中分站5个事业单位。市中区城乡建设始终以靓环境、惠民生为己任，从解决群众最关心的民生问题做起，开展小区环境整治、村庄环境治理，打造优美、和谐的城乡人居环境。通过建立健全各项规章制度、加大检查执法力度、提高综合服务水平，增强建筑企业市场竞争力。区建委被评为市级文明单位。

2016年，全区纳入监管考核的重点项目共84个，其中，棚改旧改（征收拆迁）类项目17个，建设整治类项目67个；列入省级重点项目计划的9个、列入市级重点项目计划的34个、列入区级重点项目计划的41个。全区重点项目累计完成投资159.24亿元、建设面积300.84万平方米、拆迁面积143.07万平方米、开工面积414.27万平方米、土地出让面积59公顷。

（张京艳）

【基础设施建设】 2016年，市中区完成外墙保温37万余平方米，粉刷楼道9万平方米，翻新楼梯扶手1万米，安装楼道灯383套、太阳能路灯32盏，更换垃圾桶78个，安装信报箱205个，安装单元防盗门176套，公共楼道窗户面积1397.25平方米，公示牌面积54平方米，室外广告牌面积215平方米，信息栏面积904平方米，道路硬化面积578平方米，修建停车棚2032平方米，井盖数量20套，规整线路数量4万米，玻璃钢雨塔数量205个。

（罗殿旭）

【市级重点项目建设】 2016年，全区共有11个项目列入市重点项目建设计划，当年计划总投资68亿元，累计完成投资74.42亿元。提前完成年度投资计划的项目有南北康片区、济南欧亚大观商都、郎诚中心（现更名为东泰凯悦中心）、市中区素质教育基地、山东中医药大学第二附属医院病房楼扩建、鲁能领秀城社区医院。六大片区开发项目当年累计完成投资93.51亿元，占全年投资计划的97%。其中，兴隆片区B2、F2、F4等地块正常施工；领秀城片区M2、G1地块已交付；南北康片区商业和安置地块在建楼体座主体封顶；七贤中海片区B3地块小高层达到主体验收条件；文庄绿地国际城项目正在施工，安置房项目8栋楼体实现封顶；大庙屯融汇片区商业地块和安置地块楼体全部封顶。市政府下达的棚改旧改及快速路征迁项目征迁任务总量约1.12万户，涉及棚改、旧改、市政设施建设等29个项目，全区累计完成征收1.15万户，超额完成年度计划。蓝天花园项目主体封顶进入全面验收阶段，海珀天沅项目住宅和安置工程全部开工，美林花园正在施工，宏瑞国际星城三期项目即将全部竣工，白金汉宫项目11栋楼体全部竣工，济南证券业培训中心项目正进行土方外运和地下施工。山东书画艺术中心正在进行土方开挖和桩基施工，南郊热电厂治霾环保改造项目投入使用，济南国际创新设计产业园正式开园。

（刘凯）

【旧村（城中村）改造】 构筑“四纵三横”总体改造框架，依托市中控股平台，推动政府参与土地熟化和安置房建设。与市规划设计院建立规划咨询服务机制，对拟实施的改造项目，请市规划院提前介入，列出问题清单，区政府、市规划院和规划审批部门三方实时动态协作，确保规划难点问题得到前置解决。“小魏搬山”4个项目安置房建设陆续开工，前魏、朱家庄、尹家堂、岳尔、枣林、小屯改造项目征收工作全面提速，后魏、西红庙、南红庙、双龙等改造项目规划策划工作正在实施。

（姚智方）

【房产开发】 2016年，区房地产开发（集团）总公司完成投资3.58亿元，实现营业收入6.02亿元，上缴税金7179万元。在建项目有山景舜园，规划建筑面积40.15万平方米，完成桩基施工，进入垫层施工阶段。

（宋明珠）

【建筑业管理】 发放《关于办理危害生产安全刑事案件适用法律若干问题的解释》单行本和挂图。约谈区属建筑业企业及区管在建工地负责人，传达市中区建筑施工安全生产各项工作措施，组织区属建筑业企业进行全面自查自纠。开展建筑施工领域检查及安全法治宣传教育。改进和加强农民工工资支付保障工作，认真受理和处置建筑业农民工欠薪上访案件，全年受理农民工工资清欠案件44起，涉及金额663.03万元，涉及人数769人。

（汪晓明）

园林绿化

【概况】 2016年，区园林局实施城市绿色景观提升工程，重点打造八一立交桥、舜玉公园、马鞍山路（新世界商城周边）、郎茂山公园4个园林绿化精品；结合海绵城市建设，对阳光新路等多条道路实施绿化改造，提升绿化档次和品质；继续实施拆墙透绿、见缝插绿、立体绿化、屋顶绿化、大树栽植补植，全面消除裸露土地。

全年共清理渣土、回填种植土1.41万立方米；栽植大树1145株；栽植、补植各类乔灌木、绿篱67.66万株；布置花卉31.52万株；铺设草坪100吨；消除裸露地面20余万平方米；修剪处理大树枯枝断枝约3.84万株；安装、粉刷、修缮护栏4011米；安装路沿石2800米。全区绿化覆盖率、绿地率及人均公共绿地面积分别为44.1%、42.8%和16.3平方米，均位居全市第一。

节日立体花卉“低碳生活亲近生活”“鱼跃龙门”获全市立体造型一等奖、全市节日花卉综合布展一等奖。在济南市风景园林学会、济南市城市园林绿化局联合举办的“济南市第三十七届趵突泉金秋菊展”中，获“菊花小景”评比一等奖；在全市绿地养护管理检查评比中月份排名、季度排名、年度排名均位列全市第一；获济南市总工会颁发的“济南市建功立业先进集体”称号；单位档案管理工作获“省级档案工作科学化管理先进单位”称号；七贤广场西北角林下裸露土地绿化获山东省住房和城乡建设厅“城市裸露土地绿化示范项目”；连续16年保持济南市文明单位称号。

（校志强）

【绿化美化】 3月12日植树节期间，发动企事业单位、机关团体、大专院校、市民在郎茂

2016 年 12 月 27 日，二七街道联合区园林局修剪树木消除安全隐患 （区园林局 提供）

山公园、卧龙小区共栽植木槿 150 棵、大叶女贞 50 棵、侧柏 50 棵、竹子 3000 棵。完成峰景鉴筑、山景明珠、青龙山北路、白马山西路的垂直绿化，共栽植爬山虎 2750 株、蔷薇 2420 株，凌霄 163 株。对 103 省道、舜耕路等具备条件的路段增加行道树，栽植车梁木、红榉等大规格乔木 1145 株。对七贤绿地西北广场实施改造提升，改造提升面积约 5500 平方米。八一立交桥整体提升改造工程完工，整理绿化用地 9540 平方米。郎茂山山体公园跨年度工程全部竣工。完成红山尖国防教育基地、纬一路、建国小经三路、经四路、顺德路、玉兴路、玉函小区南路等道路的春季苗木补植工程。补植大叶女贞 21 株、竹子 2500 株、雪松 3 株、法桐 3 株、金叶女贞 1000 株、金边黄杨 1500 株、扶芳藤 5000 余株、龙柏 12000 株。完成阳光新路、二环南路绿化提升工程。节日期间，在纬一路、经四路、济大路、建新路、市中广场、太和广场、七贤广场等地点布置花卉 31.52 万株。其中，设置大型立体花坛 2 组、节点造型 4 组、花树 25 株、栽植花箱花卉 1208 米、安装花箱 284 个。治理裸露土地 20 余万平方米。

（校志强）

【绿化提升改造】 对七贤绿地西北广场实施改造提升，改造提升面积约 5500 平方米。挖基础土方 330 立方、回填种植土 486 立方、回填土石方 1113 立方，栽植雪松、五角枫、龙珠碧桃、淡竹等近 20 种各色乔灌木 9533 株，铺设玉簪、鸢尾、菖蒲、金边麦冬等近 10 种地被植物 1998 平方米，安放置石 90 吨，安装铁艺栏杆 281 米，设置木制飞来椅、垃圾箱、标示牌共计 28 个，并建造 100 立方米蓄水池一座，廊架、亭子各 1 处，新建喷灌设施和近 100 平方米的下沉式绿地 1 处。八一立交桥整体提升改造工程完工，整理绿化用地 9540 平方、清渣外运 564 立方，安装绿地喷灌设施 1 套，栽植绿篱 1661.2 平方米、绿墙 234 平方米，栽植乔木、花灌木 180 株，栽植花卉 150.2 平方米，安装树池坐凳 56 套，放置大叶女贞花箱 50 个、桥引花箱 284 个，铺种草坪 2400 平方米、清理草坪 8104 平方米，土方回填 520 立方米，植草沟回填碎石、砾石、种植土 588 立方米，拆除铁栏杆 580 米，地面铺装 2900 平方米，安装立沿石 600 米，安装滴灌管 1880 米。

（校志强）

【山体公园建设】 2016 年，郎茂山山体公园跨年度工程全部竣工。包括南山门、南山门西广场及安全护栏设施等。休闲广场及登山路安装护栏、休闲广场建设、漫步道及消防通道周边整治、山顶绿化、基础设施（安装护栏、垃圾桶、坐凳、标识牌等）等工程全部完工。启动万灵山山体公园建设。实施东南入口、木栈道及周边环境整治、上山路及周边环境整治、山体绿化及基础设施建设。

【名泉整治】 对辖区 20 处名泉进行统一养护管理，出资 5 万元与养护管理单位签订养管合同，保证 20 处名泉干净、整洁、美观，并能够及时发现各种问题。

（校志强）

【绿地与树木养护】 春季对树穴、地形进行修整，夏季抗旱保苗，冬季及时做好冬水灌溉。在经十路、经一路、舜耕路、百旺广场、经七路、阳光新路、英雄山广场等 40 余条道路及节点补植麦冬 100 吨，补植冬青、扶芳藤、红叶小檗、金叶女贞、鸢尾、月季等苗木 12.06 万株。修剪大树处理枯枝断枝约 3.84 万株、扶正倾斜歪倒树木 452 株、支撑加固树木 558 株、清理枯死树 35 株；遇恶劣天气处理应急情况 1123 余次，投入车辆 1231 车次，投入人工 9132 个。维修护栏 3150 米。施用有机肥、尿素、复合肥等 140 余吨。定期打药防治病虫害，为辖区 11 个街道发放药品。对济南军区 58 号、王官庄小区、省纪委、省委宿舍、干休二所、建筑机械厂以及辖区公共区域等部位喷洒药液共计 75 吨。加强名木古树保护，完善古树名木档案，对丢失号牌的古树做好登记。完成市中交警大队院内的 2 株古树打药、修剪、复壮、挂牌等工作。

（校志强）

【执法与热线办理】 完善移植、砍伐树木审批及临时占用城市绿地审批 2 项管理制度。查处违法违规破坏绿化案件 36 起，接收占、移、修、伐绿化申请 121 件，排除各类险情 100 余起；接收受理数字化城管、12345 市民服务热线以及民生连线信箱 1518 件（其中数字化城管 73 件，12345 市民热线交办件 568 件、转退件 875 件，民生连线信箱 2 件），回复率和处结率均为 100%，满意率 98.8%。

（校志强）

市政管理

【概况】 2016 年，区市政局推进路网建设，实施市政道路、河道整治工程，完成舜世路一期、玉兴路南延等 9 条海绵城市道路工程，打通瓶颈路、断头路 2 条；完成老城区排水设施改造工程，对七里山和大观园老商埠区 16 条道路的排水设施提标改造；对经十一路、土屋路等 12 条道路人行道节点整治；完成区级次支干道及开放式小区道路整治工作，对市中区白马山西路、望平街等 105 条道路提升改造；疏浚排水管道 300 多公里；推行“河长、河段长”责任制，畅通河道汛期行洪，完成河道清淤 3 万多立方米。开展市政设施维护“质量管理年”等系列活动，全面提升市政设施管理与养护水平。

（秦思）

【市政建设】 玉函小区南路道路改造工程。西起玉兴路，东至舜耕路，全长 582 米，按规划红线宽 40 米进行改造施工。2016 年 4 月 28 日开工，8 月 31 日竣工。

玉兴路南延道路及综合管廊建设工程。北起万寿路，南至二环南路，全长 658 米，宽 25 米，敷设雨污水管线、燃气管线以及地下管廊，配套实施路灯、绿化以及交通设施，同步进行海绵建设。2016年3月20日开工，10月31日竣工。工程投资5000万元。

2016年3月2日，区市政局迅速反应灵活应对突发性污水外溢　（区市政局　提供）

舜世路一期道路大中修工程。道路全长1608米，进行道路翻建，铺设污水、热力管线等。2016年4月6日开工，9月14日竣工。工程投资2200万元。

济南市示范区道路雨水径流控制与利用工程。对经十一路、信义庄南街、信义庄西街、王庄路、迎宾路、文化市场路、舜德路、千佛山西路南段、土屋路（东段）、六里山路、五里山路、东八里洼路等12条道路更换透水砖，新建树池、下沉式绿化带。2016年5月20日开工，10月31日竣工。工程投资1000万元。

济南市老城区排水设施改造工程（市中区）包含老商埠片区及七里山片区，老商埠片区含经二路（纬五路至纬二路），经五路、经六路（小纬六路至纬二路），小纬四路排水设施改造施工；七里山片区含英雄山路、梁家庄大街、老年大学门前路、七里山西路、七里山中路及周边支路等道路排水设施改造施工。2016年6月22日开工，11月30日竣工。工程投资6200万元。

道路提升工程（105条），涉及七里山片区、王官庄片区、大观园片区、白马山西路，破损路面进行沥青重新铺装，安装路沿石，铺设人行道花砖，完善雨污水等专业管线。2016年5月20日开工，9月30日竣工。工程投资2100万元。

旅游路西段（历阳大街至开元隧道西口）工程。西起历阳大街，东至开元隧道西口，长3.56千米，包括道路工程、雨水、污水、路灯、交通设施以及给水、热力、燃气、引水等专业管线，提升沿线绿化，同步进行海绵城市建设。

建设路整治养护提升改造工程。北起经十路，南至二七新村南路，道路全长约2000米，主要进行道路翻建，铺设透水人行道花砖，并按照海绵城市标准进行改造施工。

（刘志昂）

【海绵城市建设工程】　济大路海绵城市建设工程西起玉函路，东至舜耕路，长1073.89米，主要进行道路翻建、雨水暗涵、下沉式绿化带等海绵建设。2016年3月开工，5月竣工。

六里山南路海绵城市建设工程东起玉函路，西至英雄山路，长约1100米，主要进行雨水暗涵、下沉式绿化带等海绵建设。2016年3月开工，5月竣工。

万寿路海绵城市建设工程东起舜耕路，西至英雄山路，长约760米，进行海绵城市改造，同步完善地下管线建设。2016年3月开工，5月竣工。

舜玉路海绵城市建设工程东起舜耕路，

西至玉函路，长约 900 米，通过雨水口改造和下凹式绿地，透水围栏等措施进行海绵建设。2016 年 5 月 4 日开工，9 月 5 日竣工。

（刘志昂）

【公用设施维护】 2016 年，共完成经七路、泺源大街、舜耕路等 19 条主干道，经二路、经三路、文化西路等 28 条次干道，七里山西路、馆驿街等 40 条支路，梁庄大街、仁爱街等 108 条坊路，共 195 条道路综合整治。整治小坑槽 6000 余处，面积 12116 平方米；整治车辙 11240 平方米，清除人行道马路蹶子 451 处，整治非标井盖 1376 座，维修普通井盖 1500 余个。完成河道清淤 3 万多立方米，修复护栏 780 米，挡墙 150 米，新增、维修防汛及河道安全警示牌 400 余个。

（秦思）

交　通

【概况】 区交通局是主管市中区农村公路的部门，局机关设职能科室 3 个，辖济南市市中区第一运输公司。

2016 年，完成新建农村公路 6 条，总里程 6.7 千米。党家街道刘家林民族和谐路 0.8 千米、西东村南路 1 千米、邵东村内路 1 千米、G104 至济南三中路 0.6 千米；陡沟街道岳而村路 1.3 千米、殷家林村路 1 千米；兴隆街道青桐山路 1 千米。年底，全区农村公路总里程 282 千米；其中，县道 37.5 千米，乡道 118.9 千米，村道 125.6 千米。

（张路）

【农村道路养护】 2016 年，开展农村公路管理养护年活动，落实农村公路养护管理主体责任。全区农村公路养护累计投资 70 万元。投资 950 多万元，对全区范围内的县乡道路进行安全隐患整治，整治 56.277 千米。在市公路局道路养护考核中，市中区获第一名。

（张路）

住房保障

【机构调整】 2015 年 12 月，原住房保障管理局产权交易职能划归国土部门。根据区机构编制委员会《关于调整区住房保障和房产管理局机构编制事项的通知》，区住房保障管理局加挂区城市更新局牌子，增加全区棚户区和城中村改造统筹协调推进、房屋征收拆迁监督管理等职能，办公地址位于济南市经十一路 62 号。

（李晓钰）

【住房保障】 2016 年，共受理审核合格租赁住房租金补贴 196 户，发放租金补贴 74.1 万元。“双困”家庭人均住房使用面积平均提高到 16.70 平方米，惠及 446 名困难群众。建档及整理合档 196 宗。

（李晓钰）

【直管公房管理和维修】 2016 年，区直管公房实有建筑面积 38.7 万平方米，全年房租实收 1010.95 万元，合计收租率为 126%；累计换发新版直管公房租赁合同 3587 份、办理租赁合同变更手续 112 份，审批房屋转租手续

445 份；累计追缴欠超标租金、住房补贴租金 203.59 万元。

全年受理直管公房房改 167 户、拆迁房改 86 户、单位自管房房改初审录入 187 户。

投入资金 515 万元，维修辖区直管公房 5.5 万平方米。其中，大修工程 44 处（2800 平方米）、翻建工程 2 处（107.95 平方米）、sbs 楼顶漏雨及综合维修 5.2 万平方米。

（李晓钰）

【物业管理】 2016 年，辖区有物业管理企业 164 家，其中一级 8 家，二级 8 家，剩余 148 家为三级及三级暂定物管企业。备案小区大厦 477 家，物业服务面积 3000 万平方米，服务人员 1.5 万余人，备案成立业主委员会 47 家。全年受理 12345 市民热线投诉 1 万余件，处理有效投诉 3000 余件。完成业委会成立（换届）备案 16 家，物业服务合同备案 49 件，物管区域划分备案 19 件。

（李晓钰）

【城市更新】 2016 年，市中区共 8 个省棚改（征收拆迁）项目，安置房计划开工建设 1.15 万套，占全市四分之一。年底，四里村、经四纬一、南北康片区拆迁完成率 100%，搬倒井、小岭、山凹、魏家等片区拆迁完成率 95% 以上，安置区域按时限要求全部拆除完毕，安置房全部开工建设。有 30 个项目涉及征地拆迁，其中 23 个项目全面完成征收拆迁任务。

（李晓钰）

城市管理

【概况】 2010 年，将区市容环境卫生管理局的行政职责，区建委的城市管理职责整合划入区城市管理局，与区城管执法局合署办公，内设城管局办公室、组织人事科、综合管理科、渣土管理科和城市保洁管理科 5 个职能科室，辖大观园环卫所、魏家庄环卫所、泺源环卫所、杆石桥环卫所、岔路街环卫所、四里村环卫所、二七环卫所、七里山环卫所、六里山环卫所、舜玉路环卫所、王官庄环卫所、舜耕路环卫所、十六里河环卫所、七贤环卫所、白马山环卫所、党家环卫所、陡沟环卫所、兴隆环卫所、外环路环卫所 19 个环卫所。2013 年 9 月，撤销济南市 12319 热线服务中心市中工作站事业单位建制，设立市中区数字化城市管理中心，为区城管局所属副处级事业单位。至 2016 年底，市中区城市管理局及所属事业单位有在职人员 176 人；其中，城管局在编人员 8 人，事业单位环境卫生管护中心在编人员 156 人，数字化城市管理中心在编人员 12 人。

（尹一婷）

【环卫保洁作业】 2016 年，组织全区道路保洁标准化作业示范观摩，增购 67 部大型作业车辆及 30 部小型作业车辆，采用“以洗代扫”的方式增加对辅道、人行道的清洗作业，实现道路保洁机械化作业全覆盖。

（尹一婷）

【垃圾收运】 2016 年，建成舜耕、十六里河 2 处垃圾转运站及大观园通惠街等 5 处垃圾桶清洗点。打造生活垃圾规范化周转示范点，规范垃圾桶、转运站的日常管理，做到操作规范、标识分类、密闭清洁、日产日清，实行垃圾桶、果皮箱定点换洗与移动车洗相结合，全面提升全区生活垃圾收运水平。

（尹一婷）

【公厕提升改造】 根据全市创建全国文明城市测评实地考察要求，区城管局投入100万元，对卫生教育馆、大观园、七一小区、省妇幼等30余座公厕进行全面改造提升。

（尹一婷）

【城乡环卫一体化】 区城管局指导街道提高环卫保洁标准、完善日常监督检查机制，发动村居排查清理三大堆与垃圾死角、暴露垃圾，完善城乡环卫一体化考核机制，引入第三方考评，建立“销号清零”制度，搭建微信平台、借助市民寻访团力量，督促城郊街办落实整改。

（尹一婷）

【环卫保洁市场化】 2016年，区城管局先后2次到杭州进行考察，确定浙江波普清洁公司为合作企业，将魏家庄、泺源2个办事处辖区作为试点，自8月1日起正式运行市场化保洁模式。12月13日，魏家庄、泺源、四里村、二七新村4个街道辖区内的环卫作业招投标工作顺利完成，标志着全区环卫保洁市场化工作进入实质性运转阶段。

（尹一婷）

【违法违章建设整治】 2016年，选拔60名精干协管员组建执法突击队，与各街道办事处紧密配合，多次对玉符河改造工程沿线、西外环高架桥南延工程沿线及中海国际社区周边的违法加建、抢建工程组织实施强制拆除。至年底，共拆除违法违章建筑231处，拆除面积7.5万平方米。12月16日，区城管局组织街道办事处、公安等部门对国华东方美郡7户违建依法实施强拆。

（尹一婷）

【建筑渣土管理】 2016年，坚持对6个重要片区、32条主要道路、36处建筑工地实行“白加黑”“5+2”不间断巡查，各建筑工地渣土规范处置水平稳中求进。会同交警等部门开展夜间渣土车突击检查行动50余次，检查渣土车辆970余辆，查处违规渣土运输车辆137辆。推广新型智能环保渣土车，50辆新型智能环保渣土车陆续投入使用。督促渣土场按要求配备雾炮喷淋车等抑尘车辆，并安装PM扬尘监测设备。投入64万余元，清理建筑垃圾死角2750立方米、覆盖11万平方米。在城郊接合部等重点区域设置高清摄像头，建立倒查机制，从根源上控制渣土乱倒行为。

（尹一婷）

【市容市貌管理】 2016年，配合相关街道办事处，先后依法清理占道经营固定摊点、流动商贩2万余处次，清理规范店外经营等行为4500余起次，拆除大型户外广告18处1950平方米，新建或改建、扩建便民市场5

2016年11月30日，市中区城管局组织安排专门人员清理二环南路高架桥下违法广告　（区城管局　提供）

处。4月开始，开展露天烧烤专项整治行动，成立露天烧烤专项整治队伍，建立区领导带班巡查机制，发动各街办依法清理取缔露天烧烤45家，规范烧烤业户240余家，全区烧烤业户中绝大多数业户安装了油烟净化设备。冬季，开展“占道经营、户外广告、城市牛皮癣”三大专项行动，重点对居民小区、背街小巷、城中村、农贸市场等重点区域的环境卫生占道经营、户外广告、乱堆乱放、乱贴乱画等现象进行大扫除、大清理，累计清理户外小广告1300余个，报停违法张贴小广告电话号码90个，拆除不规范和违规设置广告灯箱256块、横（条）幅150余条。投入1140余万元，对青年西路、玉兴路、机一西厂路、英雄山文化市场东路、依山新居路等5条道路，七里山南村五区、馆驿街社区、舜玉北区、邮电新村、睦和苑社区等5个小区进行综合整治提升。

（尹一婷）

【铁路沿线环境综合治理】 2016年，对铁路沿线全面摸排，确定问题清单132个，清运生活垃圾6.9万立方米，清理整理建筑垃圾29处12.3万立方米，拆除违建4700余平方米，粉刷墙体5.9万平方米，清理山体及堆场料场乱堆乱放95处。委托专业设计公司科学编制治理规划，确定以党西村、井家沟村节点景观为南北2个支撑点，白马山一居节点景观带为主要联络地带，完成绿化1.07万平方米，清运垃圾4.5万立方米，基本形成“两点遥相呼应，一带贯通南北”的铁路沿线景观格局。

（尹一婷）

城管执法

【概况】 区城市管理行政执法局于2003年9月3日挂牌成立，内设执法指导科（挂装备科牌子）、执法审理科、执法监督科3个科。2016年，干部职工164人，其中，在职人数162人，离退休2人。下设区城市管理行政执法大队，为事业单位，编制141人；内设综合科（城管执法信息指挥中心）和督察信访科2个科。辖机动中队、经十路（女子）中队2个直属中队，17个派驻街道办事处执法中队。

（步文丽）

【违章户外经营整治】 全年印发《关于禁止占道经营的通告》等3000余份，协调沿街商户利用电子显示屏宣传创城口号780余条，在全区形成创建全国文明城市的浓厚氛围。累计清理占道经营固定摊点、流动商贩25000余处（次），清理规范店外经营、销售、展示和店外加工、修理、洗车作业等行为4800余起（次），拆除无审批手续的大型户外广告617块。加强对岔路街、信义庄等10余处便民市场以及便民西瓜摊点、便民修车点等便民摊点的规范管理力度。

（步文丽）

【违法违章建设整治】 全年拆除违法违章建筑225处74920平方米，控制违法建设10万余平方米。对七里山南村、国华东方美郡等封闭式小区乱加、扩建行为和开放式小区乱搭乱建行为进行管控，引导居委会和物业管理企业参与管理。依法拆除岳而村、杨台村等共计2.3万余平方米违章建筑。拆除玉符河改造工程沿线、西外环高架桥南延工程沿线等重点项目周边违章建筑 1.5 万余平方米。全年办理一般程序案件 134 件。

（步文丽）

【信访维稳】 全年受理 12345 市民服务热线、市局 16039 城管热线及区数字化指挥中心转办的各类案件 2800 余件，办结率 100%，反馈率 100%。接办人大代表建议、政协委员提案 5 件，按时办结，及时回复，委员满意率 100%。受理市局信访办、区信访局转办信 35 件，市民群众通过电话、门户网站等渠道投诉咨询 3000 余件，接待上访群众 300 余人次，无重大突发性事件和群体性事件发生，无重点人员失控漏管，无进京上访和重大有影响问题发生。

（步文丽）

环境保护

【概况】 2016 年，区环保局有监测站、监理站、监察大队 3 个副处级事业单位，下设办公室、财务科、应急科及 7 个中队共 22 个科室。

2016 年，市中区完成 26 个污染减排项目，对辖区内重点排污单位，增加污染物排放监测和现场执法检查频次，确保稳定达标排放。深入开展大气污染防治工作，全年完成 9 家单位，共计 23 台、262 蒸吨的 35 吨 / 小时及以下燃煤锅炉淘汰改造任务。全年空气质量良好以上天数为 170 天，良好天数比率为 50.5%，比去年同期提高了 8.3%。共查处涉水环境违法行为 2 起，对直排环境的排污和涉医疗废物的医疗机构严格监管。辖区内济南监狱、山东力明职业技术学院 2 家排污大户的污水处理设施的进行严格监管，确保设施能够正常运行并能达标排放。对山东中医药大学附属医院、济南市中医医院和济南市民族医院等较大的医疗废水排放单位的污水设施定期检查。严把建设项目准入关口，全年共审批各类新、扩、改建设项目 87 个，其中审批环境影响报告表 65 件、审批项目备案 22 件。

（孟令波）

【环境监测】 2016 年，区环境监测完成市环境保护局下达的环境空气、降尘、降水、地表水、区域环境噪声、噪声达标区创建及复核、重点工业污染源及辖区内烟尘控制区锅（窑）炉、宾馆饭店及企（事）业单位、建筑施工工地场界噪声、工业企业厂界噪声等监测任务。《实验室资质认定评审准则》变更为《检验检测机构资质认定评审准则》，依据新《准则》要求，编制第四版《质量手册》和《程序文件》。

全年共获得有效监测数据 12651 个。其中，空气 4210 个，地表水 652 个，噪声 792 个，废气 2455 个，废水 2668 个，噪声 1874 个。

（蔡峰）

【大气污染防治】 2016 年，重点对辖区 40 个加油站和 3 家油罐车使用单位油气回收设施安装及运行情况进行检查，补充完善档案资料，下发《关于对中化工油气销售有限公司油罐车实施油气回收综合治理改造的通知》。

至 9 月 9 日，完成 9 家单位 23 台、262 蒸吨的 35 吨 / 小时及以下燃煤锅炉淘汰改造工作任务。对全区 20 家核技术利用单位辐射项目竣工验收和安全许可证延续资料进行审核，对违法单位进行处理。

（肖全军）

【环保监察】 制订《市中区环保局污染源日常监管领域随机抽查制度实施方案》《市中区环保局污染源日常监管领域随机抽查制度实施细则》，确定区级以上监管重点污染源企业 42 家，一般污染源企业 134 家。2016 年 9—11 月，开展环境执法大练兵活动。

（闫毅）

【水源保护】 2016 年 4 月，开展市中区农村集中式饮用水水源保护区工作。对全区农村集中式饮用水源进行科学合理的保护区划分，确定保护区级别、保护区边界和水质目标，建立饮用水资源保护制度，防止水源枯竭和水体污染，保障人民群众饮水安全和水资源可持续开发利用。

（肖全军）

HIZHONGNIANJIAN

市中年鉴

科技　教育

KeJi JiaoYu

科　技

【概况】2016年，区科技局设办公室、发展规划科、科技管理科（挂地震办公室牌子）3个职能科室。辖区知识产权局1个正处级事业单位。共有18人。

2016年，区科技局贯彻落实济南市区域性科技创新中心建设指标体系三年行动纲要，制订《济南市市中区打造区域性科技创新新平台三年行动计划（2016—2018年）》，全区规模以上工业企业研发经费支出增长4000余万元。首次将高新技术企业认定和规上工业企业研发投入“清零／倍增”2项指标，纳入全区科学发展综合考核指标体系。全年实现高新技术产值307.8亿元，占规模上工业总产值的85.6%。

（王艳芬）

【众创空间建设】2016年，与济南大学创业学院签订合作协议，投入资金90万元，联合共建“蓝魔方”众创基地，为社会创客、大学生创业者和小微企业搭建低成本、便利化、全要素创新创业平台，有2家众创空间投入运营，2家众创空间达成签约意向。魏家庄街道“麟祥e家”众创空间落户万达广场核心商圈，面积1200余平方米，入住辅导企业10家，入住项目8个。舜玉路街道“汇玉众创空间”完成协议签订，面积700多平方米。组织JN150创意设计文化工场等9家众创空间申报济南市2016年度泉城众创空间支持计划，其中“创客+”和“麟祥e家”2家众创空间，列入济南市泉城众创空间年度支持计划。全区备案众创空间数量16家。

（赵明）

【高新技术产业】举办高新技术企业认定专题培训班，组织山东麦田生物技术有限公司等18家符合条件的企业开展高新技术企业认定，新认定高新技术企业14家。协调区经信局调整更新规模以上工业企业数据库，将济南晨生医用硅橡胶制品有限公司等一批优质企业纳入规上工业企业R&D经费支出统计范围。制订《关于推动规模以上工业企业技术创新实施方案》，建立局领导班子成员定向联系制度，组织16家规模以上工业企业实施研发投入“清零／递增”行动，网报数量占比从38%提高到75%，R&D经费支出较上年增长4000多万元。

（冯中平）

【科技产业园区】打造“苗圃—孵化器—加速器”科技孵化生态链条，组织JN150创意设计文化工场申报济南市第一批科技企业孵化器，组织济南国际创新设计产业园申报济南市第二批科技企业孵化器，推动园区成为小微企业孵化和高新技术企业培育载体。组织山东能工低碳科技有限公司等3家山东大学科技园企业申报2016年度区级创业人才计划，并获得专项资金扶持。组织JN150创意设计文化工场、济南国际创新设计产业园、红场1952申报全市招商策划推介项目，与2016中国绿公司年会招商引资对接项目。筹建市中区科技协同创新联盟，推动政产学研用深度对接，打造区域科技协同创新平台。

（冯中平）

【科技计划申报】组织济南昊中自动化有限公司等4家企业申报山东省重点研发计划;“基

于物联网的建筑设备节能云控管理系统”等项目获2016年度市科技计划立项支持。组织山东麦田生物技术有限公司宋筱亮、山东迈越信息科技有限公司李庆华申报泰山产业人才。组织济南金钟电子衡器股份有限公司等3家企业申报省级示范工程技术研究中心。组织山东栋梁科技有限公司筹建泰国工业机器人海外研发中心、山东鸿基换热技术有限公司筹建换热技术澳大利亚海外研发中心，申报2016年度济南市海外研发中心专项计划。组织山东大学、济南大学专家到济南欧迪美特、济南鼎科等企业开展服务。利用济南市大型科学仪器共享平台和“创新券”科技优惠政策，组织山推建友机械股份有限公司等企业的大型设备登记入网，组织11家企业注册成为“济南市大型科学仪器设备协作共用网”用户会员，全年预约创新券10次。

（冯中平）

【知识产权管理】 2016年，完成国家知识产权强县工程示范区复核工作。制订《市中区辖区大学生创业发明专利资助奖励办法》《市中区辖区创客空间发明专利资助奖励办法》。举办“服务众创空间，实现创新发展”知识产权专题培训会。组织3次专项专利执法活动，收集专利标识不规范商品信息70件并及时下达限期整改通知书。济南金钟衡器股份有限公司通过国家《企业知识产权管理规范》贯标认证；山东精久科技有限公司、济南晨生医用硅橡胶制品有限公司和济南昊中自动化有限公司通过第五批区级知识产权战略研究验收。为辖区2家科技型小微企业争取知识产权质押贷款补助金21.81万元，协助2家科技型小微企业通过质押融资贷款800万元。全区发明专利申请量2032件，同比下降1.88%；发明专利授权量730件，同比增长48.37%；有效发明专利拥有量1930件，同比增长40.7%；万人有效发明专利25.06件。

（赵明）

【山推建友机械股份有限公司知识产权贯标启动仪式举行】 山东省建筑机械厂建于1956年。1994年6月，山东省建筑机械厂独家发起改制为股份制企业，更名为山推建友机械股份有限公司。2011年1月，通过济南市科技局认定，与山东大学合作共建济南市工程技术研究中心。同年，与山东大学与合作成立硕士培训班，对公司30多名技术人员进行硕士课程培训。2012年1月，通过山东省科学技术厅审核认定，与山东大学合作共建山东省混凝土机械工程技术研究中心。公司先后承担并完成国家重大科技攻关项目2个、国家级新产品开发项目4个、国家火炬计划项目1个、省部级科研项目17项。2016年，公司有员工576人，从事科技活动人员137人，其中研发（R & D）人员62人。拥有专利113项；其中，实用新型102项，发明专利12项，外观设计1项。8月25日下午，山推建友机械股份有限公司举行知识产权贯标启动仪式。

（赵明）

【防震减灾】 2016年，市中区完成3处国家地震预警项目勘察工作任务；维护地震监测和应急指挥设施，排查杜庙前兆观测井安全隐患，并更换电表和线路；区地震监测和应急指挥视频系统恢复使用功能，参加5次视频业务培训学习、2次全市震情会商报告。在济南市七贤中学组织学校师生开展地震逃生应急演练。在防震减灾基地开展应急救援知识培训，举办地震科普知识讲座。利用市中区防震减灾宣教基地、大观园地震科普馆、胜利大街地震科普馆和鲁贤科技馆开展各类地震科普体验活动，全年参加科普体验学习人数4500多人。组织全区中小学校上报防震减灾安全教育达标学校，确定5所学校符合条件并上报市地震局。2016年，区科技局再次获山东省县级防震减灾工作目标责任考核优秀单位。

（赵文雅）

【国家地震烈度速报与预警工程站点勘察】 2016年4月，市中区科技局按照国家地震烈度速报与预警工程项目方案，对辖区内2个一般站站点和1个地震预警示范学校进行勘查。利用仪器设备对点位经纬度、高程及通信条件进行测量、测试，收集整理周边人口分布、社会经济，道路交通、发展规划等信息。编写《一般站场址勘选报告》《一般站站点之记》《预警示范学校站点之记》，完成国家地震烈度速报与预警工程一般站、预警示范学校站点勘查工作。

（赵文雅）

2016年市中区获市级以上科技进步奖名单

成果名称	完成单位	奖励级别	奖励等级
高性能低排放重型柴油机的开发及产业化	中国重型汽车集团有限公司	济南市科技进步奖	一等奖
基于物联网技术的智能库房管理系统建设与应用	国网山东省电力公司济南供电公司	济南市科技进步奖	二等奖
商用车车联网系统开发与应用	中国重型汽车集团有限公司	济南市科技进步奖	二等奖
火电机组快速调节技术及其对电网频率稳定性的影响	国网山东省电力公司电力科学研究院	济南市科技进步奖	二等奖
主动配电网优化运行仿真与检测一体化技术及应用	国网山东省电力公司电力科学研究院	济南市科技进步奖	二等奖
正畸治疗中牙龈卟啉单胞菌致病基因多态性及其致病性的研究	济南市口腔医院	济南市科技进步奖	二等奖
金钟智慧粮食数字监管平台	济南金钟电子衡器股份有限公司	济南市科技进步奖	三等奖
GTD60干混砂浆生产设备	山推建友机械股份有限公司	济南市科技进步奖	三等奖
味精废水处理工艺的推广应用	山东美泉环保科技有限公司	济南市科技进步奖	三等奖
正畸扭转力对成人及青少年牙髓中TNF-α和IL-8活性影响的研究	济南市口腔医院	济南市科技进步奖	三等奖
支原体肺炎患儿Toll样受体和Tim家族的表达与肺外损伤的研究	济南市妇幼保健院	济南市科技进步奖	三等奖

教 育

【概况】 区教育局下设办公室、组织科、人事科、财务审计科、宣传法规科、学前教育科、基础教育科、区人民政府教育督导室8个职能科室。

2016年，市中区有区属学校75所，其中小学54所、初中10所、九年一贯制学校10所，职专 1 所。在校生 6.45 万人，教职工 4692 人，其中编制内教职工 4160 人，合同制教师 532 人。共有幼儿园 138 所，其中公办及公办性质幼儿园 80 所（区直属园 14 所、驻区单位办园 23 所，村办园 43 所）、民办园 58 所（含普惠民办 25 所）。在园幼儿 2.54 万人，幼教职工 3699 人。

（薛宜人）

2016 年市中区学校及幼儿园情况统计表

学校类型	学校数量（所）	在校生（人）	教职工（人）
初中	10	12455	1172
小学	54	39803	2139
九年一贯制学校	10	11931	731
职专	1	319	98
区属学校共计	75	64508	4140
公办及公办性质幼儿园	80	14905	2052
民办幼儿园	58	10488	1647
幼儿园共计	138	25393	3699

【城乡教育“一体化”建设】 2016 年，新建舜苑学校等 6 所学校，扩建十四中等 5 所学校，新增建筑面积 8.5 万平方米，补充教师 661 人，新增班级 202 个，学位 9345 个。市中区解决大班额工作经验在《济南政务信息》刊发并获市委副书记、代市长王忠林批示。省委副书记、省长郭树清，省委常委、市委书记王文涛先后到市中区调研并给予高度评价。启动领秀城高中建设，区未成年人素质教育基地项目完成一期工程主体建设和二期工程方案设计。投资 2.86 亿元，完成 57 所学校硬件提升和 12 所幼儿园新建、改扩建工程；对全区学校教育教学设备及网络设施进行全面升级，学校城域网初步实现全区覆盖。投资 1000 万元，继续深化集团化办学改革，强化“城区—城郊”集团链辐射作用。全年交流教师 507 名，实现优质教育资源城乡之间的精准交流。

（薛宜人）

【教育保障体系建设】 投入 600 万元，实施“三免一送”和“阳光资助”两大救助项目，覆盖低保困难家庭、残障儿童家庭、外来务工家庭、城郊农村家庭及突遭事故或罹患重病师生，向 6143 人次学生、幼儿发放助学金。优化外来务工子女入学机制，设立 13 个“便民登记点”提供入学服务，保障 2350 名符合条件的外来务工子女全部按时入学。用好上级奖补资金 881 万元，强化普惠性幼儿园的基础设施与器材配备，全区近八成儿童享受优质普惠学前教育。投入 273 万元专项资金，通过公开招标，为全区 2.2 万余名学生订制更美观、更舒适、更大方的个性化校服。

（薛宜人）

【师资队伍建设】 投入 500 万元，完善“三地、五校、七专家”人才培训体系（三地即北京、上海、杭州三个教育先进城市，五校即浙大、北师大、华东师大、华中师大、陕西师大五所高校师训基地，七专家即北京十一学校李希贵领衔的“校长导师团”），全区学校各类培训合计1686次，参与干部教师3.1万人次，干训师训范围扩展到美国、英国、加拿大、芬兰等国。建立区德育专家资源库、德育研究指导团队，启动名班主任培养工程，组织城郊班主任技能大赛以赛促训。完善教师招聘补充机制，招聘编内教师127名，编外教师234人。开展教职工文体活动500余次，投入300万元安排教职工免费查体，投入952万元专项资金为全区在岗教师提供工作日午餐，为1186名城郊及偏远学校教师发放津贴。

（薛宜人）

【教育改革】 推进基础教育综合改革，确定十四中、纬二路小学为改革试点，赋予学校用人权、评价权、管理权，激发学校自主办学活力。实施管办评分离，减少对学校办学的干预，将5万元以下工程项目、校服自主订制权及合同制教师用人权放归学校，严格控制校长会议频率与机关发文数量，给学校留足自主办学空间。印发《市中区中小学发展性评价2016年自评工作方案》，完成城郊学校发展规划制订。实施第三方评价，与济南大学等驻地高校签订战略合作框架协议。与12349服务平台签约，对13450名学生家长进行办学满意度调查，覆盖所有学校、幼儿园、班级。围绕核心素养，优化课程设置，74所中小学初步构建课程体系，开设400余门德育课程，探索建立分年段德育目标体系，发放《印记》手册，学生参与社会实践近19万人次。全市课业负担调研市中区学生学习满意率95%，轻负感受率超市平均12%；全市学业水平考试，全区550分以上考生占全市57.14%，535分以上考生占全市32.69%；高中提档线以上比率75.97%，超市平均15.39%。

（薛宜人）

【教育信访】 组织全区校园开放日活动，接待家长2.7万人次，征集意见和建议1282条，当场办理1011条，家长对学校工作总体满意率98.82%。受理群众来信32件次，受理12345市民服务热线8049件，按期办结率99.8%，综合满意率99.7%。区教育局连续11年保持全国文明单位。

（薛宜人）

【学校选介】 济南市市中区爱都小学　隶属于纬二教育集团。位于济南城区南约5千米，美丽的玉函山脚下，占地面积1.1万余平方米，2016年9月正式开学。有教师16人，学生90人。爱都小学是市中区课程改革试点学校、全国20所“全课程”实验核心校之一，延承纬二路小学生命教育理念引领，以“打造适性发展的儿童社区”为发展愿景，以培养学生“健康阳光、优雅品质、乐学善学、爱家爱国”核心素养为总目标，坚持儿童立场，发挥游戏精神，打破学科壁垒，实施跨学科、大主题的全课程教育，努力实现培养“全人”的目标。

济南市市中区舜苑学校　为九年一贯制学校，2016年年初开工建设，9月正式开学。有一年级学生41人，教师7人。学校占地面积19440平方米，建筑面积10130平方米，地上四层局部五层，总投资约4760万元。学校环境优美，专用教室齐全，均达省级规范化学校标准。学校引入二十七中学和经十一教育集团优质教育资源，紧紧围绕“承舜美德，启迪智慧”的办学理念，大力度开展课堂教学改革，构建有利于师生成长发展的评价体系，让铁路南苑、外海蝶泉山庄、普利利源

2016年2月23日，学校开学典礼异彩纷呈 （区教育局 提供）

花园、雅秀园4个小区的孩子，“家门口”享受优质教育。

（薛宜人）

济南泉景中学 是区教育局以“名校带动模式”打造的品牌居住区配建学校，成立于2009年8月，位于卧龙花园小区内，占地30.83亩，建筑面积14398平方米。2016年，有教学班47个，在校生2176人，教职工148人，其中在编教师134人，编外教师14人。学校中学部、小学部分别由实验初中与胜利大街小学管理，2所品牌学校先后委派8名干部、70余名骨干教师进驻任教。小学部秉承宽基教育理念，以习惯养成作为切入点，配合国学经典诵读，内强素质，外树形象，致力于培养自信、自强、自主、自立的优秀学子。中学部秉承实验初中“精诚办学，追求卓越”的办学理念，以科学严格的管理、扎实高效的课堂以及丰富完满的德育课程打造高质量的教育教学体系。

济南育秀中学 成立于2010年，是一所九年一贯制学校。中学部属于育英教育集团，小学部属于胜利教育集团。学校占地面积5万平方米，校舍建筑面积3.4万平方米。2016年，有教学班32个，在校生1450余人；教职工99人，其中全国优质课一等奖获得者4人，全国青年教师大赛二等奖获得者1人，省优质课一等奖获得者3人，市优秀班主任1人。学校各功能室教学仪器配备基本达到省定标准，配有理化生实验室、微机室、音乐教室、舞蹈室、美术书法室、科技教室、阅览室、厨艺教室及2300平方米的标准游泳馆等。学校积极践行“促进学生自主发展，塑造学生健全人格”的办学理念，广泛开展诗歌诵读、课本剧表演、外出远足、实践考察、行业体验、感恩实践日等校园文化活动，形成良好的校风、班风、教风、学风。四届毕业生风清气正，成绩优良，近70%升入一类高中，1/5的学生升入省实验高中，2016年，有4名学生被天津南开中学录取，6人被省实验高中等以推荐生录取。

济南市市中区泉润学校 是华润中央公园小区配建学校，2015年9月招生开学。2016年，有7个教学班，在校生234人，在职教师18人。学校占地面积近50亩，依山而建，风格典雅，极具现代气息。建筑面积3万余平方米，建有图书馆、体育馆、艺术馆、文化体验馆、足球场、网球场等多个现代化场馆。学校是经五教育集团校区之一，引入经五路小学优质资源，高起点、高品质发展。18名干部教师均是经五路小学派出的骨干，包括山东省教学能手、济南名师、济南市“五一”劳动奖章获得者、济南市优秀班主任、学科带头人、市中区首席教师、十佳班主任、名师培养人选、优秀班主任等。

（薛宜人）

HIZHONGNIANJIAN

市中
年鉴

文化　体育

WenHua TiYu

文　化

【概况】 2016年，区文化局设办公室、文化艺术科（挂行政审批办公室牌子）、文化产业科3个职能科室；辖区文化市场综合行政执法大队（副处级事业单位）、区文化馆（副处级事业单位）、区图书馆（正科级事业单位）3个事业单位；共有54人。全区有互联网上网服务营业场所84家，歌舞娱乐场所14家，游艺娱乐场所2家，营业性演出团体20家，出版物经营单位364家，打印复印经营单位128家，艺术品经营单位备案164家，并对330家艺术品经营单位进行普查。

全年获济南市庆祝建党95周年暨红军长征胜利80周年合唱比赛、济南市广场舞大赛、济南市第二届舞龙大赛、山东省群众文化创作作品等一等奖（金奖）6个，二等奖（银奖）18个，三等奖21个，组织奖3个。济南木子网络信息有限公司、济南万佳祥宇传奇网络服务有限公司、济南市中银络网吧3家经营单位被评为济南市互联网上网服务行业装型升级示范单位。全年书画进社区、进农村、进军营、进学校（儿童福利院）、送春联、送“福”字20场；全年群众文化基层示范点演出60场。

（刘伟伟）

【文艺创作】 2016年，市中区创作吕剧《分家记》《生日》2部戏曲，由豫剧移植改编为吕剧的有《雷打张继保》等3部戏曲；创作《明湖鱼跃》《包饺子》等舞蹈作品2个，《泉韵》《泉城之歌》《泉之颂》《岁月有情赞良缘》《实事求是》等音乐、合唱作品8个。8月，在山东省群众文化学会举办的年度论文·作品评选活动中，市中区选送的文艺原创歌曲《岁月友情赞良缘》获一等奖，歌曲《泉城之歌》获三等奖，歌曲《泉韵》《清泉里有一只小船》获优秀奖。

（刘伟伟）

【广场文化活动】 2月20—23日，举办市中区元宵花灯会；3—10月，实施“一村一场戏”工程，庄户剧团巡回演出77场；4—11月，协调济南市京剧院、吕剧院等六大院团惠民演出15场；4—10月，举办市中区第十一届社区文化艺术节暨夏季广场文化活动50场；5—9月，举办文明交通进社区文艺晚会10场；5月、9月份开展文化惠民交流演出活动，与章丘、济阳等县区交流演出8场；7月，举办广场舞大赛，有34支队伍600余人参赛；9月8日，举办庆祝建党95周年暨红军长征胜利80周年合唱比赛，有37支合唱队近1000人参赛。

（刘伟伟）

【公益电影放映】 2016年，市中区全年农村公益电影在十六里河、兴隆、党家庄、陡沟4个街道的77个行政村共放映930场。3月，对放映员进行标准化放映知识培训。4月初，召开街道办事处分管领导和文化站长参加的农村公益电影放映工作调度会，部署分解放映任务。6月初至10月底，举办纪念建党95周年、长征胜利80周年社区广场电影节，在社区广场、建筑工地、学校放映爱国主义题材电影如《烽火长城线》《诱狼》等50场，并且在放映正片前，放映1部科教片。下半年，在大西村、郭家村、西西村、宅科村、仁里村、赵庄村建成6个固定电影室外放映点。

（刘伟伟）

【农家书屋建设】 2016 年，投入 7.16 万元对农家书屋出版物进行补充更新。对十六里河街道石匣村、分水岭村；兴隆街道涝坡村、郭家窝坡村、钉村；党家庄街道展西村、张庄、党家庄西村；陡沟街道红卫村、董庄进行书屋提升，10 个村分别更新补充图书不少于 800 册，并对有网络条件的村配备计算机等电子图书设备。

（刘伟伟）

【文化场馆建设】 区文化馆位于卧龙路 345 号，馆内设有排练厅、创作室等，排练厅均免费向社会开放，每周达 5、6 小时以上，现每周有舞蹈、声乐、戏剧、曲艺等 12 支队伍正常活动，2016 年完成 5 个基层文化示范点，5 个基层文化辅导点建设，其中 2 个示范点获得“2016 年济南市公益性群众文化辅导活动优秀示范点”，1 个辅导点获得“2016 年济南市公益性群众文化辅导活动优秀辅导点”荣誉称号。

2015 年、2016 年先后在舜玉路街道舜园社区、政务大厅、六里山街道玉函北社区、七贤街道七贤村、鲁贤社区、舜耕街道舜华社区、老干部局、王官庄街道英华苑社区、区医院、大观楼宇等建立分馆 21 家，修改馆藏地点、打包提供馆配图书 54761 册。

投资 20 多万元打造高标准的尼山书院，购置国学经典书籍 1680 册，邀请府学文庙吕智勇等人在国学讲堂开展国学讲座和视频播放 12 场。

（刘伟伟）

【文化市场管理】 2016 年，全区新增（包括变更）互联网上网服务营业场所 3 家，歌舞娱乐场所 2 家，营业性演出团体 2 家，出版物经营单位 61 家，打印复印单位 8 家，美术品备案 22 家。

3 月初，开展为期 2 周的“艺术品市场法制宣传周活动”，将 2016 年文化部最新修订的《艺术品经营管理办法》，送到每家经营单位。4 月，济南市文广新局开展明星画廊评选活动，市中区一得阁（济南）有限公司、济南市中齐香斋书画经营部、济南市中华阳画廊、市中区玉书房工艺品经营部、济南锦上添画苑 5 家单位被授予济南市明星画廊称号。10 月 28 日，在一得阁（济南）有限公司举行济南市明星画廊授牌仪式暨书画展。11 月 17—18 日，全省文化市场行政审批和艺术品规范化经营现场会在市中区召开，市中区在会上做典型发言。

开展“两节两会期间文化市场和扫黄打非专项治理行动”“春季中小学教辅材料出版发行专项检查行动”“校园及其周边复印店专项治理”等多个专项行动，每周对辖区网吧、

2016 年 10 月 28 日，济南市明星画廊授牌仪式暨书画展举行（区文化局　提供）

文化娱乐场所等与文化有关企业进行安全生产督导检查，发现问题立即责令整改。与辖区内网吧、印刷企业、娱乐场所、艺术品市场等200余家企业、业户签订《安全生产责任书》。11月4日，山东省暨济南市艺术品市场专项治理整顿行动启动仪式在市中区举办。

2016年，执法大队共出动人员1150人（次）、检查经营单位1000家（次）、查扣非法图书200余册、受理12345举报及电话举报23起、检查出版物经营店档摊点27个、清理取缔无证照经营者和游商地摊6个；检查电影院线48家（次）；检查酒店宾馆50余家（次）。

（刘伟伟）

【文化市场】 2016年，全区有山东华夏齐鲁文化有限公司、新世界珠宝古玩城、齐鲁七贤文化城、济南英雄山文化市场、济南欧亚大观园文化城、怡文轩文化艺术城、齐鲁古玩城、英雄山人防管理工程有限责任公司8处文化市场，济南市艺术品经营场所主要集中在这8处文化市场。

（刘伟伟）

【文物古迹保护】 辖区有国家级文物保护单位2处（共10处建筑），省级文物保护单位20处，市级文物保护单位14处，区级文物保护单位7处，登记保护36处。5月，颁布市中文字〔2016〕2号文件对辖区新增的2处文保建筑“马武寨遗址”“北桥村观音堂”进行保护。继续加强文物雨季防雷工作和冬季防火安全检查工作，重点检查国家级和省级文物防雷设施，走访15处地势低洼的文保建筑及27处可能存在防火安全隐患的或平时无人管理的野外文物，联系街道办事处、村委会和派出所，建立日常联系机制，避免自然灾害造成的损失。

（刘辉）

【非物质文化遗产】 2016年11月，公布《济南市市中区第三批区级非物质文化遗产代表性项目名录》。年底，全区共有27项非物质文化遗产代表性项目，其中省级项目2项，市级项目17项，区级项目27项。有省级非物质文化遗产项目代表性传承人1位，市级非物质文化遗产项目代表性传承人5位（省级传承人也是市级传承人）。

（张晓丽）

2016年市中区非物质文化遗产代表项目一览表

项目名称	项目级别
济南烤鸭制作技艺	省级、市级、区级
济南油旋制作技艺	省级、市级、区级
济南西关高跷	市级、区级
谭式摔跤	市级、区级
张氏正骨	市级、区级
济南毛笔制作技艺	市级、区级
杨家木铺古马车制作技艺	市级、区级

续表

项目名称	项目级别
兴隆舞龙	市级、区级
济南八卦掌	市级、区级
济南弹腿门	市级、区级
济南叶雕	市级、区级
扎龙技艺	市级、区级
草包包子制作技艺	市级、区级
秘制水煎包制作技艺	市级、区级
便宜坊锅贴制作技艺	市级、区级
超意兴把子肉及相关系列菜品制作技艺	市级、区级
张氏中医肛肠疗法	市级、区级
“瘊子阎王”——皮肤病根治技艺	区级
新型葫芦丝制作技艺	区级
张传诗经弦歌	区级
杨式太极拳	区级
薛氏坛子肉制作技艺	区级
秘制四喜丸子系列制作技艺	区级
孙重三小儿推拿	区级
王氏烧烫伤治疗法	区级
刘氏中医妇科	区级
传统珠算	区级

2016年市中区非物质文化遗产代表性传承人一览表

传承人姓名	传承项目	级别
卢利华	济南油旋制作技艺	省级、市级
谭桂昌	济南八卦掌	市级
杨崇华	古马车制作技艺	市级
张超	超意兴把子肉及相关系列菜品制作技艺	市级
杨勇	秘制水煎包制作技艺	市级

旅　游

【概况】 2016年，市中区结合旅游发展态势和产品特质，围绕“精心谋划北部核心区、中部拓展区、南部生态区的区域功能布局”战略目标，保护发展南部生态区，观光休闲农业、依托融汇老商埠一期项目，加快经纬巷、经二路、经四路等特色商业街规划建设，打造集点、线、面于一体的百年商埠文化传承街区。

（甄佳玲）

【老商埠区特色建筑】 市中区老商埠区以小广寒、邮政大楼和瑞蚨祥绸缎庄等为代表的特色建筑，是济南市开埠文化最重要的历史留存，体现着“开风气之先、创至善之业”的商埠精神，是市中区城区特色街区旅游的最重要的核心。区旅游局对老商埠街区内老建筑进行考察，与辖区内老建筑主要负责人进行沟通，与旭天广告公司合作为老建筑重新制作宣传标识牌，包括小广寒、皇宫照相馆、张采丞故居、德国驻济南领事馆旧址、贝斯别墅等特色老建筑。第一批老建筑标牌安装完成。小广寒、邮政大楼、瑞蚨祥、亨达利等商业经营单位同意对外开放，允许旅行社组团和个人自由行游客在不影响经营的情况下入场参观。民康里宏济堂博物馆愿意加强和旅游局、旅行社的联系，共同搞好开放旅游参观，成为新的旅游产品。

（甄佳玲）

【兴隆片区旅游资源】 以佛峪、斗母泉等旅游资源为重点，挖掘整合南部山区自然生态、原居环境和历史文化遗存，厘清历史脉络，理顺旅游路线，对佛峪、白云观、怀晋墓、斗母泉等特色景区摸底、摄影、收集宣传视频。在二环南路兴隆村大牌坊、白土岗、钅卜村等6处设立旅游导向标志牌，标识佛峪胜境、白云观和斗母泉的路线，方便游客前往。

（甄佳玲）

【旅游宣传】 与《走向世界·天下泉城》杂志社共同推出旅游资源专栏合作推出“魅力市中·休闲之都”栏目，开展市中旅游对外宣传工作，扩大北部老商埠片区、中部拓展区、南部生态区的影响力和认知度。栏目由区旅游局主办并提供相应材料，走向世界杂志社编辑部以全年12期、每期4P的规模对市中区旅游资源进行深度梳理、报道。

（甄佳玲）

【旅游管理】 区旅游局对旅行社开展多种形式的安全生产大检查并签订安全责任书。加强文明旅游及安全生产宣传教育，督促、检查落实文明旅游及安全制度和测试，加强旅行社租（使）用车船管理。开展文明旅游安全标准化建设，执行国家有关旅行社责任险制度，全区旅行社责任险统保示范项目投保率100%。

（甄佳玲）

体　育

【概况】 2016年4月10日，成立市中区武术协会。全年更新、安装健身路径495件，新建（更新）小型健身广场12个；为区内8家养老机构配备健身器材76件。全年开展群众性全民健身活动20余次，参与人数2万人次；为上级体育运动队输送优秀体育运动员26人；销售体育彩票3.43亿元，市中区获山东省体育彩票工作特殊贡献奖，体育局获济南市体育彩票工作特殊贡献奖。为六里山美格健身俱乐部、鲁能领秀城希尔顿酒店等5家游泳馆核发经营高危险性体育项目行政许可证。

（刘斐）

【市中区第六届全民运动会】 5月10日，区第六届全民运动会在省体育中心体育场开幕。全区各界体育爱好者表演广播体操、足球操、太极功夫扇、柔力球等精彩节目。

5月14日，举办市中区全民健身月启动仪式暨市中区第六届全运会“五人制”足球赛。有28支队伍报名参加，区教育局、区公安分局、舜耕山庄分获机关组前三名，党家街道办事处、四里村街道办事处、七贤街道办事处分获街道办事处组前三名。

5月21—22日、28—29日，举行市中区第六届全民运动会“三人制”篮球赛，全区31支队伍，近200名篮球爱好者报名参加。比赛采用中国篮球运动协会最新审定的“三人制”篮球竞赛规则，区教育局、市中公安分局、区直机关六队、安监局、城管局、市场监管局、司法局、房管局分获机关组前八名；十六里河街道办事处、七里山街道办事处、二七新村街道办事处、泺源街道办事处、陡沟街道办事处、舜玉路街道办事处、白马山街道办事处、魏家庄街道办事处分获街道办事处组前八名。

6月2—3日，举行市中区第六届全民运动会够级比赛。有82支队伍，200余名够级爱好者报名参加比赛。比赛采用联众规则，区卫计局、区法院、区经信局、区农业局、区文明办、区公安分局、区城管局分获机关组前八名；魏家庄街道办事处、王官庄街道办事处、十六里河街道办事处、七里山街道办事处、魏家庄街道办事处、舜耕街道办事处、六里山街道办事处、党家街道办事处分获街道办事处组前八名。

6月16日，举行区第六届全民运动会跳绳比赛。全区400余名运动员参赛，比赛分个人项目和集体项目。区公安分局、区市场监督管理局、区教育局、区人社局、区房管局、区建委、区发改委分获机关组集体跳大绳前七名；兴隆街道办事处、舜耕街道办事处、七贤街道办事处、陡沟街道办事处、六里山街道办事处、泺源街道办事处、舜玉路街道办事处、党家街道办事处分获街道办事处组集体跳大绳前八名。

7月21—22日，举行市中区第六届全民运动会乒乓球比赛。全区20个系统、党委（含金融单位）、17个街道办事处300余名队员报名参加。

8月18—19日，举行市中区第六届全民运动会羽毛球比赛，全区20余个系统党委和17个街道办事处近300名队员报名参加。决出2个团体冠军、12个单项冠军。

9月13日，举行市中区第六届全民运动会踢毽子比赛。全区30多个单位，近200人报名参加。

10月12日，举行市中区第六届全民健身运动会健步走比赛。全区300余名机关干部及辖区群众参加健步走比赛。

（刘斐）

【“体彩杯”活动】 4月23日，举办“体彩杯”第八届济南市全民运动记录挑战赛市中赛区比赛，近300名社区居民报名参加。

9月24日，由区体育局主办，山东济南阳光空竹俱乐部承办的“体彩杯”2016年第十一届全国空竹艺术节，在泉城公园生态广场隆重举行。省内及北京、河北、江苏、安徽、河南等地61支空竹代表队500多名抖空竹选手参加表演，为观众们表演叠罗汉、琼花仙子、龙凤呈祥、孔雀开屏、一心二用等空竹花样技艺。

（刘斐）

【老年人趣味运动会】 10月16日，区老年人趣味运动会在育贤中学举行。各街道办事处和文体站点的300余名中老年人参加筷子夹球、沙包投准、定点投篮、趣味高尔夫等7个项目比赛。

（刘斐）

【“天地缘杯”济南演武大会举行】 12月24—25日，由区体育局主办，济南市中武术协会承办的“天地缘杯”济南演武大会在区国防教育基地举行。有22支队伍300余人参加。

（刘斐）

【市中区体育健儿张梦雪勇夺里约奥运首金】 8月7日，在2016年里约奥运会射击比赛女子10米气手枪决赛中，由市中区输送的射击运动员张梦雪，以199.4环的总成绩创造奥运会决赛纪录，为中国体育代表团摘得第31届奥运会首枚金牌，实现市中区奥运金牌零的突破。

（刘斐）

HIZHONGNIANJIAN

市中年鉴

卫生　计划生育

WeiSheng　JiHuaShengYu

卫 生

【概况】 2016年，全区分级诊疗工作稳步推进，全面两孩生育政策稳妥实施。多次迎接国家、省、市卫生委、计生协主要领导对市中区医疗体制改革、基层医疗服务建设、社会创新管理、公共卫生应急及青春健康项目和帮扶救助等工作的视察、检查。建立应急指挥中心，将卫生应急视频会商系统并网投入使用，为专业人员配备具有GPS定位和4G网络功能的智能移动终端，完成省市现场会观摩点工作任务。

区域内国家免疫规划“八苗”全程接种率93.4%；含麻成分疫苗第一针及时接种率93.76%；第二针及时接种率93%；乙肝疫苗第一针及时接种率91.2%；65岁及以上老年人规范健康管理率79%；中小学生视力患病率45.88%、肥胖患病率20.81%、龋齿患病率23.51%。

5月，舜耕街道办事处被中国计划生育协会评为全国计划生育协会乡级先进单位；12月，市中区被国家卫生计生委评为2014—2016年全国计划生育优质服务先进单位。

（杨振远）

【“321”医联体建设】 进一步明确省立医院、区医院、基层医疗机构按照病情轻重，实施不同级别的诊疗，打造“分级诊疗红绿灯”品牌，通过打造双向转诊绿色通道、实施远程会诊等手段提升基层医疗机构服务能力。借鉴领秀城社区卫生服务中心试点成功经验，开通6家社区卫生服务中心双向转诊绿色通道，实现百姓就近社区就诊，复杂检查检验及疑难杂症转诊上级医院，实现分级诊疗就医模式。

（杨振远）

【基层卫生服务机构】 2016年，新建舜耕街道东山社区和舜耕街道舜园社区2所社区卫生服务站，7家社区卫生服务机构、10家村卫生室提交变更材料并通过验收。

（杨振远）

【惠民医疗】 通过“美丽新泉城、健康新市中”系列主题活动，有针对性地开展大型义诊活动6次，700余名医务人员参加，其中副高及以上职称230余人，咨询问诊3万余人次，现场检查和治疗8000余人次，减免挂号诊查费12万元，减免检查费18万元，赠送价值3万元的健康保健物品，发放健康教育宣传材料8万余份。印制济南市市中区城乡居民大病救助说明手册7000册，根据区民政局提供的2016年1月底城乡低保居民人数6080人，联系区医院制作每人200元就医补助卡，全部下发给城乡低保居民。

（杨振远）

【社区居民健康电子档案】 全年建立社区居民健康电子档案551790份，建档率92.7%。高血压病人38099人，规范化管理率61%；糖尿病病人17189人，规范化管理率62%；0—6岁儿童3.98万人，规范化管理率90.1%，接种率100%，新生儿访视率96%；孕产妇4472人，管理率90%，产后访视4334人次。

（杨振远）

计划生育

【概况】 2016年，全区出生6915人，合法出生6867人，计划生育率99.3%，其中男孩3588人，女孩3327人，出生性别比107.8。查处各类违法案件3起。

（杨振远）

【妇幼卫生监测】 市中区承担国家级七项监测任务是全省承担监测项目最多的区县。建立健全社区、医院、妇幼保健三级监测网络，强化培训，确保监测质量。多次接受国家级、省级检查并获专家好评。全年医院监测围产儿数19074例，人群出生缺陷监测人数11662例。

（杨振远）

【生育关怀行动】 区卫计局、计生协，通过政府拨款计生公益金、人口关爱基金、群众自愿购买等形式，开设“计生福利救助健康医疗保障”保险，对计生家庭、计生困难家庭、空巢家庭、死亡伤残家庭进行帮扶救助，共开展三大类保险项目。9月上旬，组织对全区计划生育失独家庭295户开展集中走访、慰问，发放米、面、油等生活必需品。10月中旬，组织全区计划生育失独家庭成员180余人在济南市民族医院参加年度健康查体。全年走访救助300余户计生困难家庭。

（杨振远）

【免费避孕药具发放机试点区县建设】 2016年，作为全市免费避孕药具发放机的试点区县，首批5台自助发放机安装使用后，实现管理智能化、品种多样化、便民保密性强等特点。10月27日，省药具站领导到市中区调研时给予肯定。全年全区安装免费避孕药具发放机23台。

（杨振远）

卫生防疫

【概况】 2016年，网络直报系统质量综合评价中，市中区传染病报告及时率、审核及时率均达到100%。全年共发生传染病疫情4108例，发病率447.77/10万，甲类为0报告，乙类12种计1507例，丙类5种计2601例；其中肝炎586例、猩红热231例、肺结核188例居乙类传染病发病前三位，分别占乙类传染病发病数的38.89%、15.33%和12.48%；手足口病1907例，占丙类传染病发病数的73.32%，居丙类传染病发病第一位。

（柴晓茹）

【免疫规划工作】 2月26日，区政府组织召开全区麻疹防控专题工作会议，明确部门防控职责，建立联防联控工作机制。在全区各中小学校开展麻疹疫苗强化接种，对全区2080名学生进行了疫苗补种。8月，免疫预防科王俊荣参加由济南市总工会、济南市卫计委联合举办的全市免疫预防岗位技能大赛，荣获个人一等奖，代表济南市参加全省免疫预防岗位技能大赛并获得三等奖。

（王世豪）

【艾滋病防控】 6月至12月，区疾控中心相

2016年5月16日，区疾控中心召开高校参与艾滋病防治能力建设研讨会

（区疾控中心 提供）

继在驻区山东大学、济南大学、山东财经大学、山东医学高等专科学校、山东力明科技职业学院五所高校开展了“青春零艾滋，千人培训，万人受益”艾滋病防控巡讲活动。活动中，区疾控中心微信公众号发布的培训预告浏览人数达到7280人，“青年学生艾滋病防治核心知识”科普微信的浏览人数达到10021人。9月，区疾控中心历时一个月时间，利用大学新生入校查体之际，在驻区五所高校中广泛开展艾滋病防治宣教活动，让新入校的2016级2万名新生都能了解艾滋病的相关知识。11月30日，区疾控中心在济南大学承办“济南市2016年世界艾滋病日宣传活动”。活动以“携手抗艾，重在预防”为主题，举行话剧《有多少爱可以重来》首演式，30余所驻济高校防治艾滋病志愿者进行艾滋病防治宣传。用新颖活泼的话剧演出形式进行艾滋病防治宣传教育，这在驻济高校中是第一次尝试，得到省、市、区领导的好评。2016年12月，被山东省疾控中心评为“全省艾滋病防治工作先进集体”。

（李辉）

【健康教育宣传】 5月24日，召开全区健康教育工作会议，辖区学校、医院、社区、街道以及区直有关单位健康教育联络员200余人参加了会议，会议下发《2016年市中区健康教育工作要点》和《关于在全区开展第29个世界无烟日的通知》，发放宣传资料27种，共计30万份。

2016年，全区召开“送烟＝送危害”专题会11次，开展义诊宣传活动26次，接受群众咨询780人次，有17家单位组织领导干部学习。5月9日及6月6日，区疾控中心分别在济南大厦9楼会议室为行管局机关工作人员开展减盐防控高血压知识讲座和“运动祝您更健康”知识讲座，发放宣传资料200余份，控盐勺200个，控油壶100个。9月份，在王官庄街道办事处第九居委会举办“全民健康生活方式日”健康知识讲座，社区居民400余人参加，发放健康教育资料及宣传品600余份，发放控盐勺420个，控油壶155个。在第19个“全国高血压日”来临之际，组织社区卫生服务机构在白马山铁路新村广场开展以“知晓你的血压”为主题的宣传活动，展出展板8块，发放健康知识宣传折页5000张、减盐防控高血压明白纸1000张、《盐与高血压黄皮书》500本，发放控盐勺1500个，控油壶150个，义诊咨询400人次，测量血压200余人。11月，慢病科姜超参加由济南市总工会、共青团济南市委、济南市卫计委联合举办的全市卫生计生系统青年技能竞赛，获得个人总分第一名的优异成绩。2016 年 12 月，被山东省疾控中心评为“2016 年度山东省健康教育工作先进集体”“山东省慢性非传染性疾病防制工作先进集体”，同月被山东省肿瘤防治办公室评为“山东省癌症早诊早治项目先进集体”。

（张琳）

【卫生应急】 2016 年，投资 60 万元，配备 20 套个人携行物资装备，20 套个人应急服装，4 个卫生应急箱；投资 8 万元，更新消毒器材、消杀药品和防护用品。11 月，参加全市卫生应急工作会议的各级领导，到市中区进行现场观摩，并给予高度评价。区疾控中心全程参与市中区人感染 H7N9 禽流感卫生应急处置现场演练。

（果彬）

卫生监督

【概况】 区卫生监督所于 2006 年 4 月 27 日成立，为全额预算管理正处级事业单位，隶属于区卫计局，编制 38 人。2016 年，有在职干部职工 33 人，平均年龄 42.5 岁；其中，硕士研究生 2 人，大学本科 26 人，大学专科 5 人。下设监督一科、监督二科、监督三科、监督四科、公共卫生监督科、预监科、财务科、办公室 8 个科室。

（梁晶）

【公共场所卫生监督】 2016 年，继续推行公共场所卫生监督信息公示制度，强化公共场所卫生监管，对住宿场所、游泳场所、美容美发场所和沐浴场所共计 931 户进行量化分级管理，量化分级率 100%。加强巡回监督检查，共监督检查公共场所单位 1308 户次，监督覆盖率 100%。完成公共场所行政处罚立案 27 件，结案 26 件，罚款 5.4 万元。春节期间，开展公共场所卫生监督专项检查，对辖区内 4 家室内游泳场所进行专项监督检查，采集游泳池水水样 10 份，经检验均合格。中高考期间，开展住宿业专项检查。加强公共场所卫生监督抽检，共抽检各类公共场所单位 46 户。

（梁晶）

【生活饮用水卫生监督】 2016 年，对辖区内经营水质处理器产品的商场、批发市场、专卖店等销售环节进行全面检查，检查的 12 家涉水产品经营单位均达到标准要求。开展集中式供水单位卫生监督检查，共检查集中式供水单位 4 家，监督覆盖率 100%。对二次供水单位进行拉网式检查，严格现场验收及卫生许可证的发放工作，检查二次供水单位 75 家，监督覆盖率 100%，累计发证 75 家。对辖区 62 个行政村农村生活饮用水供水单位进行全面监督检查，监督覆盖率 100%。对辖区内现制现售饮用水进行调查摸底并开展卫生监督检查，共检查现制现售饮用水机 158 台，随机抽取 51 份样品送至有计量认证资质的检测机构进行检测，检测结果全部合格。全年发放各类宣传材料 2400 余份。

（梁晶）

【医政监督】 全年召开 2 次医疗机构大型会议，对医务人员讲解法规和规范。继续加强医疗机构信息公示台和联络员制度，培训医疗机构卫生监督联络员 99 人。开展一级医疗机构综合执法检查、“莆田系”社会办医疗机构监督检查、整顿医疗市场服务秩序，依法查处“医托”诈骗活动、打击非法制售和使用注射用透明质酸钠行为专项行动；全年共监督检查医疗机构483户次，监督覆盖率100%，出动监督员1446人次，出动监督车辆483车次，立案19起，罚款2.9万元，警告4户。其中，申请法院强制执行4件。1人非法行医，涉嫌刑事犯罪被移送公安。

2016年3月，市中区卫生监督所开展学校卫生监督检查 （区卫生监督所 提供）

（梁晶）

【传染病防治】 全年共监督检查医疗机构514家，出动监督车辆412车次、监督人员1452人次。开展“问题疫苗”查处工作，制订非法经营疫苗专项监督检查工作方案，成立非法经营疫苗专项监督检查领导小组，分5个小组对辖区内的24家预防接种门诊和4家医院产科及2家狂犬病接种点进行全覆盖拉网检查。监督检查辖区内社区卫生服务中心等医疗机构共计488家。加强消毒产品和餐饮具集中消毒单位监督管理，检查消毒产品企业5户，检查餐饮具集中消毒单位12户。开展创建国家食品安全城市工作，组织未达标餐饮具集中消毒单位到外地学习先进地区运营模式，重组合并成立4家餐具消毒配送中心。通过关停、重组、提升，辖区餐饮具集中消毒单位由13家减少为7家，全部达标。7月12日、8月30日迎接市和省的两级食品安全创城检查调研并得到检查组的肯定。11月29日，代表济南市迎接省检查验收，获较好成绩。开展传染病防治分类监督综合评价试点工作，全区有63家医疗机构参加试点并取得初步成效。传染病防治监督共立案22起，罚款1.64万元。

（梁晶）

【学校卫生监督】 2016年，开展学校综合卫生监督检查和技术指导，共监督检查学校69户，监督覆盖率100%；检查托幼机构110户次，监督覆盖率100%。立案处罚3户，其中处罚2户，共罚款5800元，警告1户。开展大中专院校、托幼机构卫生法律法规知识培训，培训人员120余人。

（梁晶）

【放射卫生监督】 完善放射卫生管理档案，严格按照示范工程标准对39户放射诊疗单位进行监督检查指导，监督覆盖率100%。对22户口腔诊所是否开展放射诊疗活动进行监督检查，监督覆盖率100%；依法立案处罚5户，罚款6800元。

（梁晶）

【卫生许可受理】 全年共受理卫生许可资料267户，办结267户，发放许可证230份，注销 37 份。全面落实行政许可和行政处罚“双公示”制度，在区政府网站进行公开、公示，接受社会监督。共公示许可信息 25 期，处罚信息 18 期。缩短行政审批时限，由 20 个工作日缩短到 15 个工作日。

（梁晶）

【投诉举报处理】 建立健全投诉举报受理、查处和回复制度程序，落实投诉举报工作责任制，对投诉举报及上级转办件做到有诉必接、有案必查，快速反应、迅速处理，全年共受理群众举报投诉及 12345 热线交办 174 件，全部按法规要求进行处理，办结率 100%。

（梁晶）

爱国卫生

【爱国卫生月活动】 4 月 9 日，动员辖区各级机关、企事业单位、居民群众、部队、学校等，在全区开展“卫生清洁日”活动，清除垃圾死角，清理乱贴乱画，整治门头牌匾，清洗公益广告牌。活动月期间，共发动社会各界人员 1.36 万余人次，制作宣传展板 400 多个，发放各类宣传材料 3.6 万余份，清理垃圾死角 1600 余处，清理各类垃圾 1200 余立方米。4 月 15 日，在英雄山赤霞广场组织举办第 28 个爱国卫生月广场宣传活动。设立 25 个宣传点，采取义诊、健康咨询、展板宣教、发放宣传材料、展示假冒伪劣食品药品等形式，宣传健康生活方式。共展出各类展板 50 余块，发放宣传材料 15000 余份，发放倡议书 5000 余份。

（李丽萍）

【病媒生物防制】 4 月 21 日，特邀省疾控专家对辖区病媒生物防制工作人员进行培训，160 余人参加。通过政府采购，投入 20 万余元，购置消杀药品 8000 余千克，对全区居民小区、窗口单位、河道沟渠、花坛绿地、农贸市场、垃圾收集点、垃圾转运站、公厕等公共区域进行集中消杀，消杀面积达 200 余万平方米。对居民小区、村庄、农贸市场、“五小”行业、公厕、垃圾中转站、窗口单位等重点区域进行病媒生物防制专项检查，督促指导各街道办事处和成员单位做好病媒生物防制工作。全年接受群众咨询 100 余人次，处理市民通过 12345 政府热线反映的病媒生物防制问题 38 件，群众满意率 100%。

（石礼明）

【卫生单位创建】 2016 年，在省、市级卫生单位、健康单位等创建活动中，爱卫办组织人员进行现场检查指导。全年共创建 2 个省级卫生村、3 个省级卫生单位，14 个市级卫生单位、卫生居委会、卫生小区和卫生村。

（李丽萍）

妇幼保健

【概况】 市中区妇幼保健计划生育服务中心由市中区妇幼保健站和市中区计划生育服务中心合并而成。2015 年 8 月，市中区编委批复划为公益一类事业单位。下设综合办公室、妇女保健科、儿童保健科、计划生育科、宣传科，编制 34 人，实有 28 人。2016 年，获济南市巾帼文明示范岗、济南市精神文明单位。

2016 年，承担农村孕产妇住院分娩补

助项目、农村妇女增补叶酸预防神经管缺陷项目、预防艾滋病、梅毒和乙肝母婴传播项目、免费孕前优生检查项目；承担孕产妇死亡、5岁以下儿童死亡、医院出生缺陷、人群出生缺陷、危重孕产妇及儿童营养与健康监测6项国家级监测任务，是全省承担妇幼卫生监测项目最多的区县。为2051名农村妇女办理住院分娩补助，补助覆盖率100%。为819名农村妇女增补叶酸预防神经管缺陷，任务完成率102%。开展免费孕前优生查体、孕前优生信息管理工作，目标人群查体覆盖率102.3%。

（刘乐）

【妇女保健】 2016年，全区孕产妇系统化管理率96.3%；孕产妇住院分娩率100%。全年补办出生医学证明217例，《出生医学证明》发放率100%。制订《市中区新生儿遗传代谢病免费筛查项目实施方案》，并在市中区政府网公示。全年为2612人报销筛查费用。6月，举办“市中区《出生医学证明》管理培训班”、辖区新增医院妇幼卫生信息统计培训班。

（刘乐）

【儿童保健】 全区辖幼儿园120处，专兼职保健人员120人。区妇幼保健计生服务中心对全区托幼机构卫生保健工作实行ABC等级管理，业务人员定期到托幼园所，督导落实儿童生活、健康查体、卫生消毒及隔离等十项保健制度，做好传染病、餐具用具消毒等十项保健记录，制定带量食谱，平衡膳食，实行儿童营养科学管理。3—6岁儿童健康查体率98%，3岁以下儿童系统化管理率98.11%。

2015—2016年，邀请济南市妇幼保健院专家和山东大学齐鲁儿童医院专家，在驻区托幼机构开展100场儿童保健知识讲座，内容包含儿童眼保健、听力保健、儿童意外伤害、心理行为等知识。12月，分批次对辖区保育员和炊事员400余人进行业务技能培训。

（刘乐）

【计划生育技术服务】 2016年，开展妇女生殖健康查体、育龄妇女查体、免费计划生育手术和孕前优生查体等服务。全年无医疗纠纷、医疗事故、并发症发生。全年开展免费孕前优生健康查体5200对，计划生育手术285例，低保户查体 973例。2016年5月，对街道、村居计生干部中从事免费孕前优生查体人员进行2次培训。

（刘乐）

附：市中区人民医院

济南市市中区人民医院位于郎茂山路61号，建筑面积2.6万平方米，设置床位500张，设有内科、外科等59个科室及6个社区卫生服务中心（站）、2个分院，是集医疗、科研、预防、保健、康复、急救于一体的二级甲等综合性医院，系山东省医疗保险、济南市医疗保险、济南市生育保险、市中区公费医疗定点机构。2016年1月15日，通过市卫计委“二级甲等”医院评审。年底，医院有在编职工169人，合同制非在编414人。其中，医师232人、护理人员247人、药师26人、医疗技术人员48人。先后被评为2016年度济南市医政（医务）管理工作先进集体、优质护理服务工作先进集体、医疗机构医院感染管理先进集体、服务百姓健康行动先进集体。

全年开展综合介入、关节镜、人工髋关节置换、人工膝关节置换、外科内镜诊疗技术、外周血管介入诊疗技术、妇科内镜诊疗技术、呼吸内镜诊疗技术、消化内镜诊疗技术、心血管疾病介入10项二类诊疗技术及中医特色治疗小针刀、姜疗、小儿推拿等治疗。

成立医改领导小组、医改突出问题协调小组，推进公立医院综合改革。6月1日，取消药品加成，调整大型设备检查费等收费标准。6月1—7日，免收门诊诊察费共计6728人次，惠民7857元。全年业务收入2.016亿元，同比下降0.69%；门诊量38.17万人次，同比下降1.34%；出院患者8034人次，同比增长26.3%；开展手术1482台，同比增长22.78%。

实施区域医疗联合体惠民工程。在院部设立远程医学会诊分中心，在领秀城社区卫生服务中心试点设立远程医学会诊分站，通过视频系统与省立医院开展远程医学会诊、远程疑难病历讨论等。全年医院与省立医院进行远程会诊23例。开通双向转诊绿色通道，设立双向转诊网络平台，与十六里河、党家、陡沟、七贤4所涉农社区卫生服务中心及医院自管社区机构签订《合作医疗分级诊疗服务协议》，为社区上转病患提供检查类（B超、CT检查）预约、专家门诊预约、住院床位预约等快捷服务，居民到院后直接登记就诊，享受一级医院收费标准、二级医院治疗服务、三级医院专家诊治。邀请省立医院优秀学科专家团队到院开展临床接诊带教，已在神经系统疾病、肿瘤疾病、呼吸系统疾病和肾内科疾病方面展现出一定的学科优势，医院从原来的内、外科两大科拓展细化为九个病区。10月，市中医院分级诊疗工作经验获市委党校《领导参阅》整版刊登。

（市中区人民医院供稿）

HIZHONGNIANJIAN

市中
年鉴

社会管理　人民生活

SheHuiGuanLi　RenMinShengHuo

民 政

【概况】 市中民政工作继续以不断健全完善六大管理体系为目标，以阳光民生救助体系为重点，开展养老服务基础设施建设，培育和提升社会组织创新发展能力。全年办理收养登记3例。7月，四里村街道被省委、省政府、省军区评为全省爱国拥军模范单位；12月，四里村街道英雄山社区被国家减灾委、民政部评为2016年全国综合减灾示范社区。2016年，市中区被省民政厅确定为社区治理暨养老服务创新实验区；被市委、市政府授予济南市爱国拥军模范单位。

（付超）

【基层政权和社区建设】 开展“议事协商”，探索基层民主自治路径，逐步实现多方共同参与社区自治。先后将舜玉路、二七新村、大观园和七里山街道的舜园、建新、经二路、七东等12个社区确定为试点单位。2016年，各社区组织开展各类各级自治协商会议近200次，参与人数过千人。制订区级社区减轻负担增强自治功能和服务效能的系列文件，减少合并区级会议和评比，推广网络化办公，社区台账减少50%。按照《济南市“现代泉城幸福社区”创建标准（试行）》，遴选试点街道，策划打造的舜园、泉景、舜华、经二路和玉函路5处社区被评为首批济南市“现代泉城幸福社区”。实施农村社区服务中心建设三年行动计划，对大涧沟西村社区、瓦峪村社区、袁庄社区、杨台社区、涝坡社区、郭家窝坡社区、义和庄社区和青桐山社区进行改造提升。健全完善监督机制，强化村务公开民主管理。选拔推荐7名优秀基层社区工作者参加“齐鲁和谐使者”评选，王丽、张云霞、李明叶3人入选。四里村街道英雄山社区、泺源街道普利街社区、王官庄街道英华苑社区、十六里河街道南苑社区和七贤街道德贤社区完成改造提升，投入资金300万元，改造提升面积2000平方米。

（李征）

【低收入人群生活保障】 2016年，全年审批低收入家庭613户。全区城市低保对象2101户，3282人；农村低保对象1357户，2311人。全年累计救助城市低保对象26628户次，42156人次，发放低保金1833万元；救助农村低保对象16127户次，27603人次，发放低保金793万元。对城乡低保家庭中的41名失能老人每人每月发放60元失能补贴，全年累计发放3.35万元；对247名城乡低保中的高龄老人每人每月发放100元或200的高龄补贴，全年累计发放36.14万元；对14名城乡低保中的困境儿童每人每月发放300元困境补贴，全年累计发放5.22万元；对46名城市三无人员每人每月发放290元三无补贴，全年累计发放15.8万元。

（林杨）

【专项救助】 2016年春节期间，为全区城乡低保及低保边缘家庭分别发放500—2000元的救助金和救助物品，共救助5341户，1.3万人，支出救助资金354万元；其中，发放救助金298万元，购买救助物品56万元。救助辖区低保及低收入家庭成员中患重大疾病的432人，发放医疗救助金191.9万元。救助辖区因遭遇大病、车祸、火灾、人身伤害等出现家庭严重入不敷出，不足以维持基本生活的178

户困难家庭，发放临时救助金 60.3 万元。对 188 户低保家庭中的高中、大专以上困难学生进行教育救助，发放救助金 32.9 万元。救助孤儿 11 人，标准为每人每月 1120 元，全年累计发放孤儿补贴 15.46 万元。

（林杨）

【五保供养】 2016 年，全区有五保对象 137 人，全年累计发放五保救助金 65.7 万元。其中，集中供养 52 人，标准为 6400 元 / 人 / 年；分散供养 85 人，标准为 4165 元 / 人 / 年。

（林杨）

【养老服务】 2016 年，市中区被省民政厅确定为社区治理暨养老服务创新实验区。升级改造市中区养老服务信息平台，将二七街道老年人日间照料中心和舜玉路街道舜园日间照料中心打造为社区养老服务中心，开展实验区创建工作。新建城市社区日间照料中心 5 处、农村幸福院 4 处；打造标准化日间照料中心 4 处，标准化农村幸福院 5 处。新增养老床位 500 张，其中护理床位 250 张。9 月，开工建设市中区社会福利服务中心，总投资 3200.03 万元，规划面积 5.25 亩，总建筑面积 6275 平方米。与区公安消防部门、街道办事处联合对辖区 45 处养老服务场所消防安全设施进行全面排查，对重点隐患单位进行 6 次复查。继续开展居家养老送时服务，全年享受政府居家养老送时服务的老年人 690 人。

（张丽娜）

【优抚】 2016 年，为全区 2063 名优抚对象发放抚恤金 1982.5 万元；为 608 名义务兵发放优待金 943.5 万元，为 141 名现役军人（优秀士兵、三等功）发放立功受奖奖励金 11.6 万元，为 500 户困难优抚对象发放救助金 25 万元。为 25 名优抚对象发放大病救助金 10.8 万余元。春节期间，走访慰问在乡 1—3 级残疾军人，每人送去慰问金 2000 元。为 503 名优抚对象缴纳城镇职工医疗保险费和住院补助费 235 万余元。组织 30 名重点优抚对象到烟台空军疗养院、济南市优抚医院进行为期 1 个月的疗养。完成 2015 年符合安置条件的退役士兵 35 人的档案材料移交工作，接收自主就业退役士兵 194 人，发放自主就业士兵生活补助金 319.275 万元，补发自主就业金 546 万元。走访生活困难的 29 名参试退役人员、50 名参战退役人员和 15 名军队复员干部，发放慰问金 20 万余元。

（吴昊）

【拥军优属】 春节期间，对驻区部队及 22 位市中区荣誉居民（将军）进行走访慰问，赠送慰问金、慰问品 160 万余元。为 1500 名军队离退休老干部和 4500 名优抚对象赠送 6000 份慰问品、年画和慰问信，召开军地座谈会 32 场次；组织各街道办事处为 1580 名优抚对象、302 户军属家庭悬挂光荣牌。为驻区团以上单位未就业随军家属 495 人发放生活补贴 519 万元。八一建军节前夕，组织复员军人代表、伤残军人代表、现役军人家属代表和退伍军人代表参加座谈会。7 月 28 日，走访慰问武警山东总队直属支队、市中区消防大队等，送去价值 10 万元的慰问金及慰问品。开展为驻区部队困难家庭帮扶解困工作，发放救助金 12 万元。在第三个“烈士公祭日”期间，组织社会各界 200 多人参加公祭活动，邀请 20 位抗战老战士、烈士遗属参加公祭活动，为他们赠送慰问品，为全区 65 位烈士遗属发放价值 2.5 余万元的慰问品。

（吴昊）

【双拥共建】 北部战区官兵到兴隆街道看望困难群众和敬老院的五保老人，为他们查体、理发、打扫卫生，送去慰问品、慰问金。4月，空军某部协助七里山街道办事处民兵预备队军训，提高军事素质，增强国防意识；通讯某部在连队建立爱军习武示范点，定期让社区学生参观学习。共建单位与辖区10位孤寡老人结成对子，每月到老人家中帮助老人打扫卫生、洗衣服、理发，发扬尊老爱幼的优良传统；四里村街道辖区官兵坚持义务为社区群众修理家用电器、自行车，帮助辖区老年人、残疾人家庭打扫卫生、整理物品。

（吴昊）

【社会组织管理】 全年办理社会组织登记28家，变更登记57家，注销登记9家，名称核准26家，名称核准（续期）8家，换发证书366家，登记办结率、合格率100%。至年底，全区有备案登记社会组织369家，其中，社会团体39家，民办非企业单位331家。对社会组织实行网上年检，全区社会组织应检336家，实际年检320家，年检率95%。建立社会组织信息公示平台，引导社会组织自觉公示年度报告和重大事项，对发现问题的2家社会组织进行约谈，社会组织综合监管率95%以上。开展社会组织评估，调整和充实评估专家库，扩大评估面，健全完善评估政策体系。1月底第二批评估工作结束，有11家社会组织获3A以上等级（其中5A级5家，4A级3家，3A级3家）。

完成全区社会组织统一社会信用代码的赋码及新版登记证书的发放工作，共发放“三证合一”证书300余套。对在城乡社区开展为民服务、养老照护、公益慈善、促进和谐、文体娱乐和农村生产技术服务等活动的社区社会组织，提供组织运作、活动场地、活动经费、人才队伍等方面支持鼓励。2016年底，全区有备案社区社会组织1099个，其中社区服务类471个，科技文体类448个，公益慈善类23个，法律维权类48个，其他类社区社会组织109个，同比增长290%。

指导和帮助有条件、有能力的社会组织按照《市中区政府向社会力量购买服务工作的实施方案》，通过项目购买、项目补贴、项目奖励等方式，进一步推动政府向社会组织转移职能和购买服务，推动社会组织参与政府的社会管理。举办公益创投、项目对接洽谈会等活动，为街道、社区与社会组织三方搭建交流互通平台。全区17个街道办事处、113个社区与49家优秀社会组织达成合作意向701项。指导二七、六里山、四里村、舜玉、王官庄5个街道建立社会组织服务（孵化）服务中心，协助9个街道成立社区社会组织联合会，为社会组织提供宣传推介、孵化培育、公益创投、培训交流、信息咨询等全方位服务。对5个街道社会组织服务（孵化）平台进行专家评审，给予专项扶持资金。

（黄亚楠）

社会事务

【区划地名】 根据第二次全国地名工作的总体安排，顺利推进地名普查工作。2016年，共登记群众自治组织、居民点、单位、道路街巷、河流、山体等共12大类95种地名信息4969条。于5月份对长清—市中、市中—历城进行边界联检工作。为辖区内的6家符合条件的单位办理地名命名手续。出版《济南市市中区地名图册》3000本。为全区12名界管员发放4800元的工作补助。妥善处理处于市中、槐荫、长清区边界线汇点界线争议问题，避免因边界纠纷引发的恶性刑事案件，维护相邻区的和谐稳定。

（饶丽菁）

【收养登记】 严格遵守《中华人民共和国收养法》的有关规定，认真核查收养材料，2016年共办理收养登记3例。保持收养工作的严肃性，收养登记合格率100%。

（饶丽菁）

【殡葬管理】 2016年清明节期间，严格执行24小时值班制度。同时，与街道签订清明节承诺书。利用清明节祭扫高峰期，在各公墓悬挂宣传条幅，对绿色殡葬进行宣传，全面推行文明低碳祭扫。为保障群众基本丧葬需求，切实减轻群众经济负担，推动树立文明节俭殡葬新风。2016年，共计审核415人次，共计发放殡葬补助金41.5万元，审核通过率和发放率100%。为加强全区农村红白理事会建设，促进移风易俗工作的顺利开展，全区共成立红白理事会100个。

（饶丽菁）

【流浪乞讨人员救助管理服务和农村留守人员工作】 流浪乞讨人员救助管理服务工作建立市、县、乡镇（街道）、村（居）四级救助网络体系。据统计，区级1名，办事处17名，村（居）190名。全区共有留守老人129人，留守儿童1人。

（饶丽菁）

【婚姻登记】 年初，实行新《婚姻登记工作规范》，全年办理结婚登记5364对，离婚登记2327对，补领婚姻证件2368对，婚姻登记合格率、准确率100%。继续坚持开展双休日及节假日预约登记，全年网上预约290对，现场预约340对。9月1日起，实行免收婚姻登记工本费、免费复印登记资料、免费照相等惠民政策。

（陈晶晶）

劳动和社会保障

【概况】 区人力资源社会保障局完成全年就业再就业、社会保险扩面、劳动关系和谐稳定等目标任务，为全区经济社会发展提供了强有力的人才资源和社会保障支持。2016年，获全省人力资源社会保障系统先进集体、济南市爱国拥军模范单位、全省人才资源统计调查先进单位、全省2015年度城乡居民基本养老保险统计报表工作先进单位等。

（于雷）

【就业服务】 突出抓好以高校毕业生、失地农民、城镇困难人员、退役军人为代表的重点群体就业，安置城镇就业16616人次，城镇登记失业率控制在4%以内。全面落实应届大学毕业生实名制登记制度，登记率100%。招募“三支一扶”大学生17人，招募大学生公益性岗位工作人员100人，高校毕业生就业率97%。累计向212家个体工商户发放一次性创业补贴37.4万元，向29家小微企业发放一次性创业补贴和岗位补贴36.6万元。区政府投资2000余万元与济南大学合作，联合创建济南大学创业学院。年投入150万元为创业者提供创业场所、培训和指导等服务，重点支持工业设计、互联网+等领域创新创业。利用外来务工（农民工）综合服务中心、创业学院等平台，推行“创业实训＋项目开发”的创业培训模式，累计培训3600余人次，成功就业2800余人次。与济南大学对接，在全市率先开展在校大学应届毕业生创业培训，全年举办三期14个班次，培训大学生401人。开通86312345就业服务热线，实现24小时接听录入招聘、求职信息，已与400多家企业建立合作关系，发布空岗信息3万余个，为企业推荐应聘者4900余人次，为4800多人办理求职登记，其中1229人找到合适的工作岗位。依托就业平台及时对用工和求职信息进行分析，为制定就业政策、完善培训内容和方式提供可靠依据。

（赵红）

【社会保险管理】 深化机关事业单位养老和医疗制度改革，按上级有关规定为事业单位办理补充医疗保险。完善居民养老和医保制度，全面推进“全民参保”计划。深化医保支付方式改革，发挥支付方式在规范医疗服务行为、控制医疗费用不合理增长方面的作用。实施居民大病保险制度改革，增强重特大疾病的医疗保障。落实被征地农民社会养老保障政策，采取“先试点、后推广”模式，逐步消化存量业务。全年居民养老参保7.17万人，完成计划的100.71%；基金收入1706.03万元，完成计划的106.63%；为674名重度残疾人代缴保费，共计22.92万元。居民医保参保21.35万人，完成计划的100.04%；基金收入10400万元，为5718名符合代缴条件的居民代缴145.99万元。机关事业单位保险（养老＋医疗）参保人数1.48万人，参保率100%；全区232家机关事业单位收缴养老保险参保资金28030万元，收缴医保等代征险种参保资金16963万元，收缴率100%。全民参保登记入户调查近2万人，占全部任务量的60%。7月起，居民养老基础养老金待遇由每人每月85元提高至100元；全年累计发放养老金3605.69万元，35.77万人次，社会化发放率100%；为972名符合条件的人员发放丧葬补助金77.76万元。居民基本医疗保险财政补助标准由年人均380元提高至420元。机关事业单位保险收支基本持平，9月中旬完成调整机关事业单位退休人员基本养老金工作，全年累计支付退休费29527万元，支付率100%。为108个定点村卫生室免费配置医保结算读卡器，提高群众看病就医便捷性。对民营定点医院实行“人均次＋总控”“单病种＋总控”双定额结算方式，定期现场检查，每季度随机抽查。印发《关于转发济人社发〔2016〕81号文件坚决做好就业与社会保障精准扶贫工作的通知》。协助区扶贫办进行社保、就业信息筛查，实施“兜底线”工程，分别为323名和904名建档立卡贫困人口代缴居民养老保险和居民医疗保险。一般农村贫困人口均按高限每人每年300元代缴医疗保险。

（蔡强　颜苇　陈宇）

【人才服务】 推进“5150”引才计划和“百千万人才引进工程”。组织驻区企业分别到华东和西北地区等多所211、985院校招聘优秀毕业生，收到简历351份，23名优秀毕业生与企业达成意向。组织开展2016年海内外引进高层次创新创业人才申报，中泰证券和市供排水监测中心引进2名高层次人才入围。完成全区第三批创新人才材料审核和推荐工作，有14名驻区企业优秀专业技术人才被评为2016年度市中区第三批创新人才，并为其发放学习补贴。完成济南市第五批千层次创新人才2016年度安家补贴的拨付申请工作，为全区80名千层次创新人才发放安家补贴 77 万元。组织开展“院士专家基层服务工作站”和“博士后创新实践基地”申报。在山东鸿基换热技术有限公司和山东栋梁科技有限公司设立济南市“院士专家基层服务工作站”。先后组织召开药品技术系列、工程系列初级职称评审委员会，分别有 25 人、3 人评审通过药师、药士任职资格；分别有 76 人、1 人评审通过助理工程师、技术员任职资格。完成职称评审材料审核和上报；其中，初级职称材料 26 人，中高级职称材料 81 人。开展“百千万人才工程专家”“省有突出贡献中青年专家”“享受国务院颁发政府特殊津贴人员”推荐及省、市首席技师和市技能成果选拔推荐。组织各培训单位进行济南市“金蓝领”培训项目申报。济南水务集团有限公司被市人社局审批核准为 2016 年济南市“金蓝领”项目培训基地，顺利完成相关培训工作。开展人事代理服务，全年新增代理单位 116 家，新增代理人员 1575 人（其中教育局编外教师 300 人）；完成 2016 年市中生源未就业高校毕业生档案接收工作，共接收档案 2328 份；为 820 名已落实就业单位的高校毕业生和 441 名代理人员办理档案转出手续。年底，人才中心有人事档案总量 25134 册（其中 728 家代理单位 8291 册；学生档案 16843 册），累计为新增代理人员开具商调函 1121 余份；入档各类散材料 402 份；出具各类政审、证明材料 810 余份。

（于复宁）

【干部队伍管理】 按照省委巡视组及区委、区政府关于顶岗任职问题整改工作要求，协同区委组织部制定《关于对科级干部顶岗任职问题进行整改的实施意见》，指导各单位制定整改方案。6 月 30 日前，完成 27 个相关部门（单位）共 70 名科级干部顶岗任职问题整改。根据《关于事业单位推行人员聘用制度的实施意见》，按照“先入轨、后完善”原则，全面开展事业单位在编在职人员签订聘用合同工作，共有 274 个事业单位 7323 名符合政策规定的工作人员签订聘用合同（其中书面签订 6844 名；视同签订 479 名），签订率 99.99%。指导区事业单位重新进行岗位设置，完成 98 个事业单位岗位设置工作；指导 110 个事业单位完成第三轮专业技术岗位竞聘工作。对全区 7586 名科级及以下人员进行考核，1284 人被评为优秀等次，优秀比例为 16.9%，并兑现考核奖金。完成 26 个部门（单位）科级干部民主推荐程序，调整科级人员 362 人（其中提拔 131 人，交流 25 人）。严格实行“凡进必考”，招录公务员 8 人，考选公务员 2 人；事业单位招聘 119 人，其中教育系统 117 人。组织 2 期新任科级干部培训班，共培训 244 人。按照从高分到低分公开选岗原则，安置军转干部 13 人、退役士兵 9 人、军嫂 6 人。12 月中旬，完成在职人员工资和离休人员离休费调整工资套改并全部发放到位。

（王旭　刘勇）

【劳动关系管理】 全面实施劳动合同制度，推进集体合同制度。进一步开展劳动用工网上备案，加强辖区内企业用工动态管理。开展企业薪酬调查工作，及时公布工资指导价位和区最低工资标准。全年累计巡查单位 1228 家（日常检查 275 家，书面审查 230 家，因举报投诉 179 家，专项检查 544 家），涉及劳动者 2.1 万人，纠正违反劳动保障法律法规行为 105 起。受理投诉案件 262 件，下达劳动保障监察询问通知书 218 份，追发劳动者工资等待遇 108.3 万元，督促单位为劳动者补缴社会保险费 43.5 万元。坚持“调解为主、重调轻裁”的办案原则，处理劳动争议案件 603 件，一裁终局率 23.08%，案件调撤率58.96%，共为劳动者挽回经济损失438.47万元。辖区内企业用工实现动态管理，劳动用工网上备案单位4208家，13.46万人，合同备案变更46525人次。为23家驻区企业办理不定时工作制和综合计算工时工作制审批工作，涉及企业职工2507人。为12家提出经营劳务派遣业务及2家申请延续经营劳务派遣业务驻区单位，进行相关材料审查、现场考核和审批工作。

（尹晓牧）

老龄事业

【概况】 2016年，全区有60岁以上老年14.2万人，占全区户籍人口的23%。区政府为全区60岁以上部分生活困难、空巢、孤寡、失独、低保老年人和老年文化骨干、老年志愿者及拆迁村、居老年人购买银龄安康保险50万元。至12月，有48417名全区60岁以上老年人购买银龄安康保险，参保人数占全区60岁以上人口的45%；缴纳保费117.5万元；理赔471件，理赔金额59.8万余元。全年为4171名80—89周岁无固定收入老年人发放长寿生活补贴476.8万余元；为2054名90—99周岁老年人发放长寿补贴金224.2万余元；为40名百岁老年人发放长寿补贴金4.5万余元。年底，将90—99周岁老年人长寿生活补贴标准由100元提高至160元。全年办理《老年人优待证》8000余个。

（江丽丽）

【维护老年人合法权益】 开展法律援助进社区活动，协调安排山东新亮律师事务所每周六上午在中山公园免费提供法律咨询服务，至12月，发放法律常识手册1万余册，为1500余名老年人免费法律服务，节省20余万元。发放老年人防诈骗手册1万余册。老年节期间，在英雄山胜利广场开展法律维权咨询日活动，上百名老年人参加法律咨询。帮助处理老年人反映的各类实际问题。

（江丽丽）

【老年文艺演出】 5月18日，在赤霞广场举办庆祝建党95周年长征胜利80周年文艺演出。7月1日，与七里山街道办事处联合在泉景社区举办庆祝建党95周年长征胜利80周年文艺演出。8月4日，与大观园街道办事处联合在中山公园举行老年人广场活动。组织“泉映晚霞”老年艺术团市中分团演员深入基层到老年公寓慰问演出。

（江丽丽）

2016年5月18日，庆祝建党95周年长征胜利80周年文艺演出　　（区老龄委　提供）

【敬老月活动】 9月23日，举办市中区2016庆国庆迎重阳老年人文艺汇演。10月8日，区委常委、区委组织部部长、区老龄委主任王国顺带队分别走访睦和苑社区90多岁的高淑贞和张书兰老人，向她们致以节日的问候和祝福，并送上慰问金和慰问品。10月9日，区委副书记、区长王勤光到六里山街道先后走访94岁的王月升和93岁的鞠荣勋老人，详细询问老人的生活起居情况，并祝老人们健康长寿、万事如意。各街道开展走访慰问送温暖活动。

10月16日，区体育局在育贤中学举行2016年老年人趣味运动会，300余名中老年人参加筷子夹球、沙包投准、定点投篮、趣味高尔夫等7个项目比赛。二七社区服务中心举办“迎国庆——最美夕阳红”文艺汇演和折子戏专场；舜玉路街道办事处开展第四届“敬老爱老”典型评选活动。

敬老月期间，先后在《济南日报》《善者》《老年健康报》、山东省老龄网、泉城老龄网、市中区老龄网、市中区手机报等刊发信息，宣传敬老、爱老、尊老的典型人物和感人事迹，弘扬民族传统的敬老文化，营造良好的尊老敬老助老氛围。

（江丽丽）

民族宗教

【概况】 2016年，全区约有少数民族人口3.2万人，占全市少数民族人口的近三分之一；主要有回、满、蒙古、朝鲜、土家、壮族等36个少数民族，其中回族人口最多，主要居住在泺源、党家、陡沟等街道辖区内。

辖区主要有伊斯兰教、基督教和道教三大宗教，信教群众3万余人；其中，伊斯兰教约2.5万人，基督教约4500人，道教约150余人，天主教约11人。全区有宗教团体1个（区基督教三自爱国运动委员会），宗教活动场所28处；其中，清真寺9座，基督教堂和聚会点18处，道观1处。清真南大寺、清真北大寺等均为辖区内历史悠久极为重要的宗教活动场所。全区有宗教教职人员81人，其中，伊斯兰教有阿訇50人；基督教有牧师6人，长老8人，传道员15人；道教有道士2人。

（林琳）

【少数民族事务】 2016年，区民宗局申请中央少数民族扶持资金30万，分别用于少数民族村村内道路硬化和给排水等；申请省级少数民族扶持资金15万元，用于少数民族农业园区建设等；为济南市民宗局指定的少数民族传统体育项目训练基地的党家中学确立运动场建设项目；为214名少数民族高考考生完成高考资格审核；对40余名考取本科一批、二批院校（含提前批）及研究生的少数民族考生发放奖励。协调资金15万元，为少数民族村刘家林村修建伊斯兰大道。春节前夕，走访慰问少数民族、宗教界代表人士及50户少数民族困难家庭。开斋节、古尔邦节，走访全区9所清真寺并送去慰问金。中秋节前夕，走访慰问精准扶贫困难户。实施“温居工程”，为5户符合救助条件的贫困家庭实施帮扶项目。为8名申请更改民族成分的群众完成初审。对杆石桥、大观园街道辖区内的清真餐饮进行集中检查，宣传《山东清真食品管理规定》，纠正不符合规定的行为，依法维护穆斯林群众的合法权益。

（林琳）

【宗教事务】 2016年，举办全区宗教界代表人士培训班，贯彻宣传中央、省委、市委、区委统战工作会议和全国宗教工作会议精神，指导宗教团体和宗教活动场所负责人加强政治学习，提升宗教教职人员政治素质和抵御境外宗教渗透能力。引导宗教慈善工作，鼓励和规范宗教界从事公益等慈善活动。强化和完善民族宗教三级管理网络建设，形成全方位、无死角的管理体系。加强宗教活动场所规范化建设，开展“宗教活动场所示范单位创建”活动。开展全区宗教活动场所消防安全大检查。

（林琳）

居民生活

【概况】 人民生活水平进一步改善，居民收入不断提高，社会保障覆盖面持续扩大，积极实施分级诊疗信息对接和公立医院药价调整改革，建立“互联网+医疗”的网络互动平台，群众看病难题得到有效缓解。开展春节救助、医疗救助、教育救助、临时救助等专项救助，投入资金750余万元，救助1.3万人。投入65.7万元，集中供养“五保”对象53人，分散供养80人。新建社区老年人日间照料中心5处，购买居家养老送时服务16.5万小时。

（区史志办供稿）

【农村居民生活】 2016年，全区AB两级美丽乡村覆盖率达到58%，在19个村完成基础设施建设项目19个，农村厕所无害化改造3252户。农村居民人均可支配收入17451元，同比增长7.8%。全面落实富农惠农政策，累计发放良种补贴、农机具购置补贴等惠农补贴519万元。帮扶义和、钅广村和郑家窝坡调整种植业结构，实施贫困村饮水安全提升和电力改造工程，促进了贫困村经济发展。农村低保标准每人每年4165元，全年发放低保救助金793.13万元。

（区史志办供稿）

【城镇居民生活】 城镇居民人均可支配收入47241元，同比增长7.5%。不断扩大社会保障覆盖面，居民养老参保7.17万人，城镇居民医疗保险参保21.35万人。安置就业16616人（次），城镇登记失业率控制在4%以内。医疗改革稳步推进，扎实开展大病救助，完成城市低保居民就诊卡发放，居民基本医疗保险财政补助标准由人均380元提高至420元。城市低保标准由每月550元提高到580元，全年发放低保金1832.96万元。

（区史志办供稿）

街道

JieDao

大观园街道

【概况】 大观园街道位于市中区西北部，北至经一路、与天桥区搭界，西至小纬六路、与槐荫区接壤，东至纬一路、毗邻魏家庄街道，南至经六路、与杆石桥街道相临；总面积1.2平方千米。辖纬一路、睦和苑、经二路、万紫巷、纬五路5个社区，居民8000余户、26900余人。以辖区内著名的商场大观园命名，办公机构位于小纬二路53-3号。

2016年，街道下设党工委办公室、行政办公室、社会事务科、城市管理科、经济发展科、政法科（挂社会治安综合治理办公室牌子）、计划生育科7个职能科室，以及工会、妇联、团委等群众组织。辖大观园街道办事处社区服务中心、经济发展中心、城市管理服务中心、财政统计服务中心4个事业单位。1月，被省政府安委会评为2015年度全省消防安全“责任落实年”活动先进街道；5月，大观园街道总工会被省总工会评为全省示范乡镇（街道）工会。

辖区有保存完好的29处百年老店和历史建筑物，面积约38.8万平方米，使用面积约31万平方米。辖区汇集省公安厅、国网山东电力集团公司、联通山东分公司、工商银行山东省分行等29家中央及省、市机关单位；有济南市第二十七中学，经五路小学、纬二路小学、纬三路小学，经五路幼儿园、纬二路幼儿园及山木培训济南总部等多所学校和培训机构；道路交通以六经六纬为主，呈经纬纵横的“棋盘式”格局。其中，经四路与大纬二路2条主干道贯穿南北、连接东西。

全年完成公共财政预算收入14亿元，占年计划的100%；完成限额以上社会消费品零售总额11.3亿元，占年计划的100%；完成固定资产投资4.7亿元，占年计划的117.5%。

（徐路）

【城建城管】 2016年，街道增聘15名城管特勤人员，增配5辆巡逻车及2台数码鹰等设备，成立露天烧烤专项整治小组，开展顽疾整治联合执法行动16轮，实施“问题消零工作法”，跟踪记录经营业户整改落实情况。统筹开展垃圾死角清理、道路综合提升、园林绿化美化、病媒生物防治等工作，累计清理垃圾死角近300处；重新铺设三里庄东西街、望平街等7条背街小巷。全年处理数字城管案件10069件，承办12345热线工单1276件，按期回复率100%，综合满意率98.4%。

（徐路）

2016年1月，大观园街道新版人民币防伪知识讲座受欢迎

【民生服务】 睦和苑社区建设以“和睦”为主题的现代化社区；打造纬一路社区“幸福魔方”群团服务站，与济南市社工协会合作签约社工 6 人；“幸福魔方”社会工作项目被评为全市“优秀社会工作服务项目”。街道全年完成城镇就业指标 1347 人、技能培训 182 人、创业担保贷款 90 万元；累计为 882 户、1307 人发放低保金 57.41 万元；先后为辖区 401 户低保家庭、低保边缘家庭、困难残疾人、困难优抚对象等，发放慰问金及慰问品共计 18.39 万元。引导居民在棚改拆迁、环境维护、小区整治等方面开展协商议事，共收集议题 21 个，成功解决案例 21 个。

（徐路）

杆石桥街道

【概况】 杆石桥街道位于市中区北部，东至民权大街，西至小纬六路，南至经十路，北至经六路，总面积 2.3 平方千米，总人口 5.8 万人。辖 8 个社区居委会，驻地有山东省委、省纪委、市中区委等众多党政机关单位，农业银行、汇丰银行、中泰证券等金融证券保险机构 60 余家，汇集省实验中学、育英中学、实验初中、胜利大街小学、南上山街小区等省内知名中小学校 12 所。

2016 年，全面推进“核心引领，多元共治”区域化党建工作，实施“项目化认领、契约化服务”机制，辖区 67 家单位参加区域化党建工作，各成员单位认领服务项目 104 项。壮大“蓝马甲”“好邻居”志愿服务队伍。全年排查化解各类矛盾纠纷 64 起，办理上级交办信访事项 67 件，自办信访事项 98 件，解决信访积案 1 件，办结率 100%。组织市普法大篷车进社区宣传 56 次，开展普法集中宣传活动 13 次。检查单位、居民楼及各类场所 1329 家，发现隐患 702 处，整改 338 处。

全年完成固定资产投资 1.49 亿元，占年计划的 140%；完成公共财政预算收入 18.05 亿元，限额以上社会消费品零售额 27.52 亿元。引进千万元以上项目 53 个，其中亿元以上项目 8 个。完成房产大厦西侧旧城更新项目拆迁，涉及居民 61 户。1 月，被省档案局评为 2015 年度全省档案工作科学化管理先进单位。

（陈娟）

杆石桥街道春元里社区“分享你的 young 我的公开图书馆”系列主题读书会顺利开展

【城建城管】 投入 650 万元，对乐山小区进行综合整治，通过建设便民市场、打造小区交通微循环等举措，解决小区内占道经营、交通混乱等现象。在小区出入口增加摄像头，实现对小区全方位无死角的安全监控。完善开放式小区配套设施建设，完成对社区小广场的改造和楼梯楼道的粉刷工作。在胜利大街、岔路街、建国小经六路市场等难点部位安排专人盯防，解决存在20年的露天烧烤、占道经营、私搭乱建等多处城市管理顽疾。全年，受理12345案件2367件，办结率100%。成立“百姓城管团”，在社区选聘热心居民开展日常巡逻，解决社区秩序无人守、社区安全无人管的难题，在社区中营造“人人参与城管、共建靓丽家园”的氛围。

（吕珊珊）

【社会服务】 以租赁等方式解决8个社区办公服务用房，服务面积全部达到300平方米以上。在春元里、乐山小区引入“邻舍家”项目，开展养老青少年试点服务，借助政府和市场的双重力量满足多元化需求；开展“青春健康教育进校园”系列活动，引导广大少年儿童树立文明健康的观念，在春元里社区打造省级计生健康示范基地。2016年，累计发放低保金及各类补贴226.67万元，募集慈心一日捐善款8.2万余元；实施帮扶就业1501人，发放创业贷款160万元。开展争创百佳和谐家庭、身边好人评选等创建活动，打造践行社会主义核心价值观示范社区，涌现出丁瑞云、张忠珍、任雪瑞等一大批身边好人和先模人物；举办“我们的节日”、社区趣味运动会、“铭记历史 爱我中华”文艺汇演等群众性文体活动，丰富居民文化生活，营造文明和谐氛围。

（刘菊）

魏家庄街道

【概况】 魏家庄街道位于市中区北部，东起顺河西街，西至纬一路，南起林祥南街，北至馆驿街，面积0.88平方千米，户籍居民9432户，22418人；常住居民10267户，24650人。辖5个社区，有低保户283户，低保边缘166户，残疾人430人，老年人4571人，军转38人，失独家庭22户。驻有机关企事业单位996家。

辖区中部以万达广场大商业为主体，构建经四路高端金融商务商贸黄金带的中心区域；南、北部以永庆街居住区、馆驿街居住区为主体，组成现代化新型居民区。

2016年9月，选聘辖区7位驻区单位党组织负责人担任党工委兼职委员。引导驻地单位参与辖区志愿服务、区域共建，认领金融ABC“乐助工坊”“五味居”快乐驿站等活动项目40余项。打造“七乐融融”党建品牌。投入资金50余万元，开展系列活动30余场。5个社区累计投入资金36.5万元，签约社会工作者4人、社会组织服务项目1个。累计挖掘上报200余条好人线索，组织20余名交通志愿者在辖区路口服务。

全年完成公共财政预算收入3.95亿元，全社会固定资产投资6307万元，限额以上社会消费品零售额17.07亿元；引进项目22个，认缴资金3.83亿元，其中亿元以上项目1个，千万以上项目20个。

（隋昱）

【城建城管】 全年出动人员500人次，车辆15台，开展环境整治80余次，取缔露天烧烤、店外经营、占道经营等80余处，清理违章摊位60余处，没收违章烧烤炉具、餐桌椅50余处，清理违规广告牌匾100余块，拆除违章搭盖10余处。投入整治资金50余万元，打造皖新街徽派风格一条街工程，粉刷沿街墙体 1400 余平方米，铺设复古花砖 560 平方米，修建防腐木花架 1 处。完成对凤林南区 7、8 号楼，凤林北区 4、5 号楼以及林祥南街 9 号楼 5 座既有建筑节能改造。开展老旧开放式住宅改造提升，铺设沥青路面 1200 平方米，粉刷内外墙 3000 余平方米，更换牌匾 30 余个。取缔振华商厦门前人行横道上违规非机动车停车场，对省统计局围墙进行统一设计铺装，对经四路南侧建设银行下围墙和经四路 166 号工商银行宿舍墙体进行粉刷；对人民商场门前中断的人行道进行增铺，安装护栏。累计投入资金 200 余万元，实施民康里特色步行街提升改造工程。从亮化景观、街中街景观、雕塑景观等方面入手，全面改善前期设计缺陷。新增 LED 灯帘 11 组，外摆花箱 11 组，设休闲座椅和太阳伞 11 组。2016 年底完成全部景观。

（隋昱）

【服务民生】 累计投资 310 余万元，先后完成麟祥街、魏家庄、人民商场 3 个社区办公用房改造工程，均达到 300 平方米以上。完成永庆街社区办公用房改造提升。为低保户、特殊群体发放救助慰问金 233.78 万元。完成城镇新增安置就业 1200 人，开展“4050”社会保险补贴工作，为 166 名灵活就业人员发放社保补贴 944814.50 元，发放小额担保贷款 40 万元。城镇居民养老保险参保率 98% 以上，发放市属、区属企业退休一次性补助卡 230 余张。完成全民参保登记 969 人。完成综治信息平台录入人数 22092 人；接收各类矛盾纠纷 148 起，涉及人数 469 人；受理群众来访案件 36 余件，涉及人数 500 余人；调处成功率、结服率 100%。开展安置帮教人员、社区矫正对象、吸毒人员等特殊人群帮扶工作。与 27 名安置帮教人员签订帮教协议书，实现自主就业，安置率 100%，无一人重新犯罪；3 名社区吸毒人员无一人重复吸毒。

（隋昱）

【“麟祥 e 家众创空间”建设】 立足“大众创业、草根创新”和地区产业发展实际，整合创新资源，共同构建“麟祥 e 家众创空间”。2016 年 7 月底，该空间申报“泉城众创空间”。全年，组织专题培训 3 场，参与人数逾百人。年底，有在孵创业项目 7 个，创业人员 28 人。

（隋昱）

2016 年 2 月 15 日，魏家庄街道召开元宵节挂灯安全协调会

【安全生产】 全年进行各类安全检查 180 余次，涉及消防安全、道路安全、烟花爆竹、人员密集场所、小饭店等场所。印发宣传大展板 6 块、小展板 140 余块、宣传单页 8000 余张。开展“九小场所（小学校或幼儿园、小医院、小商

店、小餐饮场所、小旅馆、小歌舞娱乐场所、小网吧、小美容洗浴场所、小生产加工企业）”专项消防检查行动5次，举办消防应急疏散演练8次，填写消防安全日常检查记录270余份。

（隋昱）

四里村街道

【概况】 四里村街道位于市中区八一立交桥南，东起玉函路，西至中光明街，南临六里山南路和建新路，北至经十路，面积3.66平方千米，总人口4.7万人。辖英雄山、信义庄、玉函路、建设路、小梁庄5个社区。辖区内驻地机关集中：北部战区陆军部、团省委、省国防科工办等单位和省委二宿舍、省人大宿舍、邮电新村等宿舍坐落于此，共驻共建资源丰富。专业市场密布：有英雄山文化市场、华夏齐鲁古玩城、新世界珠宝古玩城、山东省保健品批发市场、济南市海鲜大市场、新世界商城、英雄山人防商城等七大市场，另有银座、国美、悦动城等大型购物中心，服务业、商贸业发展繁荣。产业特色鲜明。拥有全市唯一一条国家级特色商业街区——英雄山文化休闲特色商业街区，规划筹建山东数字经济产业园（山东大经济产业园），是全区乃至全市文化、信息产业核心区。户外公共场所众多。坐落有英雄山风景区、省体育中心等多处户外公共场所，社会组织成熟，居民文化生活丰富，对全市有较好的辐射效应。

2016年，邀请省、市委党校教授专题辅导5期，区委党校校长王永新主讲《反对“自以为是”推动“四个中心”建设》主题党课。利用每周五集中学习时间，组织学习《中国共产党廉洁自律准则》等各类学习讨论90余场。健全完善《廉洁勤政制度》《机关工作人员行为规范》等11项长效制度，规范机关干部行为。

全年实现区级税收3.75亿元，固定资产投资9.19亿元，社会零售额方面，社会消费品零售额8.72亿元；引进企业42家，认缴资金总额22亿元，其中千万元以上单位38家。

（王静）

【城建城管】 完成四里村旧城更新项目全部213户的协议签订及地上物拆除工作；中光明街项目电力迁移和《用地证》《土地规划证》等手续全部办理完毕，5月28日开工建设；西圩子壕河系生态综合治理项目拆迁完成；悦动城运动生活广场于10月27日开业经营，成为功能齐全的“全国首家体验式运动生活广场”；新世界综合体提升改造项目，商城部分于4月陆续恢复营业，楼顶600余个停车位的停车场于12月正式开始运营。

全年清理取缔游商390余个，更新牌匾58处，拆除各类破损牌匾条幅150余处，清理喷涂小广告2000余处。投入29.6万余元，完成邮电新村小区综合整治提升；投入144.3万余元，完成英雄山文化市场东口综合整治，共拆除违章板房17间、违规卷帘门3处；投入46万余元，对小梁庄便民市场提升；投入284.4万元，对建设路75号院实施节能改造。全年接收数字化城管案件7319条，处结率100%；接收城管热线工单617件，满意率98%。

（王静）

【服务民生】 2016年，共发放低保金65.36万元，各类救助金36.18万元；完成银龄保

2016年1月，四里村街道情系环卫工，翰墨贺新春

险2万余元，参保449人；提供居家养老送时服务900小时，补贴金额1.79万元；申请残疾人个性化辅助器具补贴20.05万元；慈心一日捐募集善款10.42万元；新增就业1000人，帮助15人申请创业贷款150万元，个体工商户创业补贴22人4.6万元，小微企业创业补贴8人17万元；投入近1500余万元，对面积1600平方米和700平方米的小梁庄、英雄山社区办公用房进行提升。

成立山东省首家具有免税资质的社区基金——"同心圆社工·社区基金"，为开展劝募、捐赠服务和引进优质公益项目提供保障。全年投入近70万元购买"社区管家""贝蕾成长计划""快乐老家"等专业服务项目，辖区57家社团、1338名志愿者开展服务活动1782次，受益8.2万人。建立街道数字档案管理系统，整理6500余卷档案，扫描、处理60余万页，成为全市首家对退休档案进行数字化管理的人社中心。全年排查出矛盾纠纷113件，调处113件，调处率100%。

（王静）

泺源街道

【概况】 泺源街道位于市中区北部城区"一核两圈"的核心地带，东临西护城河，西至顺河街，南至经十路，北至福祥街，面积1.68平方千米，辖5个社区居委会，1个家委会，常住人口39662人，其中少数民族15190人，占总人口的38.3%。占地34公顷的泺源回民小区是济南市规模最大的回族聚居区，居民包括回族、维吾尔族、撒拉族、满族、朝鲜族等7个少数民族。辖区驻有21家机关企事业单位，集中绿地中心、金龙大厦、银座晶都国际广场等7栋建筑面积在5000平方米以上的高档商务楼宇。

2016年，与辖区共建单位山东省人才在线有限公司采取项目化合作方式，认领绿地中心党建服务中心党建服务。吸纳山东中医药大学第二附属医院等5家驻地单位加入街道"大工委"；在5个社区全部成立综合党委和党建服务中心；与辖区30余家共建单位签订党建服务项目60个。联合共建单位举办群众喜闻乐见的党建活动82场，受益群众1万余人。孵化"两新"组织党组织40家，"两新"组织党组织覆盖率超过90%。投资70余万元建立绿地中心党建服务中心，打造"区域党建+互联网"模式，联合36家"两新"组织搭建党建服务联盟8个，开展各类活动70余场，初步形成"线上线下同步受理，共建共促同步共享”的楼宇党建平台。在基层党组织中开展“充分发扬市中精神、助力三项重点工作”认岗活动以及“党员先锋岗”“争做四大员、服务在社区”等活动，400余名机关社区党员认岗定责40处。在“双联系双服务”工作中，与区委组织部、区编办等6个区直单位商议确定党员任岗、结对帮扶、捐赠图书、红色教育等服务项目21个。

2016年，完成一般预算收入7.4亿元，全社会固定资产投资6.35亿元，社会消费品零售总额6.51亿元；引进光大永明人寿保险山东分公司、中电投先融期货济南营业部、国投安信期货济南营业部等56个千万元以上项目，当年实现税收380余万元，完成综合治税并形成区级收入1145万元。街道被评为山东省青年志愿服务先进集体。

（蔡文静）

【城建城管】 2016年，推进总投资18个亿，总规划建筑面积23.5万平方米的4个重点项目建设。中医药大学二附院病房楼项目总投资3.5亿元，建筑面积7.8万平方米，完成投资1.3亿元。共青团路人防工程项目已单向通行，正在进行地下主体工程施工。该项目规划铺位245个，打通西线后可增加铺位45个，以餐饮、销售、绿植等灵活业态为主。济南证券业培训中心项目总投资1.3亿元，其中建设投资3000万元。该项目占地8.3亩，规划建筑面积1.4万平方米。城顶街旧城更新项目占地100亩，规划用地约75亩，可用土地30亩，住宅1100户，非住宅60户，征收拆迁面积6.5万平方米，总投资约12个亿，规划建设10万平方米左右体量的商务楼宇。该项目摸底建档及规划调整等工作基本完成。

在科技街、饮虎池街、回民小区、西门桥等重点地段，试点城管、环卫业务外包，引入企业参与街区管理。取缔“五嫂烧烤”“老街烧烤”等露天烧烤5处，整治规范马路市场3处。实施回民小区、青年西路、福祥街老旧小区改造工程，整修提升道路4800余平方米，更换沿街商铺牌匾400余平方米，美化楼体外立面2000余平方米，更换居民楼道防盗窗1000余平方米，完成节能改造2万余平方米，新建微型消防站1处。在杆南东街投放便民早餐车15辆，在篦子巷新建便民摊点，疏导商贩规范经营；拆除饮虎池街燃气占压违建房屋1500平方米，更换彩钢板房2300平方米，联合多部门对包括鞑子烧烤在内的证券工地周边5处400平方米违建进行集中拆除。全年处理12345、12319热线案件3185件，数字城管平台案件4676件，处结率100%。

（蔡文静）

2016年3月21日，泺源街道在民族商业街组织消防演练

【服务民生】 投资80余万元改造提升普利街社区办公服务用房近400平方米，投资90余万元新建300平方米青年西路居民活动用房。分类完善编制为民服务清单9大类共91项，完善街道和5个社区微信公众平台。成立社区协商民主议事会、居民巡访团、居民议事员等群众自治组织。完成就业再就业安置1300人次；技能、创业培训223人；办理新增小微企业创业补贴8家；办理新增灵活就业人员社会保险143人；小额创业担保贷款7件；企业吸纳困难人员社保补贴21人；居民养老保险领取资格认证423人；办理城镇居民医疗保险192人；门规办理265人；医保卡发放239张；低保重残城镇居民免缴费认定205人；低保累计接收企业退休人员7725人；退休人员丧葬费办理145人；社区管理认证及发放便民联系卡320人；企业退休人员养老金资格认证5300人。发放低保金191.88万元，涉及低保对象2641户次，各类补贴21.6万元，各类救助8.49万元。实施“助力民生，情满泺源”阳光救助项目，救助110户困难家庭，发放救助金合计5.3万元。办理生育服务手册、独生子女父母光荣证等各类证件322个，开展人口计划生育主题活动10场，帮扶困难计生家庭24户，组织孕前查体191对，落实企业退休独生子女父母一次性补助151人。制作社会主义核心价值观宣传广告牌60余块、“讲文明　树新风”宣传文化墙300余平方米，设立学雷锋志愿服务岗15处。完善社区家长学校5处，发放文明餐桌台签300余张，悬挂横幅标语160余条，设置LED电子显示屏滚动播放创城宣传标语60余处。开展“百家和谐宴”“四德歌”广场舞大赛、“好家风　好家训”征集、“文明出行从我做起”、学雷锋志愿服务等主题活动60余场，倡导文明新风，共建文明社区。

（蔡文静）

六里山街道

【概况】 六里山街道位于市中区中南部，面积3.97平方千米，地域南宽北窄、东高西低；东倚五里山、六里山、七里山主峰线，西八里洼、玉函小区东线，与舜玉路街道相邻；西至英雄山路，与二七新村街道、七里山街道相接；北临英雄山革命烈士陵园，与四里村街道相邻；南靠十六里河街道，因辖区六里山而得名。辖六里山路社区、六里山南路社区、七里山路社区、英西南路社区、玉函北社区、玉函南社区、铁路玉函社区、西八里洼北社区、西八里洼南社区9个社区，居民29207户，67821人。占地54.3亩的山东新金融产业园项目落户辖区，济南市重点建设项目“星工坊·飞尔姆乐园”被市政府列为“济南构建开放型经济新体制综合试点实验项目”，全长2.186公里的英雄山路高架桥（顺河高架桥南延一期）工程于2016年12月底建成通车。

举办《牢记党员职责、不负群众重托——书记讲党课》专题活动，面向街道、社区、“两新”组织党员讲党课4场。结合“主题党日”活动，旗帜鲜明的提出看党性、看作风、看实绩、看操守、看民意的“五看”标准。采取责任清单制对全街道46项重点工作任务、3项市级重点工程，层层分解任务到人头并严肃追责。面向社会选聘“居民巡访团”和群众监督员，对辖区环境和干部工作实绩进行查访和点评。成立街道“大工委”，选聘驻地

7家单位党组织负责人担任兼职委员，签订《区域化党建服务项目认领协议书》；在6个社区成立“综合党委”，设立社区党建服务中心，启动“绿色曙光”法律咨询、“安全岛”交通教育、“金融ABC”预防诈骗等20余个党建服务交换项目。筹备成立山东新金融产业园园区党委，推行“1+X”服务模式，发挥“网络+实体”双平台作用，构建山东新金融产业园园区党建综合体。培育“一社一品”党建品牌内涵，创建社区“服务大联盟”“12345齐步走”“1+1+N”大雁工作法及“党建和谐号”等品牌。

2016年，完成一般预算收入19940万元，全社会固定资产投资49686万元，社会消费品零售额60994.70万元；引进千万元以上引资项目57个，其中亿元以上12个；招商引资形成固定资产投资20173万元；零星综合治税完成区级分享340万元。街道商会被评为省级“五好商会”称号。

（赵辛）

【城建城管】 结合文明城市创建等工作，在9个社区成立城管工作站，组建由社区党员、居民等成立的志愿者队伍，联合城管、执法清理垃圾死角1145处，清理建筑和生活垃圾94车，清理非法小广告2300余个。4月22日，在全区率先召开由环保、公安、执法、食药监、市场监督和烧烤业户共同参加的露天烧烤专项治理大会，全面开展烧烤专项整治行动。全年受理数字化案件8257件，出结率100%；热线案件3000余件，满意率95%以上。完成对1152幢建筑物的信息上传，对新增违法违章建设“零容忍”。对山景御园的露台违章加盖等11处新增违法违章建设进行拆除。统一规范沿街建筑外貌，对牌匾无手续和不符合要求的商业牌匾和外部装修一律予以取缔，拆除违规设置广告牌匾46块，清理占道广告牌、灯箱200余个。

（赵辛）

【服务民生】 2016年，登记备案社会组织83家；开展全市首家街道级社区社会组织公益创投，成功申请省级财政支持县级社会组织综合服务平台建设项目。打造“服务在办事处、满意在六里山”工作品牌，每月举办各类为民服务活动4场。以西八里洼北社区日间照料中心为依托，举办电脑培训、趣味运动会等多项养老服务。选定16处居民家庭开办老年人邻里互助点，与辖区单位共享养老服务用房10处，设立户外活动点20处，老年就餐点3处。新增就业1006人，办理养老保险1400人次，确认企业退休身份进社区人员

2016年7月10日，六里山街道举办“架筑幸福桥、共享中国梦”顺河高架南延工程慰问演出

6000余名。街道人社中心被评为2014—2015年度济南市“企业退休人员社会化管理服务A级”单位。开展打击防范非法集资和电信诈骗、食药安全等集中宣传活动20余次。联合派出所、市场监管所等执法部门定期对祥泰广场等重点区域进行联合检查。基层矛盾纠纷调处率100%，调解成功率98%。在七里山路西路38号对面郎茂山南侧新成立“山景社区”。六里山路社区引入泉学驿站项目。六里山南路社区新增服务面积100平方米作为办公服务用房，辖区社区办公服务面积全部达标。

（赵辛）

二七新村街道

【概况】 二七新村街道位于市中区北部，东至英雄山路，南至二七新村南路，西至阳光新路，北至建宁路和北方战区陆军部南侧，面积1.68平方千米，人口5.3万人，辖7个社区居委会。辖区内驻有市工商局、市科协、市旧城开发投资集团、山东绿地泉控股集团、南郊热电厂、长途汽车南站、齐鲁银行建设路管辖行、欧亚大观、山水大润发等30多家党政机关、企事业单位。

2016年，建立完善街道区域化党建组织架构和工作机制，打造社区特色党建微品牌，实施全国试点项目——社会力量参与有不良行为青少年教育工作，依托建新社区打造全市首批群团服务站“群英汇”，承办全市构建基层“大群团”工作现场会。

全年完成一般预算收入1.79亿元，全社会固定资产投资5.38亿元，社会消费品零售总额7.62亿元；引进千万元以上项目41个，形成固定资产投资4.48亿元，其中亿元以上项目6个；完成申报综合治税420万元。

2016年4月，二七新村街道团工委被团省委评为2015年度全省五四红旗团委；12月，二七新村街道总工会被评为2016年度全省工会职工维权法律服务示范单位。

（谷雨蔚）

2016年5月22日，二七街道打造工艺天使项目助力辖区残疾人就业

【项目建设】 2016年，二七街道重点项目建设加速推进。欧亚大观商都项目内部配套设备安装、外装基本完成；JN150创意设计文化工场项目基础设施改造和园区招商工作基本结束，引进企业13家，其中8家企业开始营业；梁庄小区综合整治项目顺利结束；南郊热电厂治霾环保改造项目完成并投入使用。

（谷雨蔚）

【服务民生】 2016年，实施梁庄小区和七里山北村综合整治；完成陈庄大街、育文路下水管道铺设和路面整修；推进铁二社区准物业化管理试点工作，物业公司进驻运营；举办街道首届公益创投大赛，创新社会组织服务品牌；探索成立全市首家街道群益社会组织，承接7个社区社工服务项目，实现首个外展项目落地；启动运营全市首家街道社会组织服务（孵化）中心；与省女子学院联手打造首家街道大学生实习和就业基地；深化基层协商民主工作，成功实施案例20余个，承接全市村（社区）协商民主工作现场会；打造街道党建服务中心、政法综治中心，承接全区视频监控建设工作现场会，经验做法在全市政法系统进行转发；创新安全生产管理，购买引进安全生产培训和检查服务项目；办理12345市民热线1068件，满意率94.59%。

（谷雨蔚）

七里山街道

【概况】 七里山街道辖区东至英雄山路，西至卧龙花园，北至二七新村南路，南至郎茂山主峰线，面积2.4平方千米，常住居民2.9万户，7.8万人。

2016年，依托辖区绿地泉创空间，孵化发展两新党组织，新增非公有制党组织8个。举办“党群咖啡馆”“学党章知识竞赛”等活动80余项，组织专题培训辅导4次。引导成员单位和在职党员认领服务项目41项。推进组织关系排查、党费补缴、违纪违法党员排查清理工作，共查出“口袋”党员4名，对11名失联党员按程序进行组织处理，916名党员共补缴党费54余万元。推出“党建四创四众（即众创载体、众包项目、众扶贫困、众筹智慧）”活动，建设开放共享的党建服务模式。创建《七里山时讯》、党建微刊和微信平台，形成“一报一刊一平台”的媒体网络，全年出版4期微刊，36期社区报，微信平台推送消息1500余条，打造起七里山片区精神家园。

全年完成财政收入1.783亿元，固定资产投资6.53亿元，社会消费品零售额2.2亿元；引进资金11.06亿元，有16个项目落地。

（张金娜）

【城建城管】 2016年，双龙社区旧城更新项目顺利结项，签订《征收补偿协议》84户。绿地海珀天沅项目累计投资5.9亿，开工住宅楼11栋，上缴税金1.1亿元。郎茂山山体地质整治项目和英雄山路西护坡整治工程按期完成。

拆除私搭乱建15处，约400平方米；清理各类垃圾2100车，3300余吨；治理烧烤店21家，取缔流动烧烤摊13处；对七里山西路和卧龙路2处自发占道经营点进行取缔，将其规范成限时经营早餐点。处理数字城管案件9000余件，12345、16039、12319热线案件3620件。投资600余万元，整治七里山南村三区，推行准物业管理。整修郎茂山五区至建设路大桥道路，增加绿化、整修路面3000余平方米。对集贸市场、超市等开展检查，排查整改隐患40处。举办消防知识讲座20余场，印制消防宣传册10000余份，开展疏散演练2次、消防演练1次、防汛演练1次。对彩钢板房进行专项整治，整改48处约1.2万平方米。

（张金娜）

【民生服务】 2016年，投入120万元购买日

2016 年 3 月 13 日，流动科技馆展览

间照料、楼宇服务等 6 个服务项目。社区办公用房全面达标，其中，泉景社区党群服务中心建设、“四零（零制度上墙、零柜台服务、零办公区域、零距离服务）”服务理念以及七里山东社区协商民主四步议事法得到上级和群众好评。累计为 338 名困难就业人员发放补贴 123 万元，为 7 名失业人员申报创业贷款合计 70 万元，安置 1190 名失业人员就业。探索“民主协商、多元善治”“网格治理、以房管人”“服务代办”等社会治理手段，全面提升辖区治理水平。

（张金娜）

舜玉路街道

【概况】 舜玉路街道位于市中区东南部，辖区面积 4.6 平方千米，人口 8.9 万。辖区有省财政厅、交通厅、商务厅、海洋渔业厅、省地税局、质监局等机关单位 33 家，省社科院、社会主义学院、山东财经大学、济南大学等科研院校 12 所。

2016 年，街道建立“大工委”，提升 7 个社区综合党委，吸收兼职委员 29 名。党建服务中心作为全市街道唯一观摩点迎接中组部、省市党建工作观摩会的观摩。对街道 1200 平方米活动场地装修提升，辖区 9 个社区全部具备 300 平方米以上党员活动场所。区域化党建逐渐形成“五级三管”网格管理模式（街道为一级网格，辖区 7 个社区为第二级网格，社区内按照 300 户规模细分为 105 个三级网格，三级网格内同步建立楼栋党小组和党员中心户，形成五级网格组织体系。网格内实行三管，即专管、协管、共管）。结合街道实际，通过实施民商需求、服务、活动的对接，采取自律、他律、众律服务模式，整合服务内容、活动内容、社会组织管理方法，打造辖区社会组织活动平台——“YI 家园”项目，项目获中央改革办社会组织党建督察组的充分肯定。运用互联网 + 党建思维，推动网格化与信息化有效融合，开发“党员 e 家”微信公众号、“智慧街道”手机 APP 等党建信息化平台；打造“齐帮忙一党员服务团”品牌，吸纳 82 家驻地单位和 1100 名志愿者参与。

2016 年，完成公共财政预算收入 2.44 亿元，全社会固定资产投资 54554 万元，社会消费品零售额 24195.2 万元；招商引资形成固定资产投资 2010 万元，引进 27 个千万元以上项目，其中亿元以上项目 1 个，注册资金共 5.51 亿元；新增限额以上单位 2 个，上报服务业单位 2 个；累计完成清洁能源使用

3162户。与杭州米趣网络科技有限公司控股的济南米汇网络科技有限公司合作，建立“汇玉”众创空间。推荐济南米汇网络科技有限公司参加济南市财金集团投资基金征集，成功获得财金集团投资。

（赵迎弟）

【城建城管】 2016年，投入资金700余万元，对舜绣社区进行综合整治；投入资金200余万元，对舜玉北区进行道路维修、铺设花砖、粉刷墙体等一系列整治。对伟东新都二区周边的玉兴路、玉函小区北路、八里洼路、舜耕路4条道路开展示范街区综合治理。全年接收12345热线案件4431件，其中，回退案件1353件，回复案件3068件。舜玉南北区全年受理、处置市中区数字化拍摄案件7400余件，受理、回复平台投诉的12345、16039共147件。街道640平方米城管中心投入使用，引入3D实景立体地图管理系统，可以随时立体、直观的调取辖区楼宇、单位、商铺、道路等信息，系统涵盖信息录入提取、四级平台及网格化运用、数据管理及实际测量应用三大功能。

（赵迎弟）

【民生服务】 2016年，新建300平方米人社服务大厅，运用推广数字化立体就业“云平台”，引进安装基层网格化服务系统，实现全年24小时服务。落实救助申请、审查职责，发放低保金141万元、医疗救助金11.8万元、教育救助金2万元、春节救助物资22.1万元。各项老龄补贴措施落实到位。残疾人救助帮扶、康复护理、就业培训更加精细及时，优抚和军转工作落实到位。推行“3+2”社区管理服务模式，发掘“智慧街道”信息平台和“社会组织”服务平台作用。成功破解影响较大的4件群体访信访积案。完善升级舜玉南北区视频监控系统，新增玉函路周边视频监控探头30余个。3月，街道获四星级平安街道。全年检查生产经营单位400多家，学校、幼儿园18所，省直单位13家，发现安全隐患200多处，当场整改160多处，限期整改40多处。辖区内60余家单位进行消防安全疏散演练活动。开展消防安全“大排查、强责任、除火患”百日攻坚行动，检查辖区单位100余家，发现消防安全隐患60多处，全部整改到位。街道把八里洼路作为食品安全示范街，组织舜玉路食药所和各社区食品安全协管员对辖区内食品生产经营单位进行排查摸底。街道投入6000元在8个社区居委会建立交通管理服务室和交通安全劝导站，由交通安全协管员和劝导员开展道路安全隐患排查工作。

（赵迎弟）

2016年4月8日，伟东新都社区红日法律咨询工作室揭牌

舜耕街道

【概况】 舜耕街道位于千佛山南麓，北依千佛山，东靠佛慧山风景区，西临金鸡岭，南接外环路，辖区总面积8.71平方千米。辖舜雅、舜华、舜世、舜和、舜德5个社区，人口4万余人。

2016年，街道党工委联合市委党校，建立“党员宣讲大舞台”，组建“理论宣讲专家团”，开办没有门槛的广场大课堂，让党员群众共同受教育。开展“联学共促”活动10余次，举办主题讲座6场，受益社区党员群众2000余人次。按照区委“核心引领、多元共治”模式要求，在街道和社区吸纳辖区党组织负责人担任兼职委员，将5个社区全部提升为综合党委。将38项党建事务列单分流，明确各方在社区治理中的职能定位，实现责任共担。创建“党建小镇”“党建一条街”等服务联盟，30余家社会组织党组织参与其中，实施党建服务项目51个，受益居民3万人次。

市级重点项目——国华时代广场项目于8月底全面开工。区级重点项目——国华新经典项目完成投资2.8亿元，建设面积2.7万平方米。山景舜园项目进行基础施工，完成投资5700万元。阳光舜城北区片区海绵城市建设项目、历阳湖二期项目和玉函小区南路项目完成全年建设任务。9月26日，启动锦绣苑片区拆迁，至年底，签订217户276个院落，完成全部拆迁任务的84%。

全年完成财政收入20889.3万元，固定资产56822万元，社会消费品零售额6383.9万元；引进企业32家（金融类7家、文化产业类6家、建筑类5家、农业类2家、科技类4家、其他8家）。其中亿元以上项目5个。5月，舜耕街道办事处被中国计划生育协会评为全国计划生育协会乡级先进单位。

（李军）

2016年1月6日，舜耕街道青春健康教育打造受青少年欢迎的专题教学课堂

【城建城管】 全面实行城管网格化管理，确保辖区盲点全覆盖。

规范阳光舜城早市，通过制定市场管理条例，规定经营时间和区域，控制商贩数量，坚决杜绝乱摆乱、占道经营、伸舌头等违章行为。全年累计清理乱堆乱放800余处，取缔乱设摊、占道经营1000余起。全年开展联合执法拆除行动6次，累计拆除违规建设1000平方米，先后制止违法违章建设12处，对辖区内存在较为集中的违章建设群体进行彻底整治，对违建易发区域进行不间断巡查，及时制止、拆除，防止死灰复燃。

（王令平）

【服务民生】 开展安全检查，共检查辖区企业及九小场所96家200余次，举行灭火器使用、逃生设备使用等消防演练13次，培训居民及职工220人，辖区未发生一起安全生产事故和重特大火灾。投资140余万元新建社区办公服务用房400平方米。全年为辖区困难居民申请大病救助1.1万元，救助困难家庭10户；为32名残疾人办理护理补贴29760元，培训10位残疾人就业上岗；筹集资金10138元，帮扶计划生育困难家庭126户；投入47928元，以政府购买服务方式解决困难老人居家养老问题，建立居家养老信息服务平台，开通救急绿色通道，努力打造养老机构、社会力量互补联动的养老服务体系。完善信访稳定和矛盾纠纷化解机制，全年组织矛盾纠纷排查52次，排查出矛盾纠纷198起，调处198起。接待居民来访22次，240余人，未发生一起非法上访、集体上访、越级上访。

（李慧萍）

王官庄街道

【概况】 王官庄街道位于市中区西南城郊结合部，东与二七街道相接，西与白马山街道相连，南与七贤街道相邻，北与槐荫区南辛庄街道毗邻，面积6.2平方千米，人口6万余人，居民楼317幢。辖12个社区居委会，2个家委会和王冠集团有限公司。

街道党工委以党建为引领，通过“社会运作、区域支撑、民主管理、服务保障”，引导各基层党组织开展“特色党建”，组织开展“最美身边故事”宣讲、专题党课、“三进三送（进小区，进楼栋，进家庭，送温暖，送服务，送平安）”等活动。建立街道大工委1个，社区综合党委6个，网格党支部53个。实施“红方舟”工作室书记项目，引入山东师范大学雨点公益社会服务中心等4个社会组织，按照“一领四双（党建引领，同步双孵，上下双管，内外双服、互动双促）”工作模式，同步孵化党建社工和党建项目，孵化专职社工15名，党建项目12个。

2016年，完成一般预算收入1.13亿元，社会固定资产投资1亿元，社会消费品零售总额3.3亿元；招商引资形成固定资产投资2000万元，1000万元以上招商引资项目完成34个，其中亿元以上项目2个，引资总额10.2778亿元。

（赵月红）

【城市管理】 2016年，对英华苑社区、王官庄社区进行综合整治，清除生活、建筑垃圾及乱堆乱放杂物2000余立方米。对辖区违章建筑进行全面摸底，拆除贵都花园内违章建筑40余处、2200余平方米。联合区城管局、市政局、交警大队等部门对南辛庄西路、卧龙路、白马山南路、机一西厂路等7条道路进行综合整治，取缔店外经营和占道经营800余处，拆除乱搭乱建和违规广告牌匾120余处，设置交通护栏、泊车位，实行划段管理，错时巡查，提升老旧小区形象。

（赵月红）

【服务民生】 2016年，累计发放保障救助金210余万元，完成慈心一日捐捐款142383元；开展居家养老服务43户，低收入认定审批102户；就业安置1222人，技能培训180

2016年3月10日，王官庄街道开展“擦眼”行动，群众齐点赞

人。投资120万元，打造长者照护之家，以“按需订制”方式为辖区老人提供全托、上门、日间照料等服务。投资240余万元，先后改造提升诚品苑等4个社区办公场所。大力推广民用生活燃煤清洁化管理，订购清洁燃煤625户、532吨。加强安全生产防控，检查生产经营单位3787家次，及时整改隐患。依法依规推进王冠集团维稳。与王官庄社区居委会、居民代表及律师召开10余次协调会，将居民思想统一到集团改革改制和王官庄旧村改造工作上来。

（赵月红）

白马山街道

【概况】 白马山街道位于济南市城区西南部，西、北接壤槐荫区，东、南与王官庄、七贤和陡沟街道相连，驻地在二环西路10777号。辖16个村（居），总面积11.2平方千米，户籍总人口3万余人。

街道党工委在辖区支部创树“党员做先锋，争当排头兵”党建品牌，开展“居看山凹、村学前魏”活动。审核党员档案信息，检查登记社区党员1442名。开展党费补缴工作，收缴党费47.2万元。健全完善16个村（居）的四德讲堂、13个善行义举四德榜、16个社区家长学校、2个农家书屋、3个综合文化站，开展8次“我们的节日”主题活动，整理包括组织领导、道德建设、创建活动在内的8大项58小项资料档案。完成东红庙村、袁柳东居2个省级文明村，前魏村、山凹居等9个市级文明村536份复查材料的整理归档工作。在辖区新增讲文明树新风公益广告300余处，在二环西路沿线设置30米长的大型公益展板。

2016年，完成一般预算收入1.6亿元，综合治税实现税款942万元，其中区级540万元；完成固定资产投资8亿元，社会消费品零售总额5.2亿元；引进注册资金千万元以上企业13家，注册资金2.7亿元。街道办事处被评为山东省档案工作科学化管理先进单位。

（耿喆）

【城建城管】 开展“八乱”现象专项整治，共出动4000余人次，清理垃圾死角1200余处，1.2万立方米，清理乱贴乱画3000余处，整治乱堆乱放510处，拆除旱厕7处，新增垃圾密闭容器200余个。开展占道经营专项整治，清理占道游商6700余人次，暂扣违规经营工具、物品等500余件。开展露天烧烤专项整治，清理违规露天烧烤 13 处，暂扣烧烤炉 7 个，辖区烧烤业户全部安装油烟净化设备。开展健康教育宣传活动，发放健康教育知识手册 500 余份，健康教育知识普及率 98%。开展八小行业、农贸市场整顿，规范八小行业经营准则，签约门前五包协议 900 余份。全年查处违建 40 处，拆除面积 1500 余平方米。对裸露渣土情况全天候监控，在施工工地设置围挡 9200 余米，旧改拆迁现场覆盖防尘网 17 万平方米。开展铁路沿线整治工作，出动 2100 余人次，铲车、挖掘机、翻斗车、自卸车等车辆 1100 余台次，清除垃圾死角 600 余处，清理混合垃圾等 4800 余立方米，杂草杂物 5300 余立方米，建筑垃圾 10600 余立方米，墙体立面粉刷约 15000 平方米。联合园林部门打造白一居景观节点，回填土 500 余立方米，新建花坛约 1100 米，新建树穴 70 余处。开展河道专项整治，出动人员 200 余人次，挖掘机、装载机、垃圾清运车等各类车辆 50 余台次，清理垃圾 2200 余立方米。开展病媒消杀，在主次干道两侧新增设毒饵站 500 余个，布撒毒饵 2200 余袋。

（耿喆）

【服务民生】 全年完成就业安置任务 868 人。完成小额贷款、小微、个体工商户一次性创业补贴 19 家。录入单位空岗信息 2147 个，个人求职信息 376 人，技能培训 72 人。为 1900 人进行领取养老金资格认证，为 390 人发放社保补贴 185 万余元，为 2107 人办理参保 106 万余元，为 111 人办理丧葬补助金，为 8000 余人次进行生殖健康查体。走访救助群众 375 户，发放救助金、物品合计 24.5 万元；为 305 户低保户发放各类补贴 298 万元。办理 12345 市民服务热线 5557 件，按期办结率 99.9%。建立残疾人档案 330 份，发放残疾人两补资金 19.06 万元。运用一事一议奖补资金等，完善各村（居）基础设施建设。完成 3600 户洁净煤推广任务。加强村居公章街道代管制度，全年用章 4.7 万次。全年接待群众来信来访 72 起，涉及 456 人，排查矛盾纠纷 68 起，全部得到妥善处理，全年未发生进京到省非访。开展"法制六进"宣传 6 次。联合工商、公安等部门先后两次对辖区 30 余家投融资公司进行排查再摸底，杜绝工作隐患。开展安全生产隐患排查整治行动，检查各类企业 400 余家次，登记录入企业 400 余家，开展应急演练活动 30 余次，没有发生安全生产责任事故。

（耿喆）

2016 年 12 月 14 日，白马山街道积极组织辖区失业人员参加电工技能培训班

七贤街道

2016 年 7 月 27 日，七贤人社“四颗真心”倾心为民获群众点赞

【概况】 七贤街道位于市中区西南部，因驻地邻近七贤庄而得名。北与王官庄、南与党家街道相连，驻地在二环南路 8356 号，总面积 19 平方千米。辖 7 个行政村、4 个居委会，有户籍人口约 3.7 万人。

4 月，开展组织关系集中排查，至 6 月底，共收集《党员基本信息采集表》3300 余份。至 9 月底，辖区 11 个村（居）开展社区远教开放日 99 次、“主题党日”活动 44 次。春节期间，区委常委走访慰问 2 名党员、街道领导走访慰问 2 名党员，各村（居）走访慰问 40 余名党员。“七一”期间，辖区共走访慰问困难党员 53 人，发放慰问金 1.5 万余元。为 5 名符合条件的老党员申请关爱补贴 7500 元。全年为 11 个村（居）申请群众工作专项经费 140 万元，实施项目 55 个。

全年完成公共财政预算收入 6.02 亿元，社会固定资产投资 24.28 亿元，限额以上社会消费品零售额 9.88 亿元；引进前海人寿保险有限公司山东分公司、上海慧侨因私出入境服务有限公司山东分公司等 20 家咨询服务、文化科技、贸易销售类项目。街道办事处被省妇联评为城乡妇女岗位建功先进集体。

（李杨）

【城建城管】 全年开展百人以上大规模专项拆除行动 19 次，累计拆除各类违法违章建设 44000 余平方米。先后 7 次联合区城管执法局、七贤派出所、市中巡警二中队等部门对中海国际社区开展大规模违章拆除行动，累计拆除 77 处、11200 余平方米。对辖区各村（居）违章加盖现象，联合相关部门累计开展 12 次大规模专项拆除行动，拆除 92 处、32800 余平方米。开展辖区建筑摸底普查，建立房屋一栋一档信息档案，上交 5851 份，存档 5851 份。全年开展市容环境大整治活动 10 次，清理小广告 4200 余处、清运垃圾死角 3000 余立方米。对重点路段游街商贩、占道经营进行集中整治，累计暂扣各类经营工具 121 宗、取缔流动摊贩 98 处、整治商铺占道经营 41 处；对辖区 61 家露天烧烤进行集中规范管理，安装使用油烟净化设备。5 月，对京沪高铁沿线 400 余米坑洼土路进行硬化，投入资金 75 万元。7 月，集中整治铁路沿线环境，累计拆除违章泔水猪圈 1000 余平方米、清运建筑垃圾等废弃物 4 万余立方米；整治铁路沿线节点景观带，清理建筑垃圾等废弃物1万余立方米、拆除断壁残垣1500余平方米、铺设花砖8100余平方米、修建围墙1000余平方米、安装健身器材以及修建花坛等，累计投入资金约230万元。覆盖裸露渣土48处、100万余平方米，并召开扬尘治理与安全防治专项会议，与施工方签订《七贤街道办事处大气污染防治及文明安全施工》责任状52份。与8个村（居）签订《秋季作物秸秆综合利用与禁烧工作责任状》。

全年受理数字城管案件6495件，处结率100%；处理12345案件2326件。春节期间，完成对辖区4家申请烟花爆竹零售经营点进行审核、办证工作；组织召开辖区村（居）、重点企事业单位安全工作会议，签订安全生产目标管理责任书30份，录入济南市安监局企业摸底信息系统418家，智慧安监网200家企业信息，上报15个安全生产风险源名册。联合区安监局邀请济南华源安全评价有限公司专家对辖区济南长城炼油有限责任公司、济南强力胶辊有限公司等7家化工企业安全生产情况进行检查，对部分企业存在的安全隐患提出整改意见。开展安全隐患大排查快整治严执法行动，累计检查企业、医院、商场、九小场所1041家次，排查隐患248处，整改220处。开展铁路沿线安全隐患排查整治行动，摸排企业24家，违法违章建筑139户。

（李杨）

【服务民生】 全年办理城镇新增就业安置980人，失业登记610人，社会自由职业者养老保险登记401人；申报创业人员小额担保贷款申请材料24份，审批通过100万元；为7434名辖区居民办理城乡居民医疗保险；为2913名居民办理城乡居民养老保险；发放社保经费158.57万元。2月25日，在七贤广场举办“搭建供需平台　促进转移就业”春风行动专场招聘会暨市中区数字化就业“云平台”启动仪式。130多家企业参加，提供80余个工种3600多个就业岗位，到场咨询人员8000余人次，初步达成就业意向2835人次。帮助辖区符合条件的8家小微企业和41家个体工商户申请自主创业一次性补贴，分别发放补贴资金12.3万元和9.8万元。至2016年底，新农合完成与城镇居民医保并轨整合。

全年接待群众来访、来信119起（件）。其中，接待群众集体访12起356人次（到省1起60人次，到区3起43人次，到办8起253人次），11起已妥善化解，1起正在化解；接待群众个体访23起58人次（到区2起6人次，到办21起52人次），18起已妥善化解，5起正在化解；受理群众来信84起，60起已妥善化解，24件正在化解。承办12345市民服务热线452件，全部处结。共受理网上信访84件，占全部信访量的70.6%。

（李杨）

十六里河街道

【概况】 十六里河街道位于市中区南部，属城乡接合部；东与兴隆街道相接，西与七贤、党家街道毗邻，南与历城区仲宫街道接壤，北与六里山、舜耕街道相连。二环南路和绕城高速横穿东西，英雄山路和省道103线纵贯南北，交通优势明显。街道下设4个管理区，辖16个行政村、4个居委会，总人口20余万人，其中，农村人口3.8万人，城市人口12万人，外来人口5万人；总面积44.98平方千米，其中，城区面积16.56平方千米，农村面积

28.42平方千米。辖区有希尔顿酒店、鲁能国际中心、济南国际创新设计产业园、贵和购物中心等知名企业30余家；中铁十四局、济南海关等各级驻地单位20余家。

2016年，深入开展党风廉政教育活动，层层签订廉政责任书，编印《警示教育专刊》12期，开展廉政专题党课3次。突出铁路特色主题，打造“龙号”红色驿站，创建铁路南苑社区“一站、二线、五厢”特色服务品牌，树立社区党建新典范。

全年实现一般预算收入10.35亿元，同比增长15.8%；固定资产投资72.7亿元，同比增长45.9%；限额以上社会消费品零售额21.3亿元；引进千万元以上项目49个，其中亿元以上项目10个；农民人均纯收入17600元，同比增长13%。2016年，街道办事处被评为省级文明单位、省巾帼文明岗、省档案工作科学化管理先进单位。

（靳雯雯）

【城建城管】 鲁能领秀城、绿地新都会、南北康片区等10余个项目全年完成投资约70亿元，完成量约占全区三分之一。其中，济南国际创新设计产业园一期、济南市养老服务中心一期投入运营；南北康安置房全部封顶；济南三中、领秀城社区医院如期开工；万寿路海绵工程4月竣工，玉兴路南延工程、顺河高架一期顺利通车。

全年累计拆除360多户17.17万平方米。其中，拆除南北康片区306户13.87万平方米，柏石峪片区50户约3万平方米，西河片区2户、三中地块2户和玉兴路2户约3000平方米。完成柏石峪村安置房分房工作；解决舜耕路、顺河高架71户村民拆迁安置遗留问题。街道自筹700万元，硬化复兴、北康、大西等区域道路，覆盖防尘网450万平方米，安装围挡3000米，设立专人监管渣土房6处，并进行24小时监管。推广民用洁净型煤，累计认购洁净型煤3500吨。集中整治非法排污小作坊及低空排烟设施，共排查违规小作坊82家，整改78家，联合执法取缔4家。定期开展城乡环卫集中整治行动，投资2000万元，建设西仙村大型垃圾转运站。查处“两违”建设60余处，拆除3500平方米；清理违规广告3000余处，规范沿街商户牌匾100余块；处理数字化案件5215件，处理率100%，满意率99%。取缔存在30年的万寿路大集。

（靳雯雯）

2016年1月，十六里河街道点烧防火“隔离带”

【服务民生】 全年共发放低保金、五保金、优抚金等各类补助550万元，发放基础养老金560万元。春节期间及特大寒潮前夕，向辖区困难群众发放棉被、米、面、油等慰问物资。开展扶贫攻坚战，126户216人全部脱贫；实现就业再就业1210人，开展技能培训服务600余人，办理创业担保贷款业务15件，共计150万元。

投资220万元，整修吴寨路；投资430万元，对红符路一期进行绿化美化；投资530万元，完成五库联通工程十六里河段建设；投入145万元，在吴家、西仙、石崮等村开展五小水利建设；投资60万元，对大西村进行水电改造；投资30万元，对吴家村办公服务用房进行修整；投资6000万元，建设舜苑小学及幼儿园；投资220万元，建设南苑社区居委会。

投资1500万元，对石崮生态园提升改造，10月1日开园纳客；累计投资90万元，对宏福苑家庭农场进行道路及配套建设，特色种植园区达1000余亩；投入25万元，在桃花山、大寨山绿化荒山100亩。实施美丽乡村建设工作，投资650万元对南部村庄进行墙面粉刷，整修道路5000余米。加强对主要道路、农村危房、施工工地等区域的安全监管，检查企业2000余家，整改隐患1800余处，开展消防演练18次。完善信访维稳预警制度，开展“双实”（实有人口、实有房屋）信息录入工作，全年录入双实信息27542条，举办“法治六进（进机关、进乡村、进社区、进学校、进企业、进单位）”大型活动。

（靳雯雯）

党家街道

【概况】 街道机关驻地因邻近党家庄而得名，面积78.7平方千米，辖22个行政村，1个居委会，有村（居）民9778户，3.86万人。

2016年，全力谋划实施旧村改造拆迁，成立旧村改造工作领导小组，现场驻点办公。完成魏家村旧村改造宅基地房屋拆迁工作，拆除村民房屋614户19万平方米，完成渣土清运。拆除山泉印象小区3栋小产权楼房，面积11655平方米。推进枣林村旧村改造工作，完成房屋拆迁协议签订前期各项工作。筹划小屯村旧村改造，完成房屋拆迁协议签订前期工作。策划党东、党西旧村改造，航拍固化村内房屋建筑。

二环西路南延三期工程完成征地拆迁，拆除35米线内村民房屋70户6.1万平方米。按照工程项目建设红线外扩要求，拆除60米线内村民房屋109户。世界500强企业——国药控股投资山东物流中心项目1.8万平方米的主体中心建筑完工。玉符河综合治理工程主体全线率先完工。完成军区某部训练场地转移，流转3500多亩，涉及沿线10个村1000余户村民。工程加固桥梁3座，建设拦水坝3处，铺设污水管道11000米，栽植河岸绿化苗木20万余株。

全年完成地方财政一般预算收入3亿元，固定资产投资4.93亿元，社会消费品零售额1110万元；引进山东尉熙建筑工程有限公司、济南众吉置业有限公司亿元企业2个，引进山东康来机械设备有限公司等千万元企业11个。

（王富丽）

【城建城管】 全年查处违法违章建设371处，2.4万平方米；查处非法开采山石28家，拆除加工设备37台。成立街道城乡环卫管理中心，开展环境卫生综合整治，清理街巷“三大堆”，打造洁净宜居生活环境。建成设施齐全、功能先进的党家垃圾中转站，实现辖区生活垃圾日产日清。落实河段长制度，清理河道垃圾800多立方米。强化扬尘治理，覆盖裸露地面60万平方米。推广洁净能源，完成型煤订购1597户，型煤2275.1吨，炉具

2016 年 3 月 9 日，党家街道玉符河捡拾垃圾护好水生态

111 台。成立街道安全工作办公室，全年排查生产经营企业 544 家，查处重大安全隐患 12 家。定期组织辖区经营制品安全检查，开展道路安全集中整治，严查违规渣土车辆，严肃校车管理，确保交通安全。

（王富丽）

【社会民生】 全年发放城乡低保金约 284 万元、五保供养资金 15.6 万元、临时救助金 20 万元。落实殡葬惠民政策，建立健全各村红白理事会组织。完成就业登记 950 人，职业介绍 356 人、失业登记 294 人。建设党家妇幼保健计划生育服务站，承办全区卫生、计生融合工作现场会。开展育龄妇女健康查体 3087 人次、早孕随访 1670 人，孕前优生健康查体 239 对。新建教学楼 4000 平方米，硬化校园跑道 2000 平方米。

开展法制宣传教育，推进“法治六进”活动，打造西东村法律一条街。综合运用人民调解、行政调解和司法调解多种方式，化解大有米公司配餐、党东某村民意外死亡等苗头性隐患问题 13 件。全年接待群众来信来访 174 件、343 人、206 次，办结率 100%；承办 12345 热线 1873 件，办结率 100%，满意率 91.08%。

按照扶贫标准要求，全年清退贫困户 279 户 731 人，建立健全 110 户 201 人扶贫档案。配套完善玉符河北岸寨而头、东渴、张庄、催马村美丽乡村连片治理。硬化道路 3.72 万平方米，绿化 2300 平方米，安装路灯 190 盏，粉刷墙面 1.9 万平方米，绘制文化墙 1200 平方米，新建排水沟 4000 米，扩建重建文化广场 5 处 1800 平方米。

实施党东村田间水渠建设项目等 9 个民生工程，硬化村内道路 16000 平方米，铺设自来水管网 2100 米，建设健身活动广场 800 平方米，投入资金 500 万元。10 月 25 日，蛮子泵站启用，举行天然气点火仪式，标志着市政天然气正式接入党家。

（王富丽）

兴隆街道

【概况】 兴隆街道位于市中区东南部，东临历城区港沟街道，南与历城区仲宫街道接壤，西与十六里河街道毗邻，北靠历下区姚家街道，总面积约 57 平方千米。下设兴隆、涝坡 2 个管理区，辖 16 个行政村。有农村居民 5400 户，农业人口近 2 万人。辖区内山地较多，耕地面积 1538.67 公顷，林地面积约 3200 公顷；有大岭、兴隆、钅村三座水库，兴济河、搬倒井河两条流域。

街道以抓好基层党建为统领，确定工作项目。年初，二环东路南延涝坡段启动拆迁。3月，45户院落全部签订协议并拆除，81.67公顷土地征收、519个院落拆除工作的二环南路东延、二环东路南延快速路工程征拆全部完成。6个隧道和2个互通立交全面建设，累计实现投资28.9亿元，占总投资的40%。解决华润等老项目遗留问题，集中拆除影响华润学校地块及安置区建设的13户钉子户。在旧村改造中，搬倒井826个拆迁入档院落，签订协议和拆除率突破95%；小岭旧村改造5月9日启动预签，仅用两个半月时间，签订协议并拆除646个院落，拆除率98%。

全年完成地方财政一般预算收入0.22亿元，固定资产投资30亿元，社会消费品零售额619.5万元；引进9个过千万元项目。

（牟晓婷）

【城建城管】 2016年，专职保洁人员达到91人，新配备垃圾桶600余个、垃圾车75辆、积扫车1台，全年清理道路两侧杂草4.4万平方米、建筑垃圾及渣土6.5万立方米，清理垃圾死角1200处；处理数字城管案件3347起，处结率100%。坚持日常巡查与夜间盯守结合，发现并及时拆除违章建筑175处，面积近1万平方米。全年投入资金520余万元，10余处在建工地覆盖面积300万平方米，实现无缝隙监管、全覆盖督导。实行夜间值班蹲守，查处非法倾倒渣土车辆45车次，给予警告72人次。

（牟晓婷）

【服务民生】 借助区委常委包村、33个区直部门、48人包户的有利契机，先后争取区级资金3000余万元。投入196万元为43户贫困户危房进行翻新改造；投入1970万元对9个村高低压输变线进行改造；投入973万元，为9个村量身打造扶贫项目。累计流转土地1500余亩，茶叶采摘、中草药种植等项目陆续产生收益，各村集体经济收入实现从无到有，达到6—10万元不等。按照贫困村摘帽“五通十有”要求，下拨407万元资金对村内卫生室、幼儿园、娱乐设施、健身广场进行改造提升。195户贫困户中165户享受五保低保政策兜底。9个村全部达到退出市级贫困村标准，全部脱贫摘帽。全年共安置就业再就业665人，组织各类就业培训315人次；共发放低保金201.74万元，大病救助等临时困难补助21万元；投入居家养老服务人员补贴15万元，对各村共36名符合条件的老人进行养老帮扶，集中供养老人50名，集中供养率77%。“12345”服务过程满意率和工作综合满意率连续两年排名全区第一。全年未形成1起越级和非访事件。

（牟晓婷）

2016年9月27日，兴隆街道组织检查老年公寓安全情况

陡沟街道

【概况】 陡沟街道北与槐荫区接壤，西与长清区搭界，南邻党家街道，东靠七贤街道、白马山街道。辖陡沟、郑庄、丰齐3个管理区，23个行政村和警苑社区、6455工厂社区，面积为40.6平方千米，土地总面积6万余亩，可耕地面积近3万亩，宅基地面积8787亩；有村民8032户，总人口2.9万人。辖区内有9条铁路线和多条高速公路及多条国道公路线在此环形通过，是国家和山东省陆路交通的枢纽和大动脉及国家电网的重要枢纽。以大丘山为中心形成以簸箕山、东凤凰山、青牛山、西凤凰山连绵的横向山脉；玉符河南北延绵13千米，形成约20平方千米的冲积平原。街道现有企业主要从事混凝土和各种机械加工，亟待转型升级。农业除玉龙山农业观光园、仁里农庄和山盛花卉3个特色园区外，其余均以种植传统农业为主。

2016年，开展书记上党课和参观济南战役纪念馆、观看警示教育片等主题党日活动。组织排查全街道所有党员组织关系，共23个村和1个社区，1121名党员；进行专项收缴党费工作，街道全体党员补缴党费23万余元；为21名困难老党员发放关爱补贴。

完成二环西路南延工程所涉及院落拆除任务，建设方施工队进场施工。大庙屯安置房建设签订协议489户，拆除房屋面积约36万平方米。安置房主体全部封顶，完成投资约36628万元。融汇文化创意城项目首期商品房主体全部竣工，景观示范区建成投入使用。玉符河综合整治工程地上物补偿涉及1402户，签协议1399户；土地流转涉及616户，签协议613户。轨道交通项目R1线涉及辖区仁里、红卫、袁庄、双庙、赵庄、杨台、董庄和郑庄8个村，17根高压线全部迁移完成。

2016年，财税指标完成8416.8万元，同比增长24%；固定资产投资完成投资15.22亿元，同比增长13.7%；社会消费品零售总额完成939万元，同比增长26.79%；引进注册资金过千万元的企业11家，同比增长120%。

（赵健）

【城建城管】 加强违法建设整治工作，重点拆除刘长山路与郑红路交叉口地界约800平方米的违章建筑；取缔4处违建（2台磕石机、1处洗沙场、1处塑料厂），5处对大气环境造成污染、破坏周边环境的违法小作坊；复原辖区1处约1200平方米的违章硬化路面；取缔违法洗沙场面积约4600平方米。全年拆除违章建筑面积达1.5万平方米。对重点区域实行不间断巡查，发现并制止违章建设行为35起，数字城管按期处结率97%。完成郑庄、仁里铁路沿线33处地上物清点和违章建筑拆除工作。配合二环西路南延工程，拆除老建筑2.1万余平方米、6万余平方米。开展城乡环卫一体化工作，完成人员分配、分工，进一步推进城乡环卫一体化的实施。在玉符河沿岸设置3处渣土治理堵截点并安排专人进行看守，在刘长山路上重要节点设置多处摄像头，查处违规渣土车辆。购买大量防尘网，对辖区内裸露渣土堆、石料等进行覆盖。9月28日，启动岳而村旧村改造工作。

（赵健）

【服务民生】 2016年，保障农村低保312户，514人，发放低保金1755061元；城市低保家庭10户，13人，发放低保金79401元，为

A类施保家庭发放桶装5千克花生油218桶；为80户农村困难家庭开展“雪中送炭”活动，发放360元/户冬季取暖补贴；为患重大疾病造成家庭贫困的群众办理临时救助，共25户102104元，低保户医疗救助14户81394元，救助低保家庭学生7人12000元；为9位五保老人发放五保供养经费40353元，电价补贴984元，冬季为五保老人发放棉衣9件，棉被9床；全年居家养老服务51人，发放居家养老服务费204246元；为60—80岁的贫困老人办理免费意外险1200份，为80位80—99周岁老年人申请长寿老年人生活补贴；全年发放惠民殡葬补助103000元；为残疾人发放困难群众生活补贴143500元和护理补贴128080元，为69位优抚对象发放生活补贴579862.6元。全年审批60岁退役士兵生活补贴16人，为年满60岁农村退役士兵办理退役生活补助的审核工作。发放2016年现役军人优待金30万元。

全年为215对孕前夫妇查体，落实农村部分计划生育家庭奖励扶助和特别扶助制度，上报并批准奖励扶助118人，双女绝育奖励扶助14人，特别扶助家庭2户。年底，共有204人加入生育安康保险保，入保453份，缴纳保费11710元。全年办理一孩生育登记214个，二孩生育登记217个，再生育审批26个，为327名农村产妇发放住院分娩金18.6万元。

全年安置就业935人；技能培训879人；办理个体工商业户创业补贴116人；小微企业创业补贴4人；共为9人上报小额贷款手续，争取贷款金额95万元。为24个村居2个驻地单位约1.5万人办理居民医保参保登记，其中573人办理免费参保登记，实现全民参保。居民基本养老保险参保人数约1.3万人，每年收费240余万元；为375人办理退休待遇登记，办理死亡退保26人，死亡待遇终止丧葬补助161人。为低保人口办理低保救助卡546人；为灵活就业人员办理职工养老保险45人，为7人办理补缴。为黄山店村被征地农民办理居民养老保险。全民参保登记入户调查工作，对1151名未参保人员逐一进行调查。

全年劝返稳控上访人员107起1195余人次，其中接待到北京上访的群众18起74余人次。上报预警信息72条，比上年同期下降27.3%；处理群众来访152起1335余人次，比上年同期下降30.5%；办理群众来信47件，中央巡视组转交信访事项处理19项，办理12345热线199件；解决北桥·山景苑农民工讨薪问题。

安全生产累计检查企业单位162家，查出各类安全生产问题和隐患33处，全部整改完毕。开展“百日攻坚行动”，对辖区全部企业进行隐患排查，对高铁沿线9家单位进行

2016年10月7日，陡沟街道黄山店村老人欢度重阳节

专项检查。

（赵健）

【农业发展】2016年，全街道种植小麦17851.51亩，涉及农户3626户，发放农业支持保护补贴223万余元；根据区农业局安排及时发放吡虫啉、戊唑醇及叶面肥来防治小麦病虫害、增加小麦产量。4月下旬完成土地确权工作，通过市级验收。23个行政村（除大庙屯列入西客站片区，其他22个村均在确权范围之内；杨台村、丰齐村因特殊原因没有确权），共计确权20个村，打印土地确权证书4028本，确权面积16827亩。投资127.94万元，推进“五小水利”工程，北桥天昊家庭农场500立方米水池全面完工；小庄村兴园农场、丰硕农场完成2500米输水灌溉改造；仁里林宇园林公司300立方米水池完工；洪斌农场3000平方米水渠完工。

（赵健）

HIZHONGNIANJIAN

市中年鉴

人物

RenWu

省道德模范

齐亚珍 女，1953年生，中共党员，山东地质勘察公司幼儿园退休教师。1994年至2016年，齐亚珍以母亲般的情怀，热情关心帮助社会百名贫困大中学生、伤病残人员、孤儿、流浪儿、失足青少年。她还把爱心延伸到了军营，与全国各地数百名陆、海、空和武警战士建立了母女、母子关系，被战士亲切地称为“兵妈妈”。在军营、社区、学校、新疆小白杨哨所等17处建立拥军基地、爱心之家、爱心团等。2001年为了挽救白血病战士蒋友清年轻的生命，“兵妈妈”齐亚珍第一个做了骨髓配型化验，并先后组织全家十几人做了骨髓配型化验，创下全国之最。自费到河南、云南、内蒙古，新疆、拉萨等90多个省、市、区、乡村300余次，行程十几万里，农村、学校、军营、男女监狱、妇教所、少教所和南疆北疆十几个边关哨所等帮助需要帮助的人。并动员社会各方面力量出资300余万元，救助患绝症病的战士和社会弱势群体。2012至2014年为农民工讨薪八万元，组织市民记者和放假的孩子及家长30余人，到赤峰关爱100个贫困孩子，为藏区贫困孩子送去30个爱心大礼包，并通过网络唤回一个一个失恋痛苦不能自拔、丧失生活信心绝望的青年，使他们重新找回人生价值。“兵妈妈”齐亚珍事迹在社会、军营、学校、网络引起强大反响，中央电视台、军事报道、人民日报、解放军报等全国百余家媒体进行宣传报道，得到社会认可，先后被国家人事部、民政部和解放军总政治部授予“爱国拥军模范”称号，被中宣部评为全国四大“双拥”先进个人典型，“全国五好文明家庭标兵户”；被山东省评为“十佳兵妈妈”“三八红旗手”、山东省首届“十大优秀母亲”，荣立山东省政府一等功，山东省第一届道德模范、全国道德模范提名奖；被济南市评为泉城十佳义工、济南市杰出志愿者，最美冶金地质人等。

孙汇璋 男，汉族，中共党员，1941年生，济南市市中区大观园街道睦和苑社区居民。扶弱助残，精心护理抚育残疾弃婴十载。1975年，孙汇璋在路上发现一个刚出生的弃婴，寒冬腊月，孩子气若游丝，他当即将孩子抱回家，在他和妻子的精心护理下孩子逐渐恢复了生机，孩子六、七个月的时候查出患有严重的先天性心脏病。他带着孩子四处求医，跑遍了京津沪各大医院，为了照顾好孩子，他和老伴决定不再生育自己的孩子，将所有的精力、财力都放在了这个孩子身上。40个春秋寒暑，他为瘫痪在床、四肢溃烂的孩子换药、按摩、喂饭、端尿，他用坚韧的爱心挽救了一个濒临死亡的生命，在他身上集中体现了高尚的人格和中华民族传统美德。孙汇璋是社区党员义工、社区志愿者，被聘经五路小学关工委报告团成员。2007年组建睦和苑社区太极拳队，义务兼任教练员，带领太极拳队参加多次社区文体活动。先后被授予山东省模范老人、山东省五好家庭、山东省第四届省级道德模范。

刘得山 男，汉族，1970年生，兴隆街道王家村乡村医生（医师）。先天残疾，无右小腿，身高不足1.5米，依靠自己开办的诊所，赡养自己的双亲，照顾爷爷、大伯父、大伯母、二伯父，以残疾之躯撑起了一个特殊的大家庭。王家村地处偏僻山区，远离都市，村民治疗就医多有不便，刘得山从医18年，跑遍了自己村和周边几个村的每一条小道，熟悉几乎每一个村民的身体健康情况。刘得山的电话24小时不关机，只要患者打个求医电话，无论多晚，不论严寒酷暑，总能及时赶到，为乡里乡亲治病解难，成为村民的贴心人。刘得山身残志坚、赡养五位老人的事情传开后，不但得到了乡亲们的尊敬，同时也得到了社会的赞赏。2009年被评为“山东省道德模范”,2012年被评为“山东省十大慈孝人物”。

济南市五一劳动奖章获得者

赵　静　女，汉族，1973年10月出生，中共党员，现任济南市市中区人民医院感染管理科主任。从事护理工作二十余年，在从事社区卫生管理工作期间，完善国家九项公共卫生服务项目，带领社区工作人员为辖区居民建立居民健康档案，使建档率、合格率得到很大提高。组织开展健康教育讲座，积极开展老年人免费查体，及时随访干预进行健康指导。担任康复科主任期间，认真完成市残联《济南市脑瘫残疾儿童抢救性康复项目》，对筛查出的脑瘫儿童进行免费康复救助训练，康复训练有效率达到了100%；为广大老年患者和行动有困难的病人提供出诊上门服务，对办事处的康复员、患者家属进行免费康复培训工作，为残疾人提供更好的服务。担任医院感染管理科主任以来，按创卫要求对本院及所分管的公立及民营医院进行了认真督导检查，加强医院重点科室和新增科室的规范管理，加强制度落实情况检查，严格医院感染的监测工作，杜绝感染暴发事件，开展医护人员医院感染防控知识的培训，提高全院职工的感控意识。为医院顺利通过了二级甲等医院的评审及医院感染管理逐步规范化、制度化、科学化做出了贡献。2016年，获济南市“五一劳动奖章”。

邹景元　男，汉族，1962年11月出生，现任白马山街道办事处社区服务中心副主任。负责城管工作以来，坚持依法管理，加强对辖区存在的脏、乱、差难题的排查力度，提高巡逻频率，整治露天烧烤、占道经营和店外经营，严控违法违章建设，严查大气污染源，辖区环境得到有效改善。在二环西路高架南延工程居民房屋拆迁工作中，狠抓落实，所在单位是全区第一个完成二环路拆迁任务的街道办事处。为辖区世茂·原山首府、红场·1952文化创意产业园等项目提供全面细致的保障服务，保证建设进度顺利完成预期目标。2016年获济南市“五一劳动奖章”。

李圣冬　男，汉族，1981年1月出生，中共党员。山东省济南实验初级中学老师。连续十年担任初三语文教学工作，所教班级在学考中成绩优秀。在教学方法上，注重学习与实际相结合，做到既传授学生知识，更教育学生做人，使学生在接受知识的同时，塑造良好的思想品德。2011年，先后获得“师德先进个人”“区优秀教师”等荣誉。李圣冬患糖尿病8年，血糖指数高达20以上，且伴有多种并发症，却从未因此耽误教学工作，语文教学水平受到广大师生称赞。2011年被评为济南市“感动济南十大人物”;2013年初，当选“感动济南——十佳优秀教师”；2014年入选“济南好人榜”；2016年获济南市“五一劳动奖章”。

王　京　男，汉族，1970年8月出生，中共党员。现任太平养老保险股份有限公司山东分公司党委书记、总经理。1993年参加工作以来，曾被选为所在地区人大代表、县劳模。2001年进入保险行业，从基层业务员做起，凭着过人的业绩和出色的经营能力，成长为国有企业大机构省级分公司负责人，是济南市市中区金融商务领军人才。2012年担任山东分公司负责人以来，全面加强政企合作、组织建设、队伍发展。养老金累计管理资产规模达115.6亿元，养老金新增缴费规模52.2亿元，团险总规模已突破3.2亿元，同比增长110%，积极推进保险服务民生工程。连续6年承办临沂市城镇职工大病商办服务，为12个县30余万城镇职工提供了大病医疗救助服务，累计赔付金额超过7000万元。2015年山东分公司与岜山集团达成了“双百村居、双十万人”的民生保障工程试点工作协议。使23万当地城乡居民受惠于此项目。2016年获济南市“五一劳动奖章”。

田家胜　男，汉族，1963年10月出生，中共党员。现任济南全益有限责任公司工会干事。从事工会工作以来，以为职工服务为己任，发挥企业与职工联系的桥梁作用，积极组织职工参与工会活动，全心全意维护职工的合法权益。通过推行平等协商，积极组织协调实行平等协商、签订集体合同制度并及时向劳动部门审报，维护职工的合法权益，调动职工的积极性。多年来，公司未发生一起劳动纠纷。协助公司两家百年老字号饭店（草包包子铺、便宜坊锅贴），在国家注册局进行商标注册。2016年获得济南市“五一劳动奖章”。

袁贺宝　男，汉族，1988年5月生，超意兴快餐店的分部部长。2012年入职，任外场服务员，凭着勤奋苦干，很快掌握了收银、售饭、熟食压制等工作技能。2013年5月，担任超意兴大观园店店长，2014年为公司培养并输出11名人才，被评为“卓越伯乐团队”，员工收入稳步提升。2015年在经营好实体店面的同时，发展网络销售，满足市民不同形式的就餐需求，以诚信经营，优质服务赢得老百姓的良好口碑，饭店的经营业绩得到大幅提高。2016年获济南市“五一劳动奖章”。

附录

Fu Lu

济南市市中区人民政府关于印发济南市市中区加快服务业发展实施意见的通知

市中政发〔2016〕5号

各街道办事处，区政府各部门：

现将《济南市市中区加快服务业发展实施意见》印发给你们，望认真贯彻执行。

济南市市中区人民政府
2016年4月20日

济南市市中区加快服务业发展实施意见

为认真贯彻国家、省、市关于加快服务业发展的一系列战略部署，推动服务业平稳健康发展，结合我区实际，提出如下实施意见。

一、指导思想

以党的十八大和十八届三中、四中、五中全会精神为指导，深入贯彻落实国家、省、市关于促进服务业加快发展的要求，紧紧围绕“打造四个中心，建设现代泉城”目标任务，突出省会中心城区的综合优势，全方位加强环境建设，以改革创新为动力，以项目建设为抓手，着力培育和引进一批具有核心竞争力和带动力的现代服务业企业，建设和提升一批特色鲜明、功能完善、承载力强的服务业发展集聚区域，打造一批具有先导性、示范性的服务业新兴产业集群，加快推动服务业优化布局、壮大规模、提升能级、增强动力，促进形成辐射区域更广的服务业发展新高地。

二、发展目标

服务业保持快速健康发展，服务业投资增速高于全市服务业投资平均增速，对税收的贡献率和吸纳就业能力进一步提高。到2017年，力争全区服务业“三上”企业（规模以上服务业企业、限额以上批发零售住宿餐饮企业、资质以上房地产开发企业）达到550家。服务业内部结构明显优化，现代服务业加快发展，传统服务业层次显著提升。服务业发展环境更加优化，促进服务业加快发展的长效工作机制基本形成。

三、重点发展区域

近年来，我区服务业按照北部核心区、中部拓展区、南部生态区三大板块空间进行布局规划。北部核心区即英雄山以北约8平方公里的老城区，以“集约集聚、高端高质、创新创业”为导向，加快济南市中金融商务区建设，做大做强金融、商务、商贸、文化产业集群，努力打造现代服务业制高点、产业聚集核心区。中部拓展区即英雄山以南至规划建设用地范围线约72平方公里的区域，以“产城融合、城乡互动、以点带片”为导向，全力推进兴隆泛旅游综合体、百步亭·中国MALL、融汇文化创意城等6个单体投资过百亿、建筑体量300万平方米以上的重大项目建设，整体规划实施44个旧村改造，打造职住平衡、产业发达、环境优美的“南部新城”。南部生态区即规划建设用地范围线以外约200平方公里区域，以“保护与开发并重、产业与生态融合”为导向，抓住玉符河综合治理有利契机，提升打造石崮都市农业生态园等一批特色农业园区、现代都市农业园区，加快美丽乡村建设，大力发展文化旅游、康体养生、农庄度假等生态旅游休闲产业，打造生态环境良好、绿色产业兴旺、人与自然和谐的农村发展新亮点。

（一）济南市中金融商务区。位于我区北部，东至饮虎池街—上新街，南至经十一路，西至纬五路—小纬六路，北至经一路，占地面积约5.5平方公里。作为济南区域性金融中心重要组成部分，突出城市中心区高端综合功能，将园区优化提升与老城改造更新相结合，科学规划布局，依托绿地普利中心、万达广场、齐鲁银行大厦、交通银行大厦等金融特色楼宇，推进民生大街、城顶街等片区改造，加快基础设施建设步伐，加强市容环境打造，进一步完善城市功能，提升园区整体功能品质，增强园区核心竞争力和辐射带动力，成为全区经济发展的重要支柱和财政收入持续快速增长的有力支撑，努力形成立足济南、辐射省会城市群经济圈、服务山东乃至整个黄河中下游地区的金融商务产业集聚示范区。

（二）老商埠历史文化传承街区。东至纬二路，西至小纬六路，南至经四路，北至经一路，可规划用地面积约671亩，规划建筑面积约142万平方米，其中地上建筑面积105万平方米（包含保留建筑面积11万平方米），地下建筑面积37万平方米。依托融汇老商埠一期、经二路市中段改造升级等项目，带动周边老字号、文化画廊、博物馆等繁荣发展，打造百年商埠文化休闲区。加快推进融汇老商埠二期项目，弘扬老商埠传统金融文化，持续提升经四路的文化高度、金融高度与商业高度，建设历史古城风貌保护和现代商业运营有机结合的综合性总部基地，实现百年商埠的复兴和超越。

（三）英雄山文化休闲商业街区。位于英雄山北侧，沿经十一路、马鞍山路两侧区域。加快推进英雄山特色街区改造提升工程，重点突出古玩、字画、珠宝等特色文化艺术品交易，同时打造集餐饮、购物、体育、文化、休闲、娱乐为一体的复合型商圈。依托山东书城项目，形成以编辑出版综合业务、数字网络出版、动漫创意产业、音像加工制作等业务为主体，兼具文化休闲娱乐功能的文化产业新地标。

（四）信息通讯服务区。依托中国联通、中国移动、中国电信等国家信息通讯龙头企业省、市总部集聚优势，把握“互联网+”时代发展机遇，在八一立交桥至玉函立交桥周边区域规划建设信息通讯集聚区，提升信息产业发展水平，提高信息产业承载能力，打造高水平信息通讯服务集群。整合提升联勤部综合楼、军区五所东附属楼等商务楼宇，引进信息系统集成、软件开发、内容服务、系统运营等信息通讯配套产业，大力开拓软件服务外包、行业资讯、大型系统运行和维护、行业整体解决方案的设计建设和开发等领域，打造国内领先、国际知名的信息通讯产业高地。

（五）新金融发展区。依托山东新金融产业园，创建区域股权投资机构集聚区，建设全方位、多层次区域投融资服务平台，聚集省会城市群经济圈财富资本，引进股权投资、民间资本管理、互联网金融、众筹等专业机构，建设中小企业投融资项目库，配套发展担保、评级、征信等中介服务机构，打造投融资上下游产业链，形成在省会城市群经济圈具有一定影响力的新金融产业发展高地。

（六）南部新城活力区。结合中海国际社区、南北康片区“六城三中心”、兴隆泛旅游综合体、鲁能领秀城等城市综合体的开发建设，辐射带动绿地新都会、福景佳苑、融汇爱都等项目开发建设，在加快配套城市设施、优化生态环境、提升管理服务的基础上，大力发展健康养老、社区家政、教育培训等生活性服务业，形成商贸、娱乐、休闲、健康产业发展新亮点，努力打造功能完善、环境优美、充满活力的“南部新城”。

四、重点任务

（一）综合性服务业。瞄准现代服务业发展的新领域、新热点，全力推进金融、电子商务、总部经济和楼宇经济发展，打造新亮点、增强新优势、抢占制高点，开创带动农业、提升工业、革新服务业、增强城市服务能级新局面。

1. 金融业。依托我区传统悠久的金融产业基础，以山东新金融产业园为载体，在巩固提升现有传统金融产业的同时，积极培育发展股权投资等新兴金融业态，全力推进济南市中金融商务区和新金融产业园建设，努力打造区域金融营运管理高地、金融资产交易高地、新兴金融创新高地，形成在省会城市群经济圈具有一定影响力的特色金融产业发展高地。

做大做强银行业。积极吸引国内外商业银行设立分支机构，重点吸引外资银行落户，大力支持民营银行在园区设立总部机构。支持园区内银行机构加快发展，特别是推动齐鲁银行等法人银行机构总部的改革发展，优化网点布局，简化业务流程，加快渠道建设，加强与区域实体经济的有效对接，壮大规模，丰富产品，完善服务，发展成为内控有效、风险管理水平高、资产质量优良、盈利能力强的优质银行机构。到2020年新引进4家银行业区域总部。

优化发展保险业。推动现有保险机构扩大经营规模，创新保险产品，提升服务水平。支持现有保险机构细分市场，找准自身定位，突出经营特色，发展重点业务，实行差异化经营，发展成为特色鲜明的保险机构。依托山东英大保险经纪有限公司等机构，着力发展保险经纪、保险代理等保险中介机构，发挥保险中介机构在承保理赔、风险管理和产品开发方面的积极作用，促进保险企业经营模式转换和经营专业化水平提升，不断提高保险业服务经济社会发展的能力。到2020年新引进5家保险公司区域总部。

推进证券业转型升级。紧紧抓住国内资本市场改革创新的有利契机，以中泰证券为龙头，抓好从以场内业务为主向场内场外并重转移，从以公募为主向以公募私募并重转移，从以中介业务为主向中介业务、资本中介业务和资本投资业务并重转移，从以提供通道服务向提供产品服务和财富管理服务转移等“四项转移”，整体提升券商的产品开发能力、财富管理能力、成本管理能力、风险控制能力、服务实体经济能力。到2020年新引进8—10家证券、期货公司分支机构。

积极培育股权投资机构集聚区。打造有利于股权投资业发展的良好政策环境，大力培养、引进各类股权投资机构和管理人才，促进股权投资中介机构发展。依托新金融产业园金融创新服务平台和发展载体，通过政策扶持和制度规范，积极引进省级政府股权投资引导母基金参股的产业投资基金、创业投资基金等各类私募股权投资基金、政府和社会资本合作（PPP）基金，带动社会资本在新金融产业园设立股权投资机构、股权投资管理机构以及创业投资等机构，投向实体经济重要领域，实现金融与实体经济的良性互动，打造面向省会城市群经济圈的区域股权投资产业高地。

大力发展产权交易市场。利用国家建立多层次资本市场体系的契机，探索建立辐射全省及周边省市的知识产权、排放权、农村产权等交易平台建设，形成统一、集中、规模化的产权交易平台，努力构建较为完善的要素市场体系。加强与期货交易所沟通对接，发挥鲁证期货法人总部机构的优势，支持和引导证券期货业机构参与大宗商品交易市场建设。积极开展文化艺术品鉴定评估、交易、拍卖、质押融资等各类创新业务。

着力发展新型金融机构。鼓励、引导和规范各类社会资本参与设立新型机构，支持各类新型机构依法合规拓宽融资渠道。积极推动设立金融租赁公司、小额贷款、融资性担保、民间资本管理公司、民间借贷登记服务中心等新型金融服务机构和提供支付服务的非金融机构。加强对中小企业的金融服务，研究开发适应中小企业特点的金融产品，积极发展保单融资、知识产权质押融资、票据质押融资、股权质押融资、供应链融资、小企业联保融资，与传统金融形成有效互补，增强金融市场活力，拓展完善金融产业链。

大力发展金融中介服务。支持金融专业服务机构创新经营模式和服务业态，积极引进培育会计、审计、法律、资产评估、资信评级、证券咨询等服务组织，构建与国际接轨的专业化金融中介服务体系。鼓励发展商业保理机构、第三方支付机构。依托通联支付等机构，引进培育综合支付服务产业，探索发展移动互联网金融等业态。协调山东财经大学金融学院、金融战略研究所等机构，探索创建金融数据、金融工程实验室等金融研究机构。

2. 电子商务。努力创建省级、市级电子商务产业示范园区，到 2017 年，基本实现全区电子商务企业的有效集聚，实现相关资源的优化配置；到 2020 年，全区电子商务企业达到 500 家，从业人员达到 2 万人。鼓励企业自建或应用第三方电子商务平台，开展在线销售、采购等活动，提高生产经营和流通效率，扩展发展空间，提高市场反应能力。努力引导中小外贸企业运用第三方平台努力开拓国际市场，积极推进企业开展跨境电子商务业务。稳健推进各类专业市场发展电子商务，促进网上市场与实体市场的互动发展，为中小企业应用电子商务提供良好条件。

3. 总部经济。坚持发展总部经济与调整产业结构相结合、引进外来企业总部与培育本地企业总部相结合。

打造总部经济发展新平台。抓住省、市加快发展现代服务业的有利机遇，以高端高质高效为方向，积极探索走差别竞争、错位发展、特色取胜的路子，全力打造泉城国际文化创意产业园、济南国际创新设计产业园等文化创意类园区，山东新金融产业园等金融商务类园区，山东大学国家大学科技产业园等大学科研类园区，融汇农业产业园等工（农）业类园区，老商埠历史文化街区、经纬巷特色商业街等特色街区，借助绿地普利中心、国际财富中心等高端楼宇和鲁能领秀城、南北康片区“六城三中心”等城市综合体，面向世界 500 强、跨国公司开展招商引资，积极引进中央企业、中国 500 强企业及在行业中居龙头地位的国内大型企业集团、上市公司，在我区设立区域总部或职能型总部。

建立总部经济的联系机制。建立跨国企业对接机制。发挥中心城区优势，组织专门招商对接力量，与各大跨国公司中国总部建立联系，定期走访，主动对接，定期向总部企业发布全区发展规划、重大发展政策、重大项目投资信息和改革措施，鼓励总部企业参与政府重要决策咨询论证和重大工程规划建设。

4. 楼宇经济。坚持盘活存量与培育增量并举，大力发展楼宇经济，着力提升商务楼宇的入驻率、注册率、贡献率，提升入驻企业的集聚度、关联度、创新度。

做精楼宇经济。科学制定现有存量资源的整合、改造和提升方案，扎实搞好顶层设计，制定好楼宇经济发展规划，完善楼宇空间布局，积极探索尝试收购商务楼宇，通过包装策划、置换改造、优化环境，打造配套功能齐全、建筑风格鲜明的商务楼宇，进一步夯实产业发展载体平台。重点吸引大企业集团区域性总部及资本总部、运营总部、研发总部等职能总部入驻，打造金融楼、外贸楼、科研楼、中介服务楼、现代高端物流楼，打造一批产业集聚、服务集中、效益集成的"特色楼""亿元楼""品牌楼"，全面提升我区的产业层次和产业效益。

（二）生产性服务业。适应经济发展新常态，夯实服务业发展基础，进一步加快发展现代物流、科技创新、软件和信息服务、商务会展、节能环保等产业，促进生产性服务业与先进制造业、现代农业融合发展，带动产业结构加快升级。

1. 现代物流业。发挥我区总部集聚和商务商贸、信息传输发达的优势，大力培育发展以网络化、信息化、规模化为主要特征的现代物流业价值链的高端环节，借助中国移动、联通等国家重点信息通讯企业，将电子商务与物流紧密结合，加大扶持服务力度，培育电商龙头和领军企业，大力发展高端电子商务物流；积极探索"飞地物流园区"和"合作物流园区"模式，加强与周边地区的错位、互补、协同发展。

壮大物流骨干企业集群。以重汽集团卡车公司等骨干企业为龙头，鼓励物流企业与制造企业之间以资产重组、协作联盟、合资、合作等形式，组建第三方物流企业，并向物流金融服务等功能服务延伸。

培育扶持专业化物流企业。加快推进国药控股 GSP 认证全自动化立体仓库项目建设，实现药品储存（分拣）系统自动化、操作系统标准化、质量控制规范化、配送服务信息化、物流管理科学化的目标，全力为省内药品生产企业提供第三方物流服务，打造"中国药品分销第一品牌"。加快推进尚礼文化传媒少儿图书馆配基地项目建设，集合全国 30 余家专业少儿出版社和年出版少儿图书 50 种以上的非专业少儿出版社的产品，打造一个品种最全、质量最好、价格合理、服务最优的少儿图书馆配基地。

推动物流业高端化发展。鼓励物流企业充分利用"互联网 +"发展机遇，引导物流企业与电子商务企业、金融机构加强合作，重点发展电子商务、信息交易、资金结算等高端物流业态，积极引进培育龙头和领军企业，构建开放高效生态智慧的现代物流体系。

积极培育发展高端物流服务业。引进培育会计、律师、审计、咨询、信息服务等物流中介组织和行业协会，建立综合服务平台，为高端物流业发展提供有力的服务支撑；努力整合分散资源、拓展增值服务，搭建共享服务平台，为客户提供代理采购、分销执行、送装一体、物流金融等高端物流服务。

2. 科技创新服务业。主动适应经济发展新常态，大力实施创新驱动发展战略，进一步深化科技体制改革，切实加大科技投入，优化科技资源配置，完善科技创新环境，加强科技人才队伍建设，努力提升科技在经济社会发展中的支撑引领作用，基本形成功能完善、充满活力的区域创新体系。

加强完善产学研合作机制。积极与高等院校、科研院所建立合作关系，全力推进与我区大专院校对接，储备转化项目，合理配置科技资源，促进科技创新要素的有效组合；加大企业与高等院校、科研院所产学研合作力度，整合各项资源，建立产学研相结合的创新平台，实现优势互补、良性互动，构筑以市场为导向、企业为主体、产学研结合的技术创新体系。

大力发展创业孵化服务。为推动“大众创业、万众创新”，以山东大学国家大学科技园、济南大学创业学院和创业孵化基地为依托，培育引进一批具有相当规模和较强国际竞争力的高新技术企业以及具有自主知识产权的高新技术产品。积极筹建市中区科技创新服务中心，搭建新型科技服务平台，通过政府引导和市场推动，整合高校、企业、市场、技术、金融等各方资源，构建布局合理、功能齐备、充满活力的集技术交易、技术经济、创新创业、科技金融等服务高度融合的线上线下有效联动的科技创新服务体系。大力发展创客中心，实施创新驱动发展战略，培育综合创新生态体系，打造促进创业创新的平台，努力将我区建设成为“创客之家、创新之区、创业之地”。

健全社会化科技服务体系。加强人才引进和科技金融服务工作，注重科技计划实施中创新团队建设与人才培养，以计划带项目，以项目育人才，重点支持战略性新兴产业领域科技型中小企业和服务业企业实施市级以上计划，培养一批学术和技术带头人。

引进发展先进制造业上游研发创新机构。积极引进一批高层次先进制造业研发创新机构，争取国家和省级综合性、专业性创新平台布局，以平台汇聚人才，以平台聚集项目，吸引各大企业的创新研发机构来我区发展，增强全区的科技创新实力。

3. 软件和信息服务业。遵循创新驱动、融合应用的方针，把握新一代信息技术发展有利契机，全力配合推进济南市“中国软件名城”“智慧城市”“三网融合”“宽带城市”建设，加快发展具有自主知识产权的基础软件、信息安全软件、工业软件等行业，推动互联网与经济社会深度融合，充分发挥软件和信息服务业在促进经济社会持续健康发展中的重要作用。

提升发展软件产业。加快发展具有自主知识产权的基础软件、信息安全软件、工业软件、行业应用软件、嵌入式软件等行业。顺应软件服务化趋势，促进“软件即服务（SaaS）”应用模式和业态发展，积极探索在互联网、移动互联网、物联网环境下的软件服务模式创新，扶持基于网络的数据中心、数据处理、数据挖掘等业务发展。

培育骨干龙头企业。积极吸引国内外优势软件企业在我区建立研发中心和市场服务中心，依托山东大学国家大学科技园、济南国际创新设计产业园综合发展优势，重点发展高端软件和服务外包等产业集群，打造全区软件业发展优质载体。

大力发展信息服务业。积极发展动漫、游戏、数字影音、数据加工处理等信息服务产业，加快推动网络出版、在线阅读、手机书报等数字全新载体，促进互联网和无线增值内容服务业发展，培育发展移动终端销售、通信增值业务、游戏开发运营等新业态。重点扶持集成电路设计、信息系统咨询、集成实施、运行维护、技术支持等信息技术服务业，提高测试、评估、信息安全等专业服务能力。依托移动、联通等信息产业资源，积极推动4G（第四代移动通信）网络建设和产业化发展，深入拓展“三网”（电信网、广电网、互联网）融合应用，鼓励发展手机电视、互联网电视、有线电视网宽带服务、智能家居等融合性业务。

着力加强信息基础设施建设。加快推进光纤入户改造，推动宽带提速降费，统筹协调城乡宽带网络普及和接入能力提高。着力加快移动宽带网络建设发展，重点推进交通场站、文体场馆、学校、医疗卫生机构等公共服务场所和商业街区、旅游景区等热点区域无线网络全覆盖，加快打造“无线市中”。切实强化网络信息安全和应急通信保障，全面提升信息基础设施服务水平。

4. 设计服务业。结合创新型城市建设，大力促进我区设计服务业专业化、集成化、高端化、规模化发展。重点打造济南国际创新设计产业园，以国内外知名新媒体、教育装备、设计研发机构为主体，以工业设计为主导，融合科技、品牌和文化等“大设计”元素，大力发展工业、规划、建筑与环境等领域设计服务；与专业的设计运营机构加强合作，引进一批高水平设计团队，提高设计园区的快速集聚能力，全力打造华北地区最具影响力的高端设计产业聚集区。

5. 商务服务及会展业。加强对商务服务业发展的政策引导，充分发挥市场配置资源的基础性作用和企业市场主体地位，促进资源要素合理聚集，推进商务服务业的市场化、产业化、社会化和国际化进程。

完善发展商务服务业。引导商务服务机构为企业提供项目策划、项目融资、财务顾问等中介服务活动。拓展法律服务领域，推动法律服务业规模化、专业化和品牌化发展。大力发展会计、审计和税务服务，积极发展市场调查与社会经济咨询行业，推进技术工具标准化，提高数据采集质量和分析研究能力，提升市场调查与咨询水平。积极引导经营性职业中介服务机构不断拓宽服务领域，完善服务功能，改进服务手段，提高服务质量。

大力发展会展业。依托舜耕国际会展中心，积极申办引进一批规模大、带动效应强的大型展会。

6. 节能环保服务业。强化全社会绿色环保消费理念，增强节能环保指标的刚性约束，充分开发利用社会资源，加快培育发展一批具有综合竞争优势的专业服务机构。

加快发展节能服务产业。鼓励用能单位通过合同能源管理方式实施节能技术改造，培育一批有特色、高水平的节能咨询、设计、评估、检测、审核、培训等第三方专业服务机构。开展能源审计和“节能医生”诊断，打造“一站式”合同能源服务平台。支持国网山东节能服务公司等节能服务企业开拓能源市场，充分发挥各种节能服务平台的功能作用，推动用能单位、节能服务企业、金融机构之间加强合作。积极推进合同能源管理，建立比较完善的节能服务体系。

大力发展节能环保产业。依托山东电力设备有限公司等企业，加快相关技术装备的研发、推广和产业化，全面提高节能环保产业发展水平，提高节能环保产品的市场占有率，打造提升我区节能环保产业。

（三）生活性服务业。围绕消费结构转型、方便群众生活和增强城市集聚功能，大力推动文化、体育、养老、家政等产业化发展，持续改造提升商贸、旅游等产业，积极促进房地产业转型升级，更好满足消费需求。

1. 商贸业。

优化商贸设施布局。加快产业转型升级，构建现代化商贸服务体系，进一步增强吸引力和辐射力，为扩大消费需求提供有力支撑。全区社会消费品零售总额到2020年争取达到793亿元。

做好商业网点规划布局。进一步完善商业服务设施，以百货店、大型专业店、购物中心为主力业态，以城市商业综合体和商业街区为组织方式，大力推动名商、名店和名品集聚，形成“一站式品质消费”和“一站式休闲采购”商圈；以大型超市、综合性商业网点和商业服务业网点为主力业态，引进和发展社区O2O，加快商贸服务进社区步伐。加快便民惠民商业设施建设，形成社区“一站式便利购物”商圈。大力促进大型购物中心发展，充分发挥绿地、万达、环宇城、领秀城等高端商业综合体的聚集作用，大力发展餐饮、购物、娱乐等行业品牌；发挥带动作用，推动传统商场超市转型升级，促进城乡居民消费。

突出特色商业街区打造。突出文化旅游和精品消费，精心打造老商埠文化传承街区，加快提升英雄山文化休闲商业街区等特色街区的文化内涵和街区形象，规划建设经纬巷、民康里、老商埠等特色商业街区，建设一批集“吃住行、游购娱”功能于一体的商业文化街区。

加快大型专业批发市场建设。促进批发和零售贸易发展，完善市场建设和服务体系。抓好海鲜市场、文化市场、保健品市场等传统市场的改造提升，实现规范发展、科学发展。

加强信息产业与传统商务商贸产业融合发展。重点构建以B2B、B2C为核心的电子商务交易技术平台，打造金融商贸对接沟通平台，发挥民生银行市中支行与新世界商城合作的示范效应，转变经营理念，创新服务手段，积极为商贸产业提供快捷安全的金融服务，形成金融与实体产业相互促进、和谐发展的典范。发展网上交易和在线电子支付等新兴服务业态，配套发展与电子商务产业相关的品牌、设计、加工、展示、物流、融资、培训等相关产业，拓展全新经济增长点。

2. 餐饮业。以满足消费需求为导向，以品牌化、连锁化、便利化经营为重点，加快发展特色餐饮、绿色餐饮等新兴业态，形成特色便利、高中低档均衡的餐饮态势。

支持便宜坊、聚丰德等餐饮“老字号”开展连锁经营，尽快做大做强。推进“老字号”企业与新型业态、现代技术结合，采用连锁经营、进入超市等方式，不断发展壮大；引导企业强化商标注册意识、品牌维护意识，保护老字号的市场信誉和品牌形象，保护好老字号的商标、字号、传统商铺形式、传统工艺等。积极发挥市场机制作用，吸引社会投资开发“老字号”资源，尽可能的拯救、保护“老字号”的无形资产。

创新鲁菜特色菜品和特色小吃发展。加快大众化餐饮连锁发展，继续推进“便民早餐工程”，完善早餐连锁服务网络；规划新建中海社区、铁路南苑社区、西河社区等配套便民社区“放心菜”工程。

3. 旅游业。着力引导文化、经济、科技应用和城乡建设围绕旅游需求加快转型，推动旅游业与三次产业融合发展。突出消费拉动，发挥旅游业在现代服务业发展中的先导带动作用，促进旅游资源由分散开发向整体开发推进、旅游消费由观光旅游为主向休闲度假为主转变、旅游收入向综合收入转型，努力构建休闲型旅游新城区。

打造近郊生态休闲游。挖掘整合南部山区自然生态、原居环境和历史遗存，依托重点项目建设带动，加快打造独具特色的文化旅游项目，加强农业园区项目景观化、休闲化改造，推动农业与休闲、观光、体验、养生、教育等融合发展。以玉符河沿线产业带规划为引领，支持特色农业园区发展。大力发展文化休闲、户外拓展、农家食宿、田园采摘为主的体验式休闲旅游观光项目，积极打造市中特色生态旅游品牌，重点抓好石崮都市农业生态园提升改造，打造市中区集生态旅游、休闲观光、展现历史文化、科普教育等功能于一体的旅游生态观光示范园。依托涝坡片区佛峪、斗母泉、白云观、怀晋墓和传统村落文化等自然人文景观资源，借力华润泛旅游综合体大型游乐公园设施建设，促进乡村文明记忆休闲游产品开发。

深挖百年老商埠的历史文化资源。充分利用老商埠、民康里等重点项目和特色街区建设有利契机，在加强古城风貌的保护和利用的同时，通过商业、旅游与开埠文化的深度融合，着力打造彰显城市魅力、独具市中特色的文化品牌，打造集精品购物、餐饮休闲、商务会展、创意产业、金融服务等多元一体、充满活力的新都市主题旅游目的地和城市精英休闲购物聚集地。

4. 文化产业。大力实施文化产业项目带动战略，整合优化现有资源，科学规划布局，引导产业要素合理集聚，着力打造提升文化产业发展平台和载体。

改造老旧厂房发展文化产业。加大对文化创意产业园区的扶持力度，大力引进“文化 +”“互联网 +”等新兴业态，积极推动泉城国际文化创意产业园、融汇文化创意城、济南国际创新设计产业园、JN150 文化创意产业园、星工坊·飞尔姆乐园等文化创意产业项目，形成一批具有较强影响力、辐射力的文化企业和文化品牌。

依托优势载体发展文化产业。立足于服务省会城市群经济圈发展，深入挖掘历史文化内涵，突出商业特色、地域特色和文化特色，坚持“政府引导，市场运作”，精心打造老商埠文化传承街区和山东书城，加快提升英雄山文化休闲商业街区等优质载体，支持省出版集团实施文化重点项目和精品工程，引进产业优势明显、经济社会效益突出的文化企业，发展创意设计、数字印刷、新闻出版等产业，努力打造主导产业突出、产业链条健全、服务设施完善、经济效益明显的现代文化市场体系，形成文化消费新的增长点。

依托城市综合体发展文化产业。引导华润泛旅游综合体、鲁能领秀城、中海国际社区、万达广场、绿地普利中心、南北康片区“六城三中心”、融汇文化城等建成及在建大型城市综合体，引进电影院线、舞台剧演出、娱乐休闲、文化用品销售、民间工艺品销售等文化企业和新型业态，大力发展以数字化生产、网络化传播为主要特征的新兴文化企业。

积极培育文化要素市场建设。培育多层次文化产品、服务，重点发展图书报刊、演艺娱乐、动漫手游等文化创意产品市场，发展现代流通组织形式。积极培育产权、版权、技术等要素市场建设，加快推进文化产权交易所落地发展，不断规范文化艺术品拍卖市场秩序，促进文化艺术品交易健康发展。

5. 体育产业。积极扩大体育产品和服务供给，促进我区体育服务业及相关产业协同发展，培育一批具有较强竞争力的体育骨干企业；形成管理规范、充满生机活力的体育社会组织体系；居民人均体育消费显著增加，体育产业从业人数占全区就业人数比例明显提高；形成体育公共服务与市场服务相互结合、体育事业与体育产业协调发展的良好局面。

大力发展体育健身俱乐部。鼓励社会力量举办健身俱乐部，为群众提供多元化、个性化体育健身场所和健身、健美、体育专项技能培训等服务。推行社会体育指导员挂靠站点制度，对优秀体育指导员给予一定形式的补贴。鼓励社会力量创建职业体育俱乐部，进一步丰富竞赛组织主体，活跃体育赛事经济。

大力发展体育竞赛表演业。继续举办好全民运动会、全民健身运动会和中小学体育联赛等综合性赛事，加快推进社会化、市场化改革，激发赛事活力。积极引进培育精品赛事和传统高水平赛事，每年高水平赛事数量稳步增加。

大力发展体育休闲旅游业。积极整合英雄山集聚区体育、文化、旅游、休闲、餐饮等各方面资源，依托悦动城运动生活广场建设，将其打造成为具有体育文化主题特色的休闲娱乐购物中心，发展具有地域特色的体育休闲旅游产业。

大力推动康体结合。加强体育运动指导，推广“运动处方”，运用竞技体育科技成果服务群众健身。鼓励医疗卫生机构在常规体检中增加体质检查项目，促进体育与运动康复、医疗卫生融合发展。鼓励社会力量开办体质测定、健康咨询和康复理疗等各类机构。

6. 房地产业。结合新城开发和旧城改造，满足群众多样化需求，完善基础设施，改善居住环境，促进房地产业转型升级，实现全区房地产业持续健康发展。

积极发展功能性地产。引导开发企业根据客户需求，采取个性化定制等方式，开发适应特定行业特点、结构完善、功能匹配的生产经营用房，打造实体经济发展载体。鼓励企业将符合条件的商品房改造为电商用房（办公仓储加工物流一体化）、都市型工业地产（轻加工研发型）、商务居住复合式地产（SOHO、LOFT）、养老地产（“老少居”、养老公寓、养老服务设施）、旅游地产（分时度假酒店、家居式旅馆）、创客空间（会议室 + 实验室 + 茶社或咖啡屋 + 办公间）等，实现消化商品房库存与促进新兴产业发展的多赢。

促进配套产业转型升级。规范引导“互联网 + 房产中介”“互联网 + 物业管理”、互联网房产认筹等新业态发展，拓展房产租赁市场，提高物业管理水平，提升中介服务体验。围绕房地产业发展，培育发展智慧家居、智能家电、绿色建材、装饰设计等一批新兴产业集群。

7. 养老服务业。创新养老服务模式，拓展养老服务领域，全力推动养老服务的社会化、产业化。到 2020 年，全面建成以居家为基础、社区为依托、机构为补充的，功能完善、规模适度、覆盖城乡的养老服务体系，使全区老年人实现老有所养。

大力发展养老服务业。从业人员显著增加，养老服务业增加值在服务业中的比重显著提升。养老服务产品更加丰富，市场机制不断完善，养老服务业持续健康发展。生活照料、医疗护理、精神慰藉、紧急救援等基本养老服务覆盖所有居家老年人。符合标准的老年公寓、农村幸福院等养老服务设施覆盖 60% 以上城市社区和村居。到 2020 年，每千名老年人拥有养老床位数 40 张以上，护理型床位占养老床位总数的 30% 以上，基本形成政策健全、机制完善、标准规范、平等参与、竞争有序的养老服务业市场环境。

建立健全养老服务体系。履行政府托底保障职责，办好社会福利院、敬老院等保障性养老机构，对城市“三无”（无劳动能力，无生活来源，无赡养人和扶养人或者赡养人和扶养人确无赡养和扶养能力）、农村五保老年人，实行政府供养；建立生活长期不能自理经济困难老年人护理补贴和困难老年人养老服务补贴制度。

健全完善居家、社区、机构相结合的社会养老服务体系。创新养老服务模式，建立以养老服务企业和组织为主体、信息化为纽带，覆盖城乡、高效便捷的居家养老服务网络，为居家老年人提供助餐、助浴、助洁、助急、助医等便捷服务；加快社区老年公寓、农村幸福院、老年助餐点等养老设施建设，提升社区综合养老服务功能；支持以独资、合资、合作等方式举办、运营养老机构，不断满足老年人多样化养老服务需求。

规划完善养老服务设施。科学编制养老服务设施建设专项规划，并纳入城乡总体规划，合理确定养老服务设施布局和规模。老旧居住区没有养老服务设施或现有设施达不到建设指标要求的，必须在2020年年底前通过购置、置换、租赁等方式开辟养老服务设施。农村养老服务设施要纳入农村公共服务设施统一规划、优先建设。

推进医养结合。大力发展老年养护型、医护型养老机构，提升养老机构的医疗服务功能。在养老机构设立派驻机构和服务网点，符合医疗保险定点条件的医疗机构，优先纳入医疗保险定点范围。有条件的医疗机构，可利用医疗资源建设老年护理院、康复院。充分发挥中医药在保健、康复方面的优势，支持中医医疗机构发展中医药老年保健康复服务。医疗机构、社区卫生服务机构应当为老年人建立健康档案，建立社区医院与老年人家庭医疗契约服务关系，开展上门诊视、健康查体、保健咨询、家庭病床等服务，推进面向养老机构和老年人的远程医疗服务。

8. 家政服务业。以满足用户需求为重点，全面提升家政服务业的规范化、产业化、品牌化水平。

积极拓展服务领域。积极引导居民转变消费观念，扩大家政服务消费领域和消费群体。以品牌家政服务企业为依托，鼓励发展厨嫂服务、家庭心理咨询、孕产妇护理、婴幼儿护理、营养配餐、家教型家政等新兴项目，规范发展母婴护理机构等高端家政服务，不断提高技术含量，满足居民多样化、个性化需求。积极开展家政服务职业教育培训、家政服务相关产品研发，促进产学研横向联合，不断拉长延伸产业链条。支持家政服务企业建立完善现代企业制度，实现网络化、品牌化经营。鼓励大型家政企业加强资本运作和规模化运营，实现跨区域连锁经营和全方位服务，提升行业盈利水平和集约化程度。

全面提升家政服务标准化水平。规范家政服务企业劳动用工关系，稳定家政服务队伍，推动家政服务企业由“中介制”向“员工制”转型。支持“阳光大姐”家政服务标准化研究中心建设，鼓励我区家政服务企业参与行业标准制定，以行业标准助推产业转型升级。扶持家政服务业信息管理系统和呼叫中心建设，鼓励开发微信、APP、微博等移动互联平台，实现线上线下互动发展。

（四）公共服务业。充分发挥省会教育和医疗资源丰富优势，积极拓展服务领域，提升服务质量，延伸产业链条，更好发挥全市教育中心和医疗中心功能作用。

1. 教育服务业。坚持教育优先发展，加快建设现代教育体系，全面实施素质教育，提高教育质量和办学效益。到2020年，在全省率先实现高水平教育现代化，各类教育统筹协调发展，学前教育优质发展，义务教育高位均衡，职业教育水平进一步提高，社区教育体系更加完善，终身教育体系基本形成；具有区域特色、充满生机活力的现代国民教育体系更加完善，全面实施素质教育的体制机制更加优化，促进学生全面发展的人才培养模式更加多元，深入推进集团化办学模式，公平的教育机会和良好的教学质量能够满足社会需求，教育综合竞争力继续保持国内一流水平。

全面加强基础教育。巩固提高九年义务教育水平，全面提高教育质量。注重品行培养，激发学习兴趣，培育健康体魄，养成良好习惯。全区适龄儿童入学率达 100%；有学习能力的特殊需要儿童入学率达 100%；小学在校生巩固率达 100%，小学毕业生合格率达 100%；初中在校生巩固率保持在 99% 以上；高中阶段毛入学率达 97.5%；符合条件的进城务工人员子女全部接受义务教育。确保全区适龄儿童少年接受良好义务教育。

大力发展学前教育。建立政府主导、社会参与、公办民办并举的办园体制，鼓励发展普惠性幼儿园，重点发展农村幼儿园，大力扶持民办幼儿园，充分调动各方面力量发展学前教育。加强对幼儿园的审批和管理。到 2020 年，全区城区普及学前三年教育，农村学前三年儿童入园率达到 98% 以上。

推进职业教育发展。进一步提高教育教学质量，密切关注企业需求，着力寻求与专业相适应的合作企业，推进校企合作进程，力争毕业生就业率保持在 98% 以上，“双师型”教师比例达到 95%。

加快发展特殊教育。以“康教结合”课题实验为平台，进一步提高特殊教育办学水平。建立“康复云”系统，实现学校、家庭康复一体化和资源共享，构建重症残疾儿童送教上门工作机制，充分保障特殊需要儿童少年接受教育的权利。

全面提升民族教育。进一步加强对民族教育的管理，改善民族学校办学条件，优化学校育人环境，开展丰富多彩的民族教育及民族团结教育活动，提高民族学校办学质量和水平。

继续推进社区教育。积极推进社区教育品牌建设，创建特色，示范引领，全面推进社区教育均衡、优质、快速发展。继续创建数字化社区和学习型社区，建立覆盖全区所有街道办事处的泉学 e 站，打造市民十分钟学习圈，为辖区居民提供多层次、多样化的教育服务。

坚持推进教育信息化。创新教育教学资源交流模式，探索大数据时代“互联网＋”教育模式，大幅提升“云教育”资源的容量与品质，打造“课堂—家庭—移动客户端”共联通道，实现全区教育教学资源的云端共享，促进教育公平。

2. 医疗健康服务业。以提供专业化、个性化、多元化的医疗健康服务为切入点，多渠道、多层次满足居民医疗健康消费需求。

优化配置医疗卫生资源。成立区医疗健康集团，拓展省立医院（三级）—区医院（二级）—基层医疗机构（一级）的 321 医疗联合卫生服务体系，努力构建与居民健康需求相匹配、体系完整、分工明确、功能互补、密切协作的基本医疗卫生制度。引导医疗机构合理配置适宜设备，逐步提高国产医用设备配置比率，降低医疗成本，推动建立“基层医疗卫生机构检查、医院诊断”的服务模式。引导医疗机构面向农村地区开展基层检查、上级诊断等远程医疗服务。稳步推进公立医院改革，推动中医药继承与创新，建立健全医疗卫生人才服务基层奖励机制和绩效工资制度，提高医疗卫生服务能力和管理水平。

提高社区卫生服务水平。按照社区卫生服务机构“十统一”标准化建设要求，完善设施配套、科室设置、服务流程，打造温馨、舒适就医环境。应用推广健康大数据，逐步转变服务模式，提高服务能力和管理水平。到2020年，实现全员人口信息、电子健康档案和电子病历三大数据库基本覆盖及信息的动态更新。以发展优质医疗资源为目标，发挥其示范、引领、带动和辐射作用，提高基层和区域的专科水平，逐步缓解地域、城乡、学科之间发展不平衡，促进医疗服务体系协调发展。

切实加强基层卫生监管。鼓励互联网企业与医疗机构合作，建立医疗网络信息平台，加强区域医疗卫生服务资源整合，充分利用互联网、大数据等手段，提高重大疫病和突发公共卫生事件防控能力。构建基层疾病预防控制网络，加强对基层医疗卫生机构的卫生监督，严厉打击非法行医，规范医疗机构执业行为，全面提高卫生应急综合能力，建立卫生应急指挥中心，创建省级、国家级卫生应急示范区，建立健全公共卫生应急体系和预警、监测、报告信息网络体系，形成覆盖全区并联接国家、省、市的公共卫生信息网络。

大力发展中医药服务。坚持中西医并重，支持中医药事业发展。在全区基层医疗机构全面推广中医药适宜技术，充分发挥中医药在基本公共卫生服务中的作用，将中医药融入预防、保健、康复、健康教育、计划生育等工作中。积极参与省、市级“国医堂”建设，到2020年，社区卫生服务中心中医类别医师占本机构医师总数的比例达到20%以上，其中每个社区卫生服务中心至少有2名中级以上专业技术职务任职资格的中医类别医师；90%以上的社区卫生服务站至少配备1名中医类别医师或能够提供中医药服务的临床类别医师；80%以上的村卫生室至少配备1名以中医药服务为主的乡村医生或“能中会西”的乡村医生。

五、工作措施

（一）实行责任分工。围绕本意见的贯彻落实，按照近期与远期相结合的原则，提出近期需要开展的重点工作，明确分工和责任单位（见附件）。各责任单位要按照分工，进一步细化工作方案，真正把工作任务落到实处。同时，各部门要加强配合衔接，切实形成工作合力，开创共同推进服务业发展新局面。

（二）抓好调度考核。每年初由区发改委会同区统计局，根据年度计划目标，分解细化服务业发展指标等相关工作，并将其落实到责任单位，由区领导定期组织调度，抓好落实。建立通报制度，区发改委及时向区委区政府以及各相关单位报告情况。选取反映规模（限额）以上服务业企业发展情况的核心指标和其他重点工作，纳入区委、区政府对各街道办事处和区直有关部门（单位）的科学发展综合考核。

（三）实施精细化管理。注重招商引资的质量效益，提高外来企业属地法人注册率。完善市场主体统计制度，区市场监管局、民政局要定期汇总我区行政区域内在省、市注册的企业和民办非企业单位信息。推进现代交易体系建设，引导各类批发市场、物流园区、文化园区等改造提升信息化系统，实行统一收款结算。

（四）深化综合改革。积极探索服务业改革发展新模式，进一步做好市中金融商务区省级综合改革试点区域各项工作。在服务业集聚区管理体制创新、专业园区企业化运作、公共服务市场化配置、行业服务标准等方面，推进改革试点，促进我区服务业更好更快发展。

中共济南市市中区委办公室 济南市市中区人民政府办公室 关于印发《济南市市中区深入推进“十大行动”加强大气污染治理十大措施》的通知

市中办发〔2016〕38号

各党（工）委、党组，区直各部门：

《济南市市中区深入推进“十大行动”加强大气污染治理十大措施》已经区委、区政府同意，现印发给你们，请结合实际认真贯彻落实。

中共济南市市中区委办公室
济南市市中区人民政府办公室
2016年12月23日

济南市市中区深入推进“十大行动” 加强大气污染治理十大措施

为改善大气环境质量，保障群众身体健康，区委、区政府研究确定，深入推进“十大行动”，进一步加强大气污染治理，确保到2017年年底，实现全区环境空气质量比2013年改善35%，重污染天气大幅减少，可吸入颗粒物、细颗粒物、二氧化氮分别改善到0.124毫克／立方米、0.070毫克／立方米、0.040毫克／立方米，二氧化硫持续改善的目标，按照抓实、抓细、抓近、抓紧和可实施、可考核、可追责的要求，制定加强大气污染治理十大措施如下。

一、推行网格化信息化监管

（一）网格化监管。建立区、街道、村（居）三级网格监督网络，以街道、村（居）为格，以区为网，实施辖区环境监管。落实网格监管人员，每个街道设1名专职环境监管人员，每个村设1名网格员，每个社区设2-3名网格员，开展大气污染防治巡查监管，并完善网格化环境监管巡查、报告、处置、沟通、督查机制。（区环保局牵头，各街道办事处负责）

（二）监管平台建设。尽快完成区大气污染防治管理平台建设，完善国控环境空气质量在线监测数据平台和全区重点工业污染源（包括污水处理站）在线监测数据平台，完成街道网格环境空气质量在线监测数据平台、市区建筑施工工地（土石方开挖前建成）扬尘在线监测监控信息平台、市区渣土倾倒场扬尘在线监测监控信息平台、市区主干道扬尘在线监测监控信息平台、渣土车 GPS 定位信息平台和市区可绿化裸露土地信息系统建设，实施污染源实时监测，充分运用科技手段加大污染源管控力度。（区环保局牵头，区城乡建设委、区城管局、区园林局、各街道办事处负责）

二、加大扬尘污染防治

（一）施工工地。将扬尘污染防治纳入建筑、拆迁等各类工程招投标、施工许可、渣土处置审批等环节管理，工程监理单位要把扬尘污染防治纳入工程监理内容。建筑工地要严格落实“四个一律”和“六个百分百”要求，并安装扬尘在线监测和视频监控设施，实现数据信息共享。全区建设工地（含房屋拆除）扬尘防治措施完备率达到 98% 以上，工地扬尘在线监测和视频监控系统安装率达到 96% 以上。（区城乡建设委牵头，区城管局、区城管执法局、区环保局、区市政局、区住房保障管理局、区园林局、区交通局、区农业局、国土资源市中分局配合，各街道办事处负责）

（二）道路扬尘。对主次道路采用高压清洗车或湿扫车湿扫保洁，全天清扫不少于 5 次，洒水不少于 5 次，极端天气增加次数，其中夜间冲刷作业全覆盖。全天守岗捡拾，清除辅道、人行道、路沿石等各类尘土积存死角。辖区主次干道绿化带、景观树木及人行道每半月冲洗 1 次。辖区快速路、主次干路的车行道机扫率、洒水冲刷率均达到 100%。遇雾霾、重污染等特殊天气，增加机扫和高压清洗频次，延长保洁时间。及时做好雨季道路冲刷工作，平坦道路 12 小时之内完成清淤冲刷；陡坡道路、低洼路段、桥洞桥涵等积水消除后 12 小时之内完成清淤冲刷。定期排查破损路面并及时修复。道路施工分段封闭开挖，尽可能减少道路开挖面积，并采用湿法作业，减少扬尘污染。雨污井清疏污泥日产日清。加强国道、省道及县乡道路保洁、养护管理，保持路面洁净，及时修复破损，降低运输车辆物料撒漏。（区城管局牵头，区市政局、区园林局、区交通局配合，各街道办事处负责）

（三）渣土运输。严格实行渣土车出场前冲洗、全密闭运输、规范化处置全过程监管，对其在重点地区、重点路段的行驶轨迹进行全面监控。渣土运输车辆密闭化率、卫星定位系统安装率均达到 100%，新型智能环保渣土车占比达到 50% 以上。规范渣土倾倒场管理，取缔非法渣土倾倒场，渣土倾倒场全部加装监控系统并有专人监管，渣土倾倒场非作业面裸土覆盖（绿化）率、路面硬化率不低于 90%。在重点区域、重点线路设立定点查纠岗位，采取定点检查与动态巡查相结合方式，每月至少开展 3 次查处渣土和物料运输车辆违法行为集中行动。（区城管局牵头，区城乡建设委、公安市中分局配合，各街道办事处负责）

（四）裸露地面。每月进行 1 次裸露土地绿化情况集中检查，并将检查情况向社会公开。每月 25 日前向市里报送裸露地面绿化工作进展情况。鼓励园林企业、动员社会力量积极参与裸露地面绿化，确保裸露土地绿化覆盖率达到 100%。（区园林局牵头，区市政局配合，各街道办事处负责）

（五）小石料场、破损山体。依法查处非法占用耕地的小石料厂、来料加工点、石粉堆放处等，在清理期间要对石粉、碎石料等加盖防尘网。对破损山体治理区域设立围挡，对碎石料、石粉等加盖防尘网。到 2017 年 6 月底，城乡规划区内露天开采矿山关闭率达

到 100%。（国土资源市中分局牵头，区环保局配合，相关街道办事处负责）

三、推进燃煤综合整治

（一）煤炭总量控制。认真落实我区煤炭消费减量替代工作方案有关要求，2017 年全区煤炭消费总量比 2012 年减少 0.26 万吨。（区发改委牵头，区经济和信息化局、区市政局、区环保局配合，各街道办事处负责）

（二）工业炉窑、锅炉节能改造。推进工业炉窑、锅炉等重点用煤领域工艺装备技术改造，有效降低能耗水平，实现污染源头削减。（区经济和信息化局牵头，区环保局配合，各街道办事处负责）

（三）清洁化民用生活燃煤推广。2017 年，在全区范围内推广使用清洁化民用生活燃煤。（区经济和信息化局牵头，区环保局、区市政局、区财政局、区市场监管局、区交通局、公安市中分局配合，各街道办事处负责）

（四）低空排烟设施取缔。通过天然气、电力等清洁能源和集中供热替代，取缔使用高污染燃料的小锅炉、窑炉、茶水炉、炊事灶等各类低空排烟设施。（区环保局牵头，区市政局配合，各街道办事处负责）

四、深化工业污染治理

（一）燃煤锅炉淘汰（改造）。2017 年 10 月底前，全区 35 蒸吨以上燃煤锅炉全部完成超低排放改造。辖区内 35 蒸吨及以下燃煤锅炉完成淘汰（替代）。（区环保局牵头，区发改委、区经济和信息化局、区城乡建设委、区财政局、区规划协调服务中心、区市政局、公安市中分局配合）

（二）重点工业企业搬迁改造。协助上级有关部门督促长城炼油厂搬迁。（区发改委、区经济和信息化局牵头，区财政局、国土资源市中分局、区规划协调服务中心、区环保局、区安监局、七贤街道办事处配合）

五、全面治理油烟和烧烤污染

（一）露天烧烤。加强露天烧烤监管，划定禁止烧烤区域，依法实施露天烧烤整顿、取缔工作。（区城管执法局牵头，各街道办事处负责）

（二）餐饮油烟。2017 年年底前在餐饮经营单位集中的环境敏感区域建成 1-2 个餐饮油烟在线监控试点片区。中心城区符合条件的餐饮业全部安装油烟净化设施。（区城管执法局会同区环保局牵头，区食药监局配合，各街道办事处负责）

六、加强机动车污染防治

（一）车辆抽检。加强出租车、公交车、物流运输车、邮政车、渣土车等从事道路营运车辆的监督抽测力度，每年监督抽测各类型在用车 3000 辆。加大冒黑烟车辆及无安全技术检验合格标志车辆的依法查处力度。（区环保局牵头，市中交警大队、区交通局、区经济和信息化局配合）

（二）油气三级回收改造。2017 年 6 月底前，基本完成辖区城市建成区范围内加油站的三级油气回收改造工作。（区环保局牵头，区经济和信息化局、区财政局、区安监局配合）

七、积极推广清洁能源

配合市市政公用等部门加快天然气管网等基础设施建设，努力提高我区城郊街道办事处清洁能源的使用率。（区市政局牵头，区发改委、区规划协调服务中心、国土资源市中分局、市中消防大队、区安监局配合，各街道办事处负责）

八、严格环保执法

加大执法力度，采取联合执法、突击检查、明察暗访等形式，依法严厉打击违法施工和生产、偷排偷放等行为。对违法排污行为一律按规定的高限处罚，对逾期未完成整改的依法实行按日计罚；对造成严重污染的，一律依法查封、扣押其排污设施和设备，强制断水断电；情节严重的，依法责令其停业、关闭。环境违法信息记入社会诚信档案，并通过媒体定期向社会公布违法者名单。（区环保局牵头负责，公安市中分局、区城管执法局配合）

九、严格督查考核问责

继续实施大气污染防治24小时巡查监督，切实增强巡查监督的权威性、公众性、持久性和时效性；通过巡查监督，以点促面，查改并重，标本兼治，狠抓落实。（区环保局牵头，公安市中分局配合）

深入开展“啄木鸟行动”，有效发挥舆论监督作用，协调新闻媒体进行全方位报道，宣传先进典型，曝光违法违规行为，追踪整改落实情况，动员全社会参与，推动环境空气质量尽快实现明显改善。（区委宣传部牵头，区环保局配合）

建立严格的督查制度，对各街道办事处和区相关部门、单位实施督查，实行每旬一调度、每月一通报、每季一评价，每半年一次综合评价，年终实施年度评价。（区委督查室、区政府督查室牵头，区环保局配合）

建立完善考核制度，每半年进行一次考核，年终实施年度工作考核，经区大气污染防治工作指挥部同意后将考核结果公开通报。对考核不合格、未能按时完成大气污染防治目标任务的，予以通报批评。考核结果作为科学发展综合考核和领导班子、领导干部综合考评的重要依据。（区环保局、区委组织部负责）

完善问责机制。对属地管理责任不落实、部门监管不到位，依法依规应当追究责任的，要严肃问责。（区监察局牵头，区环保局配合）

十、强化组织领导机制

成立区大气污染防治工作指挥部，由区委主要领导任总指挥，区政府主要领导任常务副总指挥，区政府常委副区长、区委组织部部长、区委宣传部部长、区人大常委会相关副主任、区政府分管副区长和区政协相关副主席任副总指挥，区有关部门、各街道办事处主要负责人为成员，负责全区大气污染防治、网格化环境监管的决策部署、组织领导、推进实施和督查考核。指挥部办公室设在区环保局。各街道办事处对辖区大气环境质量负总责，各有关部门要严格履行职责范围内环境保护监督管理职责。要落实主体责任，主要领导为第一责任人，分管领导为直接责任人。各街道办事处、各有关部门要按照抓实、抓细、抓近、抓紧和可实施、可考核、可追责的要求，细化分解任务，明确完成时限，强化督促检查，确保十大措施落到实处，取得实效。

各牵头部门要按照区大气污染防治工作指挥部办公室要求及时报送工作配档表。

济南市市中区人民政府办公室
关于印发济南市市中区加快“互联网 + 便利店”
建设推广实施方案的通知

各街道办事处，区政府各部门：

《济南市市中区加快“互联网 + 便利店”建设推广实施方案》已经区政府同意，现印发给你们，望认真贯彻执行。

济南市市中区人民政府办公室
2016 年 12 月 21 日

济南市市中区加快“互联网 + 便利店”
建设推广实施方案

市中政办发〔2016〕15 号

为加快我区“互联网 + 便利店”建设与推广，根据《国务院办公厅关于推进线上线下互动加快商贸流通创新发展转型升级的意见》（国办发〔2015〕72 号）精神，结合我区实际，制定本实施方案。

一、总体要求

（一）指导思想。深入贯彻落实党的十八大和十八届三中、四中、五中、六中全会精神，紧紧围绕全区中心工作，坚持“以人为本、服务社会”的宗旨，以“全域覆盖、模式创新、便利消费、便民服务”为基本要求，以加快“互联网 + 便利店”建设推广为抓手，进一步完善社区商业服务功能，实现社区商业转型升级，满足居民不断提升的消费需求，更好地服务于辖区群众。

（二）工作目标。到 2018 年，全区建成 80 家以上“互联网 + 便利店（宅店）”，初步形成满足辖区居民消费需求的便民服务网络；推进中心商圈、写字楼和城乡结合部、农村“互联网 + 便利店（宅店）”建设，完善统筹城乡、服务群众的商务服务连锁网络；打造和整合智慧社区平台，推进智慧城市建设，将我区建设成为全省首批“互联网 + 便利店（宅店）社区服务示范区”。

二、主要工作

按照政府引导、市场化运作、因地制宜、分类指导的原则，加快实施社区连锁便利店建设。

（一）新建社区“互联网 + 便利店”建设。结合全区总体规划和商业网点布局规划，将新建社区连锁便利店（宅店）建设列入社区公建配套的总体规划，统一进行规划建设。

（二）已建社区“互联网 + 便利店”建设。在未达到社区连锁便利店设置标准数量、不能满足居民便利需求的已建社区，将条件适宜的底层商业建筑改造为连锁便利店，同时充分利用公有房产面向品牌好、实力强的连锁便利店企业招租。

（三）原有便利店“互联网 +”整合升级。积极引导连锁便利店企业出台加盟整合政策，对有加盟意向的社区小型超市、便利店和便民肉菜店进行“互联网 +”升级，增加相应服务功能，切实提升便民服务水平。

（四）便民商务连锁服务网络建设。大力推进“互联网 + 便利店”向中心商圈、写字楼以及城乡结合部、农村延伸，逐步完善统筹城乡、服务群众的商务服务连锁网络。

三、实施步骤

（一）实施准备阶段。区商务局组织开展摸底调研，做好宣传发动，会同相关部门研究起草工作方案、建设标准、验收程序和扶持政策等。

（二）试点示范阶段。建成 1—2 家旗舰、示范社区连锁便利店，每个连锁便利店承办企业应至少建成 1 家示范店。

（三）逐步推开阶段。在试点示范的基础上，积极总结经验，在条件适宜的场所加快开展“互联网 + 便利店”建设工作。

（四）全面建成阶段。加大工作力度，推进连锁便利店建设向中心商圈、写字楼延伸，同时，按照城乡统筹的原则，积极改造农村现有农家店，形成统筹城乡、便民利民的便民商务服务连锁网络。

四、保障措施

（一）加强组织领导。区政府成立济南市市中区加快“互联网 + 便利店”建设推广工作领导小组，统筹协调建设推广工作。领导小组办公室设在区商务局，负责牵头推进“互联网 + 便利店”建设推广各项工作。各街道办事处、各有关部门要进一步明确职责，密切配合，形成合力，加快各项工作推进落实。

（二）加大扶持力度。认真落实“互联网 + 便利店”建设推广扶持政策，在相关政策允许范围内予以扶持，保证建设推广工作顺利实施。充分调动社会各方面积极性，鼓励有实力的连锁企业参与社区连锁便利店建设，满足社区居民多样化、个性化的消费需求。

（三）强化督查考核。建立科学的奖惩激励机制，加大对“互联网 + 便利店”建设推广工作的督导检查力度。建设推广工作领导小组对各成员单位工作情况进行定期考核，确保该项工作扎实有序推进。

（四）营造良好氛围。充分利用多种方式，广泛宣传“互联网 + 便利店”建设推广工作，不断增强全社会参与建设推广工作的积极性，努力营造良好的社会氛围。

济南市中区：凝心聚力谋发展　勇立潮头敢为先

2016.1.25　大众日报

2015 年，济南市市中区生产总值预计达到 739 亿元，是“十一五”末的 1.6 倍，年均增长 10%；实现一般公共预算收入 92.28 亿元，是“十一五”末的近 2 倍，年均增长 14.3%。五年来，累计完成全社会固定资产投资 962 亿元，年均增长 19%；进出口总额 46.23 亿美元，实际利用外资 10.06 亿美元……这是“十二五”期间，市中区交出的一份来之不易的成绩单。面对经济下行压力持续增大的宏观经济形势，市中区主动适应新常态，多措并举抓招商、上项目、促发展，圆满完成了各项目标任务。

作为济南市中心城区，市中区围绕济南市提出的“打造四个中心、建设现代泉城”发展目标，对标全国先进区，树立强区意识，努力推动错位发展、协同发展、率先发展，建设与省会中心城区相适应的现代化强区。今后一个时期，市中区将深入实施“创新引领、产业提升、城乡一体、民生优先”四大战略，立足稳中求进，突出提质增效，持续有力抓好新型城市化、项目建设、产业升级、城市管理、社会建设、依法治区等重点任务，努力在全面建成小康社会进程中走在全市前列，建设更加繁荣、更具魅力、更为和谐的现代化新市中。

以产业升级为核心
优势资源要素加速聚集

过去，像基金、股权投资一类的新金融企业布局分散，金融企业到处找服务机构，服务机构跑金融企业，耗费大量成本。2015年6月份，山东华宸现代服务业创新发展股权投资基金（筹）等新金融业态的12家金融机构集中签约进驻市中区“山东新金融产业园”。目前，已入驻中粮期货、上海复星、深圳创投等新金融机构40余家。

山东华宸现代服务业创新发展股权投资基金（筹）负责人说，山东新金融中心对他最大的吸引在于有了一站式的服务，“围绕企业进入资本市场的需求，这个平台上汇集了大量金融企业，银行、证券、股权投资基金等多层次的资本市场，还有会计事务所、律师事务所，不同规模的企业都能找到与自己发展阶段相对应的资本市场服务，金融资本可以更好地为实体经济服务。”2015年，市中区金融业预计完成增加值219亿元，年均增长16.4%，市中区成为全省唯一金融商务类省级服务业改革试点，连续四次荣获山东省金融生态环境建设模范奖。全区银行、保险业总部机构分别占全市的61%和42%，全市4家外资银行均落户该区。

上述数据的背后是市中区服务业占比高、企业总部多、金融基础深厚的产业优势，而通过发展新产业、新业态、新技术、新模式，市中区将推动产业向高端化、专业化、集群化方向转变，将市中区打造成为附加值高、竞争力强、带动力大的产业集聚新高地。2016年市中区将坚持巩固提升传统优势产业与大力发展新兴产业“双管齐下”，夯实主导产业基础，激发新兴产业活力，努力推动产业升级。

突出优势引领，协同发展主导产业。巩固提升银行、保险、证券等传统金融产业，积极培育发展股权投资、互联网金融、财富管理等新兴金融业态。利用祥泰广场优质载体，高标准建设山东新金融产业园，打造区域股权投资机构集聚区和新金融产业发展高地。鼓励引导传统商贸企业向一站式商业综合体转型，以欧亚大观商都、鲁能贵和购物中心等新建商贸设施为载体，大力发展精品商贸、特色商业。深入实施创新驱动战略，加快推进智慧市中建设，发挥互联网在生产要素配置中的优化和集成作用，培育“互联网+”新经济形态，积极发展研发设计、高端物流等生产性服务业，注重发展教育、医疗、健康养老、社区家政等生活性服务业，努力实现由服务业大区向服务业强区转变。

突出产业集聚，高端发展楼宇经济。围绕提升产业集聚度、关联度、创新度，制定发展规划，建立信息平台，完善考核办法，强化对楼宇经济的精细化管理与服务。引入社会化服务对老旧楼宇进行业态调整和改造升级，引导楼宇产权方主动进行业态置换，鼓励楼宇企业以商招商。对绿地普利中心、鲁能国际中心等新投入使用的高端楼宇，明确发展定位，加强产业引导，重点引进总部企业及研发中心、运营中心、结算中心，着力培植一批产业集聚、服务集中、效益集成的“外贸楼”“金融楼”“电商楼”。

突出要素交汇，创新发展园区经济。抓住省、市加快发展现代服务业的有利机遇，高品质建设济南国际创新设计产业园及“星工坊”“JN150”等文化创意产业园，努力打造“文化市中”“创意市中”新名片。加快推进中海电子商务产业园建设，大力引进电商龙头和领军企业，推动电子商务企业加快集聚，积极培育省级电子商务产业示范园区。扎实做好新城工业基地落地项目的跟进服务，推动项目尽快建成投产。发掘玉符河沿岸资源禀赋，改造提升、规划新建一批现代都市农业园区，大力发展生态绿色农业、观光休闲农业、高科技现代农业。

突出文化融合，特色发展商业街区。坚持融合发展、规模经营、政府引导、市场运作，探索建立商业街区建设、运营、管理新模式。依托新世界综合体、悦动城生活广场项目，完善周边道路、停车场等配套设施，加快提升英雄山文化休闲商业街区。依托融汇老商埠一期项目，加快经纬巷、经二路、经四路等特色商业街规划建设，打造集点、线、面于一体的百年商埠文化传承街区。

牢牢抓住“三大关键”发展路上强行军

“十二五”期间，市中区招商引资成果丰硕，五年累计引进项目 2938 个，实际到位资金 854.6 亿元，形成固定资产投资 510 亿元。其中千万元以上项目 1020 个，亿元以上项目 86 个，新增世界 500 强企业 19 家，总数达到 37 家。

市中区区长王勤光认为，在新常态下，市中区不发展不行，发展慢了不行，不科学发展、跨越发展更不行。市中区统筹把握“项目建设、招商引资、棚改旧改”三大关键，充分发挥自身优势，打破常规、提速发展，努力闯出一条跨越式发展的路子。

2016 年市中区将牢牢抓住项目建设这个推动经济社会发展的“牛鼻子”，强化“三重三化”推进机制，以项目促转型、稳增长、增后劲，强力推进总投资 1687 亿元、总规划建筑面积 3006 万平方米的 80 个重点项目，加快新城开发与老城改造步伐，全面提升城市综合承载力。

把旧村改造作为拓展空间、实现全域发展的新战场，以快速路建设为契机，精心搞好规划策划，加快实施文庄、搬倒井、小岭、魏家、山凹等旧村改造项目，激发区域发展活力，释放更多发展空间。坚持安置先行，优先抓好村民安置房建设，通过旧村改造，实现群众生活条件改善、市容市貌改观、城区品位提升、发展后劲增强。

集中力量抓好棚户区改造，加速推进双龙、朗诚中心等在建项目，力争开工建设中光明街、四里村、经四纬一等条件成熟项目，尽快启动济南宾馆、中山公园、城顶街、机床一厂、上新街等片区拆迁改造，促进老城“做精、长高”，为高端产业聚集提供更多优质载体。

坚持城市建设与产业发展相结合，组团式开发、板块式推进，加快六大片区开发建设，倾力打造布局合理、配套齐全、环境优美、产城融合的南部生态新城。全面启动华润兴隆主题公园建设，着力提升片区品质；强力推进南北康片区“六城三中心”项目建设，启动核心商业区开发；加速推进鲁能领秀城、九曲、文庄、大庙屯等片区开发建设，着力抓好拆迁安置，以片区的大开发、大建设改善环境面貌、拓展发展空间、提升群众生活品质。

坚持“不与民争利、阳光征收、用群众工作方法”三项原则，实施和谐有序拆迁。重点推进南部新城六大片区拆迁工作，抓好鲁能领秀城、兴隆、南北康、九曲、大庙屯片区拆迁收尾，尽快启动文庄老村拆迁，加快土地出让和项目建设步伐。强力推进二环西路南延三期和英雄山路南段高架桥等工程征收拆迁，高标准建设分水岭路至阳光南路路段，着力构建外通、内畅、互联的现代交通体系，为南部新城发展提供有力支撑。

招商选资上，市中区按照“主导产业高端化、传统产业品牌化、新兴产业规模化”的发展要求，大力引进高端项目、高端产业、高端人才；在抓好传统产业“补链招商”的同时，更加突出新金融、服务外包、文化创意、先进制造业上游产业等现代服务业招商；将招商方向瞄准世界500强、国内500强、央企和行业领军型民企，重点盯紧港澳台、日韩、欧美等重点区域和京沪苏浙粤等经济发达地区，着力引进一批总部型、基地型、龙头型项目和上下游配套协作企业。

进一步健全完善招商组织体系，创新招商方式。对区内的新楼宇、老厂区、旧厂房以及山东大学国家大学科技园、济南大学创业孵化基地等招商载体进行包装策划和积极推介，通过敲门招商、以商招商、专业招商、代理招商、产业招商、网络招商、协会招商等多种方式，进一步拓展招商渠道，提高招商实效。

找准定位率先发展 打造区域经济发达区

2016年是“十三五”的开局之年，区长王勤光表示，“我们要大力发扬敢为人先、立志高远、敢于担当、励精图治的精神，加快建设与经济强省省会中心城区相适应的现代化强区。”

围绕全市“打造四个中心、建设现代泉城”的目标任务，市中区明确了六大定位。围绕打造区域性经济中心，市中将突出服务经济、总部经济、楼宇经济这三大重点，着力夯实主导产业基础、激发新兴产业活力、积极推动产业升级，努力建设区域经济发达区；围绕打造区域性金融中心，将以山东新金融产业园为载体，大力发展股权投资、融资租赁、互联网金融、民间资本管理等现代金融业态，努力建设新金融产业引领区；围绕打造区域性物流中心，将大力发展电子物流第三方物流信息处理等高端物流，引进建设物流结算中心、信息中心、电子商务平台等，努力建设高端物流集聚区；围绕打造区域性科创中心，将以山东大学国家大学科技园、济南大学创业学院、济南国际创新设计产业园等园区为平台，大力培育一批高科技企业，打造科技成果的策源地，努力建设创新创业活力区。

围绕建设现代泉城，市中区将坚定不移地加大投入、优化环境、强化管理、提升服务，着力打造有利于人才集聚、项目集聚宜居宜业的城市环境，进一步增强广大群众的归属感、幸福感、获得感，努力建设宜业宜居示范区；将进一步创新社会治理理念，健全社会治理体系，完善社会治理制度，提高社会治理能力，提升社会治理法治化、科学化水平，努力建设社会治理模范区。

在五年一个节点的接力赛道上，市中区已如在弦之箭、蓄势待发。市中区将做精北部核心区，做强中部拓展区，做美南部生态区，加快走出一条集约高效、功能完善、环境友好、全域统筹的新型城市化发展道路。

做精北部核心区。市中区坚持“集约集聚、高端高质、创新创业”，加快济南金融商务中心区建设，进一步聚集各类金融机构和金融服务机构，打造现代服务业制高点；着眼于突出城市特色、提升文化底蕴，高标准改造提升英雄山国家级特色街区，加快老商埠特色历史文化商业街区建设，打造民康里、经纬巷等特色街区，进一步提升老城区吸引力。

做强中部拓展区。市中区坚持“产城融合、城乡互动、以点带片”，全力推进兴隆泛旅游综合体、南北康综合体、融汇文化创意城等6个投资过百亿、建筑体量300万平方米以上的重大项目，带动70多平方公里的片区开发建设，打造职住平衡、产业发达、环境优美的“南部新城”，再造一个“新市中”。

做美南部生态区。市中区坚持“保护与开发并重、产业与生态融合”，着力抓好玉符河流域综合治理，充分挖掘南部山区自然生态、原居环境和历史文化遗存，打造一批文化旅游、康体健身、农庄度假等生态旅游休闲产业，加快建设一批农业园区，打造现代都市农业先导区。通过乡村连片治理工程，在玉符河沿线建设4至5个美丽乡村示范村，大力实施“五化”提升行动，进一步完善基础设施，切实推动美丽乡村建设提质增效。启动城中村改造工程，力争3年内全部启动44个城中村改造项目，再造一个魅力新市中。

继续深化重点领域改革，加快政府职能转变，全面推进政务公开，推行智慧政务应用，营造公平市场环境，进一步健全完善有利于开放发展的新体制。提升“引进来”质量，将招商引资作为经济工作生命线，积极打造招商载体，突出招大引强，着力引进符合产业发展方向、投资体量大、税收贡献高、产业带动强的项目，实现招商引资总量、体量和质量的新突破。加快“走出去”步伐，培育出口竞争新优势，引导、扶持一批中小微外贸企业快速成长，扩大产品出口，优化出口结构，提升国际竞争力。扩大区域交流合作，进一步拓展对外开放的深度和广度，在推进开放中拓展发展空间、增创发展动力。

HIZHONGNIANJIAN

市中年鉴

索 引

SuoYin

说明：

本索引为综合性主题索引，标示正文部分的内容。索引标目按汉语拼音字母顺序，标目后数字为页码。

A

B

C

D

E

F

G

H

J

K

L

M

N

P

Q

R

S

T

W

X

Y

Z